Wilfried Breyvogel (Hrsg.)

Eine Einführung in Jugendkulturen

Veganismus und Tattoos

VS VERLAG FÜR SOZIALWISSENSCHAFTEN

VS Verlag für Sozialwissenschaften
Entstanden mit Beginn des Jahres 2004 aus den beiden Häusern
Leske+Budrich und Westdeutscher Verlag.
Die breite Basis für sozialwissenschaftliches Publizieren

Bibliografische Information Der Deutschen Bibliothek
Die Deutsche Bibliothek verzeichnet diese Publikation in der Deutschen Nationalbibliografie;
detaillierte bibliografische Daten sind im Internet über <http://dnb.ddb.de> abrufbar.

1. Auflage Juni 2005

Alle Rechte vorbehalten
© VS Verlag für Sozialwissenschaften/GWV Fachverlage GmbH, Wiesbaden 2005

Lektorat: Frank Engelhardt

Der VS Verlag für Sozialwissenschaften ist ein Unternehmen von Springer Science+Business Media.
www.vs-verlag.de

Das Werk einschließlich aller seiner Teile ist urheberrechtlich geschützt. Jede Verwertung außerhalb der engen Grenzen des Urheberrechtsgesetzes ist ohne Zustimmung des Verlags unzulässig und strafbar. Das gilt insbesondere für Vervielfältigungen, Übersetzungen, Mikroverfilmungen und die Einspeicherung und Verarbeitung in elektronischen Systemen.

Die Wiedergabe von Gebrauchsnamen, Handelsnamen, Warenbezeichnungen usw. in diesem Werk berechtigt auch ohne besondere Kennzeichnung nicht zu der Annahme, dass solche Namen im Sinne der Warenzeichen- und Markenschutz-Gesetzgebung als frei zu betrachten wären und daher von jedermann benutzt werden dürften.

Umschlaggestaltung: KünkelLopka Medienentwicklung, Heidelberg
Druck und buchbinderische Verarbeitung: MercedesDruck, Berlin
Gedruckt auf säurefreiem und chlorfrei gebleichtem Papier
Printed in Germany

ISBN 3-8100-3540-8

Inhalt

Wilfried Breyvogel
Jugendkulturen im 20. Jahrhundert. Ein Überblick 9

Ein Tableau der Jugendkulturen 1900-2000 9
Erläuterungen............ 11
1. Die Bünde der Wandervögel 12
2. Bündische Jugend (1918-1933) 14
3. Jazz – der Beginn 17
4. Hot Jazz und Swing 20
5. Swing und Swing-Jugend im nationalsozialistischen Deutschland 21
6. Eine exemplarische Stilanalyse. Ein Exkurs 22
6.1 Soziale Herkunft und schulische Erziehung 22
6.2 Der Tanzstil 23
6.3 Freizeit und Clique 24
6.4 Kleidung und Accessoires 25
6.5 Signifikante Objekte 25
6.6 Imaginäres, Faszination und riskantes Verhalten 26
6.7 Die Sprache und der eigene Symbolvorrat 27
6.8 Der normative Bruch 27
6.9 Jenseits von Hamburg. Wie die Rassenschranke im Jazz durchlässig wurde 29
7. Bebop 30
8. Cool Jazz 31
9. Country Music 32
10. Rhythm and Blues 32
11. Rock'n'Roll 34
12. Jugendliche in der Katastrophenzeit (1943-1948) 35
13. Die Hot Clubs nach der Katastrophe 37
14. Rock'n'Roll. Die Krawalle der „Halbstarken" (1956-1958) 38
15. Die Rocker 42

Zur Begründung der folgenden Auswahl 46
16. Punks 48
17. Skinheads 54
18. Hip-Hop und Rap 60
19. House, Deep-House, Acid House 64
20. Acid House und Techno 64
Fazit 67

Thomas Schwarz
Veganismus und das Recht der Tiere. Historische und theoretische Grundlagen sowie ausgewählte Fallstudien mit Tierrechtlern bzw. Veganern aus musikorientierten Jugendszenen 69

1. Einleitung 69
1.1 Die Relevanz der Thematik für die Erziehungswissenschaft 80
1.2 Forschungsstand und Quellenlage 86
2. Veganismus und das Recht der Tiere 95
2.1 Historische Traditionen – Ein Überblick 95
2.2 Die Lebensreformbewegung im 19. und 20. Jahrhundert 100
2.2.1 Fruitlands (New Eden) 102
2.2.2 Die Obstbaukolonie Eden-Oranienburg 102
2.2.3 Die Vegetabilisten vom Monte Verità bei Ascona 103
2.3 Carl Anders Skriver und der Nazoräerorden 104
2.4 Die Frankfurter Schule: Theodor W. Adorno und Max Horkheimer .. 108
2.5 Die moderne Tierrechtsbewegung seit den 1970er Jahren bis heute .. 110
2.5.1 Die Begründung der Tierrechte in der Philosophie 110
2.5.2 Der „autonome Tierschutz" 111
2.5.3 Tierbefreiungen – Zwischen moralischem Handeln und Strafverfolgung 113
2.5.4 Ein Beispiel: Die Proteste gegen die Nerzfarm Roßberger in Willich-Schiefbahn (NRW) 114
3. Veganismus in Jugendkulturen 117
3.1 Jugendkulturen und Veganismus: Szenen, Bands und deren Musik ... 124
3.2 Interview mit Rapper A. und seinen Freunden O. und B.: „Das Ding ist halt einfach, dass wir Bewusstsein schaffen wollen" 140
3.2.1 Summarische Fallinterpretation 140
3.2.2 Paraphrasierung und Interpretation ausgewählter Sequenzen 147
3.3 Kurzportrait eines Schlagzeugers einer Vegan Straight Edge Hardcore/Metalcore-Band: „Ich habe kein Mitleid mit jemandem, der Fisch isst und an 'ner Gräte stirbt" 151

3.4 Kurzportrait eines Sängers einer Punkrockband: „Man wird die Gesellschaft vielleicht verändern können, wenn's auch 'n bisschen Spaß macht noch dabei" 151
3.5 Veganer in jugendkulturellen Kontexten: Fazit und Ausblick 155
4. Für die Befreiung von Mensch und Tier? – Kritischer Ausblick und Anmerkungen zu einer Theorie des Veganismus. Ein Fazit 157

Tobias Lobstädt
Tätowierung in der Nachmoderne **165**

1. Einleitung 165
2. Die Geschichte der Tätowierung 167
Neuere Geschichte 173
3. Inszenierung des Körpers 177
3.1 Grundbegriffe sozialer Zeichenhaftigkeit 177
3.2 Theatralität 186
3.3 Selbstdarstellung 189
3.4 Korporalität und Körperzeichen 191
4. Lesarten der Tätowierung in der Mediengesellschaft 197
4.1 Zeichenhaftigkeit der Tätowierung 197
4.2 Nachmoderne Körperlichkeit 203
4.3 Tätowierung in der Mediengesellschaft 204
5. Qualitative Untersuchung der Tätowierung 211
5.1 Zugang, Ablauf und Fragestellung 211
5.2 Klassifizierung des Materials 212
5.3 Sichtbarkeit der Tätowierungen 214
5.4 Tätowierung und Inszenierungszwänge 221
5.5 Tätowierung als Körperzeichen 223
5.6 Resümee der Untersuchungsergebnisse 230
6. Zusammenfassung 233
Transkriptionssystem 235

Quellenverzeichnis **237**
Literaturverzeichnis **241**

Die Autoren **261**

Wilfried Breyvogel

Jugendkulturen im 20. Jahrhundert. Ein Überblick

Ein Tableau der Jugendkulturen 1900-2000

JUGENDKULTUREN   POPULÄRKULTUR   MASSENKULTUR
Wandervogel. Ausschuß für Schülerfahrten e.V. (4. Nov. 1901) (Alt-Wandervogel) Steglitzer Wandervogel (1904) Wandervogel Deutscher Bund (1907)

Bündische Jugend
 	
    Freideutsche Jugend/Freideutscher Bund
    Altwandervogel
    Kronacher Bund
    Wandervogel Bund
    Pfadfinderbünde
    Deutsche Freischar
    Nerother Wandervogel
    Deutsche Jungenschaft vom 1.11.1929 (dj. 1.11 (29))

JAZZ
 	
        New Orleans Jazz
                Original Dixieland Jazz
        Hot Jazz

SWING   Country Music **Bebop**

JUGENDKULTUREN
                POPULÄRKULTUR
                                        MASSENKULTUR

    Cool Jazz

    Rhythm and Blues

        ROCK'N'ROLL

    Teddy Boys   Die „Halbstarken"

    (Mods)   **Die Rocker**
            (Hippies)
    (Skins)

    Punks

        Skins

        Rockabillies

    Psychobillies (Psychs)

  HIP-HOP   Trance
                      Ambiente
                                    DISCO, Dancefloor

          HOUSE
    Acid House   **TECHNO**
    Deep House

Hardcore

            (HIP-HOP) RAP + Breakdance

Erläuterungen

Die allgemeineren Begriffe Jugendkultur[1], Populärkultur[2] und Massenkultur[3] ordnen das Feld und erfassen zugleich den Verlauf der Jugendkulturen im 20.

1 Für Nietzsche ist der Zusammenschluss der Begriffe „Jugend" und „Kultur" noch nicht denkbar, es wäre ein Missbrauch des Begriffs der Kultur. Auf dem wogenden Meer der Historie sieht er „Land! Land!" im „Reich der Jugend". „...ich vertraue der Jugend, daß sie mich recht geführt hat, wenn sie mich jetzt zu einem *Proteste gegen die historische Jugenderziehung des modernen Menschen nötigt* und wenn der Protestierende fordert, daß der Mensch vor allem zu leben lerne und nur im *Dienste des erlernten Lebens* die Historie gebrauche." Unzeitgemäße Betrachtungen II, Vom Nutzen und Nachteil der Historie für das Leben, in: Friedrich Nietzsche, Werke in drei Bänden, Bd. I, 1982 (9. Aufl.), S. 276f. (Hervorhebung im Original)
Der Begriff „Jugendkultur", der die Jugend für etwas verantwortlich macht, was Anliegen aller Gesellschaftsmitglieder sein müsste, wird von Gustav Wyneken und, an ihn angelehnt, von Siegfried Bernfeld kurz vor Ausbruch des Ersten Weltkriegs als Erneuerungsprogramm eingeführt. In einem weitsichtigen Text richtete sich Bernfeld 1914 an die Frauenbewegung: „Was die Jugendkulturbewegung will, das setzt voraus die Erfüllung so manchen Programmpunktes der Frauenbewegung, des Sozialismus, der allgemeinen Bünde für Kultur oder Ethik, so mancher nationalen und religiösen Körperschaft." Bei Wyneken und auch dem frühen Bernfeld ist der Gedanke der Jugendkulturbewegung noch mit einem hegelianisch-idealistischen Fortschrittsgedanken verbunden. So formuliert Bernfeld, daß es die Jugendkulturbewegung von der Freideutschen Jugend der „Wandervögel" unterscheide, daß sie nicht nur spielerisch, nicht nur ästhetisch für sich selbst jugendlich sein will, „sondern daß sie, auf eine universale Erkenntnis jugendlicher Eigenart aufgebaut, den Willen zum Fortschritt der Kultur in sich trägt." (Bernfeld, S.: Die neue Jugend und die Frauen (1914), in: Bernfeld, S.: Sämtliche Werke in 16 Bänden, hg. von Ulrich Herrmann, Bd. 1, Theorie des Jugendalters, Schriften 1914-1938, Weinheim/Basel (Beltz Verlag), S. 36 und S. 15). Damit geht es um einen Anspruch, der die Lebenspraxis umfassen soll. Realisiert sah Bernfeld dies in den Nischen der Lebensgemeinschaften der Reformpädagogik, so für ihn besonders in der Schulgemeinde Wickersdorf Gustav Wynekens. Vgl. zu Wyneken auch Kupffer, H.: Gustav Wyneken, Frankfurt am Main 1970; Maasen, T.: Pädagogischer Eros. Gustav Wyneken und die freie Schulgemeinde Wickersdorf, Berlin 1995; zuletzt Dudek, P.: ...dass Unterricht und Erziehung von dem Geist einer ungesunden Kritik beherrscht werden. Gustav Wynekens Konflikt mit der Staatsregierung Sachsen-Meiningen 1909, in: Jahrbuch für historische Bildungsforschung (JHBF), Bd. 7 (2001), S. 287-304 und Wyneken, G.: Die neue Jugend. Ihr Kampf um Freiheit und Wahrheit in Schule und Elternhaus, in Religion und Erotik, München 1914

2 Der Begriff Populärkultur ist in Anlehnung an die Arbeit von Maase, K.: BRAVO Amerika. Erkundungen zur Jugendkultur der Bundesrepublik in den fünfziger Jahren, Hamburg 1992, S. 14-20 entwickelt. Maase lehnt sich teils an Bausingers Begriff der „Volkskultur" an, der im Sinne der „Alltagskultur" der einfachen Leute zu denken ist. Populärkultur ist daher nicht nur populär im trivialen Sinne.

3 Der Begriff „Massenkultur" ist nicht im elitär abwertenden Sinne gemeint. Er lehnt sich an die analytische Prägnanz der Begriffe „industrielle Kulturprodukte" oder: „Massenkunst" und „Massenprodukt" an und teilt das kapitaltheoretische Interesse der Analyse Adornos. Er folgt Adorno allerdings nicht in der Tendenz totalisierender Aussagen wie: „Die ganze (!) Welt wird durch den Filter der Kulturindustrie geleitet" (S. 134), „Die Gewalt der Industriegesellschaft wirkt in den Menschen ein für allemal" (S. 135) oder: „Immer Gleich-

Jahrhundert. Sie deuten an, dass es eine Erweiterung vom Kleinen zum Großen, von der kleinen Gruppe weniger Gymnasiasten im Jahre 1901 zu den ca. zwei bis drei Millionen Teilnehmern der Techno-Szene der letzten Jahre des 20. Jahrhunderts gegeben hat. Das Zwischenglied sind die anglophonen „Popular Cultures", die sich zwischen Jazz, „Folk" und „Beat" auf der Spur des „Rock'n'Roll" bis in die Gegenwart entfalten.

Das magische Bindemittel war von Anfang an die Musik der Jugendlichen, die Verbreitung erfolgte zunächst über die Liederbücher der Gruppen, dann die Tonträger, die Schallplatte, den Film, das Tape sowie die „großen Vermittler", Radio und Fernsehen. Das Ergebnis ist eine Form von „Massenkultur", nicht vorrangig im Sinn elitärer Differenzierung, sondern mengenmäßiger und kostengünstiger Verbreitung und Teilhabe vieler.

Die folgende Ausarbeitung verfolgt zwei Ziele: Zum einen möchte sie Jugendlichen (und Studierenden) einen leicht fassbaren Überblick über die Vorgeschichte der Gegenwart geben, zum anderen möchte sie auf Lücken und nur scheinbare Klarheiten hinweisen, um weitere Forschung anzuregen.

1. Die Bünde der Wandervögel

Nach allgemeinem Forschungsstand beginnt die Geschichte der Jugendkulturen mit dem Wandervogel, einem eingetragenen Verein zur Organisation und Unterstützung von Schülerfahrten. Im Jahre 1901 gegründet[4], differenzierte er sich durch Sezession bereits 1904 (Steglitzer Wandervogel e.V.) und

---

heit regelt auch das Verhältnis zum Vergangenen. Das Neue ... ist der Ausschluss des Neuen. Die Maschine rotiert auf der gleichen Stelle." (S. 142). (Exkurs zur Kulturindustrie, in: Horkheimer, M./Adorno, Th. W.: Dialektik der Aufklärung. Philosophische Fragmente. Mit einem Nachwort von Jürgen Habermas, Frankfurt 1986, S. 128-176). Vgl. bereits den Verweis auf Mimesis im Nachwort von Jürgen Habermas. Für Adorno sei eine zweigleisige Entwicklung kennzeichnend, die bereits in der Arbeit zu Arnold Schönberg von 1940 (Philosophie der neuen Musik) angelegt sei: „Im utopischen Gehalt des Kunstschönen ist Mimesis, jenes vernunftslose Potential einer vorvergangenen ... Vernunft, stumm und interpretationsbedürftig aufbewahrt." (S. 290). An dieser Vermittlungsstelle von Unbewusstem, Mimesis und symbolischer Artikulation wird (jugendliche) Subjektivität im 20. Jahrhundert systematisch eingespeist, ohne die das Neue keine Faszination erreichen könnte. (Vgl. auch die Kritik der nur intentionalen Handlungstheorie von Joas, H.: Kreativität des Handelns, Frankfurt am Main 1996)

4   Anlässlich der Gründung am 4.11.1901 erschien die neueste Darstellung mit Texten zur hundertjährigen Geschichte in: Weißler, S. (Hg.): Fokus Wandervogel. Der Wandervogel in seinen Beziehungen zu den Reformbewegungen vor dem ersten Weltkrieg, Marburg: Jonas-Verlag, 2001. Zur Gründung im engeren Sinne vgl. Mogge, W.: Aufbruch einer Jugendbewegung. Wandervogel: Mythen und Fakten, in: Weißler 2001, S. 9-25

nochmals 1907 als „Wandervogel Deutscher Bund für Jugendwanderungen". Einer der Initiatoren der Sezession von 1907 war Hans Breuer, Student der Medizin in Marburg und Heidelberg, später war er ein sozial engagierter Arzt in einem Arbeiterviertel in Frankfurt am Main. Bekannt wurde er bereits als Student durch die Sammlung der Volkslieder im „Zupfgeigenhansl" (1908), dem bis 1933 erfolgreichsten Liederbuch der Jugendlichen, das weit über die Bünde des Wandervogel hinaus auch in der sozialistischen Jugend benutzt wurde.[5] Der sehr erfolgreiche Wandervogel Deutscher Bund (DB) repräsentierte im Gegensatz zum kleineren Alt-Wandervogel eine linksliberale Strömung der neuen städtischen Mittelschichten. Die „Wandervögel" waren in der Mehrzahl Schüler der (lateinlosen) Oberrealschulen und der Realgymnasien, weniger der humanistischen altsprachlichen Gymnasien. Gründe für die Sezession 1907 waren die Öffnung des Bundes für Volks- und Mittelschüler, das „Gemischt-Wandern" mit den Mädchen und (neben striktem Alkohol- und Nikotinverbot) die Autonomie der Ortsgruppen gegenüber der Bundesleitung. Im Jahre 1912/13 kam es nochmals zum überregionalen Zusammenschluss. Die Mitgliederzahlen für 1911 weisen 412 Ortsgruppen mit 17.770 „Wandervögeln" aus, davon 2300 Mädchen.[6]

Einschlägig und wie kaum ein zweites Ereignis mit einer bis heute wirksamen Bedeutungsgeschichte war das Treffen der Freideutschen Jugend auf dem Hohen Meißner bei Kassel vom 10. bis 12. Oktober 1913. Es war ein Gegenfest, zu dem ca. 2000 männliche und weibliche Wandervögel bei trübem, kaltem Herbstwetter zusammenkamen, eine Alternative zur Jahrhundertfeier der Völkerschlacht von Leipzig, zu der das Kaiserdeutschland aufgerufen hatte, ein Ruf, dem der konservativ-autoritäre Flügel des Alt-Wandervogel nach Leipzig folgte. Der von Gustav Wyneken mitformulierte Kern der Meißner-Formel: „Die Freideutsche Jugend will aus eigener Bestimmung, vor eigener Verantwortung, mit innerer Wahrhaftigkeit ihr Leben

---

5 Hans Breuer, geb. am 30. April 1883, Abitur am Steglitzer Gymnasium Ostern 1903, ab 1910 Arzt in Frankfurt, ab August 1914 als Sanitäter, zuletzt als Oberarzt im Feldlazarett, nach einem Granateinschlag schwer verletzt und am 20. April 1918 bei Verdun gestorben. Für die Geschichte der Jugendkulturen ist es von Interesse, daß auch das Volkslied bereits zur „Mode" wurde. Im Vorwort zur 10. Auflage 1915 konstatiert Breuer: „Auf der Bühne und im Ballsaal ist das Volkslied Modeware." (Vgl. Hans Breuer, Wirken und Wirkungen, eine Monographie, zusammengestellt von Heinz Speiser (Schriftenreihe des Archivs der deutschen Jugendbewegung, Bd. 2), Witzenhausen 1977, S. 50).

6 Mitgliederzahlen nach Mogge, W.: Der Freideutsche Jugendtag 1913. Vorgeschichte, Verlauf, Wirkungen, in: Mogge, W./Reulecke, J.: Hoher Meißner 1913. Der Erste Freideutsche Jugendtag in Dokumenten, Deutungen und Bildern. (Archiv der deutschen Jugendbewegung, Bd. 5), Köln (Verlag Wissenschaft und Politik) 1988, S. 65. Die Zahl von 17.770 Mitgliedern relativiert sich im Blick auf die Gesamtzahl der Jugendlichen. Sie liegt deutlich unter 1%.

gestalten", ist der nicht wieder verhallende Anspruch auf Selbstbestimmung, Gegenseitigkeit und Aufrichtigkeit der Jugend.[7]

Parallel hatten sich ein **Stil** und eine jugendliche **Alltagskultur** in den Gruppen etabliert, die Aussehen, Kleidung und das Verhalten in der Freizeit einheitlich gestalteten.[8] Die kulturelle Wirkungsgeschichte wurde in neueren Arbeiten z. B. an der Bedeutung des Sera-Kreises[9] und an den Beziehung zur künstlerischen Sezession im Jugendstil deutlich gemacht. Denn die Schriftgestaltung und Ornamentik in der privaten Korrespondenz, den Rundbriefen und den Mitteilungsblättern des Wandervogel Deutscher Bund war Ausdruck der Veralltäglichung und Diversifikation des „Jugendstils".[10]

2. Bündische Jugend (1918-1933)

Der Begriff „Bündische Jugend" umfasst ein breites Spektrum[11] kleiner und kleinster Organisationen, die aus der Pfadfinderbewegung und den Gruppen der „Wandervögel" nach 1918 hervorgegangen sind. Eine relativ vollständige Aufstellung weist über sechzig verschiedene Bünde aus[12]. Das Spektrum gliederte sich in ein links-liberales, national-liberales, nationalistisch-konservatives und ein rechtsradikales Feld, Optionen, die sich in gewisser Nähe zum Parteienspektrum der Weimarer Republik befanden. Der links-liberale Flügel in der Tradition des Hohen-Meißner-Treffens von 1913 sammelte sich in der „Freideutschen Jugend" und dem nur kurzfristigen Gründungsversuch des "Freideutschen Bundes"[13], in der „Freischar" von 1919, bei den „Landfahrern" und reichte bis zu den Jungsozialisten im Hofgeismarer

---

7 Die vollständige Meißnerformel in: Mogge 1988, S. 52
8 Zur Stilanalyse grundlegend Parmentier, M.: Der Stil der Wandervögel. Analyse einer jugendlichen Subkultur und ihrer Entwicklung, in: ZfPäd. 30 (1984), S. 519-532
9 Vgl. Werner, M. G.: Ambivalenzen kultureller Praxis in der Jugendbewegung. Das Beispiel des freideutschen Jenenser Serakreises um den Verleger Eugen Diederichs vor dem ersten Weltkrieg, in: JHBF, Bd. 1 (1993), S. 245-264
10 Die Entstehung und Verbreitung des „Jugendstils" der Münchner Sezession ist mit der Gründung der Zeitschrift JUGEND. Münchner illustrierte Wochenschrift für Kunst und Leben (Verlag G. Hirth, München 1906) verknüpft. Vgl. Zahn, E.: Fronde! Die Geschichte der JUGEND, München (Scherz Verlag) o.J., S. 7-32. Zur Schriftgestaltung im Wandervogel vgl. Pyritz, K.: Die Wandervogel-Ästhetik im Spiegel der Entwicklung der modernen Gebrauchsgraphik, in: Weißler 2001, S. 41-71
11 Eine Orientierung leistet: Die deutsche Jugendbewegung 1920-1933. Die bündische Zeit. Quellenschriften hg. von Werner Kindt (Bd. III), Düsseldorf/Köln 1974
12 Ebeling, H./Hespers, D.: Jugend contra Nationalsozialismus. „Rundbriefe" und „Sonderinformationen deutscher Jugend", Frechen 1966, S. 248ff.
13 Zur „Freideutschen Jugend" detailliert: Preuß, R.: Verlorene Söhne des Bürgertums. Linke Strömungen in der deutschen Jugendbewegung 1913-1919, Köln 1991

Kreis. Das national-liberale und national-konservative Gedankengut mündete in den „Kronacher Bund", einen Zusammenschluss der Älteren, den „Wandervogel Bund e. V." mit verschiedenen Untergruppen und ging ab 1926 in den Zusammenschluss der Wandervogel-Gruppen mit der Mehrzahl der Pfadfinderbünde in die „Deutsche Freischar" über. An den männerbündischderben Alt-Wandervogel knüpfte der Nerother Wandervogel auf der Burg Waldeck an[14]. Mit dem Gründungsdatum 1. November 1929 entstand als Abspaltung aus der „Deutschen Freischar" die „Deutsche Jungenschaft vom 1.11.1929", abgekürzt dj. 1.11(29) in der Kleinschreibung und Punktierung ihres Gründers, „tusk" (Eberhard Köbel)[15].

Neben den i. e. S. bündischen Gruppen gab es bündische Tendenzen in den anderen jugendlichen Großorganisationen, so in den unterschiedlichen Pfadfindergruppen[16], aber auch in der großen Zahl der „Bibelkreise" der evangelischen Kirche. Auch in den katholischen Jugendorganisationen waren bündische Verhaltenselemente vorhanden, so in dem 1909 gegründeten „Quickborn", in der Gymnasiastenorganisation „Neudeutschland" (1919), bei den Gesellen der „Kreuzfahrer" (1922) und besonders bei den „Sturmscharen", die sich unter bündischem Vorzeichen aus der Großorganisation des „Katholischen Jungmännerverbandes", der Entsprechung der „Bibelkreise" der evangelischen Gemeinden, ausdifferenziert hatten. Ein bedeutendes Zentrum besaßen sie im „Deutschen Haus" in Düsseldorf.[17]

Mit dem Begriff des „Bündischen" waren bestimmte Merkmale verbunden: Eine lokal geprägte Gruppe mit einem festen wöchentlichen Treffen in ihrem selbst gestalteten „Nest", die Selbstorganisation von Fahrten und Fei-

---

14 Vgl. zu den Nerothern jetzt: Schwarte, N.: „Wer Nerother war, war vogelfrei…". Eine Einführung in die Briefe Paul Lesers und Robert Oelbermanns zur Auflösung der Nerother Wandervogels und zur Besetzung der Burg Waldeck im Jahre 1933, in: *puls* 20. Dokumentationsschrift der Jugendbewegung, hg. von Arno Klönne, Stuttgart 2002, S. 3-16. Vgl. auch den Brief des sich auf Weltfahrt befindenden Robert Oelbermann an seinen Zwillingsbruder Karl vom 9. August 1933 in: *puls* 20, S. 76-78. Robert Oelbermann verstarb 1941 nach über fünfjähriger Haft und Zwangsarbeit im Konzentrationslager Dachau.
15 Zur dj. 1.11 grundlegend: Klein, S./Stelmaszyk, B.: Eberhard Köbel, tusk. Ein biografisches Porträt 1907-1945, in: Breyvogel, W. (Hg): Piraten, Swings und Junge Garde. Jugendwiderstand im Nationalsozialismus, Bonn 1991, S. 102-137 und Schmidt, F.: Der politische Eberhard Koebel, illegale dj. 1.11 und Deutsche Jungenschaft, in: tusk. Versuche über Eberhard Koebel, hg. von Fritz Schmidt, Stuttgart 1995, S. 83-119 sowie Holler, E.: Der spätere Lebensweg von Eberhard Koebel – tusk. England-Emigration und DDR, in: Schmidt 1995, S. 143-205
16 Vgl. zu den Pfadfinderorganisationen Kindt 1974, S. 346-470
17 Vgl. Schellenberger, B.: Katholische Jugend und Drittes Reich, Mainz 1975, mit einer kritischen Perspektive auf die eigene Biografie: Beilmann, C.: Eine Jugend im katholischen Milieu. Zum Verhältnis von Glaube und Widerstand, in: Breyvogel 1991, S. 57-73, als Beispiel für eine differenzierte Regionalstudie: Feldkamp, A.: Jugendliche Widerstandsformen 1933-1945, in: Ratinger Forum. Beiträge zur Stadt- und Regionalgeschichte, Heft 5, Ratingen 1997, S. 71-127

ern, ein kulturelles Musik-, Lieder- oder/und Theaterprogramm, die „Verbrüderung" im „Bund" und die Selbstbestimmung der Gruppenleiter („Führer"). Neue Mitglieder wurden i. d. R. „gekeilt", d. h. in einer Kooptation ausgewählt und erst nach Bewährung in der Gruppe aufgenommen. Sie erhielten einen neuen, für sie typischen Namen, der sich aus Besonderungen und Auffälligkeiten speiste. In der Selbstbestimmung der Gruppenleiter und, gegensätzlich dazu, in der „Verbrüderung" und sektenhaften Kooptation kreuzten sich demokratische und vordemokratische, „bündische" Prinzipien, was auf die kurze Demokratiegeschichte in Deutschland verweist.

Weil durch die Fülle der oben genannten Bezeichnungen der Eindruck einer relativ großen Zahl entstanden sein könnte und weil in vielen Darstellungen die „Bündische Jugend" für die Gesamtheit der Jugendlichen in der Weimarer Republik gehalten wird, soll ein kurzer Zahlenvergleich die Relationen deutlich machen. Im „Reichsausschuß der deutschen Jugendverbände" waren im Jahr 1926/27 4,3 Millionen Jugendliche unter 21 Jahren erfasst. 1,6 Mill. (37%) stellten die Verbände für Leibesübungen, die größte Gruppe. Ihnen folgten die katholischen Verbände mit 784.000 Mitgliedern, die volksbürgerlichen mit 550.000, die evangelischen mit 458.000. Die sozialistischen Verbände umfassten 368.000 Jugendliche. Die Verbände der „bündischen Jugend" machten lediglich 51.500 (= 1,2%) der im Reichsausschuß organisierten Jugendlichen aus.

Dieses Spektrum von organisierten Jugendlichen und Jugendführern ist im Blick zu behalten, wenn es darum geht, den Erfolg der Hitler-Jugend zu erklären. Denn bereits 1932 bekam sie aus allen Lagern Zustrom und wuchs von Anfang 1932 mit ca. 10.000 Mitgliedern auf ca. 107.000 Mitglieder Ende 1932. Ein Jahr später war sie durch „Gleichschaltung" und Anpassung auf 2,3 Mill. Mitglieder gestiegen, eine Zahl, die sich unter den Bedingungen der Zwangsintegration ab 1936 auf 8,7 Mill. Anfang 1939 steigerte.

Ein nennenswertes faschistisch-rechtsradikales Spektrum hat sich vor 1933 nicht außerhalb der Hitler-Jugend formiert. Sympathien, Anpassungen und Übertritte gab es in allen Gruppen, von rechts bis zur äußersten Linken. Weil die geschichtslose Hitler-Jugend den Wandervogel zu ihrer historischen Wurzel erklärte, gab es nach 1945 Serien von Schulddebatten, die den Wandervogel gradlinig zum Verursacher des Nationalsozialismus erklärten. Angesichts der Differenziertheit der Erforschung von Detailaspekten in den letzten 25 Jahren, fällt es daher sehr merkwürdig auf, dass einer der anerkanntesten Historiker, Hans Ulrich Wehler, diese verkürzte Sicht in seinem vorletzten Standardwerk erneut vorträgt und damit zur erneuten Kanonisierung dieses Fehlurteils beiträgt[18]. Die historische Jugend- und Bildungsfor-

---

18 Vgl. Wehler, H.-U.: Deutsche Gesellschaftsgeschichte. Dritter Band. Von der „Deutschen Doppelrevolution" bis zum Beginn des Ersten Weltkriegs 1849-1914, München 1995, S.

schung konnte demgegenüber nachweisen, dass die alltagskulturelle Praxis des Wandervogel in den zwanziger Jahren übergreifend bis zu den Naturfreunden und der sozialistischen Arbeiterjugend in ihrer stilbildenden Funktion gewirkt hat und dass das Bündische als resistentes Gegenmilieu sich nach 1933 erhalten hat und in einigen Fällen jugendliche Widerstandsbiographien[19] im Nationalsozialismus mitbeeinflusst hat.

3. Jazz – der Beginn

„Jazz" ist die erste Sammelbezeichnung für eine Musik, in der sich afroamerikanische Traditionen des Blues- und Gospelgesangs sowie Reste ritueller Tanzformen mit Elementen westeuropäischer Kirchen-, Marsch- und Tanzmusik vermischt haben. Übereinstimmend wird der Süden der Vereinigten Staaten und besonders New Orleans als Ort der Entstehung um die Jahrhundertwende angenommen.

Der Begriff „Jazz" wird aus unterschiedlichen Ableitungen erklärt. Wenig plausibel sei – so E. Jost – die Rückführung auf einen obskuren Musiker mit Namen „Jazzbo". Größere Plausibilität besitze die Ableitung des Begriffs aus dem amerikanischen Slang-Wort „jazzy", als Synonym für „grell", „bunt" „erregend", „sexuell stimulierend".[20] Zentral sei allerdings, dass mit

---

1100-1104, bes. S. 1104. Vgl. dagegen Reulecke, J.: „Hat die Jugendbewegung den Nationalsozialismus vorbereitet?" Zum Umgang mit einer falschen Frage, in: Krabbe, W. R. (Hg.): Politische Jugend in der Weimarer Republik, Bochum 1993, S. 222-243, vgl. auch bereits Klönne, A.: Jugend im Dritten Reich. Die Hitler-Jugend und ihre Gegner, Köln 1982, S. 117. – In dem 2003 erschienenen Folgeband: Deutsche Gesellschaftsgeschichte, Vierter Band. Vom Beginn des ersten Weltkriegs bis zur Gründung der beiden deutschen Staaten 1914-1949, in den das Thema eigentlich Platz haben müsste, geht Wehler nur en passant auf die Bündische Jugend ein. Er argumentiert, was sehr gelungen ist, auf einem sehr viel höheren Abstraktionsgrad und benennt nur beiläufig Gruppen und Zusammenschlüsse, vgl. VI, 3 Der Aufstieg des Nationalsozialismus ..., S. 542ff. Beispielhaft steht hier mehrmals der „Tat"-Kreis um Hans Zehrer, vgl. S. 549 und 561.

19 Jens, I.: Die „Weiße Rose". Biographische und kulturelle Traditionen, in: Breyvogel 1991, S. 202-221, Knoop-Graf, A.: „Jeder trägt die ganze Verantwortung!" Widerstand am Beispiel Willi Graf, in: Breyvogel 1991, S. 222-240, Moll, C.: Die Weiße Rose, in: Steinbach, P./Tuchel, J. (Hg.): Widerstand gegen den Nationalsozialismus, Bonn 1994, S. 443-467 und zusammenfassend: Breyvogel, W.: Jugendliche Widerstandformen. Vom organisierten Widerstand zur jugendlichen Alltagsopposition, in Steinbach/Tuchel 1994, S. 426-442. In neueren Arbeiten sind diese bündischen Verhaltenselemente auch in Kerngruppen des politischen Widerstands nachgewiesen worden. Das gilt für die Herbert-Baum-Gruppe wie auch den Kreis um Arvid Harnack und Harro Schulze-Boysen, vgl. Coppi, H./Andresen, G. (Hg.): Dieser Tod paßt zu mir. Harro Schulze-Boysen. Grenzgänger im Widerstand. Briefe 1915-1942, Berlin 1999.

20 Vgl. Jost, E.: Jazz, in: Reclams Jazzlexikon, Stuttgart 2003, S. 631ff., hier S. 632

der Bezeichnung „Jazz" eine abwertende Stigmatisierung durch die weiße Dominanzkultur („all that jazz" meint umgangssprachlich „so ein Krempel" oder „so ein Mist") intendiert gewesen sei. So gelangte Alfons M. Dauer zu der Feststellung: „Nach Auskunft einschlägiger Wörterbücher und anderer Quellen bedeutet im nordamerikanischen Slang der Begriff ‚to jazz' ursprünglich ganz eindeutig ‚to fuck'... Die sexuelle Konnotation besteht [aber] nur dem Anschein nach. Die Stigmatisierung kommt durch die Gewohnheit englischsprachiger Unterschichten zustande, zur sprachlichen Herabsetzung von Dingen, Personen oder Begriffen, Vokabeln aus dem Kopulationsverhalten zu verwenden."[21] Es ist nicht nur eine „feine Ironie der Jazzgeschichte" (E. Jost), sondern der in der späteren Jugendgeschichte übliche Vorgang der Identifikation mit einer Stigmatisierung, daß der Begriff „Jazz" als Genrebezeichnung durch die euro-amerikanische Original Dixieland Jazzband ab 1917 weltweite Verbreitung fand. Andererseits wird dadurch auch verständlich, warum sich Musiker wie Duke Ellington, Charles Mingus und die junge Avantgarde der 50er und 60er Jahre (Charlie Parker, Miles Davis) – mithin die, die die Rassenschranke durch Bildung und Erfolg durchdrungen haben – vom Begriff „Jazz" eher distanzierten.[22]

Der Stil des frühen Jazz, der mit dem Namen New-Orleans-Jazz als mythologischem Ursprung verbunden ist, ist dagegen mit den Brass-Bands und kleinen Tanzformationen verbunden, die zum Alltag der Farbigen gehörten. Repräsentiert wurde er zum Beispiel von Gruppen, die mit dem Namen Kid Ory oder Louis Armstrong verbunden waren.

Louis Armstrong, am 4. August 1901 im Farbigenviertel in New Orleans geboren, lernte in einer Erziehungsanstalt Kornett spielen. Sein ausdrucksstarkes Spiel machte bald in den Tanzkapellen auf ihn aufmerksam. Neben der Gelegenheitsarbeit als Zeitungsverkäufer, Milchmann, Trödler, Kohlenträger und Lastwagenfahrer spielte er in den „honky-tonks" des Farbigenviertels. Ab 1917 ersetzte er Joe King Oliver, den Trompeter, in der Band des Posaunisten Kid Ory. Joe King Oliver war bereits den Weg des Erfolgs in die ersten Studios nach Chicago gegangen. Louis Armstromg lernte erst in dieser Zeit, als er auf einem Mississippidampfer in dem Orchester Tate Marables spielte, Noten lesen, was ihn gegenüber vielen Bandleadern, so Count Basie und Duke Ellington, auszeichnete. Im Jahr 1922 holte ihn Joe King Oliver nach Chicago. Zwei Jahre später spielte er bereits in dem den Swing vorbereitenden Orchester des Fletcher Henderson in New York, Fletcher Hender-

---

21 Dauer, zit. nach Jost 2003, S. 632
22 Vgl. Jost 2003, ebd.

son, einer der wenigen „gebildeten Schwarzen", so Hobsbawn[23], die das College besucht hatten.

Ende 1925 spielte Louis Armstrong die ersten Aufnahmen unter seinem Namen ein („Louis Armstrong and his Hot Five"). Neben ihm spielten Kid Ory, pos., Johnny Dodds, clar., Johnny St. Cyr, banjo, und seine zweite Frau, Lil Hardin, piano. Nach Hugues Panassié, dem frühen Historiographen des Jazz, verdankt die Musikgeschichte dieser kleinen Band „die schönste je aufgenommene Serie von Interpretationen des New-Orleans-Stils".[24] Mit Aufnahmen dieser „Hot Five" und der folgenden „Hot Seven" (ergänzt um Baby Dodds, drums, und Pete Briggs, piano) wurde Louis Armstrong von der Ost- bis zur Westküste der Vereinigten Staaten bekannt, 1932 fand seine erste Europareise statt. Zu seinem Konzert in London reiste bereits ein neunzehn Jahre alter Zahntechniker aus Leipzig mit Namen Kurt Michaelis.[25] Er repräsentiert den neuen Typus des Fan, Michael Kater kennzeichnet seine Favoriten: „Ellington war einer von zwei schwarzen amerikanischen Favoriten der Jazzliebhaber. Der andere war Louis Armstrong, der seinen internationalen Ruhm im Juni 1928 mit der großartigen Aufnahme des ‚West End Blues' durch seine Hot Five Band untermauert hatte... Der unverwüstliche ‚Tiger Rag' ... wurde ebenfalls zu einem Sammlerstück; Michaelis sammelte mit Hingabe so viele Versionen wie möglich, unanhängig vom Interpreten."[26] An dem Beispiel Kurt Michaelis wird die Durchdringung von Hot Jazz und Swingjugend in Deutschland paradigmatisch. Denn ein Jahr später existierte um den zwanzigjährigen Kurt Michaelis eine kleine Jazzfan-Szene in Leipzig. „Er [Kurt Michaelis] stand ... im Mittelpunkt von vier oder fünf gleichgesinnten jungen Männern, die ... informelle Jazztreffen in ihren Wohnungen abhielten."[27] Kurt Michaelis, von seinen Freunden Hot-Geyer genannt, ein wahrer Fan, machte zum Tausch und zur Vervollständigung seiner Sammlung von „Tiger-Rag"-Versionen 1934 seine zweite Londonreise.[28]

---

23 Hobsbawn, E.: Ungewöhnliche Menschen. Über Widerstand, Rebellion und Jazz, München 2003, S. 321
24 Panassié, H.: Die Geschichte des echten Jazz, München 1962, S. 55. Hugues Panassié war der Mitbegründer des Hot Club de France in Paris 1932
25 Vgl. Kater, M.H.: Gewagtes Spiel. Jazz im Nationalsozialismus, München 1998, S. 32
26 Kater 1998, S. 34, nach den Angaben von Panassié müsste es die Hot Seven gewesen sein.
27 Kater 1998, S. 152
28 Kater 1998, S. 153

4. Hot Jazz und Swing

Der **Swing**, ein Musikstil des Jazz, hatte seine erfolgreiche Phase zwischen den Jahren 1935 und 1945. Swing bezeichnet zweierlei, eine Musik, die in ihrem Rhythmus *swingt* und einen Musikstil.[29] Mit ersterem ist eine bestimmte Art und Befähigung gemeint, die Jazzmusik zu spielen, d. h. in richtiger Weise zu „swingen", wie es aus der Herkunft des Jazz als Musik der Afro-Amerikaner gefolgert wurde. Es geht um ein Rhythmusgefühl, das kaum erlernt werden kann, sondern als Körpergefühl vorgängig vorhanden ist und im „swing" deutlich wird.[30] Neben diese sehr frühe Erklärung traten in der Jazzforschung Ergänzungen und Varianten, die teilweise Kenntnisse differenzierter Musiktheorie voraussetzen. So entwickelte der schon erwähnte Alfons M. Dauer (1958 bis 1961) für das Spannungsverhältnis des Rhythmus die Beziehung von *Beat* und *Offbeat*, womit eine minimale Rhythmusverschiebung gegenüber dem Grundrhythmus gemeint ist. Angelehnt an Alfons M. Dauer habe Joe Viera den daraus resultierenden *swing* als Tempophänomen interpretiert. „Ein ... konstantes Grundtempo wird von ständig wechselnden Tempi überlagert. Maßgeblich beteiligt sind daran sog. ‚Beschleunigungsakzente', die nur um ein Geringes (also weniger als ein Achtel) vor dem Beat liegen und dabei den Eindruck einer kurzzeitig auftretenden Beschleunigung hervorrufen."[31] Das zentrale Fazit, so Jost, lautet, Jazz als *swing* zu spielen, ist an historische, soziale und individuelle Bedingungen geknüpft und keine ahistorisch nativistische Voraussetzung, wie sie die erste Erklärung unterstellte. Denn die sich überlagernden, Spannung erzeugenden polyrhythmischen Strukturen, sind an einen Grundrhythmus gebunden, der im Free Jazz der Folgezeit aufgegeben wird, ohne daß die Musik aufgehört hat, Jazz zu sein.[32]

Der **Swing** als Musikstil ist dagegen mit dem Namen Benny Goodman als „King of Swing" in den Dreißiger Jahren verbunden. Der Swing wurde, über das Radio und den Film vermittelt, die erste vom Jazz mitgeprägte populäre Unterhaltungsmusik der amerikanischen und europäischen Metropolen für die jüngeren Erwachsenen.

Während der schwarze Duke Ellington mit der gleichen, teils rhythmisch stärker durchgebildeten Swing-Musik die Rassenschranke nicht durchdringen konnte, gelang dem weißen Benny Goodman dieser Erfolg. Allerdings wuss-

---

29 Nach E. Jost sei in der deutschsprachigen Literatur zur Unterscheidung zwischen „swing" als rhythmischer Qualität und „Swing" als Stil die Klein- und Großschreibung üblich. Vgl. E. Jost: Swing, in Reclams Jazzlexikon, Stuttgart 2003, S. 674-677, hier S. 674
30 Panassié 1962, 26f.
31 Joe Viera nach E. Jost: Swing, Jazzlexikon, Stuttgart 2003, S. 675
32 Vgl. Jost 2003, S. 676

te er auch, wie am besten mit der Tradition strategisch umzugehen ist, ein Sachverhalt, der sich beim Übergang von „Rhythm and Blues" zu „Rock and Roll" nochmals wiederholen wird: „Goodman verpflichtete einen erstklassigen schwarzen Ex-Bandleader als Arrangeur, erfand einen eigenen Jazzsound, statt bloß abgedroschene kommerzielle Tanzmusik zu spielen, und mischte schwarze Musiker mit weißen. Dank Hammonds [ein Jazzförderer und weißer Musikverleger] Beziehungen machte er Schallplattenaufnahmen und erhielt Engagements, die Rundfunkübertragungen von gleichzeitig mehreren Stationen im gesamten Land einschlossen."[33]

5. Swing und Swing-Jugend im nationalsozialistischen Deutschland

Die Swing-Jugend war die erste moderne, d. h. städtische und großstädtisch-metropolitane Jugendkultur, die sich durch einen internationalen Stiltransfer gerade im nationalsozialistischen Deutschland artikulierte. Zugleich war sie im doppelten Sinne eine Jugend**sub**kultur, weil es sich um ein zweifaches Unterlaufen handelte. Zum einen wurde die nationalsozialistische Ideologie unterlaufen und konterkariert, zum anderen wurden aber auch die zentralen Werthaltungen der bürgerlichen Stammkultur in Frage gestellt, so der Leistungsgedanke, der Ordnungs- und Anstandsbegriff sowie der traditionelle Antiamerikanismus der deutschen Oberschicht. Allerdings nicht der Swing, sondern der **Hot Jazz** blieb auch in der Swingära (1935-1945) der eigentliche subkulturelle Bezugspunkt der Jugendlichen. In Unkenntnis dieser Differenzierung wurde von den Verfolgungsinstanzen und in der Folgezeit auch in der Forschung der Begriff „Swing-Jugend" auf die Jugendlichen übertragen, auch wenn sie sich im eigenen Sprachgebrauch, wie an der Hamburger Eisbahnclique deutlich wird, als „**Hotter**" oder „**Hot Boy**" und „**Hot Girl**" bezeichneten.

Der **Hot Jazz** und **Swing** erfasste nicht nur Jugendliche in den Großstädten Hamburg, Berlin, Leipzig, Frankfurt, München und Wien, Spuren lassen sich auch bis in die kleineren (Universitäts-)Städte Münster, Königsberg und Düsseldorf verfolgen[34]. Aus propagandistischen Zwecken tolerierte das Reichspropagandaministerium und das Reichssicherheitshauptamt in Ab-

---

33 Hobsbawn 2003, S. 344
34 Vgl. zum Nachweis der Gruppen die differenzierte Arbeit von Kater 1998, S. 21-64, für Frankfurt zuletzt Rathgeb, K.: Helden wider Willen. Frankfurter Swing-Jugend zwischen Verfolgung und Idealisierung, Münster (Westfälisches Dampfboot) 2001, S. 11-18 und die Interviews mit sechs Frankfurter Swing-Jugendlichen, S. 66-148

stimmung mit der SS Swing-Musik spielende Gruppen selbst in den Strafgefangenenlagern des Zweiten Weltkriegs, aber auch in dem Durchgangslager Therezin (Theresienstadt) sowie in den Konzentrationslagern Sachsenhausen und Buchenwald[35].

Wenn es auch einzelne Swing-Jugendliche in den Arbeitervorstädten der Großstädte gegeben hat, den Kern bildeten Jugendliche aus Familien der neuen städtischen Mittelschichten und des kaufmännischen und Handelsbürgertums. Für sie steht die zeitgenössische Beschreibung der **Hamburger Eisbahnclique** paradigmatisch, eine „dichte" Beschreibung, die aus Observation, Vernehmung und Bespitzelung in der Reichsführung der Hitlerjugend am Anfang der vierziger Jahre entstanden ist. In dieser Denkschrift der Reichsjugendführung zur Cliquen- und Bandenbildung unter Jugendlichen vom September 1942 findet sich – gegen den Willen der Verfasser – eine bis heute nutzbare Beschreibung der Swing-Jugend in Hamburg, die exemplarisch für eine Stilanalyse herangezogen werden kann[36]. Denn sie erfasst alle wichtigen Dimensionen und verläuft, ausgehend von den sozialen Voraussetzungen und der schulischen Bildung, über die ästhetischen Dimensionen des Tanzes und des Körperausdrucks sowie die in der Szene „heiligen" Objekte zur Sprache und zum normativen Kontext der Jugendlichen.

6. Eine exemplarische Stilanalyse. Ein Exkurs

6.1 Soziale Herkunft und schulische Erziehung

Im Winter 1937/38 schlossen sich in Hamburg Jungen und Mädchen, meist aus „gehobenen Gesellschaftsschichten", die sich schon von der höheren Schule oder aus exklusiven Sportclubs kannten, beim Eislaufen zur sogenannten „Eisbahnclique" zusammen. Man besuchte gemeinsam ein bestimmtes Lokal, trug auffällige Kleidung und schwärmte für englische Musik und englischen Tanz.[37]

Für die Geschichte der Jugendkulturen ist die Aussage „Jungen und Mädchen" von besonderer Bedeutung. Sie belegt, dass die Mädchen offenbar von Anfang an Beteiligte dieser Subkultur waren. Dies lässt sich durch Verweis auf die Herkunft und den Bildungsstatus der Familien erklären. In den Wor-

---

35 Muth, W.: Musik hinter Stacheldraht. Swing in Ghetto und KZ, in: Polster, B. (Hg.): „Swing Heil". Jazz im Nationalsozialismus, Berlin 1989, 211-220
36 Die Denkschrift wird im Folgenden nach dem leicht zugänglichen Abdruck bei Peukert, D. K.: Die Edelweißpiraten. Protestbewegungen Jugendlicher Arbeiter im Dritten Reich. Eine Dokumentation, Köln 1980, S. 160-229 als Peukert 1980 zitiert.
37 Peukert 1980, S. 201

ten des Observanten sind es die „gehobenen Gesellschaftsschichten", in denen die Emanzipation der Mädchen über Bildung und der Wunsch nach Gleichberechtigung bereits eine elterliche Stütze fand. Blicken wir zurück, dann sind diese Mädchen offenbar im übertragenen Sinn die „Nachfolgerinnen" der wenigen Mädchengruppen der zumeist „freideutschen" Gruppen des „Wandervogel" vor 1914. In den zwanziger Jahren geboren, setzten sie die Geschichte der Selbständigkeit der Mädchen in den Städten fort. Es ist die erste Generation, die mit Blick nach vorne die Freisetzungen in den städtischen Unterhaltungsmedien positiv besetzt und sich aus dem Korsett der Ordnungsvorstellungen der Elterngeneration zumindest teilweise gelöst hat.[38]

6.2 Der Tanzstil

Zum Tanz wurde nur englische und amerikanische Musik gespielt. Es wurde nur Swing getanzt und gehottet. ... die Teilnehmer begleiteten die Tänze und Songs ausnahmslos durch Mitsingen der englischen Texte, wie auch überhaupt während des ganzen Abends versucht wurde, fast nur englisch und an einigen Tischen sogar französisch zu sprechen.[39]

Bei der detaillierteren Beschreibung des Tanzes überkam den berichterstattenden Spitzel offenbar ein Schauder aus Faszination und Schrecken:

Der Anblick der Tanzenden war verheerend. Kein Paar tanzte normal, es wurde in übelster Form geswingt. Teils tanzten zwei Jünglinge mit einem Mädel, teils bildeten mehrere Paare einen Kreis, wobei man sich einhakte und in dieser Weise dann umherhüpfte, mit den Händen schlug, ja sogar mit den Hinterköpfen aneinander rollte und dann in gebückter Stellung, den Oberkörper schlaff nach unten hängend, die langen Haare wild im Gesicht, halb in den Knien, mit den Beinen umherschlenkerte.

Als die Kapelle einmal einen Rumba spielte, gerieten die Tanzenden in eine wilde Ekstase. Alles sprang wild umher und lallte den englischen Refrain. Die Kapelle spielte immer wildere Sachen. Kein Mitglied der Kapelle saß mehr, sondern jeder „hottete" wie wild auf dem Podium herum. Häufig sah man, daß Jungen zusammen tanzten, durchweg mit zwei Zigaretten im Mund, in jedem Mundwinkel eine ...[40]

Für die Geschichte des jugendlichen Tanzes ist die Auflösung der Paarbeziehung und die sich andeutende Promiskuität wegweisend. Die Beschreibung nimmt im Kleinen vorweg, was in den fünfziger Jahren der Rock'n'Roll allgemeiner, besonders bei Jugendlichen aus nicht „gehobenen Gesellschafts-

---

38 Zur Hamburger Swing-Jugend ausführlich jetzt Kater 1998, pass. u.a. S. 205-214
39 Peukert 1980, S. 201f.
40 Peukert 1980, S. 202

schichten" auslösen wird. Bei dem obigen Fest, das im Februar 1940 in Hamburg stattfand, waren fünf- bis sechshundert Jugendliche anwesend. Im Mai 1940 erfolgte bereits ein Tanzverbot, das die Jugendlichen durch „Hausfeste" unterliefen. Diese waren aber nur ein Begegnungsort unter vielen.

6.3 Freizeit und Clique

Auch sonst traf man sich zu gemeinsamen Unternehmungen, besuchte eine bestimmte Badeanstalt, traf sich zu gemeinsamen Ausflügen und Fahrten. Überall erregten die Cliquen-Angehörigen durch auffälliges Benehmen, Kleidung, mitgebrachte Koffergrammophone mit englischen Schallplatten und durch ihren betont englischen Tanzstil Aufsehen und Verärgerung.[41]

Bei einer der häufigeren Razzien, die der Durchsetzung des Swing-Verbots dienten, wurden 63 Jugendliche in Hamburg festgenommen, davon waren nur 15 gleichzeitig in der Hitlerjugend. Die jüngsten vier waren vierzehn Jahre alt, zweiundzwanzig waren zwischen sechszehn und achtzehn Jahre alt, siebenunddreißig waren älter als achtzehn Jahre. Zu den Älteren der Hamburger Swing-Szene zählten einige junge Erben großer Vermögen, so der griechischstämmige Demitrios Georgiadis, genannt „Kaki", im Jahr 1940 gerade 21 Jahre alt. Bis zum Kriegsausbruch war er der „ungekrönte König" der Hamburger Swing-Jugend, „der elegant gekleidete junge Gentleman mit den weichen Gesichtszügen, dem großartigen Horch-Kabriolett, der Schwäche für erlesene Restaurants, wunderschöne Showgirls und natürlich für amerikanischen Swing."[42] Ein anderer war der Verlegersohn und spätere Großverleger Axel C. Springer, nach Kater ein „Möchtegernsänger", der zuweilen in der Kapelle des häufig in Hamburg gastierenden Teddy Stauffer sang.[43] Die Attraktion der Privatpartys waren zwei „schöne junge Mädchen", die Geschwister Madlung, deren Vater ein sehr angesehener Anwalt war, nach den Gesetzen von 1935 ein „Halbjude", die Mädchen daher „Vierteljuden", ein nicht unmittelbar das Leben bedrohender Zusatz, aber, in Kombination mit „Jazz" und „Swing", ein die Verfolgung verschärfender Sachverhalt.[44]

In den späteren Verfolgungswellen, spätestens ab 1942, wurden sie alle erfasst. „Kaki" Georgiadis kam im Herbst 1941 für mehrere Wochen in Haft. Axel Springer versuchte dem früheren politischen Redakteur Dr. Hans E. Meyer, der aus dem Konzentrationslager Sachsenhausen geflohen war, zu

---

41 Peukert 1980, ebd.
42 Kater 1998, S. 208
43 Kater 1998, ebd.
44 Kater 1998, S. 209

helfen. „Meyer wurde gefangen und zu Tode geprügelt, während man Springer intensiven Gestapoverhören aussetzte."[45] Die zwanzig und zweiundzwanzig Jahre alten Geschwister Madlung wurden 1942 in das Konzentrationslager Ravensbrück deportiert, das sie allerdings überlebten.[46]

6.4 Kleidung und Accessoires

Um als vollgültiges Mitglied angesehen zu werden, musste jeder Junge und jedes Mädchen Gewohnheiten, Kleidungsart und Abzeichen der Swing-Jugend annehmen. Die männlichen Angehörigen wurden legitimiert durch ihre langen, oft bis zum Rockkragen reichenden Haare (Haarlänge bis zu 27 cm). Vorwiegend trug man lange, karierte englische Sakkos, Schuhe mit dicken, hellen Kreppsohlen, auffallende Schals, auf dem Kopf einen Unger-Diplomat-Hut, über dem Arm bei jedem Wetter einen Regenschirm und als Abzeichen im Knopfloch einen Frackhemdenknopf mit farbigem Stein.

Auch die Mädchen bevorzugten eine lang herabwallende Haartracht. Die Augenbrauen wurden nachgezogen, die Lippen gefärbt und die Fingernägel lackiert. Wie die Kleidung so war auch Benehmen und äußere Haltung der Cliquenmitglieder.[47]

Die Kleidung, die Haarlänge, besonders die der männlichen Jugendlichen, die Schuhe, der Regenschirm, sie waren die Zeichen der Erkennbarkeit und öffentlichen Sichtbarkeit. Der städtische Raum, Plätze und Straßen, Lokale, Cafes und die Kinosäle werden zu diesem Zeitpunkt die Bühne einer neuen Sichtbarkeit, die die Swing-Jugend unter den fatalen Bedingungen des Nationalsozialismus als erste betreten hat. Und sie betrat sie nicht nur, sondern wagte zudem die politische Provokation in Form von Kabaretts bei den Privatpartys in der berühmten Szene auf dem Hamburger Hauptbahnhof. Zwei Swing-Jugendliche waren in Harburg in den Fernzug gestiegen und wurden von ihren Freunden als „Reichsstatistenführer" mit Blitzlicht und offenem Wagen empfangen, eine Gaudi, die bis zur Haft im Jugendkonzentrationslager Moringen Folgen hatte.[48]

6.5 Signifikante Objekte

Schallplattenapparat und der ständige Erwerb der neu erscheinenden Tanzplatten gehörte unbedingt zu einem Angehörigen der 'Swing-Jugend'. Die Schallplat-

---

45 Kater 1998, S. 213
46 Kater 1998, S. 295
47 Peukert 1980, S. 203
48 Kater 1998, S. 289 und Polster 1989, S. 138 (mit Foto)

te spielt die Rolle des Buches. Sie wurde von Hand zu Hand verliehen, bzw. zu teueren Preisen untereinander verkauft. Je toller und lauter die Platte, je bizarrer und verrückter der Rhythmus, desto größer war die Nachfrage.[49]

Neben den Erkennungszeichen gab es höchst bedeutungsgeladene Gegenstände, dabei bildeten das Grammophon und die Schallplatte das imaginäre Zentrum der Gruppen. Beide Momente, Musik technisch zu reproduzieren und selbst Musik zu machen, bildeten aber ein Spannungsverhältnis auf der Ebene der Kompetenz, das für die Folgezeit des zwanzigsten Jahrhunderts Geltung behielt. Daher sind die Musikinstrumente teilweise mit noch stärkerer imaginärer Bedeutung aufgeladene Wunschobjekte der Jugendlichen. In diesem Fall ist es besonders das Saxophon, das hier für eine Zeit die Gitarre, das Jugendmusikinstrument des 20. Jahrhunderts schlechthin, verdrängt und riskante Verhaltensweisen Jugendlicher auslöst.

6.6 Imaginäres, Faszination und riskantes Verhalten

Aus der „Musikbegeisterung" wurden eigene Amateur-Tanzkapellen gegründet. Einzelne Jugendliche schreckten nicht davor zurück, sich Instrumente auf unrechtmäßige Weise zu verschaffen. So zertrümmerte L. die Scheibe eines Musikaliengeschäftes und stahl aus dem Schaufenster ein Saxophon. Ein anderer Jugendlicher beging eine Scheckfälschung und kaufte sich für das Geld ein Saxophon.[50]

Eine Swing-Band zu gründen oder in ihr mitzuspielen, gemeinsam zu musizieren, darüber auf eine „Bühne" der Anerkennung zu gelangen und an dem scheinbar leicht zugänglichen Ruhm der neuen Stars der auch bereits im Film idealisierten Populärkultur zu partizipieren, war der stille Traum vieler Jugendlicher, der sie auch veranlasste Straftaten zu begehen. Zweifellos war das gesamte Set von Verhalten und Aussehen der Swing-Jugend ein hochgradig riskantes Verhalten unter der fatalen Voraussetzung der Herrschaft des Nationalsozialismus in Deutschland. Allerdings macht es nochmals einen Unterschied aus, sich über die strafrechtlich sanktionierten Verhältnisse von Besitz und Eigentum durch Einbruch und Fälschung hinwegzusetzen. Imaginäre Verkennung, Faszination und Wunscherfüllung schlugen dabei dominant im Verhalten durch und reduzierten offenbar die notwendige Risikoabwägung.

---

49 Peukert 1980, S. 204
50 Peukert 1980, S. 203f.

6.7 Die Sprache und der eigene Symbolvorrat

Bezeichnend für das Wesen der Swing-Jugend ist auch ihre Ausdrucksweise. Man redet sich untereinander an mit „Swing-Boy", „Swing-Girl" oder „Old-Hot-Boy". Man beendet Briefe mit „Swing-Heil". Das Schlagwort ist „lottern". Nach ihm ist der „Lotterclub" benannt. Häufig findet man in den Tagebüchern der „Lotterboys" und der „Lottermädchen" den Satz. „Nachmittags habe ich 'gelottert'". Ihr Ideal ist ein „Lotterleben". In einem Tagebuch hieß es: „So lotterten wir beim lässigen Bar-Swing bis in den frühen Morgen hinein". Noch häufiger aber war der Ausdruck „Hotte" oder „Hotterer", „Hotfest" usw.[51]

Der „Lotter", im 20. Jahrhundert nur noch mundartlich für den „Herumtreiber" und „Faulenzer" verwandt, ist eine typische Negativetikettierung, die die Swing-Jugend offenbar im Widerspruch zum üblichen Gebrauch benutzte, um sich gegenüber den gesellschaftlichen Erwartungen abzugrenzen und sich ironisch dadurch selbst zu definieren. Das Verb „lottern", das sich assoziativ schnell mit „hotten" verband, ist offenbar eine Eigenprägung der Jugendlichen. Das zweite Element, das hier auftaucht, ist das Adjektiv „hot" im Sinne von „heiß", „schnell", woraus „hotten", „Hotterer" oder „Hot-Fest" gebildet wurde. Es verweist auf den **Hot Jazz** als den eigentlich bevorzugten Musikstil der Swing-Jugend, nicht nur in Hamburg.

6.8 Der normative Bruch

Die Ermittlungen ergaben ein erschreckendes Bild sittlich-charakterlicher Verwahrlosung. Einer der Hauptsrädelsführer sagte aus: „Der Kreis der Mädchen war 16-19 Jahre alt, sie waren Modistinnen, Kontoristinnen usw. sie kamen mit den Jungen zusammen um Freundschaften zu schließen, die jedoch höchstens 3 bis 4 Wochen dauerten. Zumeist spielten persönliche Neigungen zueinander weniger eine Rolle als vielmehr die bewusste Wahl eines Partners für den Geschlechtsverkehr. Die Mädel wechselten in unserem Kreise, wobei derjenige oder diejenige den Vorzug hatte, der eine sturmfreie Bude zur Verfügung stand."[52]

Der Verstoß gegen „Sitte und Anstand" einer bürgerlichen Sexualmoral wurde, wie in der Jugendgeschichte typisch, besonders am Verhalten der Mädchen und jungen Frauen festgestellt. Ihr öffentliches Spiel mit ihren „Reizen" galt als besonders verwerflich.

---

51 Peukert 1980, S. 203
52 Peukert 1980, S. 205

Die Kleidung der Mädel war auffallend; im Benehmen bemühten sie sich mondän zu sein. Durch starke Bemalung und lässiges Zurschautragen ihrer körperlichen Reize, bemühten sie sich, im Lokal Aufsehen zu erregen.[53]

Der normative Bruch erfolgte auf mehreren Ebenen: Der Rassegedanke, die Blut-und-Boden-Ideologie, der Welteroberungs-Imperialismus, das Herrenmenschentum, die stumpfe Disziplin, alles das stieß auf implizite und explizite Kritik und Ablehnung dieser Jugendlichen. Es ist nicht überraschend, daß die nationalsozialistische Verfolgung in ihrer paranoiden Struktur das sexuelle Verhalten in den Mittelpunkt der Aufmerksamkeit stellte. Obwohl es individuelle wie auch politische Arrangements mit den Swing-Interessen der jüngeren Bevölkerung von offizieller Seite gab, ist davon auszugehen, dass sich ein Jugendlicher oder eine Jugendliche, die sich an dem Verhaltensset des Swing orientierten oder sich gar im existentiellen Sinn als Hot-Boy oder Hot-Girl verstanden, in einen fundamentalen Widerspruch zu den Denk- und Verhaltensmaximen der nationalsozialistischen Partei und Politik begab. Inwieweit dieser Bruch auch von den Eltern mitgetragen oder über sie sozial „abgefedert" wurde, muss hier offen bleiben. Es ist allerdings davon auszugehen, dass das promiskuitive Sexualverhalten, besonders der Mädchen, auch hier auf deutliche Grenzen stieß. Inwiefern es allerdings durch einige Momente der teils antibürgerlichen Sexualmoral der nationalsozialistischen Politik selbst befördert wurde, ist nicht vollständig auszuschließen. Was allerdings bedeutungsvoller ist, ist die Tatsache, dass die zunächst besonders akzentuierte ästhetische Aufmerksamkeit eines Swing auch den Resonanzboden für direkten politischen Widerstand bilden konnte, ein Sachverhalt, den zumindest einzelne in ihren Biographien repräsentieren.[54]

So ist Michael Kater zuzustimmen, der auf das Paradoxon hinweist, daß die Hamburger Swings gerade in der gefährlichen Phase der verschärften Verfolgung 1943/44 stillschweigend zu einem Vorbild für andere Gruppen wurden. „Es ist unklar, auf welche Weise sich diese Gruppen miteinander verständigten, doch einiges deutet darauf hin, daß die archetypische Hamburger Bewegung das Rückgrat für den Widerstand gegen die Hitlerjugend und sogar gegen die SS bildete. Sie ließ die Hoffnung auf einen anderen Typ des Deutschen aufkommen, der den Hitlerismus verabscheuen und sich statt dessen der Humanität zuwenden würde."[55]

---

53 Peukert 1980, ebd.
54 Vgl. z.B. Torsten Müller, in: Kater 1998, S. 348-350 u. 377
55 Kater 1998, S. 350

6.9 Jenseits von Hamburg. Wie die Rassenschranke im Jazz durchlässig wurde

Die am Beispiel der Swing-Jugend entwickelten Kategorien: Herkunft und Bildung, die Stilform des Tanzes als Ausdruck des ästhetischen Wahrnehmens und des Körperempfindens sowie der in der Bewegung artikulierbaren Energien und Wünsche, das Freizeitverhalten jenseits der Kontrolle der Erwachsenen und die Bedeutung der Clique, die Kleidung und die kleinen Accessoires, die signifikanten, mit hoher Bedeutung geladenen Objekte, das Grammophon und die Schallplatte, aber auch Musikinstrumente wie Saxophon, Schlagzeug und Gitarre, die Erkennungsmarken in der Sprache und der geheime, nur den Beteiligten zugängliche Symbolvorrat, zuletzt und zusammenfassend der normative Bruch gegenüber dem, was „Sitte und Anstand" der jeweils vorherrschenden Politik und Kultur erfordern, diese Kategorien können allgemeiner für einen analytischen Zugang zu Jugendkulturen stehen. Dieser normative und in der Tendenz auch politische Bruch verbindet sich bei den Swings erstmalig mit dem Ursprungsmythos „New Orleans", der sich dann in einem weiteren Schritt in den Revivals und dem Dixieland der späten fünfziger Jahre auf erweiterter Grundlage artikulierte. Hobsbawn weist diesem Mythos mannigfaltigen Sinngehalt zu: „Antikommerziell, antirassistisch, proletarisch-populistisch, radikal im New-Deal-Sinne oder einfach antigesittet und elternfeindlich, je nach Geschmack."[56] In dieser dritten, erweiterten Rezeption ist der Jazz als Vorbote des Rock dann zunächst aus der Geschichte der Jugendlichen zurückgetreten, um einem anderen, dem Rock'n'Roll, für einige Zeit den Vortritt zu lassen.

Was für die Vereinigten Staaten gilt, dass durch die Identifikation mit diesem Mythos „New Orleans" der Rassismus der Segregation und die Rassentrennung bei Teilen der jüngeren Generation der Weißen durchlässig geworden ist, gilt um so deutlicher für die politisch-kulturelle Entwicklung Deutschlands. Die „Vorliebe für diese Negermusik"[57] war im Deutschland, das die physische Vernichtung der jüdischen Bevölkerung bereits begonnen hatte, lebensgefährlich und ein Verweis, den die, die auch unter den Jugendlichen, wie so oft, nur wenige waren, für eine andere Zukunft gaben.

---

56 Hobsbawn 2003, S. 303
57 Peukert 1980, S. 203

7. Bebop

Für den abrupten Niedergang der Swing-Bands nach dem 2. Weltkrieg in den Vereinigten Staaten gibt es keine einfache Erklärung. Feststeht, dass die Zahl der Konzertbesucher schlagartig zurückging und dass im Winter 1946/47 Benny Goodman, Woody Herman, Artie Shaw, Tommy Dorsey, Les Brown, Harry James, Jack Teagarden und Benny Carter ihre Bands aufgelöst haben.[58]

Jazz und die Wege der populären Musik gingen nach der Swingära deutlich auseinander. Wenn für Jazz gilt, dass Improvisation und Interaktion, eine expressive rhythmische Energie als Spannung und Vorwärtsdrängen und eine ausgeprägte Individualität, die als das „Sich-selbst-Spielen" die Fähigkeit meint, die eigenen Gefühle und Erfahrungen auszudrücken und im „doing-my-own-thing" seine Eigenwilligkeit, Spontaneität und künstlerische Originalität zu zeigen, wenn dieser Satz von Kennzeichen für Jazz gilt, dann beinhaltete der Swing bereits deutliche Einschränkungen.[59] Die Mehrfachbesetzung der Instrumente, die starke Betonung des Themas und des Taktes, der dem Marsch und der Militärmusik nahe stand, der eingegrenzte Spielraum der wenigen Soli, alles das setzte der Improvisation, der spielerischen, und doch ernsten gegenseitigen Herausforderung und Interaktion sowie der Darstellung künstlerischer Einzigartigkeit Grenzen. Andererseits wuchs in den Ghettos der amerikanischen Großstädte, eine neue Generation von jungen, teilweise schulisch ausgebildeten Musikern heran, die mit dem Ursprungsmythos „New-Orleans", den „Brass-Bands" und „Honky-Tonks" und mit dem „Traditional Jazz" der europäischen Revivals nichts mehr gemeinsam haben wollte. Für einen Charlie Parker oder Miles Davis war das die Musik der Alten im wahrsten Sinne des Wortes, sie nochmals zu imitieren überließen sie den weißen College-Bands, besonders in Europa.

Es ist deshalb nicht überraschend, dass sich ein neuer Stil, der **Bebop**, etablierte, der den veränderten Bedürfnissen nach Selbstausdruck und Improvisation, Individualität und Spontaneität, jetzt in einem sich teils ekstatisch überschlagenden Drängen des Rhythmus Ausdruck verliehen hat. **Charlie Parker,** 1920 in Kansas City geboren, wird Prototyp dieses neuen Stils und als „Bird" eine der Überfiguren der neueren Jazzgeschichte, er, der so rasant lebte, wie er spielte. „Als maßgeblicher Virtuose, als radikaler Erneuerer des Altsaxofonspiels und als wichtigster Exponent des Bebop (neben Dizzy Gillespie) dient er noch heute fast allen Jazzmusikern als Vorbild und Inspirati-

---

58 Hobsbawn 2003, S. 347
59 Vgl. die vier Dimensionen des Jazz bei Jost, E.: Sachlexikon, der Beitrag „Jazz", in Reclams Jazzlexikon Stuttgart 2003, S. 633f.

onsquelle."[60] Zu seinem Stil äußert sich Marcus Gammel und spricht von schwindelerregenden Tempi: „Sein schneidend scharfer, fast vibratoloser Saxofonsound erzeugte gemeinsam mit seinen gleichmäßigen Achtelketten, seinen wirbelnden Doubletime-Passagen voller Ghost-Notes und Off-Beat-Akzente eine rastlose, durchdringende Intensität."[61]

8. Cool Jazz

Etwas jünger, 1926 geboren und in St. Louis als Sohn eines Zahnarztes aufgewachsen, folgte **Miles Davis** dem Vorbild, überführte allerdings den exzentrischen Ausbruch in die festere Form des **Cool Jazz**. Miles Davis, eine Ikone der Jazzgeschichte, prägte wie kein anderer den neueren Jazz. „Bebop, Cool, Hard Bop, Modaler Jazz, Jazzrock tragen seine Handschrift."[62] Anders als Charlie Parker, der sich wie die meisten der älteren Generation autodidaktisch ausbildete, spielte Miles Davis in der Band seiner High School und ging 1944 nach New York an die Juilliard School of Music. In der Folgezeit prägte er den Cool Jazz mit den Aufnahmen des Albums „Birth Of The Cool" (1949/1950) und besonders mit dem späteren Album „Kind Of Blue" (1959). Was Charlie Parker an Spannung und innerer Zerrissenheit nach außen trug (und in Alkohol- und Drogenkonsum ausagierte), eine Zerrissenheit, die auch immer die der jungen Farbigen unter den Bedingungen der Rassentrennung war, alles das geriet jetzt in die Rahmung des **Coolen**, eine distanzierte von der Kraft der Reflexion geprägte Stilhaltung, in der die Lebensspannung in eine Form der illusionslosen Distanziertheit und Kühle überführt wird. Wenn Miles Davis in Perfektion den gedämpften Ton seiner Trompete anbläst, dann könnte er sagen, nicht Raserei und Wildheit, obwohl ihm auch das im Leben nicht fremd war, sondern distanzierte, reflektierte illusionlose Kühle ist der Selbstausdruck, dessen wir benötigen. Das Besondere der Kunst des Miles Davis ist allerdings, daß die Spannung erhalten bleibt und nicht in das Unverbindliche der Unterhaltung abgleitet. Die Aussage Hobsbawns, „der Bebop hatte am großen Publikum kein Interesse"[63], mag für die fünfziger Jahre so gelten, aber auch das wird sich spätestens nach dem „Modern Jazz Quartett", das den Weg für neue Hörgewohnheiten frei gemacht hat, ändern.

---

60 Gammel, M.: Parker, Charlie, in Jazzlexikon 2003, S. 398
61 Gammel 2003, S. 398f.
62 Drechsel, U.: Davis, Miles Dewey, Jazzlexikon 2003, S. 132ff.
63 Hobsbawn 2003, S. 348

9. Country Music

Während der Jazz seinen eigenen Weg ging, trat die Country Music die Nachfolge des Swing an, wobei der Jazzanhänger und Historiker Eric Hobsbawn vermutet, daß die Big-Bands den längst bestehenden heimlichen Wunsch nach dieser Musik lediglich verdeckt haben. Die **Country Music** entsprach einem bereits stärker familialisierten und individualisierten Bewusstsein der weißen Unterschicht. Der Swing der Big-Bands war offenbar nur die typische Musik des 2. Weltkriegs und, anders als im Ersten Weltkrieg, fanden patriotische Lieder kaum Gehör. Statt dessen lauschten nicht nur die amerikanischen Soldaten romantischen Schlagern wie „Lili Marleen". Hobsbawn stellt zurecht die Frage, ob der enorme Erfolg der Swing-Bands nicht genau das zudeckte, „was die meisten weißen Amerikaner aus der Arbeiterklasse eigentlich hören wollten, die sentimentalen und zutiefst persönlichen Lieder der später sogenannten ‚Country Musik'"[64]. Denn sie war ab 1950 ein Hauptzweig der Popindustrie und es ist für die Folgezeit entscheidend, dass der weiße Bill Haley hier seine Wurzeln hatte.

10. Rhythm and Blues

Die Ablösung des späteren Rock vom Jazz erfolgte in den vierziger Jahren und sie ist mit dem Begriff Rhythm & Blues als Übergangsmoment verbunden. Folgen wir Hobsbawn, dann bildet der Sachverhalt, dass „Rock nie eine Musik einer Minderheit war" ein zentrales Kriterium für das, was „Rock and Roll" werden sollte. Im Umkehrschluss bedeutet es, dass die Rockmusik von Anfang an ein breites Publikum schwarzer wie weißer Jugendlicher ansprach und unter den Bedingungen der existenten Rassentrennung gegen den Willen der älteren Generation zugleich integrierte. „Rhythm and Blues" blieb die Volksmusik städtischer Schwarzer in der 1940er Jahren. Es war die Zeit der Binnenmigration, als Millionen Afroamerikaner aus den Ghettos des Südens in die Ghettos der nördlichen und westlichen Bundesstaaten zogen. „Sie bildeten einen neuen Markt, der damals hauptsächlich von unabhängigen Schallplattenfirmen wie Chess Records beliefert wurde, ein Label, dass 1945 in Chicago von zwei polnischen Einwanderern … gegründet wurde, sich auf den Stil des sogenannten ‚Chicago-Blues' (Muddy Waters, Howlin' Wolf, Sonny Boy Williamson) spezialisierte und unter anderem Aufnahmen mit

---

64 Hobsbawn 2003, ebd.

Chuck Berry machte, der vermutlich – neben Elvis Presley – den Rock and Roll der 1950er Jahre am nachhaltigsten beeinflußte."[65]

Eine Bezeichnung („Race-Record"), die für die Rassentrennung Programm war, erzeugte in der zweiten Hälfte der vierziger Jahre deutliche Peinlichkeit. Die Hersteller bedienten sich daher gewisser Alternativen: *„ebony* (Ebenholz, aber auch Bezeichnung für Neger) bei MGM, *sepia* (Farbstoff des Tintenfisches, braune Farbe) bei Decca und Capitol, und schließlich *rhythm and blues* bei RCA-Victor."[66] Damit konnte der Siegeszug eines neuen Grundmusters jugendlicher Musikvorliebe starten.

In mehreren Darstellungen zur Geschichte der Rockmusik wird der Discjockey Alan Freed als derjenige benannt, der die Bezeichnung „Rock'n'Roll" als Nachfolge der Bezeichnung „Rhythm and Blues" eingeführt und durchgesetzt hat. In der als Referenztext geltenden Geschichte der Rockmusik von Charlie Gillett wird eine Urszene dieser Mythologie der Entstehung des Begriffs „Rock'n'Roll" geschildert, in der Alan Freed den entscheidenden Anstoß bekam. 1952 war er Discjockey bei einem Abendprogramm klassischer Musik in Cleveland, Ohio, und ein Freund Leo Mintz lud ihn eines Abends in seinen Plattenladen ein. Mintz war von dem besonderen Plattengeschmack einiger weißer Jugendlicher sehr beeindruckt, die bei ihm einkauften und die Musik für den Tanz testeten. Freed war verblüfft, es waren Rhythm & Blues-Titel, nach denen sie tanzten. 1956 beschrieb Alan Freed selbst diese Szene: „Ich hörte die Tenorsaxophone von Red Prysock und Big Al Sears. Ich hörte den Blues singenden und Klavier spielenden Ivory Joe Hunter. Ich dachte darüber nach. Ich dachte ungefähr eine Woche nach. Dann ging ich zu meinem Stationsmanager und überredete ihn, mir zu erlauben, auf mein klassisches Programm eine Rock 'n' Roll Party folgen zu lassen."[67] Alan Freed nannte sich „Moondog" und „Moondog's Rock and Roll Party" hatte durchschlagenden Erfolg, so dass er im März 1953 in der Cleveland Arena eine Bühnenshow mit den populärsten schwarzen Sängern präsentierte. In der Arena war für 10.000 Teilnehmer Platz, es kamen 30.000, überwiegend weiße Jugendliche. Damit war der Weg gewiesen.

Ulf Poschardt, der die gleiche Szene referiert, verlegt sie in das Jahr 1951. Dabei widmet er Alan Freed ein sympathisches Porträt: „Freed wurde Moon Dog, eine Art ‚mid-American Steppenwolf', der schwarze Sprache schwarz aussprach und sich mit seiner Rock'n'Roll-Sammlung zu einem Prototyp des ‚White Negro' – wie Norman Mailer diese weißen Hipster später nennen sollte – entwickelte. Freeds Stimmbänder waren bei einer Poly-

---

65 Hobsbawn 2003, S. 351f.
66 Gillett, C.: The Sound Of The City. Die Geschichte der Rockmusik, Frankfurt 1970, S. 153, vgl. auch Hobsbawn 2003, S. 351
67 Gillett 1970, S. 32

penoperation verletzt worden, und so klang er immer heiser wie ein ‚blues shouter'. Freed heulte Lieder mit und klopfte den Rhythmus mit der Faust auf dem Telefonbuch nach. So etwas hatte es im weißen Radio bisher noch nicht gegeben: Leidenschaft, Charme und Rebellion in einem Kraftpaket vereint. Trotz oder wegen dieser ungewöhnlichen Mischung wurde Freed berühmt."[68]

1954 unterschrieb Alan Freed bei der New Yorker Station WINS einen Vertrag, er machte sie in kurzer Zeit zur führenden Station der Populärmusik. Statt der von Weißen nachgespielten Cover-Versionen setzte er in seiner Auswahl konzentriert auf die schwarzen Original-Interpreten und gab die Imitatoren dem Spott preis, genau damit hatte er Erfolg. Musik-Box und der Film wurde für die Vermittlung des Rock'n'Roll die entscheidenden Medien. Während der schon alternde Country-Sänger Bill Haley and His Comets 1953 noch den Bedarf nach schnellem Vier-Viertel-Takt mit einem ursprünglich den Rhythm & Blues-Material entstammenden Song („Crazy Man Crazy") befriedigte, den er bei einem kleinen Independent Label „Essex" aufnahm, wagte die große Decca den ersten Schritt, indem sie Bill Haley 1954 unter Vertrag nahm, der „Rock Around The Clock" und „Shake, Rattle And Roll" einspielte. Der letztere Titel war vom September 1954 an zwölf Wochen in den Top Ten, „Rock Around The Clock" war vom Mai 1955 an neunzehn Wochen in den Hitlisten.[69]

Zu der Anlehnung und Imitation schwarzer Musiktradition vermerkt Gillett: „Haleys Platten waren keine bloßen Kopien. Die Stimme des Sängers war unverkennbar weiß, die Wiederholungen im Chorgesang waren wohlvertraut von vielen Swing-Bands ... Aber die neue Eigenschaft von Haleys Stil, der Rhythmus, kam von der schwarzen Musik."[70]

11. Rock'n'Roll

Mit dem Übergang zum Rock'n'Roll, zu dieser gefälligen und zugleich sportiven, zu akrobatischen Szenen herausfordernden Musik, die erstmals ein breites internationales Publikum Jugendlicher erreichte und den Charakter einer Massenkultur annahm, mit diesem Übergang stellt sich die Frage nach dem Unterschied zwischen erfolgreicher und nicht erfolgreicher Populärmusik und nach dem „Versprechen", das der Rock'n'Roll einzulösen vorgab. Es geht dabei um die Freisetzung und musikalisch-symbolische Artikulierbarkeit

---

68 Poschardt, U.: DJ-Culture, Hamburg (Rogner & Bernard bei Zweitausendeins) 1996 (2. Aufl.), 1996, S. 59
69 Gillett 1970, S. 33f.
70 Gillett 1970, S. 34

jugendlicher Wünsche, um jugendliches Begehren und seine Präsenz zunächst im Verborgenen der Tanzsäle, Bars und Hausfeste, in dem es aber nicht lange verweilen wollte. Die „Halbstarkenkrawalle" zwischen 1956 und 1958 sind in der Bundesrepublik der Weg in die öffentliche Wahrnehmung.

Die heimliche Botschaft des Rock'n'Roll war ein sexuelles Versprechen. Der Begriff entstamme der Bluessprache und es sei eine ironische Anspielung auf den sexuellen Akt. So tauchte der Begriff Rock'n'Roll bereits zunehmend in Rhythm & Blues-Stücken auf und wurde semantisch auf den Sex wie auf das Tanzvergnügen bezogen.[71] Diese Deutlichkeit musste den Texten für die „weiße" Rezeption genommen werden. Wo das Sonnenlicht den nur leicht umhüllten Körper der Frau am Morgen danach sichtbar macht, verschwindet die Andeutung: „Shake, Rattle And Roll" kam 1954 in einer von Charles Calhoun geschriebenen Fassung von Joe Turner heraus:

„Well you wear low dresses,
The sun comes shinin' through."

Bei Bill Haley lautet der Text:

„You wear those dresses,
Your hair done up so nice."[72]

Bill Haley, auf Obszönität angesprochen: „Wir sorgen dafür, daß keinerlei Anzüglichkeiten da sind! Wir geben uns eine Menge Mühe mit den Texten, denn wir wollen niemanden verärgern. Die Musik ist die Hauptsache, und es ist ohne Schwierigkeiten möglich, akzeptable Texte zu schreiben."[73]

12. Jugendliche in der Katastrophenzeit (1943-1948)

Nach allem, was die Jugendforschung der letzten Jahre ermittelt hat, gibt es keine einfache und unmittelbare Fortsetzung der Jugendkulturgeschichte nach 1945. Es existiert stattdessen ein Vakuum, das bis in die Wiederaufbauphase der fünfziger Jahre reicht. Die verbotenen Jugendorganisationen der sozialdemokratischen und kommunistischen Partei traten zwar als erste wieder auf den Plan. Auch Teile der verbotenen Bündischen Jugend, besonders die dj. 1.11 und die Nerother Wandervögel, reorganisierten sich in den Westzonen. Das Gleiche galt für die katholischen und evangelischen Jugendverbände sowie die Gewerkschaftsjugend. Sie erfüllen allerdings nicht die Be-

---

71 Poschardt 1996, S. 58, Anm. 137
72 Gillett 1970, S. 42f.
73 Gillett 1970, S. 43

dingungen einer selbständigen Jugendkultur und, da ihre Leitungen durchweg an Konzepten von vor 1933 anknüpften, initiierten sie auch keine neue Form eines jugendkulturellen Aufbruchs, was allerdings ihre Bedeutung für die Durchsetzung einer demokratischen Gesellschaft nicht schmälern soll.

Auf zwei Sachverhalte ist allerdings gesondert einzugehen: die Edelweißpiraten der Jahre 1943-1948, die in dieser Phase endgültig ihre Unschuld verlieren und, quasi am anderen Pol, die Gründung der *Hot Clubs*, die von den Überlebenden der Jazz-Szene in den Großstädten ausging. Diejenigen, die trotz der gesicherten Forschungsergebnisse bisher am Widerstandsmythos der Edelweißpiraten festgehalten haben, werden den Gruppen ohne Zögern den Begriff einer Jugendkultur zusprechen. Einen solchen Hinweis hatte bereits die erste, eilig konzipierte Arbeit von Detlev Peukert geliefert, der den gerade entdeckten Stilbegriff des CCCS auf die Edelweißpiraten übertrug: „Aber es blieb nicht bei der symbolischen Interpretation der Alltagswelt. Die Edelweißpiraten brachten eigene Formen kultureller Produktion hervor ... Sie entwickelten einen eigenen Stil, den Stil der informellen Gruppe mit Kluft, Treffs, Wanderfahrten. ... Sie verfügten im Symbol der Edelweißpiraten über ein Gegenbild von Werten und Verhaltensweisen, auf die sie bauen konnten, aus dem sie Kraft schöpften, einen eigenen, von der herrschenden Norm abweichenden Weg zu gehen."[74] Auf der Oberfläche betrachtet, ist dies richtig, nur, ob es wirklich Werte waren, auf die eine humanere Gesellschaft aufbauen konnte, sollte offen bleiben.

Eine erste Irritation der Widerstandsthese trat durch die Arbeit von Rusinek ein, in der er am Beispiel der Köln-Ehrenfelder Gruppe die Details des Widerstandsmythos auf dem Boden der gesicherten und durch schriftliche Akten nachvollziehbaren Sachverhalte widerlegte. Eine zweite massive Irritation trat auf, als in der Arbeit von Alfons Kenkmann die Feststellung zu lesen war, dass sich die Mitglieder der Edelweißpiraten häufig und bevorzugt freiwillig zur Waffen-SS meldeten. Eine endgültige Ernüchterung löste allerdings der Teil der Arbeit aus, in dem Kenkmann die Gruppen über den 8. Mai 1945 hinaus verfolgte. Die in der Katastrophengesellschaft in den Cliquen Rückhalt suchenden Jugendlichen waren 1945 zwischen 18 und 20 Jahre alt, sie rekrutierten sich unverändert aus dem Arbeitermilieu an Rhein und Ruhr, jeder Vierte war ungelernter Arbeiter, fast alle hatten die Volksschule besucht, nur wenige die Hilfsschule, keiner hatte in sozialistischen oder kommunistischen Jugendorganisationen mitgewirkt.[75] Entscheidend allerdings war, dass sie in Kürze ihre Gegner wechselten. Ab Sommer 1945 waren die

---

74 Peukert 1981, S. 150f.
75 Vgl. Kenkmann, A.: Wilde Jugend. Lebenswelt großstädtischer Jugendlicher zwischen Weltwirtschaftskrise, Nationalsozialismus und Währungsreform. Essen (Klartext) 1996, S. 269

alliierten Streitkräfte ihre Gegner: „Die Auflehnung, die sie gegenüber den Nazis beseelte, wandelte sich beinahe über Nacht in Trotz gegen die Besatzungsbehörden."[76] Es darf nicht überraschen, dass diese Gruppen sich trotz des Waffenverbots der Alliierten bewaffneten, und dass sie bei der „Versorgung" auf dem Schieber- und Schwarzmarkt der Jahre bis 1948 eine aktive Rolle spielten. Für die Nachkriegsgeschichte des Rechtsradikalismus ist von Interesse, dass hier bereits die Spiele um die „Ziffer 88" beginnen. Die 8 steht für das H im Alphabet, die 88 für H.H. („Heil Hitler"). Neben den Alliierten avancierten besonders die polnischen *Displaced Persons* zu ihren Gegnern, weil sie sie als Konkurrenten im Milieu der Bahnhöfe, Straßen und Plätze wahrnahmen. Zu ihrem Verhalten passt insgesamt, dass sie teilweise die Tradition der moralischen Kontrolle der Rügebräuche gegenüber Mädchen einnahmen, die sich mit alliierten Soldaten befreundeten.[77]

Der theoretische Bezugspunkt ihrer Beschreibung kann daher nicht „Jugendkultur" sein, sondern sie repräsentieren eine jugendliche Subkultur, für die gilt, dass sie einerseits gegen die Erwachsenengeneration rebellieren, aber doch zentrale kulturelle Orientierungen ihrer Stammkultur teilen. Diese Stammkultur ist im Kern die Arbeiterkultur. Mit ihr gemeinsam teilen sie einen Rest des Prinzips der Territorialität, einen Autoritarismus der Bewährung in Wagemut und Risiko, einen (gegenüber den Wilden Cliquen der zwanziger Jahre) zwar gemäßigten Machismo und letztlich einen latenten (gegenüber den polnischen „DPs") auch virulenten Rassismus. Alles das befindet sich im Spiel jugendlicher Inkonsistenz und Widersprüchlichkeit. So stößt bei ihnen die „Amerikanisierung" auf Grenzen – sie wird erst für die fünf bis zehn Jahre jüngeren als Trend maßgeblich sein, die das Publikum der „Halbstarken" bilden werden. Swing oder gar Bebop waren ihnen vollkommen fremd. Mit Blick auf die Musikinstrumente und das Liedgut vermerkt daher Kenkmann treffend: „Sie blieben zum Großteil der traditionellen Volkskultur verhaftet."[78]

13. Die Hot Clubs nach der Katastrophe

Am anderen Pol befanden sich die auch älteren jugendlichen Jazzanhänger, die in den Großstädten die ersten Jazz-Szenen bildeten und *Hot Clubs* gründeten. Maßgeblich für die westdeutsche Entwicklung wurde die Frankfurter Szene, die aus dem *Harlem-Club* hervorgegangen war. Zu ihr hatten der älte-

---

76 Kenkmann 1996, S. 271f.
77 Vgl. Kenkmann 1996, S. 301f.
78 Kenkmann 1996, S. 287

re Emil Mangelsdorff (Akkordeon, Klarinette), Carlo Bohländer (Trompete), Hans Otto Jung (Piano) und der Schlagzeuger Horst Lippmann in den Kriegsjahren gezählt. Nach 1945 stieß der jüngere Albert Mangelsdorff (Posaune) dazu, vermittelte den Freunden den Bebop und wurde einer der späteren Protagonisten des *modern jazz* in der BRD. Er ist heute mit seiner Band einer der anerkanntesten Posaunisten Europas. In Baden-Baden wirkte Joachim Ernst Berendt, der über seine Mitarbeit im Südwestfunk Baden-Baden die Jazz-Szene im Südwesten prägte und einer der einflussreichsten Jazzautoren der Nachkriegszeit wurde. Sein Pendant erhielt er in dem Dr. Schulz-Köhn, der im Nordwestdeutschen und später im Westdeutschen Rundfunk eine prägende Funktion für die Jazz-Szene erhielt. Schulz-Köhn ist eine der schillerndsten Personen der Jazzgeschichte, ein sehr früher Kenner und Jazz-Kritiker, ständig im besetzen Frankreich in Kontakt mit Hugues Panassié, dem Gründer des *Hot Club de France* und Charles Delaunay, dem Verfasser der ersten Discographie des Jazz, selbst Luftwaffenoffizier und einer der ergebensten Fans des Django Reinhardt.[79] Um diese relativ kleinen Personengruppen der frühen Swing- und Jazz-Szene bildeten sich in den Großstädten erste Jazz-Clubs, die häufig die Bezeichnung *Hot Clubs* wählten, so nicht nur in Frankfurt, sondern auch in dem weitgehend zerstörten Dortmund 1949 und Essen 1951[80].

14. Rock'n'Roll. Die Krawalle der „Halbstarken" (1956-1958)

Zu den Krawallen der „Halbstarken" hat sich in der Mentalitätsgeschichte der BRD ein Mythos der kulturellen Erneuerung entfaltet, der sich teilweise von der historischen Wirklichkeit gelöst hat. Die wenigen, aktenbasierten Arbeiten[81] sprechen eine verhaltenere Sprache. Auch ist es nicht angemessen, den Begriff Jugendkultur auf diese Protestformen anzuwenden, denn es ist eine uneinheitliche, den öffentlichen Raum erstmals nutzende jugendliche Protestmanifestation, allerdings ohne politische Programmatik und koordinierte Handlungsstrukturen.

---

79 Kater 1998, S. 357-361
80 Breyvogel, W./Seifert, A.: Jugendkulturen und Tanz in Essen zwischen Kriegsende und den 1970er Jahren, in: Oliver Scheytt/Patricia Stöckemann/Michael Zimmermann (Hg.): Tanz-Lese. Eine Geschichte des Tanzes in Essen. Essen (Klartext-Verlag) 2000, S. 192-209, vgl. S. 195
81 Grotum, Thomas: Die Halbstarken. Zur Geschichte einer Jugendkultur der 50er Jahre, Frankfurt/New York (Campus Verl.) 1994 und Breyvogel/Seifert 2000

Der zeitliche Schwerpunkt der Krawalle lag zwischen dem 17. Oktober 1955 mit 150 Teilnehmern in Hamburg und dem 16. Dezember 1958 in Halle, DDR, mit 300 Teilnehmern. Neben wenigen kleinen Städten wie Hildesheim und Osnabrück mit 50 bis 100 Teilnehmern fanden die Proteste in den Großstädten Berlin, München, Stuttgart, Nürnberg, Frankfurt, Düsseldorf, Köln, dem Ruhrgebiet, Bremen, Hannover, Hamburg und Lübeck statt. Die größeren Proteste mit 1000 Teilnehmern fanden in Dortmund am 1. Dezember 1956 und in Gelsenkirchen mit 1500 Teilnehmern am 10. November 1956 statt.[82] Beteiligte waren überwiegend männliche Lehrlinge und junge Arbeiter; Gymnasiasten und Studierende, überhaupt weibliche Teilnehmer, waren die große Ausnahme. Die zeitgenössische Beschreibung unterschied bereits den reinen von dem Folge-Krawall und den Veranstaltungs-Krawall, wobei letzterer mit Konzerten oder Filmvorführungen eng verbunden war. In der Spannung von reinem und Veranstaltungs-Krawall zeigen sich traditionelle und neue städtisch-moderne Momente. Ein „reiner" Krawall fand z.B. in Hannover am 13. August 1956 statt. Aus der Presse wussten die Jugendlichen, dass in München und Berlin „etwas" vorgefallen war. „Daß am 13. August 1956 'was los sein sollte, wußte jeder!", so eine spätere Aussage bei einer polizeilichen Vernehmung. Zunächst sollte eine Schlägerei zwischen Jugendlichen aus verschiedenen Stadtteilen stattfinden, „damit sie mal ‚toff' in die Zeitung reinkommen." In den Gesprächen der folgenden Tage verlagerte sich das Ziel. Angepeilt wurde keine Stadtteilschlägerei, vielmehr wollten einige ein Lokal stürmen, wo sie abgewiesen worden waren; wieder andere wollten auf einem Schützenfest „Radau" machen, dritte wollten vor das Polizeirevier ziehen. Der 13. August nahte. Um 18:30 Uhr registrierte die Polizei am Bonifatiusplatz in Hannover zehn Jugendliche, die sie als „Halbstarke" ausmachte. Um 19 Uhr waren es ca. zwanzig Anwesende, um 19:45 Uhr setzte ein Zustrom aus allen Richtungen der Stadt ein; sie kamen auf Mopeds und Fahrrädern oder zu Fuß. Die Menge wuchs auf zweihundert Personen an; Passanten wurden belästigt, der Verkehr wurde behindert. Jetzt wurde beschlossen, zuerst zum Schützenfest zu gehen. Dabei wurde die Straße benutzt. Autofahrer, die passieren wollten, mussten anhalten. Die Fahrzeuge wurden geschaukelt, angehoben, sie entzogen sich der „Behandlung", teils mit Beulen, durch den Rückwärtsgang. Zwei Polizisten auf Motorrädern wurden eingekreist und gezwungen umzudrehen. Einen traf dabei ein Stein am Bein, ein Mann und eine Frau mussten vom Motorroller absteigen, sie wurden dabei gestoßen. Ein Wachtmeister, der diesen Vorfall von seiner Wohnung aus beobachtete, wollte ihnen zu Hilfe kommen. Er wurde von allen hin- und hergestoßen.

---

82 Vgl. die Übersicht im Anhang bei Grotum 1994, S. 231-233

Inzwischen gelangte die Schar auf den Platz des Schützenfestes und stürmte den Autoskooter. Zwanzig Jugendliche besetzten die Fahrfläche. Als sie nicht wichen, kam es zur Jagd zwischen Skootern und Jugendlichen. Die Angestellten des Betriebs versuchten, die Fahrfläche zu räumen. Kurz darauf wurde ein anwesender Bundesgrenzschutzsoldat umringt und von allen Seiten hin- und hergeschubst. Von da ging der Weg in das Festzelt. Hier fürchtete man, eingekesselt zu werden. Mit einem Messer verschaffte ein Jugendlicher sich und anderen einen Durchgang durch die Zeltwand. Laut johlend stürmte die Schar auf die nächste Kreuzung und blockierte den Verkehr. Autos, die zu passieren versuchten, wurden mit Schotter, Kies und Steinen einer Straßenbaustelle beworfen. Ein relativ kurzer Schlagstockeinsatz der eingetroffenen Polizei vertrieb die Jugendlichen in alle Richtungen. Um 22 Uhr war der Krawall beendet, die Jugendlichen hatten sich zerstreut.[83]

Es sind provokativ spielerische Machtdemonstrationen Jugendlicher, wobei die gegnerische Clique des anderen Stadtteils, der Rummelplatz, die Polizeistationen und vereinzelt die neuen Grenzschutzsoldaten die traditionellen Konfliktgegner sind. Nur findet das Ganze in einer mobilen, städtischen und in ersten Formen im Bildmedium durchstrukturierten Gesellschaft statt, was eine neue Stufe der Sichtbarkeit und Wahrnehmbarkeit beinhaltet. Am anderen Pol steht der Veranstaltungs-Krawall, der bei einem Konzert oder nach einer Filmvorführung („Außer Rand und Band") ausbrach.

„Wir wollten lustig und selber mal außer Rand und Band sein. Es war nicht beabsichtigt, Spektakel zu machen und gewalttätig zu werden ... Die Ausartung geschah nicht in böser Absicht, sondern in gewissem Taumel ... Ich möchte aber betonen, daß ich den Landfrieden nicht stören wollte, sondern wollte mich nur interessant machen. Es ist zutreffend, daß die Polizeibeamten wiederholt die Aufforderung ergehen ließen, den Platz zu räumen. Ich selbst stand nicht auf der Fahrbahn und habe diese Aufforderung deshalb nicht für mich genommen. Mir war nicht bekannt, daß ich mich dadurch strafbar mache. Ich habe keine Handlungen ausgeführt, die meines Ermessens direkt strafbar sind."[84]

Die Aussage „wir wollten lustig und selber mal außer Rand und Band sein" enthält die übergreifende Programmatik der „Halbstarkenkrawalle". Es geht um die „Entfesselung" jugendlicher Emotionalität, die jenseits der Vernunftkontrolle zu einem „gewissen Taumel" führt, in dem sich bewusstes Handeln und unbewusstes Treibenlassen überlagern. In diesem Zustand des Handelns, ohne vollständige Kontrolle der Wünsche nach Ausbruch, eigener Größe und Ungebundenheit, kommt es zur Konfrontation mit der Polizei. Allerdings steht nicht die Absicht eines Gesetzesverstoßes im Zentrum, sondern der Wunsch, sich interessant zu machen, d.h. Interesse und Aufmerk-

---

83 Vgl. Grotum 1994, S. 86-93
84 Zitiert nach Kaiser: Randalierende Jugend. Eine soziologische und kriminologische Studie über sogenannte „Halbstarke". Heidelberg (Quelle & Meyer) 1959, S. 211

samkeit zu finden, aufzufallen und herauszuragen. Sie erklären sich frei von Schuld, wissentlich haben sie kein Gesetz übertreten. Sie reagieren in Korrespondenz zu einer imaginären Realität, der Freisetzung ihrer Wünsche im Kino. Im Zentrum geht es um eine neue Beziehung von Wunsch und Realität, eine Freisetzung ihres durch Musik, Bild und Ton entfachten, bisher in der deutschen Nachkriegsgeschichte verdeckten Ausdrucksvermögens, das als unbewusster Anteil in ihnen präsent ist und jetzt durch die Klaviatur des Kinoerlebnisses als „gewisser Taumel" freigesetzt ist. Sie wollen frei, mobil und hedonistisch ihren Wünschen nachgehen.

Dieses neue Selbstbewusstsein, das im halböffentlichen Raum des Kinos und der Medien entsteht, strahlt in den öffentlichen Stadtraum aus und dringt darauf, sich öffentlich darzustellen. Die Straße ist daher der zentrale Gegenraum des Konflikts. Mit ihr ist der Traum der Ungebundenheit und Mobilität verbunden.

Neben Thomas Grotum, der in einer detaillierten Analyse die Krawalle in Niedersachsen historisch rekonstruiert hat, hat Werner Lindner eine Arbeit vorgelegt, die neben dem Blick auf die bekannten Parameter: Gesellschaftliche Rahmenbedingungen, Mediatisierung, Technisierung und Kommerzialisierung zum ersten Mal die Stadt als theoretischen Rahmen einbezogen hat. „Großstadtleben, Schockerfahrung und Film verlaufen (demnach) in homologen Mustern, die das moderne Individuum als urbanes Individuum nachhaltig prägen." Die jugendlichen Krawalle der „Halbstarken" sind ein Vorzeichen dafür, dass sich diese Bedingungen auch in der BRD durchsetzen. „Diese destabilisierenden und desorganisierenden Effekte des großstädtischen Raumes (als Beschleunigung, Explosion und Implosion, Zentralität und Gleichzeitigkeit) hatten in der jugendlichen Subjektivitätsbildung der fünfziger Jahre einen neuartigen Qualitäts- und Intensitätsschub bewirkt, der von den [...] technisch-medialen Innovationen unterstützt und verstärkt wurde."[85] In Anlehnung an Axel Schildt hatten die Jugendlichen einen Zeitwechsel vollzogen und waren zu Wegweisern für „Moderne Zeiten" geworden.[86]

In seiner zivilisationstheoretischen Studie hat daher Kaspar Maase die Langzeitwirkung dieses Protests als Aneignung eines bis dahin in Deutschland nicht vertretenen „zivilen Habitus" beschrieben, der der westdeutschen Gesellschaft nach dem Ende des Nationalsozialismus den Anschluss an emotionale und soziale Standards der westlichen Demokratien erleichterte. Allerdings erfolgte dieser Anschluss zunächst und überwiegend auf der Ebene des Konsums und kommerzieller Einstellungen, die sich besonders deutlich über die Identifikation mit Idolen der amerikanischen Populärkultur vollzogen.

---

85 Lindner, W.: Jugendprotest seit den fünfziger Jahren. Dissens und kultureller Eigensinn. Opladen (Leske + Budrich) 1996, S. 83f.
86 Axel Schildt: Moderne Zeiten. Hamburg (Hans Christians Verlag) 1995, S. 174-179

Dabei förderte die Rezeption der amerikanischen Alltagskultur „lockere und flexiblere Verhaltens- und Umgangsformen"; sie half die verkrampften Dualismen des Autoritarismus, die Schwarz-Weiß-Klischees, aufzulösen, sie lockerte insgesamt die Freund-Feind-Perspektive; und damit verringerte sie sowohl die Distanz zwischen den sozialen Konfliktparteien der sich anbahnenden nivellierten Mittelstandsgesellschaft als auch die Distanz der Geschlechter. Sie veränderte damit besonders nachhaltig die Auffassung von Männlichkeit, wobei das soldatisch Zackige durch das Lässige ersetzt wurde.[87]

15. Die Rocker

Die Rocker entwickelten sich von einer traditionellen Subkultur jugendlicher Lehrlinge und Arbeiter zu einer schichtübergreifenden, im Stil konsistenten Jugendkultur in den achtziger Jahren, um in den neunziger Jahren zu einer altersübergreifenden Populärkultur zu werden. Entgegen anderen Behauptungen[88] sind die englischen Teddyboys nicht mit den „Halbstarken" der Jahre 1956-1958 so einfach zu identifizieren. Sie sind daher auch kaum die Vorläufer der Rocker. Die Teddyboys, die bereits in den späten vierziger Jahren bei Brake und Hebdige beschrieben werden, zeigen eher Stilmerkmale, die an die Swing-Jugend erinnern. „Die Teddyboys waren an ihrer auffälligen Kleidung leicht zu erkennen: dreiviertellange Jacketts mit Samtkragen, Röhrenhosen, Schuhe mit Kreppsohlen und Kordelschlipse. Diese Aufmachung hatten sie der exzentrischen Kleidung bestimmter gutbürgerlicher Kreise abgeschaut, die sich ihrerseits an dem Dandystil der King-Edward-Periode orientiert hatten."[89] Für die BRD konnte Wensierski dagegen nachweisen, wie aus den Cliquen der „Halbstarken" um 1960 die ersten clubähnlichen Zusammenschlüsse Jugendlicher entstanden, die bis 1970 die feste Form selbstorganisierter Rocker-Clubs annahmen. Allerdings ist es kennzeichnend, dass die Selbstbeschreibung eines Beteiligten für diese Phase durchweg den Begriff der „Bande" benutzte. Dieser Sachverhalt spiegelt nicht nur die öffentliche und polizeiliche Form der kriminellen Etikettierung, sondern zeigt auch die

---

87 Vgl. Maase, K.: 1991, S. 189-203
88 Ferchhoff, W.: Musik- und Jugendkulturen in den 50er und 60er Jahren, in: Baacke, D. (Hg.): Handbuch Jugend und Musik, Opladen (Leske + Budrich) 1998, S. 217-251, vgl. bes. S. 227f. Danach sei die Fraktion der harten Jungs der Teds zu den Rockern geworden. Dafür fehlen die Belege.
89 Brake, M.: Soziologie der jugendlichen Subkulturen. Eine Einführung, Frankfurt/New York (Campus Verlag) 1981, S. 83

Unsicherheit der Jugendlichen selbst am Ende der Katastrophenzeit gegenüber Recht und Gesetz. Das Grundprinzip ihres Zusammenschlusses war die territoriale Gliederung: „Jeder Straßenzug hat so eine eigene Bande gehabt ... Das war dann ihr Revier, denen ihr Territorium."[90] Diese Jugendlichen der sechziger Jahre, die sich erst später als „Rocker" verstehen und sich mit ersten Teilstücken eines Stilensembles ausstatten (Moped, Jeans, Lederjacke), wurden zentraler Gegenstand der öffentlichen Empörung, die parallel zur Protestbewegung der Studierenden in den Jahren 1967/68 einen Höhepunkt erreichte.

Der distanzierte Blick eines Beobachters beschrieb sie als „dissoziale, unterprivilegierte Großstadtjugendliche" die sich ein „einheitliches, auffallendes Äußeres geben – wie lange Haare, Lederkleidung, spitze hochhackige Stiefel, Symbole und Kleidungsaufschriften –, zudem Waffen tragen, Messer, Totschläger, Fahrrad- und Hundeketten, Schlagringe und die sich in fluktuierenden Gruppen ohne politische, ideologische oder kriminelle Zielsetzung in Parks, Bahnhöfen und bestimmten Lokalen treffen." So finden sie sich zu Veranstaltungen zusammen oder zögen durch die Straßen, wobei es zu Ausschreitungen wie Randalieren, Zerstören, Beleidigen, Schlägereien, Widerstand gegen Polizisten und andere Straftaten käme.[91] In den Medien ging ab 1967 „eine Rockerwelle" über das Land, „Rocker-Rudel", „Rocker-Rüpel" störten jetzt die Ordnung; es schwappe wieder „eine Welle der Gewalt" über die Republik, so reiht sich auch DER SPIEGEL in die pauschalisierende und kriminalisierende Sicht dieser Jugendlichen.[92] In einer ersten auf teilnehmende Beobachtung und Interviews gestützten Arbeit hat der frühere Priester und Sozialwissenschaftler Clemens Adam am Beispiel der Presseberichte einer Region das groteske Missverhältnis von Wirklichkeit und Wahrnehmung in einer qualitativen Studie am Beispiel des „Elvis-Clubs" in Essen dargestellt. Die durch die öffentliche Diffamierung eingetretene Isolation dieser jungen Arbeiter und Lehrlinge, die alle in geordneten Familien in Altenessen lebten, konnte selbst gegenüber ihres Altersgleichen nicht wieder aufgehoben werden. Trotz der Anpassung ihres Clubs an die Erfordernisse eines kirchlichen Freizeittreffs blieben sie durch die Wahrnehmung ihres Äußeren auch bei anderen Jugendlichen stigmatisiert.

Die sechziger Jahre sind eine noch dissoziative Phase der Rockerkultur. „Es gibt keine echte Rocker-Ideologie; aber Rocker-Verhalten ist ebenfalls

---

90 Wensierski, v. H.-J.: „Die anderen nannten uns Halbstarke" – Jugendsubkulturen in den fünfziger Jahren, in: Krüger, H.-H. (Hg.): „Die Elvis-Tolle, die hatte ich mir unauffällig wachsen lassen". Lebensgeschichte und jugendliche Alltagskultur in den fünfziger Jahren, Opladen (Leske + Budrich) 1985, S. 144f.
91 Kreuzer, A.: Rocker – Gruppenkriminalität, in: Unsere Jugend, 22. Jg., Heft 9, 1970, S. 407-416, Zitat S. 407f.
92 DER SPIEGEL Nr. 33, 1968, S. 26

eine Art des Protestes gegen die Gesellschaft. Sie protestieren auf ihre Weise und mit den ihnen möglichen Mitteln, unbewusst, unreflektiert, unartikuliert, ohne der verachteten Gesellschaft ein Idealmodell entgegenzusetzen, überhaupt ohne Plan und Ziel."[93] Auf der Basis der Akten der Verurteilten hat Kreuzer ihre Zusammensetzung aus 74% Volks- und 24% Sonderschülern ermittelt, 17% hatten eine Lehre abgeschlossen, 11% waren zu dem Zeitpunkt (in Hamburg) in einem Lehrverhältnis, aber 36% hatten ihrerseits die Lehre abgebrochen, 62% arbeiteten als ungelernte Arbeiter. In ihrer Symbolik verwandten sie damals bereits sehr provokativ Hakenkreuze und SS-Runen, neben „Elvis" und dem traditionellen Totenkopf. In ihren Angriffen auf Homosexuelle verstanden sie sich als Vertreter einer moralischen Ordnung, wie sie in den Rügebräuchen der *rough music* von E.P. Thompson[94] im Rahmen der traditionellen „Volksjustiz" beschrieben werden und deren moralische Vorstellung ihren Vätern gewiss nahe standen. Aber auch ihre Übergriffe auf die „Gammler" und auf „Linke" standen im gleichen Horizont. So berichtete Helmut Fritz von Überfällen mit Fahrradketten und Molotow-Cocktails auf das linke Kleinod, den Club Voltaire, in Frankfurt, so wie auf einen benachbarten Club Homosexueller: „Ihr Feind-Katalog reicht von den Gammlern bis zu Dutschke, von den Homosexuellen bis zu Fritz Teufel ... Ihre Strafaktionen gegen Links- und Sexabweichler erscheinen wie illegale Exekutionen gesellschaftlicher Vorurteile. Über diesen Umweg gelingt es den Rockern, ihre soziale Deplacierung durch Kollaborationen und den Ressentiments der Mehrheit aufzuheben."[95]

Provokatives, aggressives Verhalten, öffentliche Stigmatisierung und polizeilicher Verfolgungsdruck veränderten die Rockerszene bis 1972 bereits grundlegend. Denn im gleichen Jahr wurde der erste Motorrad-Club in der BRD der „MC Gremium" in Mannheim gegründet, eine in diesem Kontext ungewöhnliche Selbstbezeichnung, die auf einen veränderten Hintergrund verweist. „Jeder, den die Gemeinschaft für würdig befand und den sie auswählte, dazu zu gehören, sollte Mitglied dieses Kreises werden können. Deshalb gaben wir uns den Namen ‚Gremium'. Denn ‚Gremium' (lat.) bedeutet sinngemäß nichts anderes als ‚Gemeinschaft der Auserwählten'."[96] Im folgenden Jahr (1973) wurde die erste Lizenz der amerikanischen *Hells Angels*

---

93 Kreuzer 1970, S. 413
94 Thompson, E.P.: Plebeische Kultur und moralische Ökonomie. Aufsätze zur englischen Sozialgeschichte des 18. und 19. Jahrhunderts. Frankfurt/M. [u.a.] (Ullstein) 1980
95 Fritz, H.: Rock'n'Rollkommando, in: deutsche jugend, 16. Jg., 1968, S. 95
96 Mike Heyer, Interview, in: Simon, Titus: Rocker in der Bundesrepublik. Eine Subkultur zwischen Jugendprotest und Traditionsbildung, Weinheim (Deutscher Studien Verlag) 1989, S. XXVIII, Mike Heyer war 1989 angehender Jurist, Präsident des Motorradclubs „Gremium" und erster Vorsitzender der „Biker Union", dem Zusammenschluss auf Bundesebene, zur Zeit ist er der erste Ehrenvorsitzende der „Biker Union e.V."

an den Club der Hamburger *Bloody Devils* vergeben. Damit begann die Chapter-Bildung in der Bundesrepublik, d.h. eine kontrollierte Form der Abteilungsbildung, die jeweils schon von einem bestehenden Motorradclub ausgeht. Mit Beginn der siebziger Jahre rückte das Motorrad endgültig in den Mittelpunkt des Geschehens. Gleichzeitig fand eine Konsolidierung der Stilbildung statt. Die Einführung fester Clubs, die als eingetragene Vereine wirkten, mit Vorstand, Sekretär usw. führte zur Selbstkontrolle, erhöhte den Grad der Gegenseitigkeit und Verbindlichkeit und festigte den Charakter der gesamten Stilformation. Während sich die Motor-Clubs (MC) bundesweit ausbreiteten, wurde 1981 die erste bundesweite Zeitschrift (Biker News) gegründet. Im Jahr 1981 erschien auch die erste Stilanalyse der englischen Rockerkultur. Ihr Verfasser, Paul Willis, Mitarbeiter des *Birminghamer Centre for Contemporary Cultural Studies* (CCCS), hatte 1969 neun Monate in einem englischen Motorradclub teilnehmende Beobachtung und Interview in einer qualitativen Studie durchgeführt. In seiner Einleitung (Kreativität und das Profane) zeigt er einen veränderten Blick auf die kulturellen Leistungen solcher stigmatisierten Gruppen, nicht nur die projektive Unterstellung des Bösen aufhob, sondern sich auch gegen den Objektivismus der traditionellen Linken wandte: „Ich sehe kulturelle Erfahrung ... als eine gemeinsame materielle Erfahrung. ... Sie kommt aus dem direkten Beteiligtsein an einer Alltagswelt. Aus einer Beziehung zum Gewöhnlichen, zum Nebensächlichen und aus dem langen Ansammeln konkreter Lehren gelangen Individuen **in Gruppen** zur Erkenntnis ihrer Subjektivität."[97] Die Beziehung zum Motorrad war eine solche Beziehung zum eigentlich Gewöhnlichen, Nebensächlichen. Diese Gruppen, hier die Rocker, entwickeln aus dem Nebensächlichen eines Marktes und eines teilweise schundhaften Angebots lebensfähige Kulturen und „formulieren durch ihre Bearbeitung von vorgefundenen Gebrauchsgütern tatsächlich eine lebendige, gelebte und konkretisierte Kritik an der Gesellschaft ..."[98]

Diesen veränderten Blick auf die Motorrad- und Rockerkultur repräsentierte in der BRD zunächst der Kunstwissenschaftler Hans Dieter Baumann, der eine Arbeit über die Gestaltung und Bildmotive der Tankbemalung publizierte und neben Texten für die Sozialpädagogen 1985 eine Stilbeschreibung der Szene herausbrachte.[99] Ihm folgte in relativ kurzem Abstand die Arbeit von Titus Simon, der neben einem grobflächigen historischen Überblick erstmals die Merkmale des Stils und das Set von Werten und Normen der Rocker herausarbeitete. Nach Titus waren die „Elitegruppen" wie „MC Gre-

---

97 Willis, P.: „Profane Culture". Rocker, Hippies: subversive Stile der Jugendkultur, Frankfurt (Syndikat) 1981, S. 19
98 Willis 1981, S. 20
99 Baumann, H.D.: Rocker. Die wilden Motorradgruppen, Weinheim (Beltz) 1985

mium", „Bones" oder „Road Eagles" teils über 25 Jahre. Der Anteil der Hauptschüler lag bei 53%, Sonderschule bei 10,9%, Mittlere Reife besaßen 17,9% und das Abitur 6,8% (8,5% hatten keinen Abschluss, 2,6% ohne Angaben).[100] Eine zweite Arbeit legte 1992 Günter Cremer vor, die, noch deutlicher durch Willis geprägt, den Abschluss der Stilentwicklung beschreibt und das Ende ihres Status zwischen Sub- und Jugendkultur markiert. Auch arbeitete Günter Cremer die traditionalistischen Momente deutlicher heraus:

„Die in dieser Bewegung propagierten Ideen von einem selbstbestimmten Lebensstil und die rebellische Praxis, beides von einer Jugend musikkulturell begleitet und gestützt, wurden von Teilen der Unterschichtjugend als Chance entdeckt, jenseits von bürgerlichen Normen oder einem Klassenbewußtsein sozialistischer Traditionen eine eigene Identität zu entwickeln. ... Zusammenhalt, Versprechen von Solidarität, und Sicherheit im Kollektiv, Ausleben von Aggressionen, Aufbegehren gegen Ordnungsinstanzen, eine von Abenteuer, Freiheit und Mobilität gekennzeichnete Freizeit."[101]

Entgegen der älteren Kriminalsoziologie könne heute auch nicht mehr davon ausgegangen werden, dass die Zugehörigkeit zum Rockermilieu zwangsläufig die Verwicklung in kriminelle Aktivitäten fördere. Trotz dieser Wandlungen, habe sich in der Öffentlichkeit hartnäckig die Negativbewertung der Rocker erhalten.

„Dieser Sachverhalt ist und war geeignet, ein Bewußtsein für die abweichende Identität der Betroffenen zu konservieren und ein zeitlich überdauerndes ‚subkulturelles' Identifikationsmuster der Abweichung zu schaffen bzw. zu bewahren. ... Konfrontiert man die Entwicklung des Rocker-Stils mit der eingangs erwähnten These von der Erosion sozial verbindlicher subkultureller Lebenszusammenhänge, scheint gerade die eigentümliche Verschränkung der Elemente ‚Devianz' und ‚Traditionalismus' ein Hauptgrund dafür zu sein, dass das Rockertum zwar kein zeitloser Stil ist, sich aber als subkultureller Stil länger als andere eigenständig über die Zeitläufe behaupten konnte."[102]

Zur Begründung der folgenden Auswahl

Die Jugendkultur der Rocker, das belegen Arbeiten wie die von Clemens Adam und Hans-Jürgen Wensierski, enthalten eine letzte, kaum wahrnehmbare Spur der historischen Kontinuität des Verhaltens Jugendlicher aus unteren, in der Regel bildungsfernen Schichten, Verhaltensmerkmale, die sie mit

---

100 Simon, T.: Rocker in der Bundesrepublik. Eine Subkultur zwischen Jugendprotest und Traditionsbildung, Weinheim (Beltz) 1980, S. 200f.
101 Cremer, G.: Die Subkultur der Rocker. Erscheinungsform und Selbstdarstellung. Pfaffenweiler (Centaurus-Verlagsgesellschaft) 1992, S. 246
102 Cremer 1992, S. 251

den Arbeiterjugendlichen der Hochindustrialisierung vor 1914, mit den Wilden Cliquen der zwanziger Jahre, den Edelweißpiraten und den „Halbstarken" der fünfziger Jahre verbinden.

Mit dem Beginn der Bildungsreform der sechziger Jahre veränderte sich das Bild. Bei den Hedonisten und Leistungsverweigerern, besonders den Hippies der sechziger und siebziger Jahre, löste sich die besondere Spezifik dessen, was allein für die Gesellschaft der BRD galt, auf. Ihre Anstöße und Provokationen hatten einen internationalen Bezug; sie verschwanden hinter der Intensität der wiederum spezifischen Schärfe des politischen Studierenden- und Schülerprotests in der Bundesrepublik Deutschland. Angelehnt an das amerikanische Vorbild, blieben sie eher eine Randerscheinung älterer Jugendlicher und Studierender.

Es waren zwei Spezifika, die die Gesellschaft der BRD von den westeuropäischen Gesellschaften besonders deutlich unterschieden und die Jugendlichen die Identifikation und Integration erschwerten: ein überspannter, anachronistischer, teils pathologischer Normalitätsdruck und eine semiotische Anfälligkeit und Reizbarkeit. Diesen Normalitätsdruck der Zuschütt-und-Schnell-Wiederaufbau-Gesellschaft, der sich in den bekannten Feindbildern der „geteilten Nation" nach außen artikulierte, bekamen im Binnenverhältnis mit besonderer Schärfe die „abweichenden" Jugendlichen zu spüren: „Warum knallt man dieses Gesindel nicht einfach ab wie tollwütige Hunde? Oder steckt diese Unmenschen lebenslänglich in ein Arbeitshaus?"[103] Derartige Leserbriefe, die Jugendliche das Entsetzen lehren konnten, wandten sich nicht nur – was ja hinreichend bekannt ist[104] – gegen protestierende Studierende, sondern auch gegen die jugendlichen Rocker, die i.d.R. durch eines der Merkmale: Lederjacke, Moped, Jeans auffielen.

Das zweite Spezifikum lag in einer semiotischen Auffälligkeit und Reizbarkeit. In keiner anderen westeuropäischen Gesellschaft (ausgenommen die DDR) konnten Jugendliche durch die Verwendung von Zeichen, Symbolen und Emblemen des Nationalsozialismus so viel Irritation und Aufsehen erregen wie in der BRD.

Die folgende, gewiss subjektive Auswahl, die lediglich Punks, Skinheads, HipHop und Techno in die Darstellung einbezieht, hat diese Spezifika im Blick. Diese vier Jugendkulturen stehen zudem jeweils in einem adversativen Verhältnis zu ihren Vorgängern, sie erfassen die jeweils Jüngeren, die 15- bis 18jährigen Jugendlichen, und sie sind – trotz der „Explosion der Stile" – dennoch quasi Hauptrichtungen, innerhalb deren sich weitere Differen-

---

103 Riedel, Th., Kreuznach, zu dem Bericht „Brecht endlich den Rocker-Terror", BUNTE Nr. 11/1968, zit. nach: Jantzen, W.: Rocker und andere Probleme der Jugendkriminalität, Wuppertal-Barmen (Jugenddienst-Verlag) 1969, S. 16
104 Lindner 1996, S. 234

zierungen herausschälen.[105] Punks und Skinheads kennzeichnet außerdem ein besonderes Verhältnis aus spielerischem Inszene-Setzen, Abscheu und Verehrung zu den genannten Spezifika der deutschen Geschichte. Sie bilden quasi das Entree eines postmodernen Verhältnisses zu dem Medienspiel mit den „Greueln der Vergangenheit".

16. Punks

Mit den Punks beginnt eine andere Seite der Geschichte der Jugendkulturen. Denn allein durch den Stiltransfer der Medien vermittelt, gab es in der BRD keinen Ursprungsort der Entstehung der Punks. Anders in Großbritannien. Hier waren die Metropole London und die Auftritte der *Sex Pistols* mit den entsprechenden Begleitumständen der Beginn einer neuen Ära. Thomas Lau, der die Jahre 1976-1986 beschreibt, hat – das kann vorweggenommen werden – *das* Standardwerk für diese entscheidende Phase der Punks vorgelegt. Er lässt seine Datenreihe mit einer Besprechung im *New Musical Express* vom 21. Februar 1976 mit dem Titel: „Don't look over your shoulder, but the Sex Pistols are coming" (Neil Spencer) beginnen. Nach kurzen Collegeauftritten Ende 1975 seien die *Sex Pistols* am 28. Januar 1976 im St. Albans Bash aufgetreten. Die Mitglieder der Gruppe (Paul Cook, Schlagzeug; Steve Jones, Gitarre; Glen Matlock, Bass; Johnny Rotten [John Joseph Lyden], Gesang) sind alle 1955/1956 geboren. „Manager der Gruppe ist Malcom McLaren (Malcom Edwards), dessen Boutique SEX, 430 King's Road, London – gemeinsam mit Vivienne Westwood geführt – als Entstehungsort der *Sex Pistols* gilt."[106]

Ihren ersten Plattenvertrag unterschrieben sie bei der Firma EMI, am 26. November 1976 kam ihre erste Single *Anarchy in the UK* heraus; sie erschien kurz auf Platz 27 der Charts, verschwand aber gleich wieder. Nach einem kurzen Fernsehauftritt, der zur zweiwöchigen Suspendierung des Moderators führte, folgten im Januar 1977 Auftritte in den Niederlanden. Am 22. Januar 1977 löste EMI bereits den Vertrag, das Auftreten der Gruppe mache es unmöglich, sie international zu präsentieren. Am 24. Februar 1977 trennte sich bereits Glen Matlock von der Gruppe, seinen Platz nahm der zwei Jahre jün-

---

105 Nicht einbezogen werden die sich in der Nähe der Rocker befindenden Heavy-Metals; ausgelassen ist auch der gesamte Bereich des Fußballs (Fans und Hooligans); ebenso die Szenen der Rockabillies und Psychobillies, Variationen und Mischungen aus Rock'n'Roll, Punk und Skins, sowie die „schwarze" Szene (Grufties, Satanisten), die aus dem Gothic Punk entstand.
106 Lau, Th.: Die heiligen Narren. Punk 1976-1986, Berlin/New York (de Gruyter) 1992, S. 41

gere Sid Vicious ein. Am 10. März unterzeichnete die Gruppe vor dem Buckingham Palace (auf einem Tapeziertisch) einen neuen Vertrag bei *A&M*, der nach einer Woche auch wieder aufgelöst wurde. Die zweite Single *God Save the Queen* erschien zwar noch bei *A&M*, aber 5000 Exemplare wurden vernichtet. Am 21. Mai 1977 stieg das Label *Virgin* ein, *God Save the Queen* wurde wieder aufgelegt und stieg an die Spitze der Charts – trotz eines Boykotts bei BBC, Radio One, Radio Luxemburg, den lokalen Sendern sowie den Musik-Box-Verlegern. Anlässlich des 25jährigen Thronjubiläums der Queen fand am 7. Juni 1977 die legendäre Konzert-Bootsfahrt auf der Themse statt, die von der Polizei aufgelöst wurde. Eine dritte (*Pretty Vacant*) und vierte Single (*Holidays in the Sun*) erschienen im Herbst 1977; für das erste Album (*Never mind the Bollocks – Here is the Sex Pistols*) lagen jetzt allein 125.000 Vorbestellungen vor.

Mehrere Geheimauftritte – einzelne Mitglieder der Band waren tätlich angegriffen worden – fanden in England, offizielle in Skandinavien und den Niederlanden statt. Am 5. Januar 1978 begann eine Konzerttour in den USA mit einem Konzert in Atlanta, Georgia. Am 14. Januar 1978 fand der letzte Auftritt in San Francisco statt, am 17. Januar 1978 wurde die Auflösung der *Sex Pistols* bekannt gegeben.[107]

Das ist der Ereignisrahmen der Ursprungserzählung, der die Mythologie der Punks bis in die Gegenwart speisen wird.[108] Ihre erste Single *Anarchy in the UK* war Programm. Mit einer, jede Strenge, sei sie „links" oder „rechts" motiviert, zurückweisenden Schnoddrigkeit, starteten sie ihr

> Right
> Now
> Hahahahahaha
> I am an antichrist
> I am an anarchist
> Don't know what I want
> But I know how to get it

nicht endendes Hohngelächter auf alles der Nation Liebe und Treue. Das Böse, der Antichrist, hatte Gestalt gewonnen und präsentierte sich in einer rotzfrechen Geste der Überlegenheit mit einem treibenden Rhythmus, der den Rock'n'Roll überholte.

> I wanna be anarchy...
> I wanna be an anarchist

---

107 Vgl. die Belege bei Lau 1992, S. 41-43 und Anmerkungen, S. 46-49
108 Unter dem Stichwort Sid Vicious, der am 2. Februar 1979 im Chelsea-Hotel, New York, zuerst seine Freundin, Nancy Spungen, und mit einer Überdosis Heroin kurz darauf sich selbst tötete, vermerkt die Suchmaschine *Google* im August 2004 über 105.000 Verweise.

Get pissed. Destroy[109]

In seiner Interpretation zeigte Lau, dass es sich in dem Text um die Verkündigung einer neuen, anarchischen Ordnung handelt. Ihr Raum sei die City, ihr Adressat das städtische Publikum,[110] dessen „future dream" – wie es weiter heißt – „shopping scheme" sei. Der Sprecher verstehe sich als „anarchist", „no dog's body", stattdessen frei und anarchisch. „Man erkennt das Kollektiv nicht an seiner Trunkenheit, sondern an seinem Weg dorthin – ‚Get pissed'. Zerstört werden so sämtliche Ziele konkurrierender Weltveränderer".[111] Die leitende Idee der *Anarchy in the UK* sei die, dass keine Idee existiere, sehe man von dem einzigen Programm ab, im Nachrichtenprogramm zu erscheinen.

Is the only way to be,
Is this the M.P.L.A.

Sei man nur zur Existenz berechtigt, wenn man sich der marxistischen M.P.L.A. in Angola anschließe, den protestantischen Ulsters oder der IRA – nein: es reiche „die Gemeinschaft der Saufenden in der Stadt".[112]

Zwei Wochen nach der Auflösung der *Sex Pistols* wurde das deutsche Publikum in einer Titelgeschichte: „Punk. Kultur aus den Slums: brutal und hässlich" von dem Magazin DER SPIEGEL über die „neue Häßlichkeit" in Kenntnis gesetzt.[113] Wie DER SPIEGEL zu „Kultur aus den Slums" kam, muss gerade angesichts der starken Beteiligung von Studierenden der Fachhochschulen für Kunst und Ästhetik sein Geheimnis bleiben. Dort, wo Daten durch polizeiliche Festnahmen ermittelt wurden, zeigte sich vielmehr eine sozial durchmischte Punk-Szene, was nicht nur für die BRD galt.[114] Auch beteiligten sich in der Punk-Szene erstmals gleichberechtigt und ähnlich aggressiv die Mädchen.[115]

---

109 Der vollständige Text bei Lau 1992, S. 51f.
110 Die Momente „City" und „Publikum" verweisen auf die Programmatik der Situationisten, denen McLaren zugerechnet wird. Vgl. zu McLaren jetzt ausführlich: Savage, J.: England's Dreaming. Anarchy, Sex Pistols, Punk Rock, Berlin (Edition Tiamat) 2003². Vgl. Zu den Situationisten auch: Seifert, A.: Körper, Maschine, Tod. Zur symbolischen Artikulation in Kunst und Jugendkulturen des 20. Jahrhunderts, Wiesbaden (VS Verlag für Sozialwissenschaften) 2004, S. 187-223. Abwegig ist die hymnische Interpretation des *Anarchy in the UK* bei Markus Greil: Lipstick Traces. Von Dada bis Punk, Hamburg (Rogner & Bernhard bei Zweitausendeins) 1992, S. 459
111 Lau 1992, S. 54
112 Lau 1992, ebd. Mit den Punks und seit ihrem Auftreten sind daher das öffentliche Trinken, Bierdose und -flasche Symbole der Dissoziation.
113 DER SPIEGEL Nr. 4, 1978
114 Vgl. die Zahlen bei Lau 1992, S. 13-15
115 Lau 1992, S. 15

Neben „slum" und „brutal und hässlich" ist das dritte Attribut „no future" aus *God save the Queen* schnell verallgemeinert. Punk wurde zur Jugendkultur der Zukunftslosigkeit, was im Blick auf den Arbeitsmarkt der achtziger Jahre nicht ganz falsch war, aber dennoch so nicht gemeint war. Das „No future" galt bei den *Sex Pistols* auch für „England's Dreaming". Wie dieser Traum auch aussah, er wurde nicht geteilt. Dem träumenden Kollektiv mit der Queen an der Spitze stellte sich eine neue Szene selbstbewusst gegenüber: „We're the future. Your future." Punk verweigere nicht die Zukunft, sondern fordere eine bessere. „Ungeglättet", man könnte auch sagen, „rotzfrech" oder „unter Ausnutzung des rüdesten zur Verfügung stehen Vokabulars wird zum Beispiel gegen Politiker, Krieg und Militarismus ins Feld gezogen."[116] Dabei entwickelten die Punks eine Treffsicherheit, die verblüffte: „Grotesker Wahnwitz, Ekstatik, provozierende Formspielereien und anarchische Unbekümmertheit verbinden sich zu einem neuartigen Elaborat." Nicht nur tätliche Übergriffe, sondern Protestwellen prasselten auf die Singenden nieder, Doppeldeutigkeiten wurden systematisch übersehen, wie bei der Zeile *Belsen was a gas* des Songs *Holidays in the Sun*. Ähnliches spielte sich auch in der Bundesrepublik ab. Als die Düsseldorfer Gruppe DAF (Deutsch-Amerikanische-Freundschaft) ihren Song „Mussolini" mit der Zeile „Tanz den Adolf Hitler" herausbrachte.[117]

Weitere jugendkulturelle Besonderheiten, die die Punks in Szene setzten, waren die metaphorischen und provozierenden Bandnamen: *Einstürzenden Neubauten, Attak, Blitzkrieg, SS Hitler,* oder *Disease, Epileptics, Idiots, Sperma, Rotzkotz*. Die Single und die Independent-Labels, der Einzug des Video und des Films; die alltägliche Lässigkeit auf der Bühne, die Integration von Band und Zuhörern, der allgegenwärtige Pogo, das Gobbing, das Spucken und Bespucktwerden als Auszeichnung, das Stagediving, das Slammen, das sich als die aggressivere Variante des Pogo durchsetzte und das Moshen, eine Linksdrehung als gemeinsamer Kreis- und Hüpftanz, wie er sich bei den jubilatorischen Szenen meisterlicher Sportmannschaften – meist in Rechtsdrehung – inzwischen etabliert hat.[118] Punk zu sein ist eine Gesinnung und Haltung, die den Alltag erfasst und 24 Stunden andauert. Der Stil ist eine gelebte Gesellschaftskritik, vorgetragen mit der Unbedingtheit und Aggressivität der Jugend und mit der Verzweiflung darüber, dass die Hoffnung auf eine große Veränderung angesichts zirkulärer Strukturen von Öffentlichkeit

---

116 Lau 1992, S. 63
117 Vgl. Gabi Delgado, Sänger von DAF, und Robert Görl, Schlagzeuger und „Sequenzer-Zauberer" im Rückblick bei Teipel, J.: Verschwende deine Jugend. Ein Doku-Roman über den deutschen Punk und New Wave, Frankfurt (Suhrkamp) 2001, S. 291-300 u. 306. Darin wichtige Hinweise zum Übergang von Punk zu ersten Rhythmusformen des Techno bei DAF (vgl. S. 292f.).
118 Vgl. Lau 1992, S. 59-75

und Politik kaum eine Basis haben kann. So waren die Punk auch eine gelebte Kritik der 68er Generation und der scheinbaren Heroen ihrer kulturellen Avantgarde. Das zur Versagung aus Einsicht bereite Zitat *You can't always get what you want* der *Stones* beantwortete eine Zeile aus *Anarchy in the UK*:

> How many ways to get what you want
> I use the best. I use the rest
> I use the enemy
> I use the anarchy

In einer weitergehenden Interpretation machen Thomas Lau und Hans-Georg Soeffner auf historische Vorläufer aufmerksam und entdecken Parallelen in zwei historischen Lebensformen, im Narren der Hofgesellschaft und in der frühen Form des Bettelsordens der Franziskaner. Der Signalcharakter des Hofschmucks des Narren, die Bekleidung in Form des Narrenkleides, die Spannung aus Ablehnung, Außenseitertum und Anerkennung (durch den Herrscher und in den Modetrends) zeige strukturelle Parallelen. Noch deutlicher seien die Strukturmerkmale zu den frühen Lebensformen der Franziskaner. „Punk und Franziskaner teilen die nach außen klar erkennbare Verweigerung jeglichen Luxus, eine Verpflichtung zur Armut, die betont einfache Kleidung, das Betteln, die Handarbeit, die Internationalität bei gleichzeitig regionaler Orientierung, das gemeinsame Wandern..." – um nur die auffälligsten Gemeinsamkeiten zu nennen, die Thomas Lau in seinem historischen Exkurs identifiziert hat.[119]

Hans-Georg Soeffner setzt an der Bedeutung des Stils an. Jeder Stil habe eine ästhetische Komponente, eine ästhetische Überhöhung des Alltäglichen.[120] Auf den subjektorientierten Antiritualismus der 68er Generation mit dem Wertekanon Kreativität, Selbsterfüllung, Autonomie, was, kritisch betrachtet, letztlich die Unterstellung einer Gottähnlichkeit beinhalte – darauf antworten die Punks: „Die Antwort ist einfach: Punk *hat* keine Botschaft, Punk als Lebenshaltung und gelebter Stil *ist* die Botschaft. Die Gruppe ‚missioniert' nicht durch Lehren, Appelle oder Botschaften, sondern durch die Demonstration einer in sich geschlossenen, moralisch aufwendigen und riskanten, weil ständig sanktionierten Lebenshaltung."[121]

Zum Punk in der BRD ist kurz anzumerken, dass er verspätet, fast post festum 1978/79 sichtbar wurde, sich in der ersten Phase stark mit der Haus-

---

119 Lau 1992, S. 128
120 Soeffner, H.-G.: Stil und Stilisierung. Punk oder die Überhöhung des Alltags, in: Ders.: Die Ordnung der Rituale. Die Auslegung des Alltags 2, Frankfurt am Main (Suhrkamp) 1995[II], S. 76-101
121 Soeffner 1995, S. 98

besetzerbewegung[122] vermischte, dadurch politisiert wurde, am Rande der Anti-AKW- und der Friedensbewegung auftrat und den Kern der späteren Autonomen bildete. Parallel setzte der nahtlose Übergang einiger Protagonisten in das prokruste Bett der Schlagerrallye („Alarm im Sperrbezirk") ein. Im gleichen Atemzug spaltete sich die Szene; Teile der Punkszene wandten sich den obstinateren Skinheads zu, andere gingen in Richtung des amerikanischen Westküsten-Hardcore[123] und Straight Edge.[124] Neben wenigen Regional[125]- und einigen Fallstudien[126] sind die Arbeiten von Faulstich[127], Naumann/Penth[128], Penth/Franzen[129], Reinitz[130] und zuletzt die Blütenlese und

---

122 Vgl. die Beiträge zur Berliner und Züricher sowie Londoner Hausbesetzerszene in: Breyvogel, W. (Hg.): Autonomie und Widerstand. Zur Theorie und Geschichte des Jugendprotests, Essen (Rigodon Verlag) 1983; vgl. auch die Literaturübersicht von Heinz-Hermann Krüger, S. 130-134
123 Vgl. insbes.: Budde, D.: Take three chords. Punkrock und die Entwicklung zum American Hardcore, Karben (CODA) 1997; Büsser, M.: If the kids are united ... Von Punk zu Hardcore und zurück, Mainz (Ventil Verlag) 2000 (5., überarb. u. erw. Aufl.).
124 Vgl. dazu die grundlegenden Arbeiten: Pileggi, M.S.: No sex, no drugs, just hardcore rock: Using Bourdieu to understand straight-edge kids and their practices, (Diss., Temple University, 1998) Ann Arbor, Mich./USA (UMI ProQuest) 1998; Haenfler, R.J.: Straight edge: The newest face of social movements, (Diss., University of Colorado at Boulder, 2003) Ann Arbor, Mich./USA (UMI ProQuest) 2003; Williams, J.P.: The Straightedge subculture on the Internet: A case study, (Diss., The University of Tennessee, 2003) Ann Arbor, Mich./USA (UMI ProQuest) 2003
125 Kuhnert, P.: „Ich hab' nun mal 'ne ganze Ecke meines Lebens auf dem Gitter verbracht." Punks im Revier, in: Breyvogel, W./Krüger, H.-H. (Hg.): Land der Hoffnung – Land der Krise. Jugendkulturen im Ruhrgebiet 1900-1987, Berlin/Bonn (J.H.W. Dietz Nachf.) 1987, S. 250-258
126 Eine der materialreichsten Fallstudien kreist um das Mädchen A., die „erste Punkerin" einer Ruhrgebietsstadt, vgl. dazu: Helsper, W.: Identität in der Nicht-Identität. „Immer anders, immer neu", in: Breyvogel, W. (Hg.): Autonomie und Widerstand. Zur Theorie und Geschichte des Jugendprotestes, Essen (Rigodon Verlag) 1983, S. 118f.; Helsper, W.: Subjektivität und Schule. Über den Versuch, in der Schule (k)ein Subjekt sein zu dürfen, in: Breyvogel, W./Wenzel, H. (Hg.): Subjektivität und Schule. Pädagogisches Handeln zwischen subjektivem Sinn und pädagogischer Macht, Essen (Neue Deutsche Schule) 1983, S. 29-47; Helsper, W./Breyvogel, W.: Selbstkrise, Suizidmotive und Schule. Zur Suizidproblematik und ihrem historischen Wandel in der Adoleszenz, in: Wenzel, H./Wesemann, M. (Hg.): Schule auf dem Weg ins 21. Jahrhundert. Bilanz, Probleme, Perspektiven, Weinheim (Deutscher Studien Verlag) 1989, S. 45-70
127 Faulstich, W.: Zwischen Glitter und Punk. Tübinger Vorlesungen zur Rockgeschichte, Teil III 1972-1982, Rottenburg-Oberndorf (Wissenschaftler-Verlag) 1986
128 Naumann, M./Penth, B.: Stiltransit. Gedanken zur Ästhetik des Punk, in: Bucher, W./Pohl, K. (Hg.): Schock und Schöpfung. Jugendästhetik im 20. Jahrhundert, Darmstadt/Neuwied (Luchterhand) 1986, S. 119-129
129 Penth, B./Franzen, G.: Last Exit. Leben im toten Herz der Städte, Reinbek (Rowohlt) 1983
130 Reinitz, M.: Punk-Räume, in: Bucher/Pohl 1986, S. 130-134

das Wundenlecken von Teipel[131] zu empfehlen. Die kompakteste und am besten recherchierte Arbeit bleibt allerdings die von Thomas Lau.

17. Skinheads

„'Die' Skin-Szene gibt es natürlich nicht. Heutzutage gibt es so viele Fraktionen, daß man von einer geschlossenen Szene nicht mehr sprechen kann. Die Bandbreite reicht von Gay Skinhead Movement bis zu den Hammerskins. Zu den normalen Oi!- und den '69er Skins kann man nur sagen, daß die meisten Leute würdige Vertreter des Kults sind." (Eike, Interview mit SMEGMA[132])

Zu keiner der jugendkulturellen Szenen der Gegenwart existiert ein derartig einseitiges, durch die selektive Darstellung der Medien geprägtes Bild wie zu den Skinheads, kaum eine andere Szene hat eine vergleichbar lange Geschichte und keine ist in sich derart vielfältig, widersprüchlich bis gegensätzlich ausdifferenziert. Zwischen 1995 bis 2000 reichte das Spektrum (neben den oben erwähnte homosexuellen Skins) von den Red Skins, die sich auf die kommunistische Jugend der Weimarer Republik als Vorläufer beziehen, über die antirassistischen SH.A.R.P.s [*Skinheads Against Racial Prejudice*], die große Mittelfraktion der Oi!-Skins, zu den „patriotischen" sowie den am Nationalsozialismus orientierten Blood and Honour-Skins. Insgesamt wurden vom Verfassungsschutz in diesen Jahren ca. 6000-8000 Skins gezählt, die Extremgruppen links und rechts bilden ca. je 10-20%, der Mittelblock der oben erwähnten „normalen" Skins hat eine Stärke, die zwischen 60 und 70% schwankt. In der einzigen empirischen Untersuchung, die für die Bundesrepublik existiert, haben Klaus Farin und Helmut Heitmann u.a. die Parteipräferenzen der Skinheads erfragt. Von denjenigen, die überhaupt wählen (Nichtwähler 43%), würden die rechten Parteien (DVU, Republikaner, NPD u.a.) 28%, die Grünen 18,9%, die SPD 21,5%, die CDU/CSU 5,8%, aber die PDS 26,2% erhalten, worin sich ebenfalls der Links-rechts-Gegensatz ausdrückt.[133]

---

131 Teipel, J.: Verschwende deine Jugend. Ein Doku-Roman über den deutschen Punk und New Wave, Frankfurt am Main (Suhrkamp) 2001
132 „Wir sind nicht sexistisch!" Ein Interview von Sandra mit SMEGMA, in: Skinhead. A Way Of Life. Eine Jugendbewegung stellt sich selbst dar, hrsg. von Klaus Farin, Hamburg (Europäische Verlagsanstalt/Syndikat) 1996, S. 95f. Die Begründung des Namens: „Smegma ist der medizinische Fachausdruck für die leckeren, talgartigen Siff-Ablagerungen unter ungepflegten 4-Skins" (Skinhead 1996, S. 94).
133 Vgl. Heitmann, H.: Die Skin-Studie, in: Farin, K. (Hg.): Die Skins. Mythos und Realität, Berlin (Chr. Links Verlag) 1998[II], S. 69-95, vgl. S. 84ff.

Die Vorgeschichte der Skins begann Ende der sechziger Jahre in Großbritannien. Mike Brake (1980) zog die *Sunday Times* vom 21. September 1969 heran. Man stoße in Arbeitergegenden Londons auf etwas, was Soziologen ein Phänomen, autoritäre Menschen proletarisches Rowdytum nennen würden. „...uniform und schmucklos gekleidete Arbeiter-Jugendliche, die alles andere als Eleganz ausstrahlen. Häufig sind sie nicht älter als 15 oder 17. Man sieht ihnen an, daß sie auf Schlägereien scharf sind. Sie stehen auf Bluebeat-Musik und *aggro*, dem Skinhead-Synonym für aggressives und provokatives Verhalten... Was die Skinheads wirklich zur Raserei bringt und dazu führt, daß sie sich im Stile von Schattenboxen aufbauen, ist alles, was von ihnen als *flash* begriffen wird... Dazu gehören die Hippies und modebewußte, eitle Leute, die ihnen ein Greuel sind. ‚Hippie' ist für die Skinheads der Inbegriff alles Schmutzigen."[134] Diese – nicht bereits durch den Skinhead-Mythos geprägte – Beschreibung von Cliquen jugendlicher Arbeiter erinnert deutlich an die Wahrnehmung der jugendlichen Rocker in der Bundesrepublik Deutschland. Das Jahr 1969 („Spirit of 69") und das Londoner East-End gelten gemeinhin als Entstehungsjahr und Ursprungsort der retrospektiven Mythologie. Bereits 1972 hat allerdings Phil Cohen im Kontext des CCCS eine soziologische Analyse vorgelegt, die maßgeblich geblieben ist: Vor dem Hintergrund der Modernisierung der Städte, der Wohnsanierung und Planifizierung der Arbeiterquartiere geriet die tradionale *Community* der Arbeiter unter Druck. Gleichzeitig veränderten Rationalisierung und gesteigerter Maschineneinsatz die Bedeutung der körperlichen Arbeit. Das Arbeitermilieu geriet in eine Schere von Aufstieg und notwendiger Mobilität versus Abstieg und Gettoisierung. Parallel hatte die Entkolonialisierung zum Strike-back der Migration in die Metropolen geführt. Die Spaltung der Arbeiterklasse artikulierte sich im Generationenkonflikt in der Spaltung von Mods (ab 1963) und Skinheads (ab 1968). Während die Mods eine Teilanpassung an den Konsumismus vollzogen, „wählten" die Skinheads den Weg nach unten in Richtung einer symbolischen Darstellung potentieller und faktischer Proletarisierung.[135]

Die Mods, die kaum eine Entsprechung in der Bundesrepublik fanden, hatten ihre ersten, von der Presse hochgespielten Schlägereien mit Rockern in den englischen Seebädern 1964. Ihr Stil gruppierte sich um den Motorroller (Vespa) und den Erwerb von Statussymbolen (Jackett, enge Hosen, spitze

---

134 Brake, M.: Soziologie der jugendlichen Subkulturen. Eine Einführung, (hrsg. und mit einem Nachwort versehen von Rolf Lindner) Frankfurt/New York (Campus Verlag) 1981 (London 1980), S. 92
135 Vgl. die Rezeption der Arbeiten Phil Cohens in dem ersten Text, der in der BRD erschien: Clarke, J./Jefferson, T.: Jugendliche Subkulturen in der Arbeiterklasse, in: Ästhetik und Kommunikation [ÄuK], 7. Jg. (1976) Heft 24, S. 48-60, das Schema S. 54. Zum CCCS [Centre for Contemporary Cultural Studies] erstmals ÄuK 1976, S. 60f.

Schuhe). „Das Nachtleben der Städte zog viele in ihren Bann. Die Clubs symbolisierten für die Mods die Glanz- und Glitterwelt ihrer Träume."[136] Wenn sie auch nur knapp aus den Lebensverhältnissen der Eltern zum Angestellten aufgestiegen waren, nach außen signalisierte ihre Erscheinung: „Seht her, auch Arbeiterkinder haben Geld genug, um sich ordentlich und teuer einzukleiden und nach der neuesten Mode zu gehen!" Dabei gehörte die synthetische Droge Speed zum Kernbestand ihres Selbstverständnisses und war Kennzeichen ihrer Lebensweise.

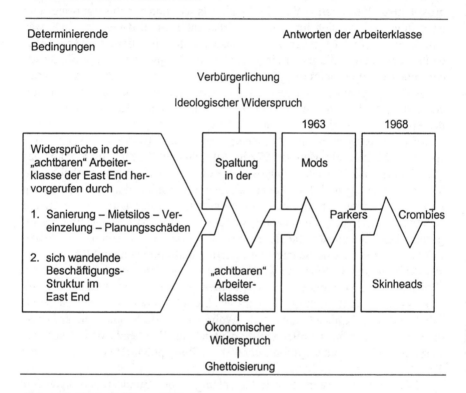

Abb. nach Clarke/Jefferson 1976: 54

Bis 1969 hatte sich auch die Mods-Szene ausdifferenziert. Neben dem „gewöhnlichen" Mod, gab es die *Parker*, gekennzeichnet durch Motorroller, Jeans, Turnschuhe und den Parker der amerikanischen GIs. Zwischen Mods und Skinheads bildeten sie ein Übergangsmoment, ähnlich den *Crombies* und *Suedes* (engl. suede: Wildleder[-Schuhe]). Daneben gab es die Gruppe der harten Mods, die sich den teuren Konsum nicht leisten konnten und bei Jeans

---

136 Brake 1981, S. 88

und kräftigen Arbeiterschuhen stehen blieben. Aus dieser Gruppierung hätten sich – so die einschlägigen Darstellungen – die Skinheads entwickelt.[137]

Skinheads wurden in der Bundesrepublik Deutschland erst Anfang der achtziger Jahre sichtbar. Aus den Lebensgeschichten von jugendlichen Straftätern aus dieser Szene, die Mitte der achtziger Jahre bekannt wurden, gingen häufig Wechsel von Punks zu Skinheads hervor. Die Politisierung der Punks in der Hausbesetzerbewegung und die Vereinnahmung in der Neuen Deutschen Welle forcierten den Rückgriff auf eine noch unverbrauchte Jugendkultur in dem Zeitraum bis 1985. Die ersten größeren Gruppen traten im Kontext der Fußballfans auf und waren radikalisierte Fans mit einer teils fremdenfeindlichen und nationalistischen Attitüde. Vergleichbar dem Versuch der *National Front* in Großbritannien startete auch in der BRD der terroristische Rechtsradikalismus,[138] den Versuch, die Skins politisch zu vereinnahmen, was nach dem Verbot der Aktionsfront Nationaler Soldaten (ANS), Verhaftung und Tod der Leitfigur, Michael Kühnen,[139] scheiterte. Der Zusammenbruch der DDR und die „Wiedervereinigung", die von der CDU/CSU forcierte Asylrechtsänderungsdebatte ab 1990, die pogromartigen Übergriffe auf Asylbewerber und Fremde in Hoyerswerda (1991) und Rostock (1992), die Brandanschläge in Mölln (1992) und Solingen (1993), an denen einzelne Skinheads beteiligt waren, verfestigten endgültig eine Stigmatisierung der Skinheads als nationalistische und rassistische Gruppierung. Diese öffentliche Schuldzuweisung führte gleichzeitig zu einer inneren Differenzierung. Zwischen 1992 und 1996 sortierte sich das Feld der Skinheads neu und nahm die Form an, die in der einschlägigen Dokumentation von Klaus Farin: *Skinhead. A Way Of Life* als Bilanz erschienen ist. Um das Spektrum anzudeuten, sei auf den 23 Jahre alten Oi!-Skin Mike verwiesen, der trotz des „Ärgers mit Justiz, Linken, Ausländern, Dorftrotteln, intoleranten Arschlöchern" Skin geblieben ist: „...daß ich mir früher wie heute von niemandem sagen lasse, wie ich auszusehen habe. Ich muß damit rumrennen, ich habe im Winter die kalte Rübe, ich krieg' davon nicht genug. Das ist das, was für mich zählt, daß ich das mache, was ich will!!!"[140] Ein anderer ist der Gay-Skin Volker:

„Sicher, Schwule sind eine Minderheit unter den Skinheads, und sie fallen nicht auf. Es ist heute einfacher, offen zu seiner Homosexualität zu stehen, als bekennender Skinhead zu

---

137 Brake 1981, S. 87
138 Vgl. Dudek, P.: Jugendliche Rechtsextremisten. Zwischen Hakenkreuz und Odalsrune. 1945 bis heute [1984/85], Köln (Bund-Verlag) 1985. Im Zentrum steht die Aktionsfront Nationaler Soldaten (ANS); die Skinheads erscheinen bei Dudek unter „antidemokratischen" und „gewaltbereiten" Gruppenstilen, was in der Sache gewiss damals zutreffend ist.
139 Vgl. zur Homosexualität Kühnens das Interview mit Hacki, einem Bremer Skinhead, in: Farin, K./Seidel-Pielen, E.: „Ohne Gewalt läuft nichts!" Jugend und Gewalt in Deutschland, Köln (Bund-Verlag) 1993, S. 39f.
140 Skinhead 1996, S. 27

sein... Ich selbst habe zwar ständig Probleme, weil ich mich als Skinhead verteidigen muß, habe aber bisher als Schwuler von Hetero-Skins keine Repressalien erfahren... Gay-Skins leben gerne als Männer, sind froh darüber, Penis und Hoden zu haben, bilden sich aber nichts darauf ein und interpretieren nichts in den Penis; er ist da und macht höllisch viel Spaß."[141]

Neben dem Abiturienten Nils (19) äußern sich Vasco (24), der Ausländer, und (anonym) Wodka (26), ein *Kunststudent aus Mainz*, der aus einem Dorf bei Kassel stammt und 1984 zur Szene stieß. Auf einer Klassenfahrt wurde er in Lübeck von einem anderen Skin verprügelt, was ihn etwas distanzierte, aber ab 1988 fand er durch die Ska-Welle bei den Skinheads wieder den Einstieg:

„Die '88 aufkommende Ska-Welle hat mich sofort angesteckt, und obwohl ich *Madness* schon immer gut gefunden habe, konnte ich mich erst jetzt dazu entschließen, die Bomberjacke an den Nagel zu hängen und den Anzug aus dem Schrank zu holen. Seitdem wandel ich auf dem ‚smart way of life'... Genau wie auf Politik und Rassismus habe ich einen abgrundtiefen Haß auf die Medien. Sie sind auf keinen Fall objektiv... wenn man durch die Stadt läuft, kann man sich nicht mehr auf irgendwelche Kneipen konzentrieren, sondern nur auf die Gruppen Schwarzhaariger, die einen jederzeit abstechen können und nur, weil ein paar Deppen wie in Mölln Scheiße bauen, ist das wahrscheinlich auch noch berechtigt."[142]

Daneben als Beispiel für die „Patrioten für Deutschland" Meik: „Skinhead bedeutet für mich Kampf für Rasse und Nation, den Gedanken des nationalen Sozialismus weiterverbreiten, um unseren Kindern eine vernünftige Zukunft zu bieten." Meik (21) lernte 1996 Maler und Lackierer, distanzierte sich von den Tätern in Mölln und Solingen: Es sei traurig, dass solche Mörder von den Medien als Skinheads dargestellt werden.[143] Das Mädchen Irina ist auch eine „Patriotin für Deutschland": „Meine Definition für Skinhead (bei mir Renee) ist: Für mein Vaterland einzustehen, mich nicht unterkriegen zu lassen, trotz des täglichen Spießrutenlaufens... nicht jeder rechtsradikale ‚Skinhead' ist ein dummer Schläger, der nicht weiß, warum er eine Glatze trägt." Sie sei gegen den Ausverkauf Deutschlands.[144]

Neben den referenzartigen Arbeiten von Klaus Farin[145] sei auf einige frühe Fallstudien und Feldforschungen verwiesen, die ein differenziertes Bild

---

141 Skinhead 1996, S. 37-39
142 Skinhead 1996, S. 44-46
143 Skinhead 1996, S. 149
144 Skinhead 1996, S. 150
145 Neben der Dokumentation Skinhead 1996 besonders Farin, K./Seidel-Pielen, E.: Skinheads, München (Verlag C.H. Beck) 1993; Farin, K.: Urban Rebels, in: Farin 1998, S. 9-68 u. Ders.: „In Walhalla sehen wir uns wieder..." Rechtsrock, in: Farin 1998, S. 213-243

ergeben. So liegen Fallstudien seit den achtziger Jahren von Eike Hennig,[146] Giovani di Lorenzo,[147] Jörg Bergmann/Claus Leggewie,[148] Bodo Morshäuser[149] und im pädagogischen Kontext von Werner Helsper[150] und zuletzt von Klaus Wahl[151] vor. Für die achtziger Jahre und die Frühgeschichte der „Böhsen Onkelz", d.h. für die Übergänge von Punk und Fußballfans zu Skinheads und Hools liegt eine Feldstudie von Beate Matthesius vor. Länger währende Feldstudien liegen in nur geringen Zahlen vor. Unmittelbar nach den Übergriffen in Hoyerswerda hat Thomas Stuckert[152] zwischen September 1991 und Herbst 1993 die gewaltbereite Szene in Essen beobachtet, zwischen 1992 und 1994 hat eine Forschergruppe um Ralf Bohnsack[153] Berliner Fußball- und Skinszenen verglichen, zuletzt hat Anne Claire Groffmann[154] eine Skinheadclique zwischen 1994 und 1996 in einer hessischen Kleinstadt beschrie-

---

146 Hennig, E.: Wert habe ich nur als Kämpfer. Rechtsextremistische Militanz und neonazistischer Terror, in: Steinweg, R. (Red.): Faszination der Gewalt, politische Strategie und Alltagserfahrung, Frankfurt/M. (Suhrkamp) 1983, S. 89-122
147 Lorenzo, G. di: Stefan, zweiundzwanzig, deutscher Rechtsterrorist. Mein Traum ist der Traum von vielen, Reinbek (Rowohlt) 1984
148 Bergmann, J./Leggewie, C.: Die Täter sind unter uns. Beobachtungen aus der Mitte Deutschlands, in: Kursbuch 113, Deutsche Jugend, September 1983, S. 7-37. In der damaligen Phase höchster Aufregung vergleichen sie wie sonst kaum andere zur Interpretation der Skinheadgewalt auf die historischen Rügebräuche Jugendlicher und interpretieren die fremdenfeindliche jugendliche Gewalt als Provokation und Delegation, vgl. dazu auch Breyvogel, W.: Jugend und Gewalt. Die neue Gewalt gegen Fremde, in: Helsper, W./Wenzel, H. (Hg.): Pädagogik und Gewalt. Möglichkeiten und Grenzen pädagogischen Handelns, Opladen (Leske + Budrich) 1995, S. 85-99
149 Morshäuser, B.: Hauptsache Deutsch, Frankfurt (Suhrkamp) 1992. Ein zwar literarisierter, aber sehr aufwendig recherchierter Bericht zu der Gewalttat eines Skinheads.
150 Helsper, W.: Moritz: Die Instrumentalisierung der Zwischenmenschlichkeit und die Überanpassung der Familie an die Schule, in: Combe, A./Helsper, W.: Was geschieht im Klassenzimmer. Perspektiven einer hermeneutischen Schul- und Unterrichtsforschung. Zur Konzeptualisierung der Pädagogik als Handlungstheorie, Weinheim (Deutscher Studien Verlag) 1994, S. 107-156; Ders.: Die Springer-Stiefel: Über Schwierigkeiten des Umgangs mit maskulin-nationalistischer Symbolik im Unterricht, in: Combe/Helsper 1994, S. 156-163 u. Ders.: Zur „Normalität" jugendlicher Gewalt: Sozialisationstheoretische Reflexionen zum Verhältnis von Anerkennung und Gewalt, in: Ders./Wenzel, H. (Hg.): Pädagogik und Gewalt. Möglichkeiten und Grenzen pädagogischen Handelns, Opladen (Leske + Budrich) 1995, S. 113-154, vgl. insbes. Kap. 3.2 (*Peter der Skin*), S. 120-123
151 Wahl, K. (Hg.): Fremdenfeindlichkeit, Antisemitismus, Rechtsextremismus. Drei Studien zu Tatverdächtigen und Tätern (hrsg. vom Bundesinnenministerium des Innern), Schweinfurt (Schunk Druck- und Verlags-GmbH) 2001
152 Matthesius, B.: Anti-Sozial-Front. Vom Fußballfan zum Hooligan, Opladen (Leske + Budrich) 1992
153 Stuckert, T.: „Die Leute haben einfach nur Angst vor uns." Der Jugendliche als öffentlicher Schrecken, in: Breyvogel, W. (Hg.): Lust auf Randale. Jugendliche Gewalt gegen Fremde, Bonn (J.H.W. Dietz Nachf.) 1993, S. 161-202
154 Groffmann, A.C.: Das unvollendete Drama. Jugend- und Skinheadgruppen im Vereinigungsprozeß, Opladen (Leske + Budrich) 2001

ben, die an einer Schnittstelle eines Schulzentrums zwischen einem Gymnasium und einer Hauptschule entstanden ist. Diese Schnittstelle ist ein fataler Ort, prädestiniert als Bühne einer Konfliktdelegation zwischen Punks („linken" Gymnasiasten) und Skins („rechten" Hauptschülern). Zur Interpretation setzt Groffmann an der ritualisierten Stigmatisierung und der ihr korrespondierenden Selbststigmatisierung der Skinheads an. Diese Selbststigmatisierung als demonstrativ nach außen umgekehrte und zurückgewiesene Schuldzuweisung gegenüber ihrer Lage lasse sich in vier Grundtypen einteilen. So enthalte der Skinheadstil eine Mischung aller Momente aus Exhibitionismus, Askese, Ekstase und Provokation. Dieser Selbststigmatisierung folge eine Anerkennung als „negative Helden", was sich besonders im Umgang der Medien mit der fremdenfeindlichen Gewalt dokumentiere, die sich zwischen Faszination und Schrecken bewegt habe.[155] In diesen theoretischen Rahmen ist die Beobachtungsstudie in dieser Kleinstadt eingelagert und durch einige, allerdings knappe Fallstudien ergänzt.

Einen zentralen Anteil im Selbstverständnis der Skinheads hat in den neunziger Jahren der „Spirit of '69" erhalten. Damit in Zusammenhang steht der Bezug mit dem Widerstandsmythos der *working class* in Großbritannien. Dieser heute durchgängige Mythos innerhalb der Skinheadszene verweist auf die Muster historischer und phantasmatisch-imaginärer (Re-)Konstruktionen von Männlichkeit. Hier setzen die Arbeiten von Joachim Kersten an, der im Kulturvergleich[156] und im Blick auf den Umbruch in den neuen Bundesländern die unterschiedlichen Männlichkeitsbilder innerhalb der machistischen und gewaltbereiten männlichen Jugendszenen beschreiben hat.[157]

18. Hip-Hop und Rap

Die ersten Spuren von Hip-Hop und Rap führen wieder in die siebziger Jahre des vergangenen Jahrhunderts zurück, und es sind zum wiederholten Male die afroamerikanischen Kulturen der Ghettos von Chicago, New York und (für den Techno) Detroit, in denen die ersten Formen des Hip-Hop aus der Disco-Szene identifiziert werden können. Auch hier gibt es eine Ursprungserzählung, die das erste Auftauchen der Bezeichnung Hip-Hop mit dem Disc-

---

155 Groffmann 2001, S. 86-91
156 Kersten, J.: Gut und (Ge)schlecht. Männlichkeit, Kultur und Kriminalität, Berlin/New York (Walter de Gruyter) 1997
157 Kersten, J.: Sichtbarkeit und städtischer Raum. Jugendliche Selbstinszenierung, Männlichkeit und Kriminalität, in: Breyvogel, W. (Hg.): Stadt, Jugendkulturen und Kriminalität, Bonn (J.H.W. Dietz Nachf.) 1998, S. 112-128

Jockey *Hollywood*, der in der Bronx, im Club 371 auflegte, beginnen lässt.[158] Auch der Rap, der, mit Breakdance verbunden, als verbaler Streit und Gewalt-Ersatz Jugendlicher in die (pädagogische) Wahrnehmung eingegangen ist, hat seinen Ursprung in der Disco-Szene der siebziger Jahre. Neben dem DJ war es zunächst der „Master of Ceremony" (MC), der die Titel ansagte und, möglichst witzig und einfallsreich, die Anwesenden zum Tanzen animierte. So bildeten DJ und MC ein Gespann, das gemeinsam auftrat, sich dann aber auseinander bewegte. Während einer der ersten, *Kool DJ Herc*, selbst noch am Mischpult rappte, gehörten zum Anhang des *Grandmaster Flash* die MCs *Mel* und *Creole*, die zunehmend ihre eigenen Auftritte in Szene setzten und sich als Stars profilierten. Das Jahr 1978 brachte die Wende. „Nachdem die Jugendlichen zuvor meist den DJ als Helden verehrt hatten, wurden jetzt Rapper die neunen Idole. Der DJ hatte die Hip-Hop-Musik erfunden, doch die Rapper und MCs konturierten den Flow der Breakbeats hin zu einer klassischen Songstruktur mit Vokalpassagen, Refrains und Themen, die die abstrakte Musik eingänglicher und verständlicher machten."[159]

Mit der (An-)Sprache kam eine neue Form der Verständigung in den Tanzraum, die sich in dem Zuruf: „World up" – „Genau, das ist es!" ausdrückte. Afro-amerikanische Sprachkunst, Sprachwitz, nicht Schriftkultur, aber lebendige Sprechkultur, wie sie im Jazz bereits vorzufinden war, konnte sich auch hier entfalten und sich der Sprachhoheit des „weißen" Amerika entgegenstellen. Die „schwarze" Artikulation, das „Signifying" versuche „Sprache aus der Eindeutigkeit der weißen Herrschaft zu reißen und die Wörter in einen neuen Kontext zu werfen, um zu sehen, was dann noch überlebt."[160] Poschardt verknüpft die Argumentation mit dem Hinweis auf die folkloristische Figur des *Signifying Monkey*, der die Fremdheit des Schwarzen im weißen Sprachkörper „Englisch" repräsentiere. Der nachäffende Affe ignoriere mit Sprachverdrehungen, Wiederholungen und Spielereien die Bedeutung der Wörter und benutze die Signifikanten der Wörter als Spielmaterial, was übrigens auch Teil des Spracherwerbs der Kinder in allen Kulturen und des Sprachwitzes unter Jugendlichen ist.[161]

Durch die Nichtbeachtung dieser Voraussetzung entstehe das fundamentale Missverständnis des Rap. Der DJ *Ice T* führt das Missverständnis auf die Fehlinterpretation des „shit talkin'" zurück. Rap sei die Kunst des Shittalkin'. Er finde sich „in the ghetto talk and machismo, even in the basic body

---

158 Poschardt 1996, S. 180
159 Poschardt 1996, S. 184. Zur Musik der ersten Hip-Hop-DJs vgl. Poschardt 1996, S. 158ff., zu *Grandmaster Flash* Poschardt 1996, S. 167-174, zu *Africa Bambaataa* und seiner Gang-Vorgeschichte Poschardt 1996, S. 174-180
160 Poschardt 1996, S. 187
161 Poschardt 1996, ebd.

language."¹⁶² Als Beispiel für die machistische, heterosexuelle Prahlerei führt *Ice T* den Spruch an: „I'll take my dick and wrap it around this room, three times and fuck yo' mama", wobei kaum glaubhaft sei, dass er über ein so langes Geschlechtsteil verfüge, noch gerade mit der Mutter des Angerappten Geschlechtsverkehr wünsche. „Von den Nicht-Ghetto-Bewohnern, die die Referenzsemantik nicht kennen, muß das Shit-talkin' als Kunstsprache verstanden werden. Auf keinen Fall im wörtlichen Sinne (des mit den Codes nicht Vertrauten) ernst genommen werden."¹⁶³

Was sich in der Geschichte des Jazz mehrfach ereignet hatte, wiederholte sich auch beim Transfer des Hip-Hop in die westliche Welt. Der erste Superhit „Rappers Delight" (1979) war eine Fälschung. „Die *Sugar Hill Gang* wurde eigens für die zu produzierende Platte zusammengestellt und war eine synthetische Konstruktion aus Zufallsrappern und Aushilfs-B-Boys."¹⁶⁴ *Kool DJ Herc*, *Grandmaster Flash* und *Africa Bambaataa*, die aus den Ghettos kamen, sprachen von einem großen Betrug. Nichts sei eigene künstlerische Arbeit, alles seien zusammengefügte Versatzstücke. Die Produzentin, Sylvia Robinson, in den Sechzigern ein Starlet, habe bekommen, was sie wollte, einen Rap-Song, der mit den wirklichen Ghetto-Rappern nichts zu tun hatte.

Im Rückblick findet Ulf Poschardt ein milderes Urteil: „Wer die Platte heute hört, muß erkennen, wie gut produziert sie ist, und wie ‚catchy' der Klau klingt."¹⁶⁵ „Rappers Delight" verkaufte sich zweimillionen mal und um den Vergleich zu schließen: Die Aufnahme trug die Bürde ... „am Anfang der größten musikalischen und sozialen [?] Revolution seit dem Rock'n'Roll zu stehen"¹⁶⁶

Der Übergang von der Ghetto-bezogenen Jugendkultur zur Populär- und Massenkultur vollzog sich im schon bekannten Muster des Films. Wieder war es Malcom McLaren und (ergänzt jetzt durch) Charly Ahearn, die den Film „Wild Style" produzierten, in dem neben *Fab 5 Freddy* und Patti Astor „real people", d.h. Jugendliche aus der Bronx mitspielten. Die Hauptrolle spielte die 21jährige Graffiti-Legende *Lee Quinones* („Zoro"). Der Film schloss die zwei getrennten Elemente Hip-Hop, Breakdance und Graffiti zu

---

162 Poschardt 1996, S. 188
163 Poschardt 1996, ebd. In der Migrationskultur der BRD dokumentierte Hermann Tertilt solche Beleidigungsrituale der Turkish Power Boys in Frankfurt und verwies auf die Empörung der türkischen Väter als er ihnen die Texte der Söhne zur Kenntnis brachte. Vgl. Tertilt, H.: Raue Rituale. Beleidigungsduelle der Turkish Power Boys, in: SpoKK (Hg.): Kursbuch Jugendkultur. Stile, Szenen und Identitäten vor der Jahrtausendwende, Mannheim (Bollmann) 1997, S. 157-167 und Ders.: Turkish Power Boys. Ethnographie einer Jugendbande, Frankfurt (Suhrkamp) 1996
164 Poschardt 1996, S. 192
165 Poschardt 1996, S. 194
166 Nach Reginald C. Denis, der die Aufnahme auf Platz 1 der 25 besten der „Old School" setzte, vgl. Poschardt 1996, S. 194

einer Einheit zusammen und setzte weltweit eine Imitation, besonders in den Migrationskulturen Europas in Gang. Diese Imitation konnte sich an zwar nachgestellten, aber doch relativ gelungenen Szenen orientieren: „Am zwingendsten an einer Montage, in der Grandmaster Flash als Gaststar scratcht und mixt und Lee – dazwischengeschnitten – an einem großen Piece arbeitet ... *Wild Style* zeigt nicht nur die Gesichter und Gesten der Mitbegründer der Hip-Hop-Kultur, ihre Kleider, ihre Waffen und ihre Wohnungen, ihre Jeans und Werkzeuge, sondern insgesamt das Bild einer Subkultur, die auf dem Sprung ist, die Welt zu erobern."[167]

Den großen Durchbruch des Hip-Hop bewirkten drei jüdische Jugendliche aus dem Mittelstand in New York, die *Beastie Boys*, die als Punkrocker begonnen hatten und sich unter dem Einfluss des Hip-Hop zu einer Rap-Band weiterentwickelten. Der Ausdruck „Beast", im afro-amerikanischen Slang der aggressive Begriff für den „Weißen", war bereits eine selbstironische Anspielung auf ihre Herkunft, die in der Referenzkultur der Schwarzen verstanden wurde. Theoretisch betrachtet ist ihr Vorgehen eine Dekontextualisierung, wie sie für die künstlerische Avantgarde der Situationisten, denen sich Malcom McLaren bereits zurechnet, kennzeichnend war. „Die Beastie Boys erzählten in ihren Raps nicht vom Elend und der Kriminalität in den Ghettos (wie sollten sie auch?), sondern forderten ihre Altersgenossen auf, für ihr Recht auf Partys zu kämpfen", ein Hohn für die schwarzen Rapper.[168] „Fight for Your Right to Party" – war in den gehämmerten Gitarrenriffs aber auch eine Absage an das Marihuana-selige „Stand up, Fight for your Rights" Bob Marleys. „Die Energie des Hip-Hop fusionierte mit der des Punkrock und des Heavy-Metal." Die mühelose und entspannte Kombination war das Aufsehenerregende, ein gelungener Mix wie eine Bouillabaisse, mit der Mike D. von den *Beastie Boys* ihre Musik verglich: „... ‚you might have fishermen from all around the village bringing in different fish' ... Postmoderner Eklektizismus war für die Rap-Hipster aus New York zum einfachen Kochrezept geworden."[169] Dieses Kochrezept hatte erheblichen Erfolg, mit der LP „Licensed to Ill" (1987) erwarben die *Beastie Boys* viermal Platin. Für den Pophistoriker Nelson George ist eine Band wie die *Beastie Boys* eine historische Notwendigkeit, da jede erfolgreiche schwarze Popmusik früher oder später kopiert werde. Dass diese Kopien häufiger erfolgreicher als das Original seien, so einer der *Beastie Boys*, sei typisch Amerika. An der Oberfläche ist das richtig, in Wirklichkeit ist jede Dekontextualisierung auch eine Derealisierung, die die größeren Freiheitsgrade bedingt. Das Entspannte, das Locke-

---

167 Poschardt 1996, S. 214; vgl. zu Malcom McLaren auch die von ihm produzierte LP „Duck Rock", Poschardt 1996, S. 208-212
168 Poschardt 1996, S. 266
169 Poschardt 1996, S. 267

re und gleichzeitig doch das Wissen um die Verpflichtung, was sie der schwarzen Tradition schulden, zeichnete die *Beastie Boys* aus. Mit ihnen hatte der weiße B-Boy die Popgeschichte betreten: „Wie in allen Dekontextualisierungen nutzte der weiße Hipster die durch Minderheiten erkämpften Kunstformen und Spielräume, um die eigene Selbstsetzung noch freier vornehmen zu können."[170]

19. House, Deep-House, Acid House

Bis zum Ende der 1980er Jahre hatte sich der Hip-Hop-Dancefloor bereits deutlich ausdifferenziert. In Chicago hatte die Stilvariante House ihren Ursprung, sie hatte sich zwischen 1977 und 1987 mit dem Tanz- und Spielort „Warehouse" verbunden. Deep-House, die weiche Variante, entwickelte sich in den Clubs der Metropole New York. House („Heim") identifizierte Ulf Poschardt mit der Form der Beheimatung. Postmoderne Heimat im Sinne der Stilvariante House ist die Plattensammlung des DJ, die benutzte Technologie, die ungenutzte Lagerhalle („Warehouse") und die Fähigkeit des DJs, eine Musik zu produzieren, die Drama, Pathos und Erotik verbindet und das allein unter der Bedingung der Hingabe an die Musik als Form der Selbstaufgabe. In einem pointierten Vergleich konstatiert Poschardt: „House verhält sich zu Disco wie Punk zu Rock'n'Roll". Verführung, Erotik, Beat: House war anfangs ausschließlich die Musik einer homosexuellen Subkultur. „Das ‚Release me!' und das ‚Set me free' meint immer auch die Erlösung im Orgasmus ... Die Möglichkeit, sich einer House-Gemeinde zugehörig zu fühlen, wirkte ähnlich befreiend wie das Wissen, daß man innerhalb der Subkultur ganz bei sich selbst sein durfte. Innerhalb dieses Bei-sich-selbst-sein-Dürfens konnte die Musik auch die Sublimation für Sex werden."[171]

20. Acid House und Techno

Die aggressivere Variante des House-Sound wurde der Acid-House-Sound in Chicago und besonders Detroit. Die Krisen geschüttelte Autostadt Detroit wurde der Ursprungsort, an dem die Stilvariante Techno entstand. Als erster DJ, der Techno produzierte, galt der Farbige Juan Atkins. 1981 gründete

---

170 Poschardt 1996, S. 267
171 Poschardt 1996, S. 251

Atkins mit dem Vietnamveteranen Richard Davies, der sich nur 3070 nannte, die Band *Cybertron*. Neben harter Funktradition griff Atkins auf die Musik von *Kraftwerk*, die zwischen 1974 und 1985 in den Vereinigten Staaten sehr erfolgreich war, zurück.

Kraftwerk – ein eigenes Stichwort in diesem Überblick – gelten als die Erfinder der elektronischen Popmusik, nicht zufällig waren sie die Lieblingsband des Hip-Hop-Ahnherrn Africa Bambaataa. Die Gründer, Ralf Hütter und Florian Schneider, arbeiteten seit den früheren siebziger Jahren, angeregt durch ein Musik- und Kunststudium zwischen Düsseldorf und Köln und beeinflusst von dem Komponisten Karlheinz Stockhausen, an elektronisch produzierter Musik. Die LP „Autobahn" (1974), ein 22 Minuten dauernder als Pop-Symphonie angelegter Titel, war der erste erfolgreiche Durchbruch, besonders in den USA. 1975 folgte – nicht für alle als Ironie verständlich – „Radioaktivität", 1977 „Trans Europe Express", eine Hymne auf den damaligen Hochgeschwindigkeitszug TEE, und 1978 die LP mit dem schlechthinnigen Titel „Die Mensch-Maschine". Die den sozialistischen Futuristen nahe Akzeptanz der Technik, die „menschliche" Bauhaustradition und erste Vorzeichen des postmodernen Denkens verbanden sich zu einem programmatischen Konzept. Auf dem Cover sehe man die vier Musiker in roten Hemden mit schwarzen Krawatten und grauen Hosen auf einer Treppe stehen, ihre Haare streng zurückgekämmt, ihre Lippen rot geschminkt. So erinnern sie an Retro-Konstruktivisten, an Ingenieure, sie erscheinen wie Figuren aus dem Film Metropolis Fritz Langs, „Metropolis", so auch der 3. Titel der LP. Alle Stücke der LP „Die Mensch-Maschine" wurden bereits sehr aufmerksam wahrgenommen, so besonders der Hit „Die Roboter/The Robots" mit dem Slogan: „Wir sind die Roboter", der in seiner aggressiven, warholverwandten Affirmation der Entmenschlichung selbst gläubigste Technokraten erschreckt habe.[172]

Kraftwerk und die Umsetzung der elektronischen Technologie war die eine Voraussetzung des Techno in der BRD, die andere war die damit verbundene Technologie des *Sampling*. Sampling ist die Reproduktion eines Musters, es ist quasi das elektronische Klonen. Was in den siebziger Jahren mit den *Drum-Machines* der Disco-Musik begann, was durch das *Scratchen* und *Fading* in seiner Eintönigkeit gebrochen und erweitert wurde, setzte sich in ersten Mini-*Loops* des Sampling im PC fort, um in den neunziger Jahren durch die Erweiterung der Speicher- und Rechnerkapazitäten in eine Endlosschleife der Wiederholbarkeit auszulaufen. Der neue Sound ist in jedem Fall eine Sound-Collage. Die Collage-Technik, verstanden als De- und Neukonstruktion, werde – frei nach Stockhausens Auffassung, dass neue Musik nicht

---

[172] Vgl. Poschardt 1996, S. 224

erschaffen, sondern gefunden werden muss, im Techno eingesetzt.[173] Mix, Remix und Sampling sind daher die Grundlagen der Neukonstruktion. In der Sammel-Leidenschaft („Plattenkiste"), im Kombinationswissen und im Erspüren der Möglichkeiten des richtigen Einsatzes bewähre sich der DJ als Autor-Künstler zweiten Grades.[174]

Als drittes, unübergehbares technologisches Moment ist die Bedeutung des Plattenspielers zu erwähnen, des Technics SL 1200 Mk 2. Sein Geheimnis ist ein (fast reibungsloser) magnetisch gesteuerter Direktantrieb, der sofortiges Stoppen, einen Start in 0,7 Sekunden, Vor- und Rücklauf ermöglicht, ohne dass der Antriebsmotor unter der stundenlangen Belastung durchbrennt. Zwei solcher Technics-Plattenspieler und ein Mischpult waren der Ausgangspunkt und die Grundbedingung von frühem Hip-Hop bis zu den letzten Varianten des Techno.[175]

Neben dem mehrfach erwähnten Referenztext „DJ-Culture" von Ulf Poschardt sind besonders die Monographien von Anja Seifert, Gabriele Klein und die Arbeiten von Birgit Richard grundlegend. Anja Seifert hat, ausgehend von einer Interviewserie mit DJs im Ruhrgebiet, zunächst das Verhältnis von Provokation und Verausgabung in den Blick genommen.[176] In einer zweiten, sehr grundlegenden Arbeit ist sie der Beziehung von Körper, Maschine und Tod in der symbolischen Artikulation in Kunst und Jugendkultur im 20. Jahrhundert nachgegangen.[177] Ausgehend von Friedrich Nietzsches Hinweis auf die Bedeutung des Dionysischen in der Kunsterfahrung, setzt sie bei den futuristischen und dadaistischen Konzepten der zwanziger Jahre an, folgt der radikalisierten Bezugnahme der Surrealisten auf das Unbewusste und prüft die lettristischen und situationistischen Künstlergruppen in den jeweiligen avantgardistischen und politisch-künstlerischen Artikulationen. Dieser Durchgang dient ihr als Folie, um das Verhältnis von Körper, Maschine und Tod in den Jugendkulturen seit den siebziger Jahren zu erfassen. Gabriele Klein hat mit dem aufwendig ausgestatteten Band „Electronic Vibration" zum Ende des Jahrhunderts eine differenzierte Bewertung zwischen konsumistischer Rezeption und individueller, regionaler Aneignung von Popmusik in lebensweltlichen Kontexten vorgelegt, wobei sie in dem Teil „Lesarten" die subjektiv-mimetischen Bedingungen individueller Reinterpretation in Anlehnung an die Arbeiten von Stuart Hall und John Fiske in das Zentrum

---

173 Vgl. Seifert, A.: Jugendliche in der Technoszene. Provokation und Verausgabung in der Tradition der Avantgarde, in: Breyvogel 1998, S. 209-224
174 Vgl. auch Poschardt 1996, S. 16
175 Vgl. weitere Details der Technik bei Poschardt 1996, S. 235f.
176 Seifert, A.: Jugendliche in der Technoszene. Provokation und Verausgabung in der Tradition der Avantgarde, in: Breyvogel 1998, S. 209-224
177 Seifert, A.: Körper, Maschine, Tod. Zur symbolischen Artikulation in Kunst und Jugendkultur im 20. Jahrhundert, Wiesbaden (VS Verlag für Sozialwissenschaften) 2004

rückt.[178] Birgit Richard hat zuletzt in einem größeren Aufsatz ihre jahrelange Beobachtung und ihre auf eine breite Objektsammlung gestützten Arbeiten zusammengefasst.[179] Der Titel ihres Aufsatzes „Why does it hurt, when the beat misses my heart?" verweist auf das Offenbleiben, Scheitern, Misslingen und die Verletzlichkeit, die sich zwischen Wunsch und Beat, der mehr ist als Rhythmus, in der individuellen Empfindung ergeben kann. Das je unterschiedliche Scheitern in der Spannung von Wunschartikulationen und seine Erfüllung in der Empfindung des Hörers ist und bleibt das treibende Moment der Musik. Damit erinnert Birgit Richard am Ende dieses Überblicks nochmals daran, dass jede Musik, die ernste wie die populäre, ein Versprechen ist, das offen bleibt und sich nur teilweise erfüllt.

Fazit

Dieser lange Überblick über eine eigentlich kurze Geschichte der Jugendkulturen hat eine Reihe von übergreifenden Zusammenhängen deutlich werden lassen:
1. Die Rezeption populärer Musik, die jeweils unter besonderen Bedingungen der afro-amerikanischen Kultur entstanden ist, hat sich in drei großen Schleifen vollzogen. Die erste Schleife ist der Übergang von Jazz zum Swing, die zweite der Übergang vom Rhythm and Blues zum Rock'n'Roll, die dritte die vom Hip-Hop des DJ und MC des Ghettos zum Hip-Hop und Rap der westlichen Migrationsgesellschaften. In dieser dritten Schleife ist das Ghetto in der Weltgesellschaft angekommen. In diesem sich dreimal wiederholenden Vorgang steckt jeweils ein Moment der Enteignung und der Aneignung im eigenen, national-lokalen Kontext.
2. Beide Weltkriege zerstören auf der Oberfläche die Kontinuitätslinien jugendlicher Subkulturen. Das gilt für den frühen Wandervogel und seine gebrochene Kontinuität in der Bündischen Jugend der zwanziger Jahre; das gilt aber auch für die Jugendkulturen der späten zwanziger Jahre und den Swing im Übergang zum Rock'n'Roll der fünfziger Jahre. Dennoch gibt es verborgene und sich abstützende Zusammenhänge, so den verborgenen Zusammenhang zwischen Freideutscher Jugend und der dj. 1.11, so der Zusammenhang zwischen Hot-Jazz-Fans der Swing-Ära zu den ersten Hot

---

178 Klein, G.: Electronic Vibration. Pop, Kultur, Theorie, Hamburg (Rogner & Bernhard bei Zweitausendeins) 1999a
179 Richard, B.: Why does it hurt, when the beat misses my heart? Tanz, Raum und Mode in der Techno- und House Szene, in: Jahrbuch Jugendforschung 1/2001, Opladen (Leske + Budrich) 2001, S. 75-98

Clubs der fünfziger Jahre. Nur in den Biographien einzelner (Hobsbawn, Mangelsdorff) manifestiert sich über die Brücke der Kriege bisweilen der Zusammengang des Ganzen.

3. Die Kontinuitätslinien von sozialen Klassen und Schichten mit ihren kulturell prägenden Milieus lösen sich in diesem Vorgang der Geschichte der Jugendkulturen des 20. Jahrhunderts weitgehend auf. Wo etwas seinen Ausgangspunkt hat, im Ghetto (Jazz) oder an den Universitäten (Hippies), der mediale Erfolg saugt es in eine Mitte. Sehr deutlich wird das an dem deutschen Beispiel der Rocker-Kultur der sechziger Jahre und des Techno. Waren die jugendlichen Rocker der sechziger Jahre schlicht unangepasste Arbeiterjugendliche mit einem Hang zum Motorrad, so stieg die Club-Kultur der siebziger und achtziger Jahre bis in das Milieu der oberen Mittelschicht der Ärzte und Juristen auf. Andererseits, es mag noch so viel Stockhausen und Kraftwerk am Anfang des (deutschen) Techno stehen, was seine Besonderheit ausmachte, so war Techno dennoch im Sog des medialen Erfolgs von diesem Versinken in der Mitte nicht ausgenommen. Es bleibt in allem der Flug des Phoenix, in der Sonne des Erfolgs werden die schönsten Zeichen, die innigsten Versprechen zu Asche.

Thomas Schwarz

Veganismus und das Recht der Tiere. Historische und theoretische Grundlagen sowie ausgewählte Fallstudien mit Tierrechtlern bzw. Veganern aus musikorientierten Jugendszenen

> „Schon ein Kind ist mit Grauen erfüllt, wenn es den Sieg eines mächtigen Tieres über ein schwaches und dessen Untergang miterleben muß. Mich hat diese so ganz und gar unumgehbare Tatsache als Kind und auch später immer sehr bewegt und traurig gemacht, und ich habe mir das Hirn zermartert, wie man sich aus diesem allgemeinen Zustande heraushalten könnte. Der Anblick eines unschuldigen kleinen Mäuschens in der Falle hat mir immer Tränen in die Nase steigen lassen, und daß ich darüber froh wurde wieder, und jetzt noch froh bin trotzdem, kann ich bloß einem Vergessen verdanken, das aber doch keine Lösung ist. Es kann ja hier auf Erden auch keine Lösung geben."
>
> *Sophie Scholl*[180]

> Der tiefste Sinn der Askese ist, daß sie das Erbarmen erhält. Der Essende hat immer weniger Erbarmen und schließlich keines. Ein Mensch, der nicht essen müßte und doch gedeiht, der sich geistig und gefühlsmäßig wie ein Mensch benimmt, obwohl er nie ißt, – das wäre das höchste moralische Experiment, das denkbar ist; und nur wenn es glücklich gelöst wäre, könnte man ernsthaft an die Überwindung des Todes denken."
>
> *Elias Canetti*[181]

1. Einleitung

Am 15. Juli 2004 kam der Film „Super Size Me" (USA 2004) des New Yorker Filmemachers Morgan Spurlock in die deutschen Kinos. Der 96-minütige

---

180 In einem Brief an ihren Freund Fritz Hartnagel, Ulm, 28.10.1942, zitiert nach: Hans Scholl/ Sophie Scholl. Briefe und Aufzeichnungen, hrsg. von Inge Jens, Frankfurt am Main 1998: 274f.
181 Elias Canetti: Aufzeichnungen 1942-1985, München u.a. 1993: 142

Film, ausgezeichnet auf dem Sundance Film Festival mit dem Preis für die beste Regie, dokumentiert die Auswirkungen extremen Fast-Food-Konsums. Zum Entsetzen seiner Freundin Alexandra Jamieson – sie ist von Beruf „Vegan Chef", eine gelernte vegane Köchin und Ernährungsexpertin, – speist Spurlock 30 Tage (Frühstück, Mittagessen und Abendessen) ausschließlich bei McDonald's. „Super Size"-Menüs sind preiswerte, extragroße Varianten, die dem Gast von den Mitarbeitern am „Counter" (dem Essensausgabe-Schalter), wo der McDonald's-Besucher seine Bestellung ordert, angeboten werden, welche Spurlock aber jeweils nur dann in sich hineinstopfen muss, wenn er das „Super Sizing" seiner Bestellung auch tatsächlich angeboten bekommt. Spurlock belasse es, laut Presseinformation[182], „nicht bei der Kritik an dem viel gescholtenen Marktführer." Während seiner Fast-Food-Extrem-Diät reist er durch die Vereinigten Staaten und nimmt bei „seiner Attacke auf Fettsucht und Ernährungsindustrie" (Super Size Me, Das fette Presseheft, Presseinformation, Public Insight [2004]: 8) nicht nur das im Fast-Food-Stil gehaltene Essen mancher Schulkantinen kritisch ins Visier; Spurlock „sucht das Gespräch mit Fastfood-Fans und Fitness-Trainern, mit Ernährungsexperten und Marketing-Profis der Nahrungsindustrie, mit Politikern und Fastfood-Lobbyisten. Spurlock verdeutlicht, dass die Vorliebe für preiswertes, jederzeit verfügbares und schnell sättigendes Essen ein gesellschaftliches Phänomen ist, dessen Wurzeln tief im mobilen ‚American Way of Life' verankert sind. Und er zeigt schonungslos die Folgen dieses Lebensstils: den Horror der Radikal-Diäten; die Geschäftemacherei mit Nahrungszusätzen und den gesundheitlichen Niedergang." (Presseinformation 2004, ebd.) Das anfangs noch amüsante Selbstexperiment nimmt im Laufe des Films eine zunehmend dramatische Wendung, gegen Ende des Films (und 30 Tage später) steht die folgende Bilanz:

„‚BigMäcs' und ‚Freedom Fries' haben ihn innerhalb eines Monats um 25 Pfund schwerer gemacht. Sein Körperfett-Anteil ist von 11 auf 18 Prozent hochgeschnellt, der Cholesterinspiegel liegt bei ungesunden 230 (vorher unbedenkliche 168) und seine Leberfettwerte sind so dramatisch, dass ihm ein Arzt zum vorzeitigen Abbruch rät. Außerdem ist er depressiv, hat Kopfschmerzen und fühlt sich antriebslos. Und Spurlocks Freundin muss zugeben, dass die Libido ihres Freundes leider auch nicht mehr das ist, was sie einmal war..." (Presseinformation 2004, ebd.)

Weltweit unterhält McDonald's [ca.] 30.000 Filialen, in denen täglich 46 Millionen Menschen – soviel wie die Gesamtbevölkerung Spaniens – Burger & Co. konsumieren[183] (vgl. Presseinformation 2004: 7). Für das Geschäfts-

---

182 „Super Size Me", Das fette Presseheft, Presseinformation, München: Public Insight, o.J. [2004]. Online verfügbar unter: http://www.super-size-me.de [PDF-Dokument]
183 Eine Umfrage des EMNID-Institutes Ende 1985 für die Deutsche Pharmaindustrie ergab: 33 Prozent der Bundesbürger lehnen „das Töten von Tieren zur Gewinnung von Lebensmit-

Jahr 2003 verbucht die McDonald's Deutschland Inc. im Jahresbericht 2003 vom 12. März 2004: 1.244 Restaurants bundesweit, 48 Restauranteröffnungen, 740,8 Millionen Gäste im Jahr 2003 (2,03 Millionen Gäste täglich) und 2,27 Milliarden Euro Jahresnettoumsatz (vgl. McDonald's Deutschland Inc. 2004: C1). Der Fast-Food-Gigant präsentiert sich selbstbewusst (ja, selbstgerecht?!) als Arbeitgeber (im Jahresmittel rund 47.000 Mitarbeiter) und Ausbildungsbetrieb (920 Auszubildende) und signalisiert „seine unangefochtene Marktführerschaft – mit einem gesunden und gerechtfertigten Selbstbewusstsein, mit kreativen, guten Ideen, einer offenen und ehrlichen Kommunikation und einer konsequenten, fokussierten strategischen Ausrichtung – mit einem neuen ‚McDonald's Gefühl', das der neue Markenauftritt mit ‚ich liebe es' auf den Punkt bringt."[184] Im Geschäftsjahr 2003 sei die Produktpalette um „neue Salatvariationen, Biomilch und Apfelsaftschorle" ergänzet worden, und seit Anfang des Jahres 2003 „gibt es für die kleinen Gäste im Happy Meal außerdem die Frucht Tüte mit frischem Obst"[185] (McDonald's Deutschland Inc. 2004: C1) Das Unternehmen betont ausdrücklich seine Familien- und Kundenfreundlichkeit[186]. Insbesondere aber verfolgt McDonald's eine

---

teln und Bekleidung ab; unter den 14- bis 34-jährigen sind es sogar 40 Prozent." (Vgl. Teutsch 1987: 239f.) Nach Angaben der *European Vegetarian Union* aus dem Jahr 1995 leben allerdings in Deutschland nur 3,62 Prozent der Bevölkerung (2,9 Millionen) vegetarisch, davon seien 230.000 zu den Veganern zu zählen (vgl. Gonder 2000: 97).

184 Am 20. Dez. 1948 eröffneten Richard und Maurice McDonald ihr umgestaltetes Schnell-Restaurant in San Bernardino, Kalifornien; 1955 kaufte Ray Kroc den Brüdern deren Restaurant-Konzept ab und eröffnete sein erstes McDonald's Restaurant in Des Plaines, US-Bundesstaat Illinois; am 4. Dez. 1971 eröffnet auch in Deutschland McDonald's seine erste Filiale. Die 1000. Restauranteröffnung in Deutschland feierte das Unternehmen 1999 in Berlin, im gleichen Jahr eröffnete McDonald's in den USA das weltweit 25.000 Restaurant. (Quelle: http://www.mcdonalds.de/html/company/ueber_uns/geschichte.html; Zugriff am 13.08.2004) – Die 1950er Jahre waren die Geburtsstunde der Fast-Food-Ketten,: 1952 ist das Gründungsjahr von *Kentucky Fried Chicken*, ein Jahr später folgte *Burger King*, ab 1958 zog *Pizza Hut* mit ins Feld. „Die marktbeherrschenden Fastfood-Restaurants sind ihrem Profil nach auf die Umsetzung vierer Prinzipien ausgerichtet, die *Max Weber* seinerzeit als Grundelemente rationaler Systeme beschrieben hat: Effizienz, Berechenbarkeit, Kontrolle und Vorhersagbarkeit" (Prahl/Setzwein 1999: 199, zum Thema Fast Food vgl. insbes. S. 197-209). Für eine kritische Auseinandersetzung mit dem Fast-Food-Phänomen siehe: Ritzer, G.: Die McDonaldisierung der Gesellschaft, Frankfurt am Main 1995 u. Schlosser, E.: Fast-food-Gesellschaft, München 2002.
185 Die offenbar besonders auf das Kunden-Klientel der Kinder (bzw. Familien mit Kindern) zugeschnittene und beworbene „Frucht Tüte" enthält lediglich 80 Gramm (Nettogewicht) Obst: 7 Apfelschnitze (= 75% laut Angabe auf der Verpackung), etwa soviel wie ein halber kleiner Apfel, und 5 Trauben (= 25%) und kostet 1,00 € (Testkauf am 21.9.2004 in Essen).
186 „Im vergangenen Geschäftsjahr nahm der Kundenservice im Haupt-Service-Center in München 53.000 Anfragen entgegen. Ob Anruf, E-Mail, Fax oder Brief, alles wird dokumentiert und fließt nicht selten in Unternehmensentscheidungen z. B. hinsichtlich neuer Produkte und Angebote mit ein." Dies hätte „zu einer höheren Zufriedenheit" der Gäste beigetragen: „So ging die Anzahl der Gästebeschwerden 2003 trotz vermehrter Anfragen

Marketingstrategie und Imagekampagnen[187], die konsequent die Kinder und Jugendlichen ins Visier nimmt:

„Als Marktführer nimmt McDonald's selbstverständlich auch seine Verantwortung gerade gegenüber Kindern ernst. Hier steht vor allem auch die Anleitung zu einer ausgewogenen Ernährung und einem Lebensstil mit viel Bewegung im Vordergrund. Ronald McDonald besuchte im Rahmen der völlig werbefreien Kindergartentour im vergangenen Geschäftsjahr 1.500 Kindergärten, d. h. über 100.000 Kinder [...]. Der Renner ist nach wie vor die Kindergeburtstagsparty im Restaurant – viel Spaß und Überraschungen für die Kids und vollkommen stressfrei für die Eltern. Im Jahr 2003 richtete McDonald's bundesweit Kindergeburtstage [...] aus. Auch der Junior Club, der große McDonald's Kinderclub, erfreut sich nach wie vor großer Beliebtheit und zählt mittlerweile rund 1,1 Millionen Mitglieder im Alter von 3 bis 9 Jahren." (McDonald's Deutschland Inc. 2004: C3)

Der Film „Super Size Me", eine „Mischung aus Entertainment, Polemik und Pädagogik" (Süddeutsche Zeitung), regt prinzipiell zum Nachdenken über die Ernährungsgewohnheiten in den westlichen Industrienationen an. Über die deutsche Internetseite (www.super-size-me.de) kann dafür als Diskussionsgrundlage eine 8-seitige, farbige, eng an die Inhalte des Films angelehnte Materialsammlung „für den Schulunterricht" bezogen werden. Der Film eigne „sich für den Einsatz im Englisch-, Biologie-, Sport- und Sozialkundeunterricht, und im Bereich Medienwissenschaften. Es wird empfohlen, den Film ab der 5. Klasse zu diskutieren." (Prokino Filmverleih GmbH, Materialien für den Schulunterricht, 2004: 2)

---

um rund 30 Prozent zurück." (McDonald's Deutschland Inc. [2004]: Jahresbericht 2003: C3)

187 Etwa für den Schutz der Umwelt oder für „soziales Engagement", was in den jeweiligen Broschüren allerdings wie ein lächerlich wirkender Rechtfertigungsversuch für genau den gegenteiligen Sachverhalt anmutet: „Wir vermeiden Abfall, wo es nur geht. Unter anderem, indem wir Brot, Salat oder Mineralwasser in Mehrwegbehältern anliefern lassen. Wenn man das Gefühl hat, dass man auf der Straße besonders häufig McDonald's Tüten begegnet, dann kann das zwei Gründe haben: McDonald's hat mit Abstand die meisten Restaurants in Deutschland. Und: McDonald's Tüten erkennt man sofort. Was nicht heißt, dass bei McDonald's pro Gast mehr Abfall entsteht als in anderen Gastronomiebetrieben." (McDonald's Deutschland Inc. (Hrsg.): Das haben Sie davon. McDonald's übernimmt gesellschaftliche Verantwortung, Broschüre, München: McDonald's Deutschland Inc., Abteilung Kommunikation, o.J. [2003]: 3. Einen Imagegewinn verspricht McDonald's sich zudem offensichtlich durch die Gründung der McDonald's Kinderhilfe und den Bau und den Betrieb von nunmehr 13 „Ronald McDonald Häusern", die sich die McDonald's Deutschland Inc., seine Franchise-Nehmer und Lieferanten jährlich einen siebenstelligen Betrag (2002 sollen es 2,2 Millionen EUR gewesen sein) kosten lassen. – Zum Vergleich: Die Kosten, die jährlich von den Krankenkassen für ernährungsbedingte Krankheiten aufgebracht werden müssen, werden auf 50 Milliarden (!) EUR geschätzt; 70 Prozent aller chronischen Krankheiten gelten als ernährungsbedingt. – Die Einrichtung der „Ronald McDonald Häuser" soll Eltern schwer erkrankter Kinder, die in ggf. Spezialkliniken fernab ihres Elternhauses behandelt werden (müssen), einen Aufenthalt unweit des Krankenhauses ermöglichen. Dies sei, laut McDonald's, dem Gesundungsprozess des Kindes zuträglich.

Vor dem Anschauen des Film sollen die Schüler in einer ersten Aufgabenstellung dazu angeregt werden, ihre Freunde und ihre Familie über deren Essgewohnheiten von Fastfood zu befragen; ein zweiter Arbeitshinweis lautet dann wie folgt:

„2. Diskutiere mit deinem Lehrer oder deinen Mitschülern die Bedeutung folgender Schlagwörter:
fettleibig – Diät – Kalorie – **Veganer** – biologisch – Epidemie – Ernährung – frönen – toxisch – Übergewicht – verarbeitete Lebensmittel – Sucht – Blutdruck – Lobbyist" (Prokino Filmverleih GmbH, Materialien für den Schulunterricht, 2004: 3; Hervorh. d. Verf.)

In der Auflistung der zu diskutierenden Schlagwörter sind explizit die Veganer genannt und nicht, wie vielleicht zu vermuten wäre (zusätzlich oder ausschließlich), der sicherlich geläufigere (und auch ältere) Begriff des Vegetariers. Die Begriffsdefinitionen und -dimensionen vegetarischer Lebensstile verweisen nicht zuletzt auf die starke Gewichtung tierischer Substanzen innerhalb der modernen Nahrungsmittelproduktion. Die daraus resultieren Streitfragen, vor allem beim Veganismus, können aufgrund der Komplexität im Folgenden nur exemplarisch angedeutet werden und stellen keine Diskussion im Sinne einer vollendeten Auseinandersetzung um die Problematik dar.

Veganer praktizieren die konsequenteste, man könnte auch sagen, radikalste und, zumindest unter gesundheitlichen Aspekten, mithin noch meist umstrittene, nicht selten diskreditierte Variante aus der Vielzahl vegetarischer Kostformen. Radikal deshalb, da es sich vielmehr um ein Lebensstilkonzept handelt, welches, besonders beim Vorliegen ethischer Motive, nicht bloß auf die Ernährungsebene reduziert werden darf. Die Strömungen des Vegetarismus kommen in unterschiedlichen Bezeichnungen zum Ausdruck, wobei jede Benennung – dies gilt insbesondere für die Veganer und die Fruktaner[188] – zugleich ein mitunter stark divergierendes Selbstverständnis der jeweiligen Gruppen im Vergleich repräsentiert. Die Begriffsvielfalt reicht von der Beschreibung einer überwiegend vegetarischen Kost bis zu einer meist ethisch begründeten veganen Lebensweise. *Ovo-Lakto-Vegetarier*, die dem sogenannten „klassischen Vegetarismus", also der fleischlosen Diät folgen, verzehren neben pflanzlicher Kost und Pilzen, die bekanntlich nicht zu den Pflanzen zählen[189], nur Produkte vom lebenden Tier wie Eier und Milchpro-

---

188 Es kursieren auch Begriffe wie Frutarier (http://www.frutarier.de/) oder – eher seltene Variante – Fruitaner (vermutlich abgeleitet von engl. *fruit*) sowie Fruganer als Bezeichnung für eine Ernährungsweise ausschließlich von Früchten; auf intraspezifische Differenzierungen wird im Folgenden noch eingegangen.

189 „Pilze sind keine Pflanzen. Es sind Organismen, die zu einem eigenständigen Organismenreich zusammenzufassen sind, das, ebenso wie das der Pflanzen (*Plantae*) und das der Tiere (*Animalia*), aus dem der eukaryotischen, einzelligen Protisten (*Protista*) hervorgegangen ist. […] Pflanzen können Lichtenergie nutzen. Sie sind autotroph, d.h., ihre Existenz und

dukte. *Lakto-Vegetarier* verzehren Milch, aber keine Eier; umgekehrt nehmen *Ovo-Vegetarier* keine Milchprodukte zu sich, konsumieren neben pflanzlichen Nahrungsmitteln jedoch Eier. *Veganer* schließlich betrachten Tiere als gleichwertig und gestehen den Tieren – so die Autoren eines veganen Kochbuchs im Vorwort – „uneingeschränkt die Grundrechte auf Leben, körperliche und psychische Unversehrtheit, Freiheit und Eigenwürde zu. [...] Sie diskriminieren die Tiere auch nicht mit ihrer Sprache durch herkömmliche, herabwürdigende Redensarten. Und, wo immer und wie immer sie können, kämpfen sie dafür, Tiere aus ihrer Rechtlosigkeit zu befreien und ihnen Achtung zu verschaffen." (Ruthenberg/Kirdorf 1996: 8) Die Bezeichnung ‚das Tier' als Antonym zu ‚Mensch' sei „ohnehin ein reines Abstraktum" (Müterich 2000: 175). Im Verlauf der Tierrechtsdebatte(n) hat sich zuerst im anglo-amerikanischen Sprachraum mittlerweile die Unterscheidung *nichtmenschliche Tiere* („nonhuman animals") und *Menschen* durchgesetzt (siehe etwa Ach 1999: 244 u. Wise 2000: 14).

Der Veganismus impliziert nicht nur eine Ernährungsweise ohne jedes durch Haltung oder Tötung von Tieren gewonnene Nahrungsmittel (Fleisch, Geflügel, Fisch, Eier, Milch und Milchprodukte wie Joghurt oder Käse, Honig, Gelatine usw.), sondern einen Lebensstil unter striktem Ausschluss aller Produkte tierischen Ursprungs, d.h. aus Wolle, Seide, Leder und Pelzen gefertigte Kleidung oder aus tierischen Fetten hergestellte oder an Tieren getestete Produkte des täglichen Bedarfs wie Kosmetika, Seife und Waschmittel (vgl. Bartolf 1996: 23; Goetz 1988: 24; Leitzmann/Keller/Hahn 1999: 31) sowie Lebensmittel, die Zusatzstoffe mit ‚fragwürdiger' Herkunft enthalten, beispielsweise als „E-Nummern" deklarierte Nahrungsmittelzusätze, Aromen oder auch Industriezucker. Soja-Produkte wie etwa rein pflanzliche Joghurtalternativen, bei deren Herstellung Milchsäurebakterien verwendet werden, die nur auf Kuhmilch gezüchtet werden können, werden von konsequenten Veganern ebenfalls gemieden. Veganismus lediglich als vegetabile (rein pflanzliche) Kost zu betrachten, wäre demnach eine nur unzureichende, oberflächliche Annäherung, da jegliche Tiernutzung, auch die außerhalb der Ernährungsbedürfnisse von ethisch motivierten Veganern rigoros abgelehnt wird[190]. Teilweise strittig ist der Verzehr von Pilzen[191].

---

ihr Wachstum sind (in der Regel) von den Aktivitäten anderer Lebewesen unabhängig. Pilze sind stets heterotroph; sie sind auf das Vorhandensein organischen Materials angewiesen." (Quelle: Botanik online: Wechselwirkungen Pflanzen/Pilze. Online in Internet: http://www.i-a-s.de/IAS/botanik/d33/33.htm; Zugriff am 20.8.2002)
190 Folgende Materialauswahl kann zur Vertiefung und Weiterführung dienlich sein: Der Zirkus kommt! Die Wahrheit über Tiere im Zirkus, VHS-Video (1999); Der Zoo. Fotografien von Tieren in Gefangenschaft (1994); McKenna/Travers/Wray (1993); 1994. Ein Film über Ausbeutung und Leiden der Tiere, VHS-Video (1994); zur Kritik an der Jagd vgl.: Cartmill (1995) sowie insbesondere Consiglio (2001) und Winter (2003).

Veganer versuchen grundsätzlich so zu leben, dass Tiere dabei so wenig wie nur möglich bis – bestenfalls – gar keinen Schaden nehmen; sie lehnen daher auch die Zurschaustellung von Tieren im Zoo oder Zirkus, das Reiten, die Jagd und alle Tierversuche ab, kurz: jegliches Tun, bei dem Menschen Herrschaft über Tiere erlangen. Veganismus ist – in einer möglichst konsequenten Form betrachtet – allerdings gar nicht so eindeutig zu definieren. Selbst beim Vegetarismus ergeben sich, bei genauerer Betrachtung, Ungereimtheiten im Verständnis von dem, was noch als vegetarische Lebenspraxis gelten soll. So ist beispielsweise Käse nicht unbedingt ein vegetarisches Produkt, dieser nämlich könnte ein aus den Mägen von Kälbern extrahiertes Labenzym enthalten, welches zur Gerinnung der Milch dient. Lederschuhe passen genauso wenig zum Leben eines Vegetariers wie der Verzehr von „Gummibären", Joghurt oder Eiscreme, falls in der Auflistung der Inhaltsstoffe die Verwendung von Gelatine ausgewiesen ist.

Im November 1944 wurde in England von Donald Watson die *Vegan Society UK* gegründet. Der Begriff *vegan* ist eine Wortschöpfung Watsons aus den ersten drei und den letzten zwei Lettern des englischen *vegetarian* zur begrifflichen Abgrenzung von den „klassischen" Lakto-Vegetariern [„*...to form an alliance of nondairy vegetarians*"] (Stepaniak 2000: 1; vgl. auch Baumgartner 2001: 120; Clements 1996: 9; Langley 1999: 14; zur „Vorge-

---

191 Zucht-Champignons können sich im Rahmen der veganen Ernährung als problematisch erweisen, denn „herkömmliches Champignonsubstrat besteht aus 70% Pferdemist, 30% Stroh und ganz geringen Mengen Geflügelmist und Gips." (Quelle: WWW-Dokument Öko-Champignons – ein europäisches Projekt. Online in Internet: http://www.oekoberater.de/oeko_champignons.html; Zugriff am 26.8.2002). Unter dem Aspekt einer gleichsam strikten wie praktikablen veganen Lebensweise stellt sich der Einsatz von Tierdung (Mist und Gülle) nicht zuletzt auch im biologischen Landbau als ein grundsätzliches Problem für die bestmögliche Umsetzung eines Lebens losgelöst von jeglicher Eingebundenheit tierischer Stoffe und Produkte dar, selbst dann, wenn das Endprodukt augenscheinlich ‚vegan' ist. Andere Beispiele diesbezüglich wären Getränke wie Fruchtsäfte oder Weine, die mit Gelatine geklärt worden sein können oder Produkte, bei denen der Einsatz tierischer Substanzen im Endprodukt nicht mehr nachweisbar ist bzw. ein Anteil solcher sich als unvermeidbar erweist, z.B. beim Kakao (vgl. hierzu WWW-Dokument: Kriterien für vegane Produkte. Online in Internet: http://www.vegan.de/guide/kriterien sowie WWW-Dokument: FAQ: Vegan werden. URL: http://www.veganismus.de/txt/faq-veganwerden.html; Zugriff am 11.8.2001). Sehr genau wird mit dieser Problematik im Forum von antispe.de (www.antispe.de) – oder im gleichen Betreiber-Umfeld auf maqi.de (www.maqi.de) verfahren, wobei der Eindruck entstehen mag, die hinter diesen Internetseiten stehenden Tierrechtler betreiben eine tendenziell religiös anmutende Körperhygiene gegenüber allen Substanzen, die in irgendeiner Weise im Kontext der Nutzung von Tieren auch im weitesten Sinne *vermutet* werden. Auf der anderen Seite ist es nur konsequent und für eine weitgehende Umsetzung der Tierrechtsphilosophie quasi ‚verpflichtend', auch nach etwa *caseinhaltigen* (aus Milch) Klebstoffen bei der Etikettierung ansonsten veganer Produkte zu fragen. Im strengen Sinne wäre im Einzelfall sogar ein bestimmtes Mineralwasser als *nicht vegan* einzustufen und vor dem Hintergrund des angeklagten Tierleids und der Forderung nach Tierrechten abzulehnen.

schichte" in Großbritannien siehe Leneman 1999). Die *Vegan Society* befürwortet alle Lebensstile, die jeglicher Form der „Ausbeutung von Tieren" [Orig.: „*...all forms of exploitation of animals...*"] für Nahrung, Kleidung oder anderen Gebrauch entsagen (vgl. The Vegan Society o.J. sowie online in Internet: http://www.vegansociety.com).

Als *New Vegans* (Rohköstler) werden Veganer bezeichnet, die „alle vom Tier stammenden Nahrungsmittel sowie jede erhitzte Nahrung" (Leitzmann/Hahn 1996: 15) meiden. Sogenannte *Fruktaner* schließlich lassen sich noch einmal in fünf Ernährungstypen differenzieren: Sie essen ausschließlich (1) Obst, Gemüse-Früchte, Samen und Sprossen, (2) Obst, Gemüse-Früchte und Samen, (3) nur Obst und Gemüse-Früchte, (4) nur Obst oder (5) nur tropisches Obst. Der *Fruktanismus* oder *Frugivorismus* wird auf einer Internetseite als „die ethisch qualitativste Ernährung [bezeichnet], da durch sie keine Lebewesen getötet werden müssen." Als Motive werden für den ersten Typ „nur gesundheitliche und spirituelle Gründe" genannt, „weniger ethische, da Sprossen ja schon junge Pflanzen sind." Der zweite Typ sei „der ethisch perfekte Typ, da das ganze Nahrungsangebot, das nicht auf Lebewesen basiert, ausgeschöpft wird" (WWW-Dokument: Fruktanismus). „Fruitarians eat mainly fruit, but with the addition of grains, beans and nuts. There is no death involved here." (WWW-Dokument: The Original Fruitarian Guidebook)

Tierrechtler leben *vegan* und setzen sich damit von den etablierten Tierschützern ab, die nicht zwingend einer der vegetarischen Richtungen zusprechen müssen, obgleich dies der konsequenteste Tierschutz wäre. Dass umgekehrt alle Veganer zugleich als Tierrechtler sich verstehen, sei damit nicht gesagt, auch wenn sie ihre Lebensweise aus dem „Recht aller Tiere auf Leben", der „Philosophie der Tierrechte" ableiten, Mitleid für die Tiere empfinden oder Mitgefühl haben, bzw. überdies noch aus anderen Erwägungen heraus vegan leben, zum Beispiel aus ästhetischen, gesundheitlichen, ökologischen oder ökonomischen Motiven, und dies so konsequent und praktikabel wie nur möglich – oder auf das offenkundig „Vermeidbare" beschränkt. *Tierschützer* versuchen für eine Verbesserung der Situation der Tiere einzutreten, sei es für kürzere Transportwege auf dem Weg zum Schlachthof oder für das Verbot von Legebatterien. *Tierrechtler* dagegen üben eine „radikale Kritik an der Ausbeutung von Tieren" (Singer 1996: 350). Sie wollen eine grundlegende gesellschaftliche Veränderung im Hinblick auf den menschlichen Umgang mit Tieren herbeiführen:

„Wir gehen vom uneingeschränkten Lebensrecht aller Tiere aus. In der Tat, die Realitäten sind ganz andere. Der Mensch entscheidet in seiner grenzenlosen Gier nach Macht und Gewinn über Leben und Tod. Er hätschelt seinen Haushund [...] und läßt das Huhn für seinen blutigen Gaumenschmaus ermorden. Er hätschelt seinen Stubentiger und foltert die Artgenossen im Tierversuch. Die Kinder spielen mit Zwerghäschen, und der Jäger knallt gnadenlos die wilden Hasen ab. Widersprüchlicher kann eine Gesellschaft ihr Verhältnis zum Mitgeschöpf Tier nicht ausdrücken." (Haferbeck/Wieding 1998: 7)[192]

In ihrem zuerst in England (1995) erschienenen Buch über den Veganismus, zugleich ein Standardwerk der internationalen Tierrechtsliteratur, betont Kath Clements, dass der Veganismus trotz seines „leider oftmals exzentrisch oder hypermoralisch wirkenden Untertons keine Religion" sei. Alle großen Weltreligionen enthielten Elemente des Vegetarismus. Was die meisten Menschen jedoch zum Veganismus hinführe, sei „schlicht und ergreifend das Mitleid." (Clements 1996: 57) Jaskowski spricht in diesem Zusammenhang vom „Mitgefühl", das den Menschen zu einem ethisch fundierten Vegetarismus bzw. Veganismus führen kann:

„Das Mitgefühl ist ein Ideal. Seine Aufgabe heißt also nicht: alles oder nichts, sondern: soviel als gerade möglich. Es ist schon eine Leistung, wenn jemand aus Mitgefühl das Fleischessen aufgibt. Eine noch größere kann es sein, wenn er sich auch aller vom lebenden Tier stammenden Nahrungsmittel, und vielleicht eine noch größere, wenn er sich, in Mitgefühl, auch der vom toten Tier gelieferten Gebrauchsmittel enthält." (Jaskowski 1912: 153)

Die vegane Lebensphilosophie ist mit einer isolierten Betrachtung des Mitleid-Motivs allerdings nur unzulänglich beschrieben, denn Veganismus, so wiederum Clements, sei „Folge einer konsequenten und beharrlichen Auseinandersetzung mit Menschenrechten und den Rechten der Tiere, mit Umweltschutz und den Ernährungsproblemen in der Welt." (Clements 1996: 11ff.) Die Erzeugung von einer Kalorie tierischer Nahrung für den Menschen erfordere den Einsatz von durchschnittlich sieben Kalorien pflanzlicher Nahrungsmittel. Demnach wären 7 kg Getreide erforderlich, um 1 kg Fleisch zu erzeugen. „Die Hälfte der Getreideernte der Erde dient als Viehfutter, womit

---

192 „Die neue Tierrechtsbewegung, die seit etwa zwanzig Jahren in westlichen Industrienationen an Boden gewinnt, ist in diesem Zusammenhang das wohl mächtigste Echo auf die angedeuteten ‚hausgemachten' Formen tierbezogener Ambivalenz. Im Unterschied zur alten Tierschutzbewegung des 19. Jahrhunderts zeichnen sich hier Suchbewegungen ab, die vielleicht einen neuen Umgang mit der Fremdheit der Tiere erkennen lassen: das Bemühen, ‚vor Ort', in den verschiedenen lebensweltlichen Sinnbereichen Ambivalenzen auszuhalten, statt die (vermutlich vergeblichen) Anstrengungen zu verstärken, sie auszuschalten. In dieser Sicht geht es letztlich nicht nur darum, das Leiden von Tieren zu lindern, die unsere ‚moderne' Sprache der strikten Notwendigkeiten, der eindeutigen Definitionen oder gar der absoluten Wahrheiten zuvor zum Schweigen gebracht hat. Zu überlegen ist auch, inwieweit die moderne ‚Bestialisierung', die ‚rassische Ausschließung' ‚versachlichter' Tiere, von einem tierschützerischen ‚Mitleid' flankiert wird, das die ‚Vorherrschaft' des Humanismus über seine ‚niedrigen Geschöpfe' bisweilen zu ‚verdoppeln' scheint. Will man diese ‚sanfte Herabwürdigung' des Tieres vermeiden, dann wird man Menschenrechte und Tierrechte letztlich nicht mehr als Gegensätze, sondern als sich ergänzende Wertbezüge begreifen." (Wiedenmann 1999: 376f.)

zur Gewinnung der Fleischnahrung jährlich eine Milliarde Tiere gezüchtet werden – und geschlachtet. 140 Millionen Tiere müssen außerdem jährlich als Versuchstiere elend zugrunde gehen." (Vgl. Wilhelm 1988: 234f.) Im Hinblick auf die Milchwirtschaft muss – so insbesondere von ethisch motivierten Vegetariern, die aus Mitgefühl mit den Tieren, weniger aus gesundheitlichen Motiven, den Konsum von Fleisch und Fisch ablehnen – der Tatsache ins Auge gesehen werden, dass Kühen oftmals schon nach wenigen Stunden das Kalb geraubt wird, manchmal sogar unmittelbar nach der Geburt (vgl. u.a. Marcus 1997: 127). Milch könne man, so Karl A. Höppl, „nicht ungestraft ‚ernten', wie man Äpfel oder Nüsse vom Baum nimmt." (Höppl 1982: 7) Nach der Trennung trauere die Kuh oft viele Tage um ihren Nachwuchs. Die meisten Kälber würden „nach einer kurzen, aber leidvollen Existenz ohne Mutter, als Kalbfleisch verkauft", die Kuh hingegen werde, um den Milchfluss anzuregen und aufrechtzuerhalten, zweimal täglich an eine Melkmaschine angeschlossen – ein Kalb würde natürlich wesentlich häufiger saugen. „Jede Frau wird nachvollziehen können, wie es ist, wenn ihre empfindlichsten Stellen auf äußerst unsensible Weise berührt und mißbraucht werden." (Clements 1996: 61f.)

1893 prangerte der Schriftsteller Paul Andries in seinem Werk *Der Vegetarismus und die Einwände seiner Gegner* bereits das moralische Dilemma an, welches sich für einen ethisch motivierten Vegetarier ergibt. Kälber würden für den Vegetarier nur um des Milchertrages willen gehalten. 100 Kühe brächten jährlich etwa 50 Kälber zur Welt, die früher oder später sicher geschlachtet würden. Für den Fleischesser hingegen habe „die Viehzucht mehr Sinn, da er auch das Fleisch der gezüchteten Tiere genießt und ihre Häute, Därme, Knochen und Hörner verwertet, Vorteile, die für den Vegetarier alle fortfallen" (Andries 1893: 122f.). Doch aus dieser eher pragmatischen Argumentation leitet er sodann höchste moralische Wertmaßstäbe ab, wenn er danach fragt, wer die Schuld am gewaltsamen Tod der Tiere trage:

„Nur die Vegetarier, wenn auch blos [sic.!] indirekt. Der indirekte Urheber eines Vergehens oder Verbrechens ist aber, moralisch genommen, meist viel schuldiger als der direkte. [...] und wer als Vegetarier diesen Genuss verteidigt, beweist damit, dass er zu jeglichem logischen Denken durchaus unfähig ist." (Andries 1893: 124)

Allein im Jahre 1998 wurden weltweit 43,2 Milliarden Tiere für den menschlichen Verbrauch getötet. Im Einzelnen sind dies: 290 Millionen Rinder, 1,1 Milliarden Schweine, 802 Millionen Schafe und Ziegen sowie 41,1 Milliarden Hühner, Truthähne, Enten und Gänse (Quelle: *Farm Animal Reform Movement (FARM)* nach: Voice, Nr. 20/2000: 26). Zählt man Fische[193] hinzu,

---

193 „3,5 Millionen Fischerboote stechen jeden Tag in See. 60 Prozent aller großen Fanggebiete sind ‚an den Grenzen ihrer Ausbeutungsmöglichkeiten' angelangt [...]. Aus den Fischnet-

deren „Fang" gewöhnlich in Tonnen angegeben wird, so dass das einzelne Tier (als Individuum) seine Geltung verliert, – und es gäbe „keinen vernünftigen Grund, dies nicht zu tun", folgert der österreichische Philosoph und Autor zahlreicher Schriften zum Vegetarismus und zu den Tierrechten, Helmut F. Kaplan[194] –, „so ergibt sich eine Zahl von mehreren Billionen Tieren, die jährlich allein in den USA umgebracht werden. Damit ist das Töten von Tieren für menschliche Ernährungszwecke die zahlenmäßig schwerwiegendste Ausbeutung von Tieren durch den Menschen." (Kaplan 1993: 33)

Der Mensch „[...] muß töten, um zu leben, Und das ist schlimm." schrieb einst der Dichter Wilhelm Busch (1832-1908) in seinem Vers „Bös und Gut", dessen erste und alsbald berühmt gewordene Bildergeschichte *Max und Moritz* 1865 erschien. Kennzeichnender noch für unsere heutige Zeit ist die Zeile „Ich *lasse* töten..." aus seinem Reim „Sehnsucht" (zit. n. Busch 2000: 273 u. 144, Hervorhebung d. Verf.). Das Gedicht endet schließlich mit den Worten, die stellvertretend für eine „vegane Utopie"[195] stehen könnten: „Und frisch

---

zen landet jedoch ein Drittel, insgesamt 30 Millionen Tonnen, zu Fischmehl verarbeitet in den Trögen industrieller Fleischmastbetriebe." (Traufetter 2000: 150)

194 Innerhalb der Tierrechtsbewegung ist die Integrität Helmut F. Kaplans seit dem Erscheinen seines Aufsatzes „Müssen Tierrechtler Veganer sein?" am 1. Juni 2002 stark in Frage gestellt worden. Kaplan galt als *der* (und bezeichnet sich selbst als *den*) Verfechter der Tierrechtsphilosophie im deutschsprachigen Raum – und wurde von vielen Tierrechtlern und Anhängern für selbstverständlich vegan lebend gehalten. Der erwähnte Aufsatz („...ein ganz unglaubliches Machwerk aus den Händen eines heuchlerischen Speziesisten"; Quelle: URL: http://maqi.de/txt/kaplanbriefe.html; Zugriff am 30.12.2002) hat eine heftige Diskussion entfacht, nachzulesen in den einschlägigen Vegan-Foren im Internet, z.B. http://www.maqi.de/ oder http://www.vegan.de/foren (dort insbesondere im Zeitraum Juli/August 2002). Kaplan reagierte umgekehrt mit einem kurzen Aufsatz über ‚Hardline-Veganer', vielmehr eigentlich eine Rechtfertigung gegenüber der an ihn herangetragenen Kritik vieler Veganer, in dem er sich öffentlich gegen die „Maqi-Sekte" (Kaplan) ausspricht, eine kleine Gruppe äußerst konsequenter Veganer, die „nach dem fatalen und für die Tiere letalen Motto ‚Der Weg ist das Ziel'" lebe. Dies möge zwar „persönlich befriedigend sein", bedeute „aber für die Realisierung einer veganen Gesellschaft eine immense Belastung. Denn wer mit seinem Verhalten de facto nichts weiter" bewirke, „als dem Veganismus ein möglichst abstoßendes oder lächerliches öffentliches Image zu verschaffen", richte „auf Dauer den denkbar größten Schaden an." (Kaplan, H.: Hardline-Veganer – Eine Klarstellung. Online-Dokument. http://www.tierrechte-kaplan.org/kompendium/a250.htm; Zugriff: 29.2.2004)

195 Zur Thematik der Utopien weiterführend: Hermand, J.: Grüne Utopien in Deutschland. Zur Geschichte des ökologischen Bewusstseins, Frankfurt am Main 1991 u. Maresch, R. (Hrsg.): Renaissance der Utopie, Frankfurt am Main 2004. Eine Theorie des Veganismus in einem umfassenden Sinne liegt noch nicht vor; möglicherweise gründet diese in dem Entwurf einer ‚transreligiösen Utopie'. Ausgehend von der Ernährung würde dann „ein Modell der Zivilisationskritik entworfen. [...] Entgegen dem herrschenden Modell eines technisch-instrumentellen Naturverhältnisses wird die Utopie von einer mit der Natur versöhnten Gesellschaft gestellt und eine individuelle und kollektive Identität angestrebt, die sich in Harmonie mit der Natur bewegt." (Mann 1991: 7) „Ein anderes Beispiel für die Vorstellung einer umfassenden Revolutionierung der Lebensführung ausgehend von der Ernährung stellen die italienischen Futuristen dar. Für Marinetti – einem Hauptvertreter – wird die Gast-

vom Baum / Den allerschönsten Apfel brach ich. / Ich biß hinein, und seufzend sprach ich, Wie halb im Traum: Du erstes Glück, Du alter Paradiesesfrieden, [...] O komm zurück!" (Busch 2000: 145)

1.1 Die Relevanz der Thematik für die Erziehungswissenschaft

In Kinderbüchern wird durch Bilder, Texte und Reime eine heile Welt der Mensch-Tier-Beziehung fingiert. Die Kinderbuch-Illustratorin Hanne Türk und der Kinder- und Sachbuchautor Norbert Landa schreiben, es ziehe sich eine „bizarre Pädagogik untergründig durch weite Teile der Kinderbuchwelt. Ihre Botschaft lautet: Erstens, Tiere sind unsere Freunde. Zweitens, beim Essen hört die Freundschaft auf." (Vgl. Türk/Landa 1995: 116) Einerseits werde vermittelt, dass Tiere soziale Nähe brauchen, einen Platz zum Spielen (artgerechten Lebensraum), und dass sie leben wollen, andererseits werde gleichzeitig „dafür gesorgt, daß dieses Mitleid in der Praxis folgenlos bleiben muß." (Türk/Landa 1995: 120) Kinder würden irgendwann merken, was bei ihnen auf dem Teller liegt und was sie aufessen sollen. Kinder würden verstehen, dass Schlachttiere vergleichbare Not und Schmerzen erleiden wie wir Menschen (in vergleichbaren Lagen), „und sie sehen nicht ein, warum man ihnen das antun sollte." Dies scheine „die simpelste und ursprünglichste Form des Gleichheitsgrundsatzes zu sein", der Kindern „ganz und gar vertraut" sei: niemand lasse sich gern umbringen. „Was man lieb hat, kann man doch nicht aufessen!" Diese Einsicht führe bei vielen Kindern „zu Trotzreaktionen am Eßtisch, die freilich meist nur ein paar Stunden oder Tage" anhielten. Dann sei die Moral gebrochen (vgl. Türk/Landa 1995: 121).

Bemühungen, Kinder zu einem respektvollen Umgang mit Tieren zu erziehen, sind in der Pädagogik keineswegs neu. Selbst der Gedanke, Kinder von vornherein als Vegetarier aufwachsen zu lassen, da dies der natürlichen, ursprünglichen Nahrung des Menschen entspreche, findet sich in der (praktischen) pädagogischen Literatur wieder, angefangen bei Jean Jacques Rousseau (1712-1778), genauer im zweiten Buch seines Werkes *Emil oder Über die Erziehung*, das 1762 erstmals erschien. Darin ist auf die Abneigung der Kinder gegen die Speisen vom toten Tier hingewiesen:

„Einer der Beweise, daß das Fleischessen dem Menschen unnatürlich ist, ist die Gleichgültigkeit der Kinder diesem Gericht gegenüber, und der Vorzug, den sie vegetabiler Nahrung wie Milch, Backwerk, Obst und dergleichen geben. Daher ist es wichtig, diesen ursprünglichen Geschmack nicht zu verfälschen und die Kinder nicht zu Fleischessern zu machen. Und das nicht nur wegen ihrer Gesundheit, sondern wegen ihres Charakters. Wie man auch

---

ronomie zum Instrument eines absoluten Willens zur Veränderung, liegt in der Nahrung die Möglichkeit, die Essenz eines neuen Lebens zu schaffen." (Mann 1991: 7, Anm. 9)

diese Erscheinung erklären mag, eines ist sicher, daß die großen Fleischesser im allgemeinen grausamer und blutrünstiger sind als die anderen Menschen." (Rousseau 1993: 144)

Gustav Struve äußerte sich in seinem 1869 erschienenen Werk *Pflanzenkost, die Grundlage einer neuen Weltanschauung* ähnlich. Das Kind wächst zusammen mit den Tieren auf; es füttert die Tiere und hat Freude an ihnen. Eines Tages wird diese Idylle jedoch durchbrochen, indem das Kind den Tod eines geliebten Tieres aus nächster Nähe miterleben muss:

„Das Kind bringt einen noch unverdorbenen Nahrungstrieb auf diese Erde mit. Es trinkt gerne Milch, ißt gerne Obst und die meisten Gaben des Pflanzenreiches. Allein nur zu häufig wird es von den Eltern gezwungen, Fleisch zu essen. Das Kind liebt die zahmen Hausthiere [sic.!]. Es spielt mit dem Kälbchen oder mit dem Lamme, welches in seiner Nähe zur Welt kam. Es macht ihm Freude, Hühner, Enten und Gänse zu füttern und dem Fluge der Tauben zuzusehen. Allein mitten in seinen freundlichen Verkehr mit der Thierwelt greifen Vater und Mutter hinein. Das Kalb oder das Lamm, mit welchem das Kind zu spielen pflegte, werden an den Schlächter verkauft. Mit Thränen [sic.!] in den Augen folgt das Kind dem Thiere, welches so viel zu seiner Erheiterung beizutragen pflegte. Das Kind muß zusehen, wie die Mutter in den Hühnerhof hineintritt und ein Huhn, eine Ente oder eine Gans, welche es so oft mit Jubel gefüttert hatte, ergreift und dem armen Thiere den Hals abschneidet. Dem Kinde widerstrebt es, von dem Fleische des Thieres zu essen, an dessen Sprünge es sich so oft ergötzt und das ihm zutraulich aus der Hand gefressen hatte." (Struve 1869: 64f.)

Gustav Schlickeysen betont 1892 in *Blut oder Frucht*, die „Grundprinzipien der Erziehung" würden sich „wie die der Religion aus der frugivoren Eigennatur des Menschen ganz von selbst" ergeben und dazu gehörten: „Gutes Beispiel, Fruchtdiät, Reinlichkeit, Arbeit im Freien, Erweckung des Naturgefühls [...]" (Schlickeysen 1892: 313).

Richard Ungewitter, ab 1901 (aus gesundheitlichen Erwägungen) Vegetarier und ab 1904 Rohköstler, sowie erfolgreichster Autor und erster Organisator der Nacktkultur vor dem ersten Weltkrieg, war zugleich ein Verfechter eines rassisch fundierten Schönheitsideals und „zweifellos zu den fanatischsten Völkischen zu zählen" (Wedemeyer 1999: 181). In seinem Werk *Diätetische Ketzereien* (1914) weist er auf die von Seiten des Kindes natürliche, „instinktive" Präferenz pflanzlicher Kost gegenüber den Produkten vom getöteten Tier hin und stellt das Fleischessen als in der Erziehung von den Eltern erlernt und „aufgezwungen" heraus:

„Instinkt als die unbewußte Hinleitung zur natürlichen Nahrung finden wir nur beim Kind [...]. Wir finden dann einen *entschiedenen Widerwillen gegen alle Produkte vom toten Tiere.* [...] Wird aber das Kind durch Überredung und Gewaltanwendung zum Genuß [sic.!] von Fleischsuppen und Fleischspeisen einige Zeit angehalten, so verliert es die Fähigkeit des ‚natürlichen Empfindens' und wird aus Gewohnheit und Nachahmung zum Fleischesser. [...] Das gleiche ist der Fall bei erstmaliger Verabreichung von alkoholischen Getränken, Kaffee und Tee. Diese natürliche Abneigung verstehen natürlich die bereits unnatürlich lebenden Eltern nicht. Sie geben sich alle Mühe, ihre falsche Lebensweise auch dem Kinde beizubringen. ‚Iß nur, das ist kräftig und gut', ‚da wirst du groß und stark davon', so wird auf das Kind eingeredet, und diese Suggestion, verbunden mit dem schlechten Beispiele, verleitet schließlich das Kind zur Fleischnahrung. Wenn es ihm auch nicht schmeckt, der Gedanke ‚es ist gut' sorgt unter Mithilfe des Nachahmungstriebes dafür, daß es alsbald zur Gewohnheit wird." (Ungewitter 1914: 200, Hervorhebung im Orig.)

Tierschutz-Bestrebungen in der Erziehung und eine gleichzeitige Forderung nach einem vegetarischen Aufwachsen der Kinder gingen nicht zwingend einher. Ähnliches wird auch bei der Betrachtung der Historie des Vegetarismus und dem Aufkommen von in ihrer Reichweite ganz unterschiedlichen Appellen, die Tiere zunehmend auch innerhalb der Ethik zu berücksichtigen und ihnen partiell einen gewissen Schutz zu gewähren, deutlich werden.

Im Februar 1844 gab Eduard Waldau das zweite Heftchen der *Erzählungen für die Jugend zur Veredelung des Herzens zunächst aber zur Verhütung der Thierquälerei* heraus. Enthalten sind sechs kurze Erzählungen, bei denen der Vegetarismus allerdings keine Rolle spielt, so aber die Überführung eines Mörders mit Hilfe einer Katze (vgl. Waldau 1844: 18ff.).

1845 erschien *Der Struwwelpeter*, ein Kinderbuch von Heinrich Hoffmann, zum ersten Mal; im Jahre 1876 folgte bereits die 100. Auflage. In diesem Buch enthalten ist *Die Geschichte vom bösen Friederich*, welche jene Besorgnis zum Ausdruck bringt, dass rohes und grausames Verhalten gegen Tiere sich auch auf das Verhalten gegenüber Menschen übertrage. So heißt es in der *Geschichte vom bösen Friederich*:

> „Der Friederich, der Friederich,
> Das war ein arger Wüterich!
> Er fing die Fliegen in dem Haus
> Und riss ihnen die Flügel aus.
> Er schlug die Stühl und Vögel tot,
> Die Katzen litten große Not.
> Und höre nur, wie bös er war:
> Er peitschte seine Gretchen gar!"
> (Hoffmann 1977: 11)

Carl Wilhelm Peter verfasste 1885 einen *Leitfaden für die Erziehung der Kinder zur Beschützung der Tiere*. Auch darin unterliegt der Tierschutzgedanke vorrangig dem Zweck der Prävention zunehmender Gewalt, gegen Menschen und Tiere:

„Wer für einzelne Worte, Mienen und Gebärden kein Auge und Ohr hat, der sage nicht, daß er kleine Kinder erziehen könne. Ein Kind, das die Blumen zerpflücken, die Spielsachen zerschlagen, Puppen und Kleidchen zerreißen, die Fliege ihrer Füße und Flügel berauben, die Katze zerren, den Hund schlagen, an der Angst der gefangenen Maus seine

Freude haben kann, offenbart kein sorgsames, sparsames, mitleidiges, liebevolles Gemüt und wird, wenn man ihm solches nicht wehrt, auf der betretenen Bahn fortwandeln und für Menschen und Tiere gefährlich und tyrannisch werden." (Peter 1885: 31; weiterführend Alderholt 1884; Blaschke 1800: 326-335; Trimmer 1788; Verein gegen Thierquälerei zu Berlin o.J. [1849]; Wellmer 1878)

Nach heutigem Verständnis sind dies Bestrebungen eines *anthropozentrischen* Tierschutzes, weniger eines *ethischen*, weil das Tier nicht etwa aus Mitleid oder weil ihm eigene Interessen zugebilligt werden, geschützt werden soll, sondern im Interesse des Menschen, damit dieser sich an den Tieren nicht in Grausamkeit übt, die er in der Folge auch gegen Menschen richtet (vgl. auch Teutsch 1987: 208ff.). Diese Befürchtung kann als das grundlegende Motiv der Tierschutz-Bestrebungen und als zentrales Argument der Tierschützer gegen Ende des 18. und im 19. Jahrhundert betrachtet werden (vgl. Buchner-Fuhs 1999: 279; Münch 1999: 339). Demgegenüber steht die Entwicklung eines zunehmend und vorwiegend ethisch begründeten Tierschutzes, der maßgeblich in die Konzipierung des Tierrechtsgedankens mündet. Bis 1916 erschienen in vier jeweils 96-seitigen Bändchen *Tierschutz-Geschichten. Zur Erweckung und Verbreitung einer edel-menschlichen Gesinnung auch gegen Tiere*, herausgegeben vom Berliner Tierschutz-Verein. Bändchen Nr. 1 (*Für jüngere Kinder*) sowie Nr. 4 wurden zusammen mit dem Deutschen-Lehrer-Tierschutz-Verein herausgegeben. Bändchen Nr. 3 (*Für reifere Kinder*) trägt den Titel *Tierschutz-Jugendschriften*, der Untertitel ist identisch.

In dem Schüler-Roman *Der Kampf der Tertia* (zuerst 1927) von Wilhelm Speyer ist schon früh der Gedanke an eine Tierbefreiung thematisiert. Das Buch handelt vom Einsatz einer Internatsklasse für den Tierschutz und ist in mehrere Sprachen übersetzt und mehrfach verfilmt worden:

„Allmählich richtete sich der Haß der Tertia auf diesen Fellhändler. [...] Nichts wollten die Tertianer unversucht lassen, um den großen Schlachttag zu vermeiden und die Tiere auf friedlichem Wege zu retten." (Speyer 1950: 97)

Erwähnenswert ist die in den fünfziger Jahren von Mathilde Rempis-Nast in Stuttgart-Degerloch gegründete und geleitete „Kinder-Tierschutz-Schule" (Rempis-Nast 1954; 1955 u. 1963; vgl. auch Teutsch 1987: 211 u. 217). Vegetarismus und Tierschutz bilden dem Verständnis nach eine Einheit: „Gemeinsame Erziehungsziele [...] werden von uns mit allen geistigen und praktisch-verwandten Bewegungen gesucht. Wir nehmen an, daß dies auch für den Vegetarismus gilt, der sich, wie der Tierschutz, das Ziel setzt: Erziehung der Jugend zu seinen Idealen." (Rempis-Nast 1963: 118)

Die beiden Fachärzte für Neurologie und Psychiatrie, Margot und Herbert Stiller, vertreten die Ansicht, dass Grausamkeit gegen Tiere nahtlos in

Grausamkeit gegen Menschen übergeht. Ethik gegenüber dem Menschen und Rohheit gegenüber dem Tier seien zwei Verhaltensweisen, die sich nicht vereinbaren ließen (vgl. Stiller/Stiller 1986: 50).

Weisskopf weist darüber hinaus auf die große Bedeutung von Kuscheltieren hin, „die dem Tastgefühl des Kleinkindes hervorragend entgegenkommen und eine affektive Grundlage für die spätere Entwicklung der Beziehung zu Tieren legen können." (Vgl. Weisskopf 1990: 85)

Die Erziehungswissenschaftlerin Erika Gartmann spricht in ihrem stellenweise an esoterische Vorstellungen angelehnten Werk davon, dass eine Traumatisierung der Kinder durch Gewalt am Tier ebenso verheerende Folgen haben kann, wie die Gewalt der Erwachsenen gegenüber dem Kind. Jungen würden sich dabei eher mit dem Täter identifizieren als Mädchen; diese hielten bis zu einem gewissen Grad an der Identifikation mit dem Opfer fest. Das Kind sei „damit beschäftigt, seinen Schock zu bewältigen, der, gerade bei Kindesmißhandlungen oder beim Mord am Tier, ein Leben lang anhält, wenn auch unbewußt. Dabei möchte es Schutz bei den Eltern suchen, doch gerade die erweisen sich als Täter." (Gartmann 1999: 38) Wenn das Kind in einem fortgeschrittenen Alter schließlich merkt, dass das Fleisch auf dem Teller von einem getöteten Tier stamme, habe es die Normalität längst verinnerlicht. In diesem Augenblick beginne aber ein Drama, „weil das Kind zu begreifen versucht, wie seine Umgebung so etwas Schreckliches zulassen kann [...] und daß sich kein Erwachsener darüber aufregt." (Gartmann 1999: 55) Das Kind stehe nun unter dem Druck, sich bewusst anzupassen und zumeist werde ihm dieser Prozess gelingen – „bei Schaden an seiner Seele." (Gartmann ebd.) Man möge empört sein über die Gleichstellung des menschlichen Opfers mit dem des Tieres. Aber das Kind empfinde anders als wir Erwachsene. „Es hat Liebe zu den Tieren. Wir töten seine Seele, wenn wir das Tier töten." (Gartmann 1999: 120). Auch Ungewitter mahnte schon, man solle „Kinder vom Anblick des Tötens von Tieren *unter allen Umständen fernhalten*, damit ihr Gemüt nicht verletzt und der Verrohung preisgegeben werde." (Ungewitter 1914: 201, Hervorhebung im Orig.)

Prill und Strey berichten von einem Bauernhofprojekt im Rahmen der Kinder- und Jugendarbeit, in dessen Rahmen nach Mehrheitsbeschluss ein Schwein geschlachtet wird: „[...] einige Kinder kommen tagelang nicht mehr, vor Kummer und Wut." (Vgl. Prill/Strey 1993: 177) Diekmann erwähnt die Betroffenheit von Landauer Schülern bei einem Besuch im Schlachthof über die „Routine und Selbstverständlichkeit", mit der dort „Tiere abgeschlachtet" werden. In einem Zeitungsbeitrag gehen die Schüler „auf die Leiden der Tiere in den industriellen Mastfabriken und die Todesangst beim Transport zum Schlachthof und bei der Schlachtung ein. Sie bezeichnen das Töten von Tieren als Vergehen an der Schöpfung und Fleisch als einen Luxusartikel." (Dieckmann 1991: 162)

Teutsch betont das besondere Verhältnis der Kinder zu Tieren, die sie als „menschenähnlich" empfinden würden (vgl. Teutsch 1987: 103). Kinder identifizieren sich mit Tieren und leiden darunter, wenn sie mitbekommen, wie (erwachsene) Menschen mit Tieren grausam umgehen und ihnen Leid zufügen. „Kinder und Jugendliche relativieren nicht, die beklemmenden Bilder bleiben haften und vermischen sich mit Phantasien, denn sie sind noch nicht so geübt im Verdrängen wie Erwachsene. Und sie finden es überhaupt nicht witzig, wenn man ihnen sagt, sie sollten das alles nicht so ernst nehmen." (Gatterburg/Stampf 1996: 87)

Fleischverzehr ist in unserer Kultur allgemein üblich geworden; dies war vor 100 Jahren längst noch nicht so (vgl. Goetz 1988: 11; Klose/Schmelz 1987: 7ff.). Kinder wachsen daher gewöhnlich mit dem Fleischessen und dem ganz selbstverständlichen Konsum von Produkten tierischer Herkunft auf, samt der entsprechenden „Verdrängungsstrategien". Woher diese, mitunter völlig von ihrer ‚Herkunft' entfremdete Nahrung, so beispielsweise als „Hamburger" oder „Nuggets" etikettiert, stammt, geht mit einer „‚Deanimalisierung' des Tierkörpers zu Fleisch" einher, „wird der Wahrnehmung entzogen und ‚hinter die Kulissen des gesellschaftlichen Lebens' verlegt" (Wiedenmann 1998: 375). Nicht zuletzt wird dieses Prinzip der Verdrängung, die „*Anonymisierung* der Nutztiere, die heute in den Kühltruhen der Supermärkte endet" (Wiedenmann 1998: ebd., Hervorhebung im Orig.), durch Werbekampagnen und dem Einfluss der Massenmedien als ein Sozialisationsfaktor neben dem Elternhaus, der Schule, der Gleichaltrigengruppe (*peer-group*), dem Beruf und der Erwachsenenbildung (vgl. Prahl/Setzwein 1999: 131) in Bezug auf die Ernährung gestützt:

„Je mehr ich über das Töten von Tieren gesehen habe, desto klarer wurde mir, warum McDonald's den Kindern erzählt, daß Hamburger auf kleinen Hamburger-Planeten wachsen. Und ich verstand, warum die Notwendigkeit der Verdrängung so groß ist, daß sogar ansonsten intelligente Menschen sagen: ‚Erzähl' mir nicht, was mit den Tieren geschieht. Du verdirbst mir sonst den Appetit.'" (Robbins 1997: 140; weiterführend Pater 1996)

Prahl/Setzwein verweisen darauf, dass sich der Sozialisationseinfluss von *peer-groups* insbesondere am Beispiel von *Jugendkulturen* gut dokumentieren lasse. So könnten sich Heranwachsende mit „der demonstrativen Vorliebe für junk food, radikalem Veganismus oder einem ausgeprägten Markenbewußtsein [...] sowohl von der Eßkultur der Erwachsenen abgrenzen als auch innerhalb ihrer Altersstufe bestimmte Gruppenzugehörigkeiten kenntlich machen." (Prahl/Setzwein 1999: 124). Nahezu ein Desiderat in der sozialwissenschaftlichen Forschung stellt der *biographische Entwicklungsverlauf* von Menschen dar, die sich dafür entschieden haben, den Konsum tierischer Produkte zugunsten des Veganismus aufzugeben sowie die Frage nach den Faktoren oder „Schlüsselerlebnissen", die solche Veränderungen bewirkt haben, sowohl bei vegan lebenden Jugendlichen als auch bei Veganern im Erwachsenenalter, die sich damit umgekehrt von den Fast-Food-Gewohnheiten vieler Jugendlicher unterscheiden.

Der kritische Kirchenhistoriker Karlheinz Deschner schreibt, es habe sich „vor den Toren der braven Schulen [...] in den letzten zwei bis drei Jahrzehnten einiges getan zugunsten der Tiere, die jungen Leute haben es mitgekriegt, es werden der jugendlichen Tierrechtler immer mehr." (Deschner 1998: 66) In diesem Kontext entfaltet sich der Veganismus als eine „bei eher (aber nicht nur) Jugendlichen verbreitete Einstellungs-, Verhaltens- und Ernährungsweise" (Rinas 2000: 14). Entsprechend evoziert ein solches Phänomen auch Unbehagen und zieht – mitunter berechtigte – Kritik auf sich:

„Eltern und Erzieher sind verwirrt und sorgen sich um junge Leute, die den Vegetarismus mit einem Eifer angenommen haben, den sie sonst nur bei Rocksängern und Skateboards zeigen. Ein Beispiel aus einem Brief: ‚Mein Sohn kam aus der Schule, und als er am Mittagstisch saß, warf er dem Braten einen verächtlichen Blick zu und verkündete, dass er Vegetarier geworden sei... Wir sagten dem Jungen, er solle mit den Albernheiten aufhören und sein Fleisch essen. Er antwortete, dass nur gefühllose Menschen mit groben Sinnen ... Fleisch essen würden. Er wollte nur etwas Reis, Nüsse oder Bohnen. Gibt es eine Möglichkeit, seine Einstellung zu ändern?' [...] Während meiner Zeit als Lehrer traf ich scharenweise junge Leute, die entweder auf Fleisch verzichtet oder sich dies vorgenommen hatten. Die meisten stürzten sich in ihre Art Vegetarismus hinein und machten sich darüber weniger Gedanken als beim Kauf einer neuen Jeans. [...] Sie gaben Speisen mit Fleisch, Milch, Käse und Eiern auf und ersetzten sie durch Erfrischungsgetränke, Süßigkeiten und wertlose Nahrungsmittel. Knabbereien und Pepsi Cola erschienen ihnen kulturell weniger bedrohlich als Hamburger und Pizza." (Sussman 1996: 10f.)

1.2 Forschungsstand und Quellenlage

Veganer haben im Rahmen sozialwissenschaftlicher Forschung bislang vergleichsweise wenig Interesse hervorgerufen. Jürgen Friedrichs zieht in einem Aufsatz das Beispiel der Tierrechtler/Veganer heran, um vorwiegend den Aspekt der ‚Handlungskosten' sowie das Mittel der Gewalt bei der Durchsetzung sozialer Normen von Seiten sozialer Bewegungen darzulegen. Bei der Durchsetzung ihrer Ziele bediene sich die soziale Bewegung der Tierrechtler/Veganer verschiedener strategischer Mittel, die Friedrichs (1997: 336) wie folgt benennt:

1. Schilderung von Sachverhalten, von denen die Bewegung vermuten kann, sie würden auch von einem hohen Anteil in der Bevölkerung moralisch abgelehnt;
2. Das ‚Wer A sagt, muss auch B sagen'-Argument;
3. Umbenennung und Dramatisierung von Sachverhalten;

4. Herausstellen von Erfolgen;
5. Parallelen zu anderen erfolgreichen Gruppen;
6. Suggestion, die Bewegung werde erfolgreich sein, weil sie moralisch im Recht sei.

Bernd-Udo Rinas setzt sich in *(Art)gerecht ist nur die Freiheit. Geschichte, Theorie und Hintergründe der veganen Bewegung* (2000) auf breiter Basis mit Quellenmaterial wie Zeitschriften, Broschüren und Flugblättern aus dem Kontext der Tierrechtsbewegung und den darin geführten Diskussionen und angeführten Argumentationen auseinander. Rinas kritisiert u.a. den seiner Ansicht nach etwas unreflektierten Umgang der Vegan-Bewegung mit Begriffen wie „Natur" als „eine Konzeption, ein Konstrukt." Auch Bezeichnungen wie „Befreiungsbewegung für die Tiere" seien in ihrer Bedeutung „anscheinend nicht ganz klar" und – demnach eine historische Bezugnahme auf andere Befreiungsbewegungen nicht adäquat (Rinas 2000: 138f.). In der Veganen Bewegung werde außerdem „teilweise auf ältere Ökologie-Konzepte der Rechten zurückgegriffen". Es sei aber „zumindest ein Problembewusstsein innerhalb der veganen Bewegung deutlich" zu erkennen, was die Akzeptanz der ideologisch noch einmal radikalisierten Positionen von ‚Splittergruppen' wie *Hardline* oder *Frontline* betreffe (Rinas 2000: 136f.).

Brooks/Kemm haben in einer vergleichsweise frühen (vorbereitenden) Studie (Departement of Community Health, University of Nottingham, 1979) eine postalischen Befragung von Mitgliedern der britischen Vegan Society, die per Zufallsstichprobe ausgewählt worden sind, durchgeführt. Es wurde darum gebeten, die eigene Ernährung über vier Tage genau zu protokollieren und einen Fragebogen auszufüllen, um zudem die Überzeugungen der befragten Personengruppe zu erheben. 63 Personen antworteten und 53 davon füllten auch den Fragebogen aus. 34 Personen (64%) waren weiblich, 19 der Befragten (36%) männlich. Ein hoher Anteil beiden Geschlechts befand sich in der Gruppe der 25- bis 34-Jährigen bzw. war über 65 Jahre alt. Der Mittelwert, für den die Befragten vegan lebten, lag bei 5 Jahren (Varianz von 1,5 bis 34 Jahre). Bis auf drei Personen sind die Befragten, bevor sie Veganer geworden sind, Vegetarier gewesen. 83 Prozent aller Befragten nannten die Grausamkeit gegenüber Tieren und die Ausbeutung der Tiere als wichtigstes Motiv, dem Veganismus zuzusprechen, während die Sorge um die eigene Gesundheit oder um das Welthungerproblem den zweiten bzw. dritten Rang der Bedeutungskriterien einnahmen. 27 Personen (51%) fügten ihrer Kost Nahrungsergänzungsmittel (Supplemente) wie Vitamin- oder Mineralstofftabletten hinzu.

Beardsworth/Keil (1992) haben in einer qualitativen Untersuchung insgesamt 76 Vegetarier/Veganer, 39 Frauen und 37 Männer ab 16 Jahren, davon drei verheirate Paare, so dass insgesamt 73 Interviews geführt worden sind, in unstrukturierten Interviews zu ihrer Lebensweise befragt und die

Interviewees nach den von ihnen noch konsumierten Nahrungsmitteln in sechs verschiedene Typen („a very varied set of dietary practices") von „Vegetariern" segmentiert, und zwar stufenweise nach dem Grad der Strenge hinsichtlich der (nicht-)akzeptierten tierischen Substanzen. Typ 1 (das sind 5 Befragte) verzehrt als selbstdefinierter „Vegetarier" gemäß der Erhebung, z.B. bei Einladungen zum Essen, gelegentlich auch noch Fleisch. Typ 2 akzeptiert neben Eiern und Milchprodukten auch Fisch, Typ 3 Eier, Typ 4 Milch, Typ 5 labfreien Käse (lediglich 2 Personen) und Typ 6, in letzter Konsequenz, ausschließlich pflanzlich basierte Kost (18 Personen), in der Studie als Veganismus definiert. Insgesamt erscheint die Typenbildung allerdings etwas willkürlich, denn der „klassische" (Ovo-Lacto-)Vegetarier ist im Grunde genommen nicht repräsentiert, es sei denn, Typ 3 konsumiert neben Eiern auch Milchprodukte. Typ 4 jedenfalls meint den Verzehr von Milch, Käse und Joghurt, aber ohne Eier. Die Autoren weisen darauf hin, dass insbesondere der *vegane Typus im Grad der praktizierten Konsequenz variieren kann*, z.B. hinsichtlich der Akzeptanz von Kosmetika, Nahrungsmittelzusätzen oder bei der Verwendung von Honig, und dass die Zugehörigkeit zu einer der (anderen) Kategorien im Laufe der Biographie sich sowohl weiter nach rechts in der Skala der Entschlossenheit (vegan) als auch – was alle Typen betrifft – nach links wieder verschieben kann. Als Beweggründe für die vegetarischen Orientierungen wurden anhand des Datenmaterials vier Hauptmotive identifiziert: moralische, gesundheitsbezogene, geschmacksbedingte und ökologische Motive. Von 43 Befragten wurde das ethische Motiv favorisiert und 13 Befragte nannten vorrangig gesundheitliche Beweggründe. Für 10 Personen waren zwei oder mehr Motive gleichwertig. Typ 6 repräsentiert in den Interviewausschnitten zum Teil einen tierrechtsbewegten Veganismus, ethische Motive dürften insbesondere bei diesem Typus vorwiegen. Mit Blick auf die Jugendforschung ist anzumerken, dass lediglich 4 der Interviewees in der Altersklasse von 16-20 Jahren lagen, 14 waren zwischen 21 und 25 Jahren und 19 Befragte zwischen 26 und 30 Jahren. 13 Personen waren 41 Jahre oder älter. Insgesamt stellen die Verfasser der Studie einen hohen Bildungsgrad der Befragten fest (vgl. Beardsworth/Keil 1992: 263).

McDonald/Cervero/Courtenay (1999) haben auf der Grundlage einer qualitativen Methodologie 12 „ethisch motivierte Veganer" den biographischen Verlauf ihrer selbst gewählten Lebensweise erzählen lassen. Die Altersspanne der interviewten Personen lag zwischen 23 und 85 Jahren. Die älteste Teilnehmerin der Studie, eine 85-jährige Großmutter, lebte zum Zeitpunkt der Erhebung seit erst fünf Jahren vegan; sechs Jahre zuvor ist sie Vegetarierin geworden (McDonald/Cervero/Courtenay 1999: 10 u. 17). Das auf der Basis von unstrukturierten Interviews zwischen 60 und 120 Minuten Dauer gewonnene Material, diskutieren die Autoren der Studie vor dem Hintergrund des *Transformativen Lernens*, eine abstrakte Theorie, die auf Jack Mezirow zurückgeht und eine Erklärung dafür liefert, wie Erwachsene ihre Bedeutungsstrukturen revidieren. McDonald/Cervero/Courtenay plädieren in diesem Zusammenhang für eine verstärkt holistische Perspektive dieses Ansatzes.

Eine Studie von Larsson et al. (2003) untersucht den Zusammenhang von Jugendkultur und Veganismus. In den 1990er Jahren wurde jene „Lifestyle-Philosophie" in Schweden, speziell im Zusammenhang mit entsprechenden Musikgruppen (*Straight Edge*) sehr populär. Im Jahr 1996 lebten im schwedischen Umeå 16% der 15-Jährigen vegetarisch, davon 3,3% vegan (Larsson et al. 2003: 61). Der Methodologie der Untersuchung zugrunde gelegt sind Annahmen der *Grounded Theory*. Zunächst wurde ein Gruppeninterview mit drei vegan lebenden Jugendlichen (zwei davon männlich, eine weiblich) durchgeführt (wobei in der entsprechenden Tabelle für das Gruppeninterview eine 16-jährige Lacto-ovo-Vegetarierin, die im Gegensatz zu den Veganern Milch und Eier(-Speisen) konsumiert, ausgewiesen ist), um über unterschiedliche Typen von Veganern Aufschluss zu erhalten. Mit einem weiblichen und zwei männlichen Veganern wurden außerdem Tiefeninterviews durchgeführt. Diese wurden aus einer Gruppe von 30 veganen Jugendlichen, die an einem Forschungsprojekt teilgenommen haben, rekrutiert. Alle Interviews wurden, um eine wortwörtliche Transkription zu ermöglichen, auf Band aufgezeichnet und dauerten zwischen 1,5 und 2 Stunden. Die Motivation, Veganer zu werden, sei sowohl von inneren als auch von äußeren Faktoren bestimmt. Ethische oder gesundheitliche Motive, die Abscheu vor Fleisch oder die Präferenz pflanzlicher Kost werden als Beispiele für *intrinsische Motive* angeführt. *Extrinsische Faktoren* würden von bedeutungsrelevanten Personen wie Freunden, der Familie, dem sozialen Umfeld der Schule sowie *Akteuren aus dem Medien- bzw. Musikbereich* ausgehen. Dem Diskurs über Vegetarismus in den Medien wird eine nicht unerhebliche Bedeutung zugeschrieben. Viele Jugendliche würden bei dem Besuch von *Hardcore-Konzerten* mit vegetarisch lebenden Gleichaltrigen und der Straight-Edge-Philosophie konfrontiert. *Musik und Medien* seien eine Möglichkeit, solche Einstellungen zu verbreiten (vgl. auch Larsson 2001: 43), doch korrespondiere die Entscheidung Jugendlicher, vegan zu leben, nicht zwingend mit einer uneingeschränkten Sympathie für die Wertvorstellungen des *Straight Edge*. Freunde würden häufig als der einflussreichste Faktor in der Entscheidung, vegan leben zu wollen, genannt. Zum anderen sei die Sozialisation in der frühen Kindheit relevant, etwa, wenn Eltern ihrer Tochter, die an rheumatischer Arthritis leide, seit frühester Kindheit vegane Kost zubereitet haben. Die Möglichkeit aber, in der Schule vegan zu essen, werde als sehr wichtiger Beweggrund empfunden, die vegane Lebensweise für sich in Erwägung zu ziehen. Heranwachsende würden nicht selten in der Schule erstmals mit veganen Speisen in Berührung treten, aber zu Hause weiterhin konventionell essen. Das Angebot veganer Verköstigung in der Schule sei gerade für die „Vollzeit-Veganer" („full-time vegans") von immenser Bedeutung (Larsson et al. 2003: 63).[196]

Ausgangspunkt der Fragebogenuntersuchung von Povey/Wellens/Conner (2001) ist die Tatsache, dass der Vegetarismus in Großbritannien an Popularität gewonnen hat, den Schätzungen zufolge praktizieren 7 Prozent der Bevölkerung eine vegetarische Ernährungsweise, wobei die individuelle Ablehnung von Tierprodukten sehr stark variieren kann: von der Vermeidung nur von rotem Fleisch über die Ablehnung von Fleisch, Fisch und Eiern (also der „klassische" Lacto-Vegetarismus) bis hin zu einer *völligen Ablehnung aller Produkte, die mit der Verwendung von Tieren (oder tierischen Substanzen) in Verbindung gebracht werden.*

Die Studie untersuchte via Fragebogen die Unterschiede bezüglich der Einstellung und Überzeugung von vier Ernährungstypen Fleischesser (25), Nicht-Fleischesser (beinhaltet die Akzeptanz des Verzehrs von Fisch) (26), Vegetarier (34) und Veganer (26). Von 250 Personen beantworteten 111 den Fragebogen: 67 Männer und 44 Frauen, das Durchschnittsalter lag bei 33,8 Jahren, die Varianz bewegte sich von 21 bis 93 Jahren. Die Mehrheit der Veganer (61,5%) war männlichen Geschlechts. Die Studie hat die Annahme der Autoren bestätigt, dass die Befragten der Ernährungsweise am positivsten gegenüberstehen, die der von ihnen vertretenen am nächsten kommt, und dass umgekehrt der Diät, die von der eigenen am weitesten entfernt positioniert erscheint, die größte negative Haltung gegenüber eingenommen wird (Povey/Wellens/Conner 2001: 20, insbes. Tab. 1-3).

Carmichael (2002) liegt die bislang umfangreichste Untersuchung (Diss.) zur Identität von (Neu-)Vegetariern und (Neu-)Veganern unter besonderer Berücksichtigung von (ggf.) auftretenden Ambivalenzen und Verdrängungen vorgelegt. Als Grundlage der Untersuchung wurden (Tagebuch-)Notizen von 23 Teilnehmern (4 männlich, 19 weiblich, 5 Teilnehmer unter 25, 10 zwischen 25 und 35 Jahren, 8 Teilnehmer über 35 Jahre) transkribiert und ausgewertet. Zudem wurden 31 (teilstrukturierte) Interviews geführt (15 der Teilnehmer wurden mehrfach, bis zu vier Mal interviewt). Die Anleitung für die Tagebucheinträge beinhaltete 11 Anhaltspunkte, die von den Teilnehmern bei ihren Aufzeichnungen Berücksichtigung finden sollten: Motive, Entscheidungsfindung, ggf. die Differenz zwischen „öffentlichen" und „priva-

---

[196] Besonders aufschlussreich hinsichtlich ernährungsspezifischer Präferenzen skandinavischer Jugendlicher ist die Dissertationsschrift von Christel Larsson: *Young vegetarians and omnivores. Dietary habits and other healt-related aspects.* Umeå University, Sweden, 2001. Zur gleichen Thematik kompakter: Larsson et al. 2001.

ten" Versionen der vegetarischen/veganen Ernährungsweise, Reaktionen von Freunden, der Familie etc., benutzte Informationsquellen zum Thema, Notizen zum Erfolg oder zu ‚Entgleisungen' in der Kontinuität der neuen Absichten. Bei den Motiven (N=23, Mehrfachnennungen möglich) dominierten deutlich moralische/ethische Überlegungen (17), gefolgt von einer subjektiv empfundenen „Abscheu" („Revulsion") [vor Fleisch/ Tierprodukten] (13), Ablehnung der Massentierhaltung (11) sowie spezifischen Gesundheitsproblemen (4) oder gesundheitlichen Motiven (3). Ökologische (2) und geschmackliche (2) Leitgedanken sind dagegen von den Befragten nur marginal angeführt worden (Carmichael 2002: 105, Tab. 3).

In den Ernährungswissenschaften tauchen Veganer zumeist nur als Randgruppe in Untersuchungen gemeinsam mit Vegetariern auf (z.B. Worm 1993)[197]. Die Gründe für eine vegetarische oder vegane Lebensweise können sehr vielfältig sein. Bei einer Untersuchung des Institutes für Ernährungswissenschaft der Universität Gießen wurden 268 Vegetarier (davon 9,3 Prozent Veganer) nach ihren Motiven für die gewählte Ernährungsform befragt. Die Veganer nannten zu 48 Prozent religiöse Gründe; die Lakto-Vegetarier führten am häufigsten gesundheitliche, zu 40,3 Prozent aber auch ästhetische Gründe an. Neben den ethisch-religiösen dominieren generell die gesundheitlichen Motive (vgl. Leitzmann/Keller/Hahn 1999: 33).

Bei einer Untersuchung des Deutschen Krebsforschungszentrums Heidelberg mit 1904 Probanden (davon 6 Prozent Veganer) zählten sich 1163 der Befragten zu den „strengen" Vegetariern (27 Prozent davon nahmen auch Milch bzw. Milchprodukte zu sich, 66 Prozent zusätzlich noch Eier). Als Beweggründe nannten auch hier 62 Prozent der Teilnehmer ethische, 58 Prozent gesundheitliche Motive. Der Prozentanteil ethischer Motive steigert sich bei den männlichen strengen Vegetariern auf 78,9 Prozent (vgl. Vegetarier-Bund Deutschlands e.V. [o.J.]: 17f.).

Nach Trapp/Neuhäuser-Berthold zählen „extreme Ernährungsformen" wie z.B. Veganismus, Makrobiotik und Monodiäten neben einem allgemein unzulänglichen Ernährungsverhalten zu den besonderen ernährungsabhängigen Gefahren der Jugendzeit (vgl. Trapp/Neuhäuser-Berthold 2001: 155). Allerdings würden 75% der Jugendlichen beiderlei Geschlechts auch die Zufuhrempfehlung von Obst nicht erreichen; die Empfehlungen der Deutschen Gesellschaft für Ernährung zum täglichen Verzehr von Obst (250 bis 300 g) und Gemüse (375 g) würden „erheblich unterschritten". „Bei der Aufnahme von Gemüse, das wesentlich vitamin- und mineralstoffreicher als Obst ist und insgesamt den wichtigeren Beitrag zu einer gesunden Ernährung leistet, sind es sogar 97,5% der weiblichen und männlichen Jugendlichen[,] die

---

[197] Die 52 Probanden setzten sich zusammen aus: 19 Ovo-Lacto-Vegetariern, 16 Veganern und 17 Misch-/Gemischtköstlern (Worm 1993: 22).

den Referenzwert nicht erreichen." (Vgl. Trapp/Neuhäuser-Berthold 2001: 165f.) Eine sorgfältig geplante vegane Ernährung könnte durchaus zu einer Verbesserung der empfohlenen Nährstoffzufuhr beitragen. Entscheidend ist das Wissen um die richtige Zusammenstellung der Lebensmittel. Veganern also zwangsläufig eine unzureichende Ernährung zu attestieren oder mit dem Veganismus unbedingt ein riskantes Ernährungsverhalten zu konstruieren ist wissenschaftlichen Erkenntnissen zufolge offenkundig haltlos. Gill Langley (1988) hat mit *Vegane Ernährung* (dt. 1999) die erste Erfassungsstudie wissenschaftlicher Untersuchungen vorgelegt. Sie kommt zu dem Schluss, dass „vegane Ernährungsformen, bei wohlüberlegter Verwendung angereicherter Lebensmittel, jede Altersgruppe mit allen für Gesundheit und Fitneß essentiellen Nährstoffen versorgen." (Langley 1999: 14)[198] Eine fest definierte, typisch vegane Kost gäbe es nicht und auch „nur wenige ‚typische Veganer'". Sowohl Teenager und junge Erwachsene als auch ältere Mitbürger, die erst vor kurzem vegan wurden, bildeten demnach eine heterogene vegane Gruppe, unter der sich Tierrechtler, Makrobiotiker und Rastafaris ebenso befinden würden, wie Buddhisten, Jains, Bahais und manche Christen, die aus Glaubensgründen möglicherweise so leben würden, sowie viele Menschen, die den Veganismus aus gesundheitlichen Motiven für sich entdeckt hätten (vgl. Langley 1999: 13).

Authentisches Material, das direkt aus den verschiedenen *Jugendkulturen* kommt, sei rar, konstatieren Sonnenschein/Bürgermeister zur Begründung des Projektes *CrossCulture*, welches „Szene-Jugendlichen den Raum zur Selbstdarstellung" bieten sollte, „soweit sie nicht gewaltverherrlichend, rassistisch, fremdenfeindlich oder sexistisch sind." Bei diesem Projekt seien bewusst, so die Autoren weiter, „keine extremistischen Szenen (z.B. Skinheads, Veganer) mit einbezogen worden, weil ihnen weder ein weiteres Forum der Selbstdarstellung gegeben werden sollte, noch eine Vernetzung mit anderen Szenen erstrebenswert erschien." Bürgermeister/Sonnenschein halten, ohne auch diesen Sachverhalt expliziter auszuführen, für „die Arbeit mit diesen Jugendkulturen [...] einen anderen pädagogischen Rahmen für notwendig." (Sonnenschein/Bürgermeister 2000)

Zum Themenkomplex der *Tierrechte* existiert nicht zuletzt auf Grund der in den letzten zwanzig Jahren zuerst im englischsprachigen Raum, dann auch zunehmend in Deutschland, vorwiegend in der Philosophie geführten Diskus-

---

198 Zu diesem Schluss kommt auch die *American Dietetic Association* in einem Positionspapier (in: *Journal of the American Dietetic Association*, June 2003); eine sorgfältig geplante vegane Ernährung sei demnach für alle Lebensphasen geeignet, einschließlich Schwangerschaft, Stillzeit, Säuglingsalter, Kindheit und Jugend: „Well-planned vegan and other types of vegetarian diets are appropriate for all stages of the life cycle, including during pregnancy, lactation, infancy, childhood, and adolescence." (The American Dietetic Association 2003: 748)

sion um die Interessenskonflikte in der Mensch-Tier-Beziehung eine umfangreiche wissenschaftliche Literatur. Zum Bereich des Autonomen Tierschutzes als Teil der Tierrechtsbewegung, die sich als progressiver Nachfolger der etablierten Tierschutzbewegung herausgebildet hat, liegt neben Quellenmaterial („grauer Literatur") ein einschlägiges wie auch authentisches Buch aus der (deutschen) Tierrechtsbewegung selbst vor: *Operation Tierbefreiung. Ein Plädoyer für radikale Tierrechtsaktionen* (1998) von Haferbeck/Wieding. Ein „Klassiker" ist die zuerst 1975 erschienene Publikation *Animal Liberation. Die Befreiung der Tiere* des teilweise umstrittenen Peter Singer[199], mit dem die moderne Tierrechtsbewegung begann. Einen Einblick in Strategien, Erfolge und Probleme der Tierrechtsbewegung gibt Singer am Beispiel von Henry Spiras Biographie in *Henry Spira und die Tierrechtsbewegung* (2001). Peter Singer hat auch den bis heute viel beachteten Band *Verteidigt die Tiere. Überlegungen für eine neue Menschlichkeit* (1986) herausgegeben. Helmut F. Kaplan stellt in *Tierrechte. Die Philosophie einer Befreiungsbewegung* (2000) die wichtigsten Argumente der Tierrechtsbewegung zusammen. Polemisch und mit falschen Vergleichen engagiert sich dagegen Peter Köpf (1996). Grundlegend sind die englischsprachigen Schriften von Lawrence und Susan Finsen (1994), Harold Guither (1998) und Charles Patterson (2000) – letzterer wurde für seine Schrift *Animal Rights* (zuerst 1993) von der *International Society for Animal Rights* 1995 mit dem *Animal Rights Writing Award* ausgezeichnet. Für den Einstieg in die Tierrechtsproblematik eignet sich im Rahmen des schulischen Unterrichts innerhalb der Oberstufe oder der Erwachsenenbildung die Erzählung *Das Leben der Tiere* (2000) von John M. Coetzee, Literaturnobelpreisträger von 2003. Zuletzt erschien Charles Pattersons Werk *Eternal Treblinka. Our Treatment of Animals and the Holocaust* (Orig. 2002) in der deutschsprachigen Übersetzung: *»Für die Tiere ist jeden Tag Treblinka.« Über die Ursprünge des industrialisierten Tötens* (2004), der mit diesem Buch eine kontrovers diskutierte Thematik nicht nur innerhalb der Tierrechtsbewegung aufgegriffen hat. Auch dieser Band ist empfehlenswert, um sich den Dimensionen der Mensch-Tier-Beziehung bewusst zu werden.

---

199 Peter Singer ist wegen seiner Äußerungen zur Euthanasie in die Kritik geraten. Vgl. etwa den Band: *Muß dieses Kind am Leben bleiben? Das Problem schwerstgeschädigter Neugeborener* zusammen mit Helga Kuhse, Erlangen: Harald Fischer Verlag, 1993. Mit der tierrechtlichen Argumentation Singers im Kontext seiner präferenz-utilitaristischen Moraltheorie setzt sich kritisch Claudia Heinzelmann (1999) auseinander. Nach dem utilitaristischen Prinzip der gleichen Interessenabwägung müssen die Interessen aller von einer Handlung betroffenen Lebewesen gleichermaßen berücksichtigt werden. Singers damit einhergehende Auffassung zur Tötungsproblematik ist jedoch sowohl unter tier- als auch unter menschenrechtlichen Aspekten problematisch und umstritten (vgl. Leven 1999).

2. Veganismus und das „Recht der Tiere"

2.1 Historische Traditionen – Ein Überblick

Veganismus ist mehr als eine rein vegetarische Ernährungsweise. Waren Menschen auf Grund des Mangels an Nahrungsmitteln häufig gezwungen, vegetarisch zu leben, sind es heute vorwiegend ethische Überlegungen, die den Veganismus prägen.

Im 6. Jahrhundert vor Christus lebten im griechischen Altertum die Orphiker, eine religiöse Sekte, der es neben Fleisch auch nicht gestattet war, Eier zu verzehren oder Wolle zu tragen. Im Vergleich mit kultischen Speiseverboten war die völlige und andauernde Enthaltung etwas völlig Neuartiges (vgl. Leitzmann/Hahn 1996: 25). Die Orphiker opferten den Göttern keine Tiere, sondern „Kuchen und mit Honig befeuchtete Früchte und sonstige unschuldige Opfer dieser Art" (Haussleiter 1935: 84). Die Verwendung von Honig entspricht nach der heute allgemein verbreitenden Auffassung nicht der veganen Ideologie. Ob die Orphiker neben Eiern auch Milch oder Milchprodukte verschmähten, ist nicht erwähnt. Im Ei erblickten die Orphiker „das Prinzip der Entstehung" (Haussleiter 1935: 85).

Seit 500 vor Christus leben indische Jaina-Mönche eine ganz strenge Form des Veganismus. Fast alle Religionen kennen das Gebot „Du sollst nicht töten!" Doch „keine der großen Weltreligionen", so der Anthropologe Marvin Harris, habe „ihre Anhänger jemals zum Veganismus aufgefordert bzw. den normalen Gläubigen den Genuß von Eiern und tierischem Fleisch untersagt." (Harris 1990: 17). Der Jainismus mit seinen zwei bis drei Millionen Anhängern jedoch setzt dieses Gebot in letzter Konsequenz um. Die Jainas essen weder im Dunkeln noch trinken sie unfiltriertes Wasser, um nicht aus Versehen ein kleines Tier zu verschlucken. Auf Kleidung verzichten sie, damit sie in den Falten keine Lebewesen zerdrücken, sie tragen einen Mundschutz, um keine Tiere einzuatmen, und beim Gehen fegen sie mit einem Wedel den Weg vor ihren Füßen frei, damit sie keine Tiere zertreten. Bei den Jainas müssen selbst Laien strenge Vegetarier sein. Sie dürfen nicht als Bauern arbeiten, um beim Pflügen keine Tiere zu verletzen. Der Begründer des Jainismus war Vardhamana Mahavira (nach jainistischer Überlieferung 599-527 vor Christus). Motive der Jainas für ihre Lebensweise sind in dem Wunsch begründet, von der Welt rein zu bleiben und vollkommener zu werden. Zentrales Prinzip ist das Ahimsa-Gelübde, das Leben ohne jemals zu töten. Ziel ist es, den Kreis der Reinkarnation zu durchbrechen und ins Nirvana einzutauchen. Dies können nur Mönche erreichen; wer aber gut lebt, so die Vorstellung, wird in einem späteren Leben Mönch. Mahaviras ethisches System forderte als erstes eine vegetarische Lebensweise, die so radikal ist, dass man überhaupt keinem Tier ein Leid zufügen darf. Im ersten Jahrhundert nach Christus war die Trennung zweier Richtungen des Jainismus endgültig. Eine davon schrieb Nacktheit nicht mehr zwingend vor (vgl. Langley 1983: 207-216 u. Seth 1999).

400 vor Christus waren Pythagoras (und die Pythagoreer), Empedokles und wohl auch die Orphiker die wichtigsten Vertreter der Seelenwanderungslehre. Empedokles wandte sich mit besonderer Vehemenz gegen Tiertötung und Tierfleischnahrung, weil dabei die in gewandelter Gestalt weiterlebenden Verwandten ermordet und verzehrt werden könnten (vgl. Dierauer 1977 u. Ders. 1999: 37-85).

Auch Pythagoras opferte den Göttern nie ein Tier, „sondern brachte nur unblutige Opfer: Weihrauch, Honig, Hirse, Kuchen und dergleichen". Er war zudem auf „strengste Reinlichkeit und Sauberkeit" bedacht und trug nur weiße Kleider; „wollene Gewänder, welche von den Griechen viel getragen wurden, waren verboten." (Baltzer 1991: 99f.) Über die pythagoräische Diät und das Fleischessen berichtete Plutarch:

„Du fragst mich, [...] aus welchem Grunde Pythagoras sich des Fleischessens enthalten habe? Ich dagegen möchte wissen, welche Leidenschaft, welche Gemüthsstimmung [sic.!] oder welcher vernünftige Grund den Menschen bestimmte, der zuerst Blut mit dem Munde berührte und das Fleisch eines todten Thieres an seine Lippen brachte, welcher todte Körper und Leichen als Zukost und Leckerbissen auf die Tische setze und, um es ganz auszusprechen, Glieder, welche kurz zuvor noch brüllten und kreischten, sich bewegten und sahen; wie das Auge das Schlachten, Abziehen und Zerstücken ansehen, wie der Geruch die Ausdünstung ertragen konnte; wie es dem Gaumen nicht vor der Verunreinigung ekelte, wenn er fremde Geschwüre berührte und Blut und Eiter aus tödtlichen Wunden sog! [...] aber doch ist es in Wirklichkeit ein schauerliches Mahl, wo man nach Thieren die noch brüllten, Hunger hat, wo man das Beispiel giebt [sic.!], noch lebende, lautgebende Thiere zu verzehren, und Vorschriften ertheilt, sie zuzurichten, zu braten und aufzutragen. Nach jenem also muß man fragen, der das zuerst angefangen, nicht nach dem, der in später Zeit es aufgegeben hat!"[200]

Plotin (ca. 205-270 n.Chr.), der Begründer des Neuplatonismus, aß ebenfalls kein Tierfleisch und nahm keine Arzneien zu sich, die aus Tieren gewonnen wurden. Im Jahre 244 gründete er in Rom eine Schule. Nach Dierauer schrieb sein Schüler Porphyrios ein umfassendes Werk „gegen die Fleischnahrung, das lateinisch unter dem Titel *De abstinentia* zitiert wird. Es ist die einzige aus der Antike erhaltene längere Schrift zum Vegetarismus – und bleibt auch die einzige bis in die Neuzeit hinein" (vgl. Dierauer 2001: 46).

---

200 Plutarch wird im Wortlaut an verschiedenen Stellen unterschiedlich zitiert (vgl. Linnemann 2000: 26f., Rousseau 1993: 144f. sowie Springer 1884: 242f.); hier zitiert n.: Baltzer 1991: 113.

Zur Rechtsgeschichte gilt: Im römischen Reich wurde das Tier ‚aufgewertet' und zur Sache erklärt – und „stand damit auf derselben Stufe wie Frauen, Kinder und Sklaven." (Vgl. Sambraus 1997: 4)

In der Folge gab es im Mittelalter sowohl zivile als auch kirchliche Tierprozesse, die hier nicht unerwähnt bleiben sollen. Im Jahre 1379 standen in Burgund beispielsweise einige Muttersauen vor Gericht, „weil sie einen Knaben, der zuvor ihre Ferkel traktiert hatte, totgebissen hatten." (Schmidt 1996: 36; Weber 1990: 110f.) Das Gericht verurteilte die Tiere zum Tode am Galgen und ließ das Urteil öffentlich und im Beisein zahlreicher Artgenossen vollstrecken. In Graubünden führte man im Jahre 1659 einen Prozess gegen Würmer, die sich an Nutzpflanzen zu schaffen gemacht hatten. Das Verfahren zielte darauf ab, das Gewürm in die Wälder auszuweisen und endete schließlich mit einem Vergleichsvorschlag, der ihnen ein Bleiberecht in acht namentlich ausgewiesenen Zellen einräumte. Noch im Jahre 1800 fand nachweislich im englischen Wandower einer der letzten Tierprozesse statt. Ein Kutschpferd wurde für den Tod eines Reisenden verantwortlich gemacht und zum Tode verurteilt (Schmidt 1996: 36f.).

Vom 15. bis ins 17. Jahrhundert hinein kursierten nicht nur in der Hexenliteratur – wie dem berühmten „Hexenhammer" (1487) – Auffassungen über die „Tierhaftigkeit" der Frau; diese sei „nicht nur viehisch in ihrer Sexualität, sondern eine Mittelstufe zwischen Tier und Mensch" (vgl. Suutala 1999: 93f.). Die Position der Frau war „vergleichbar der der Haustiere" (Suutala 1999: 92).

Der französische Mathematiker und Philosoph René Descartes (1596-1650) bezeichnete Tiere noch als „empfindungslose Maschinen" (vgl. Linnemann 2000: 67ff.). Doch seit dem 17. Jahrhundert „beginnen sowohl der Vegetarismus als auch die Tierethik im abendländischen Denken nach langer Zeit der Abstinenz wieder zarte Wurzeln zu schlagen" (Ingensiep 2001a: 73). Allerdings korrelierten Vegetarismus und Tierethik bis ins 19. Jahrhundert hinein nicht grundsätzlich, denn, so Ingensiep weiter: „Die wenigsten Vertreter des Vegetarismus verstanden sich gleichermaßen als radikale Tierethiker, und die wenigsten Tierethiker proklamierten einen strengen Vegetarismus." (Ingensiep ebd.)

Im Jahre 1787 erklärte noch Immanuel Kant, es ginge Achtung „jederzeit nur auf Personen, niemals auf Sachen. Die letzteren können Neigung und, wenn es Tiere sind (z.B. Pferde, Hunde usw.) sogar Liebe, oder auch Furcht, wie das Meer, ein Vulkan, ein Raubtier, niemals aber Achtung in uns Wecken." (Kant 1963: 89). Adolph Freiherr von Knigge verurteilte 1788 ein grobes Verhalten gegenüber Tieren. Knigge betonte, dass Grausamkeit gegen unvernünftige Wesen unmerklich zur Härte und Grausamkeit gegen unsere vernünftigen Nebengeschöpfe führe:

„Es gibt so zarte Männlein und Weiblein, die gar kein Blut sehen können, die zwar mit großem Appetit ihr Rebhühnchen verzehren, aber ohnmächtig werden würden, wenn sie eine Taube abschlachten sehen müßten [...] Zu diesen süßen Seelchen gehöre ich nicht, halte auch nicht alle Jäger für grausame Menschen – es muß ja dergleichen Leute geben, so wie wir, wenn keine Schlächter in der Welt wären, bloß von Speisen aus dem Pflanzenreiche leben müßten [...]" (Knigge 1974: 164f.).

Eine neue Ära der *Tierethik* wurde 1789 mit Jeremy Bentham (1748-1832) eingeleitet. Die Franzosen der Revolution, so Bentham, hätten bemerkt, dass die Schwärze der Haut kein Grund ist, einen Menschen schutzlos den Launen eines Peinigers auszuliefern. Eines Tages würde man erkennen, dass die Zahl der Beine, die Behaarung der Haut unzureichende Gründe sind, ein empfindendes Wesen seinem Schicksal zu überlassen. Ein ausgewachsenes Pferd oder ein Hund seien weitaus verständiger und mitteilsamer als ein Kind, das einen Tag, eine Woche oder sogar einen Monat alt ist. Die Frage sei nicht: ‚Können sie *denken*?' oder ‚Können sie *sprechen*?', sondern: ‚Können sie *leiden*?' (Vgl. dazu Singer 1996: 35f.; Kaplan 1993: 102f. u. Bentham 1970: 283; Hervorhebung im Orig.).

Im englischsprachigen Raum trat neben Bentham, der übrigens kein Vegetarier gewesen ist, Henry S. Salt (1851-1939) dafür ein, Tieren Rechte zuzusprechen. Sein Werk *Animals' Rights Considered in Relation to Social Progress* von 1892 (deutsch: 1907 u.d.T.: Die Rechte der Tiere) weist im Kern bereits die Grundlagen der heute verbreiteten Philosophie der Tierrechte auf und kann als Ausgangspunkt der Tierrechtsbewegung gewürdigt werden (vgl. Baumgartner 2001: 118).

Bregenzer beurteilte 1894 das „Thierrecht als ‚werdendes Recht'". Analogien sah er zum „Weiber- und Kinderrecht", jene stünden „ursprünglich ganz außerhalb der Rechtsordnung" (Bregenzer 1894: 331f.). Seine klassische Schrift über *Thier-Ethik* impliziert allerdings keinen Aufruf von tierischen Nahrungsmitteln abzulassen, im Gegenteil: Bregenzer beteiligt sich „an der kulturphilosophischen Denunziation des Vegetarismus und bestätigt das herrschende Ressentiment." (Ingensiep 2001a: 99)

Der bereits erwähnte Gustav Schlickeysen machte mit seinen Schriften *Obst und Brot* (1873) sowie *Blut oder Frucht* (1892) auf die seiner Ansicht nach „frugivore" Urkost des Menschen aufmerksam und auf das Übel, das mit dem Fleischverzehr verbunden sei:

„Die carnivore Lebensweise führt immer zu Rohheit und Selbstsucht, Hohn und Verachtung und zu gesellschaftlichem Chaos, ihr Endresultat ist ‚Blut', Blut da wo es uns schreckt. Die frugivore Lebensweise führt zum socialen Frieden, zur Harmonie, ihr Symbol ist ‚Frucht', die Frucht die uns beglückt. [...] E i n e w a h r e u n d h u m a n e C u l t u r k a n n d e r M e n s c h n u r e r r i n g e n i n F r u c h t d i ä t u n d F r u c h t b a u." (Schlickeysen 1892: 38, Hervorhebung im Orig.).

In *Obst und Brot* beschreibt er beispielhaft das Bild einer größeren geselligen Tafel, die durchweg aus streng vegetarischen Nahrungsmitteln bestand:

„Echtes halbgrobes, gut gebackenes, frisches und aromatisch duftendes Schrotbrot. Flachbrot mit Rosinen, auch aus Schrotmehl gebacken, dazu Weißbrot. Einen großen Schrotbrot-Napfkuchen, gebacken ohne Hefe und Butter usw. [...] Frisches, kühles Wasser mit echtem Himbeersaft. Frisches Obst nach Jahreszeit. Getrocknete und gekochte Äpfel- und Birnenschnitzel. Frische, gekochte Birnen, auch z.b. frische, gekochte Heidelbeeren oder Kirschen. Große Rosinen, Trauben, Nüsse, Feigen, Datteln, Mandeln. Apfel- und Pflaumenmus, Orangen, Tomatensalat, Preiselbeeren, Apfel- und Traubenmost [...]" (Schlickeysen 1921: 264f.).

Einen Zusammenhang zwischen Fleischkonsum und Krieg sah Magnus Schwantje (1877-1959), einer der Protagonisten des deutschen Vegetarismus und der Tierrechte (vgl. Brockhaus 1999: 15f.; weiterführend Schwantje 1976). So sei der „Tiermord [..] ohne Zweifel eine der Ursachen des Menschenmordes; eine vegetarisch lebende Menschheit wäre viel leichter mit Abscheu vor dem Kriege zu erfüllen wie die heutige [...]". Die Grausamkeit gegen Tiere ist nach Schwantjes Ansicht „eine der schwersten Sünden des Menschengeschlechtes. Sie ist die Grundlage der menschlichen Verderbtheit. *Wenn der Mensch so viel Leiden schafft, welches Recht hat er dann, sich zu beklagen, wenn auch er selber leidet?*" (Vgl. Schwantje 1919: 7, Hervorhebung im Orig.). „Die Ethik der Leidensvermittlung", betont Brenner, „ist Teil einer integrativen Ethik." (Brenner 1998: 197).

Werner Zimmermann tritt in seinem Buch *Lichtwärts. Ein Buch erlösender Erziehung* (1923) für die Abkehr vom Fleisch, von Eiern und Milchprodukten, eiweißreichen Hülsenfrüchten, „Zuckerzeug und Feingebäck" sowie Kochsalz ein. Honig ist allerdings erlaubt. Hauswirtschaftlich biete eine „pflanzliche Ernährung mit Einschluß von Kartoffeln, Gemüsen, Körnerprodukten (als Uebergang [sic.!] zur rein paradiesischen Nahrung, zur Fruchtdiät) neben den gesundheitlichen auch große finanzielle Vorteile" (vgl. Zimmermann 1923: 21). Zimmermann möchte nicht nur die Ernährung reformieren: „Zur Paradiesnahrung gehören tägliche Vollbäder, wenn möglich in Wasser und Sonne, in Licht und Luft [...] Sommer und Winter im Freien oder doch bei offenen Fenstern schlafen! Im Sommer weder Hut noch Strümpfe und Schuhe tragen! Keine engen Kleider! Sandalen!" Und ein wenig skurril: „Tief andächtig atmen, turnen! Mädchen, es braucht einen kräftigen, herrlichen, lichten Leib, um sonnige Helden zu gebähren!" (Zimmermann 1923: 23)

Die menschlichen Pflichten gegen Tiere und das Interesse des Tieres am Leben thematisiert auch Leonard Nelson (1882-1927), der an ein Gebot der Gerechtigkeit appelliert, dass allerdings nicht als „ein altruistisches Prinzip zu Gunsten der Tiere" verfochten werden dürfe. „Wer das Leben des Tieres so gering achtet, daß er z.B. die tierische Nahrung der pflanzlichen vorzieht, nur weil er sie für bekömmlicher hält, der sollte sich füglich fragen, warum er nicht auch Menschenfleisch ißt." Werde der Genuss von Tierfleisch allein aus hygienischen Gründen beibehalten, dann stehe derjenige Mensch, der „diesen Gründen aber keine Berechtigung zumißt, wenn sie ihm die Probe auf die Bekömmlichkeit von Menschenfleisch nahelegen, [...] moralisch gewiß nicht über dem von ihm verachteten Kannibalen, der sich wenigstens seine Motive eingesteht." (Nelson 1970: 169; vgl. auch Eberl 2000: 67-69; Feuerbach 1911: 41-67; Mumford 1974: 179f.; Stolzenberg 1980: 30)

Damit steht die Entwicklung im deutschsprachigen Raum am Beginn der Ernährungs- und Lebensreform des 20. Jahrhunderts.

2.2 Die Lebensreformbewegung im 19. und 20. Jahrhundert

Die Lebensreformbewegung besteht aus einer Vielzahl von Strömungen wie Antialkoholbewegung, Ehereform, Frauenbewegung, Freikörperkultur, Siedlungs- und Gartenstadtbewegung, Boden- und Wohnungsreform, Jugendbewegung, Kleidungsreform, Naturheilkunde, Naturschutz, Reformpädagogik, Gymnastik und Tanz, Tierschutz (Kampf gegen die Vivisektion) und Vegetarismus und gilt als Ausdruck „einer sozialen, psychischen, religiösen und kulturellen Unzufriedenheit, die viel weitere Kreise des wilhelminischen Bürgertums erfaßt hatte, als die Lebensreformbewegung in ihren Gruppen repräsentierte." (Frecot 1976: 151).[201]

Die Anfänge der Lebensreformbewegung stehen in enger Verknüpfung mit der Naturheilkunde, deren Vertreter im ausgehenden 18. und beginnenden 19. Jahrhundert erste Impulse für eine naturgemäße Lebens- und Heilweise gaben und damit auf die aufkommende moderne, naturwissenschaftlich orientierte Medizin reagierten. Die Naturheilkundler lehnten jede Form von medikamentösem Eingriff ab und strebten vielmehr danach, die Widerstands- und Heilungskräfte im Kranken selbst zu wecken. Zu den Gründungsvätern und Wortführern der Lebensreform zählen der freireligiöse Eduard Baltzer und der Jurist, Publizist und republikanische Politiker von 1848 Gustav Struve, die Bauern Vincenz Prießnitz und Johann Schroth, der Zoologe Gustav Jäger oder auch der Priester Sebastian Kneipp, deren Schriften zum Teil auch heute immer wieder neu aufgelegt werden (vgl. Frecot 1976: 140f.). „Die größte organisierte Gruppe gesundheitsorientierter Vegetarier besteht aus Anhängern der Naturheilkunde. Ihr Zentrum liegt in Chicago, und ihre Mitglieder leben überall auf der Welt. Sie legen Wert auf regelmäßiges Fasten,

---

201 Vgl. auch das Handbuch der deutschen Reformbewegungen 1880-1933, hrsg. von Diethart Kerbs u. Jürgen Reulecke, Wuppertal: Hammer, 1998.

eine vegane Ernährung mit rohem (oder kurz gedämpftem) Gemüse, Obst, Säften und Samenkörnern, außerdem auf regelmäßige Darmreinigung (Einläufe) und Körperübungen zur inneren Reinigung." (Sussman 1996: 17)

Nach Leitzmann/Hahn nahm der Vegetarismus innerhalb der Lebensreform „eine wichtige, aber nicht essentielle Stellung" ein (Leitzmann/Hahn 1996: 29; vgl. auch Baumgartner 1998: 136). Als Ernährungstherapie wurde der Vegetarismus durch Max Oskar Bircher-Benner (1867-1939) und andere lebensreformerisch orientierte Ärzte und Laien vertreten (Baumgartner 1998: 121). Als frühe Form des Veganismus kann beispielsweise die Ernährungsstrategie eines Walter Sommer („Urgesetz der natürlichen Nahrung") in den 1920er Jahren bezeichnet werden, der rohes Gemüse, Obst, Kräuter, Nüsse und Samen empfiehlt. Derartige Konzepte wurden immer wieder aufgegriffen und (in Deutschland) u.a. durch Johann Schnitzer ab 1963 („Schnitzer-Intensivkost", vegan), Helmut Wandmaker (rohes Obst und Gemüse, wenig Samen und Nüsse) ab den 1980er Jahren sowie Franz Konz alias „Chrysostomos" vertreten (vgl. Leitzmann/Keller/Hahn 1999: 138ff.; einen Überblick über Ernährungsreformer im 19. und 20. Jahrhundert gibt Baumgartner 1992: 89ff.; für eine kritische Auseinandersetzung mit der Vollwerternährung vgl. Melzer 2003). Vollkornbrot, Trockenfrüchte, Säfte, Pflanzenfette usw. wurden im Sinne lebensreformerischer Bestrebungen in Spezialgeschäften wie der 1887 in Berlin von Carl Braun eröffneten „Gesundheitszentrale" angeboten. Im Jahre 1900 wurde in Wuppertal erstmals für ein Geschäft dieses neuen Typs die Bezeichnung „Reformhaus" verwendet. Es war das Reformhaus „Jungbrunnen" des Wuppertaler Kaufmanns Karl August Heynen. Weitere Reformhäuser in Kassel, Mönchengladbach, Magdeburg, Würzburg und Nürnberg folgten. 1925 gab es in ganz Deutschland bereits 200 Geschäfte (vgl. Frecot/Geist/Kerbs 1972: 35; Vegetarisch fit! 09/2000: 15).

1896 eröffnete Adolf Just (1859-1936) die vegetarische Naturheilanstalt *Jungborn* im Harz, deren Programm er in seiner Schrift *Kehrt zur Natur zurück! Die naturgemäße Lebensweise als einziges Heilmittel zur Heilung aller Krankheiten und Leiden des Leibes, des Geistes und der Seele* (1896) darlegte. Neben vegetarischer Kost standen im Jungborn Licht- und Luftbäder sowie Lehmkuren und Heilerdeeinnahmen im Mittelpunkt (Goetz 1988: 23; Hermand 1991: 93f.) Einige Sommer hindurch war der junge Belgier Henry Oedenkoven, der später „eine jungbornähnliche Anstalt" auf dem Monte Verità nahe Ascona am Lago Maggiore in der Schweiz gründete (vgl. Kap. 2.2.3), Kurgast im Jungborn. Er lebte nur von rohem Obst und Nüssen (vgl. Stolzenberg 1980: 114). Der Vegetarismus stand innerhalb der Lebensreformbewegung gleichwohl eher im Kontext gesundheitlicher Abwägungen als auf dem Fundament ethischer Überlegungen.

2.2.1 Fruitlands (New Eden)

Lange bevor in Deutschland über die Naturheilkunde hinaus lebensreformerische Strömungen in Erscheinung traten, gründete im Jahre 1843 in Massachusetts/USA der transzendentalistische Philosoph Bronson Alcott zusammen mit dem englischen Mystiker Charles Lane die Siedlung *Fruitlands (New Eden)*, deren gerade einmal 17 Bewohner allesamt vegan lebten. Nicht nur der Verzehr von Fleisch, Milch und Eiern war tabu, „sondern auch das Tragen von Kleidern aus Wolle oder Seide und von Schuhen aus Leder. Selbst der Gebrauch von Öltranlampen war untersagt, da hierzu Walöl nötig war, und bei der Arbeit wurden weder Zug- noch Lasttiere verwendet." Angesichts dieser Gebräuche, so H. Schempp, sei es „nicht verwunderlich, daß diese Siedlung stets klein blieb [...] und daß sie nur wenige Monate lang bestand" (Schempp 1968: 106).

2.2.2 Die Obstbaukolonie Eden-Oranienburg

Am 28.5.1893 berief der Fabrikantensohn Bruno Wilhelmini im vegetarischen Speisehaus „Ceres" in Berlin die Versammlung zur Gründung der *Vegetarischen Obstbaukolonie Eden e.G.m.H.* ein. 18 Männer wohnten diesem Treffen bei, u.a. Julius Sponheimer, der seit 1901 in Eden die Zeitschrift *Hinaus aufs Land. Monatsschrift zur Förderung ländlicher Siedlungstätigkeit* herausgab. Standort dieser Siedlung war das etwa 30 km nordwestlich von Berlin entfernte Oranienburg in der Mark Brandenburg. Als ein direktes Vorbild für die Gründung der Eden-Kolonie gilt die Siedlung *Heimgarten* bei Bülach im Kanton Zürich (vgl. Baumgartner 1992: 125ff.; Frecot/Geist/Kerbs 1972: 36ff.). Die von bodenreformerisch gesinnten Vegetariern gegründete Siedlung „Eden" stand bis 1901 satzungsgemäß nur Vegetariern offen; eine Namensänderung in „Obstbaukolonie Eden" machte es auch Nichtvegetariern möglich, sich an „Eden" zu beteiligen. „Das Halten von Schlachtvieh, Schlachtung von Tieren, Alkohol- sowie Fleisch- und Tabakwaren-Erzeugung und -Verkauf blieben nach wie vor verboten!" (Stolzenberg 1980: 52). Eden hatte schon vor dem ersten Weltkrieg mit seinen Obsterzeugnissen „Weltruf" (Stolzenberg 1980: 52) erworben. Die Warenabteilung Edens führte aber nicht nur Obst, sondern verfügte über eine umfangreiche Palette an Reformprodukten, wie zum Beispiel das Eden-Reformgebäck, Eden-Pflanzen-Fleisch, pflanzliche Wurst und Steinpilzpastete, Eden-Blüten-Schleuderhonig sowie weitere Produkte wie Öl, Reis, Rohrzucker, Früchtewürfel und Heilerde, die von anderen Herstellungsbetrieben übernommen wurden (Baumgartner 1992: 198). Zur Warengruppe „Pflanzenfleisch" gehörten u.a. eine lose Rohmasse zum Binden von Suppen oder Soßen, genuss- und bratfertiges Pflanzenfleisch in Dosen oder auch ein leberwurstähnlicher

Brotaufstrich. Die Eden-Pflanzenbutter, der „Prototyp der Reform Margarinen", wurde von Friedrich Landmann (1864-1931) entwickelt. Heute steht der Name Eden (vgl. online in Internet: www.eden-eg.de/eden.htm) „in erster Linie für ein betriebswirtschaftliches Unternehmen im Reformwarensektor." (Baumgartner 1992: 268)

2.2.3 Die Vegetabilisten vom Monte Verità bei Ascona

Zu einem internationalen Treffpunkt der Lebensreformer und vieler Künstler entwickelte sich der Monte Verità (Berg der Wahrheit) bei Ascona am Lago Maggiore.[202] Zum Gründerkreis zählten der belgische Theosoph und Millionärssohn Henri Oedenkoven, die Pianistin Ida Hofmann, Karl Gräser sowie Lotte Hattemer und Idas Schwester Jenny. Im November 1900 siedelten sie nach Ascona über, wo sich auf einer Anhöhe von 150 Metern über dem Lago Maggiore die Gelegenheit zur Ansiedlung ergab. Im April 1901 wurde die erste Wohnhütte fertiggestellt, im Sommer des gleichen Jahres konnte mit dem Bau eines Speisesaales und der Anpflanzung von 300 Obstbäumen begonnen werden (vgl. Frecot 1978: 57f.). Die Beschäftigung der Ansiedler bestand neben dem Obstbau im Bauen von Hütten und Gemeinschaftsräumen (vgl. Grohmann 1997: 11).

Für den strengen Vegetarismus soll Henry Oedenkovens „gründlich verdorbener Magen der Ausgangspunkt" (Ries 1964: 23) gewesen sein. Die meisten Siedler waren Vegetarier, die sehr wohl Butter, Milch und Käse verzehrten. Durch den Einfluss des Handelskonsuls Salomonson wurde der Veganismus eingeführt, die völlige Abstinenz von *allen* tierischen Produkten einschließlich Wolle. Eine Ausnahme bildeten die Sandalen aus Leder „in Ermangelung eines äquivalenten vegatabilen Produktes" (Landmann 1973: 73f.).

Im Jahre 1905 verfasste Ida Hofmann-Oedenkoven die Schrift *Vegetabilismus! Vegetarismus!*, in der sie den Vegetarismus „nicht nur als Ernährungsform, sondern geradezu als eine Religion" (Landmann 1934: 125) betrachtet. Hofmann-Oedenkoven tritt in dieser Schrift konsequent für den Veganismus avant lettre ein und geht von der natürlichen Bestimmung des Menschen als reinen Vegetarier (Fruchtesser) aus, der „die ganz unverträgliche Mischung von Obst und Milch" seinem Magen zumutet und sich durch Butter, Käse und Eier gesundheitlich schade (Hofmann-Oedenkoven 1905: 20).

---

202 Grundlegend zum Monte Verità: Harald Szeemann (Hrsg.): Monte Verità – Berg der Wahrheit. Lokale Anthropologie als Beitrag zur Wiedererkennung einer neuzeitlichen sakralen Topographie, Milano: Electa Editrice, 1978 sowie Robert Landmann (d.i. Werner Ackermann): Ascona – Monte Verità. Auf der Suche nach dem Paradies, Frauenfeld u.a.: Huber, 2000.

„Mit welchem Begründungsrecht schließen die meisten Pflanzenesser das Fleisch als tierisches Produkt aus und nicht auch tierische Produkte wie Milch, Butter, Käse und Eier? Ist die Kuhmilch nicht vielmehr als Nahrungsmittel für tierischen Nachwuchs, das Ei nicht als Keim neu zu entstehenden tierischen Lebens zu betrachten? Besitzt der Mensch nicht selbst Organe zur Erhaltung seines Nachwuchses? Gedankenlos heben wir uns über die Lächerlichkeit der Vorstellung eines Menschen hinweg, der sich selbst an das Euter der Kuh legt, um ihm seine Nahrung zu entnehmen." (Hofmann-Oedenkoven 1905: 19).

Am 1. Januar 1905 gründete Ida mit Henry Oedenkoven die „Vegetabilische Gesellschaft des Monte Verità". 1920 ging Oedenkoven nach Brasilien, wo er in Catalao eine neue Künstlerkolonie gründete, in der er 1940 starb. Schon vor dem Verlassen Oedenkovens entwickelte sich die Naturheilanstalt Monte Verità mehr und mehr „zum Hort einer dadaistisch-ultramodernen Künstlerkolonie". Im Jahre 1926 schließlich von dem deutschen Bankier, Diplomaten und Kunstmaler Baron von der Heydt „in eine reizvolle moderne Hotellerie umgewandelt", wurde der Berg ab 1933 „ein Refugium für einen großen Teil deutscher Künstler, die sich nicht ‚gleichschalten' lassen wollten. 1956 überschrieb der Baron den ganzen Monte Verità dem Kanton Tessin." (Vgl. Stolzenberg 1980: 114f.)

2.3 Carl Anders Skriver und der Nazoräerorden

Das Christentum wird mit vegetarischen oder veganen Orientierungen selten in Verbindung gebracht.[203] Eine Schlüsselfigur in Deutschland ist in dieser Hinsicht Carl Anders Skriver (1903-1983). Skriver zählt, neben dem Schriftsteller Paul Andries (*Der Vegetarismus und die Einwände seiner Gegner*, Leipzig 1893), zu den Protagonisten und theoretischen Vordenkern des Veganismus im deutschsprachigen Raum.

Carl A. Skriver wurde am 8. Dezember 1903 als uneheliches Kind eines Hamburger Kaufmanns geboren und wuchs in sehr bescheidenen Verhältnissen bis zu seinem neunten Lebensjahr bei einer Hamburger Pflegefamilie auf. 1912 siedelte seine Mutter nach Hamburg über, der neunjährige Carl wohnte fortan zusammen mit seiner Mutter und seiner Großmutter, die 1916 starb, in einer Vier-Zimmer-Wohnung.

Skriver schloss sich von 1918 bis 1923 als jugendbewegter Schüler der *Sozialistischen Arbeiterjugend* an und wurde mit 17 Jahren Vegetarier. 1923

---

203 Joachim Finger sieht im Vegetarismus „eine religiös-weltanschaulich begründete Lebenspraxis." (Finger 1990: Sp. 1081) Zu einer strengen Form des Vegetarismus (bei Finger *Vegetalismus*) würden teilweise „das amerikanische New Age und ‚essenische' Lehren" (vgl. Finger 1990: Sp. 1084) tendieren. – *Vegetalismus* ist eine Kurzform von *Vegetabilismus* als Bezeichnung für eine Ernährungsform (ausschließlich) von „Vegetabilien" (pflanzlichen Nahrungsmitteln). Im Französischen wird insofern unterschieden zwischen *végétarisme* (Vegetarismus) und *végétalisme* (Veganismus) (vgl. Nizard 1999: 85).

nahm er ein Jurastudium an der Universität in Hamburg auf, wechselte zum anschließenden Wintersemester aber nach Kiel, wo er, auf einem Studentenball, seine spätere Frau, Hildegard von Brockdorff, kennen lernte, die er 1933 heirate. Aus der Ehe gingen zwei Söhne und eine Tochter hervor. Innerhalb der Familie entwickelte sich schrittweise eine vegane Lebensweise, die Skriver (seit 1948 Veganer) neben Alkohol- und Nikotinabstinenz auch in seinen Schriften über das Urchristentum propagierte.

1923-1930 absolvierte Skriver ein freies Studium u.a. der Rechtswissenschaft, Philosophie und Indologie in Hamburg, Kiel, Marburg und Tübingen. Skriver promovierte mit einer Sanskritarbeit über „Die Idee der Schöpfung in der vedischen Literatur" und wandte sich anschließend, angeregt durch den Buddhisten Prof. Dr. med. Hans Much (Arzt, Tuberkuloseforscher, Vivisektionsgegner, Dichter und Erfinder der Spalttablette) noch der Theologie zu.

Skriver kämpfte schon vor dem „Dritten Reich" literarisch gegen die Weltanschauung des Nationalsozialismus und gegen Mathilde Ludendorff. 1943 nahm die Gestapo ihn in Untersuchungshaft, durch die Fürsprache der Kieler Kirchenleitung kam Skriver wieder frei; er durfte aber fortan das Dorf nicht verlassen.

1947-1951 war Skriver Organisator der „Ockholmer Treffen" christlicher Vegetarier. 1952 wurde der überkonfessionellen und übernationalen Nazoräerorden errichtet. Im gleichen Jahr wurde Skriver Pastor für Bauern und Grafen im ostholsteinischen Pronstorf. Dort trug er 1957 zur Restaurierung der achthundert Jahre alten Vizelin-Kirche bei; 1958 erfolgte die freiwillige Pensionierung. In seiner Schrift *Die Regel der Nazoräer im zwanzigsten Jahrhundert* (zuerst 1960) verweist Skriver in der *Regula Nazoraeorum* auf den geistigen Gründer, Inspirator und Träger der heilsgeschichtlichen „Sekte der Nazoräer": Jesus Christus, auch Jesus der Nazoräer[204] (Lukas 18,37; Joh. 18,5.7; 19,19; Apg. 2,22; 6,14; 22,8; 26,9). „Der Orden der Essäer wurde von den Juden die Sekte der Essäer genannt. So ist nun, was sie die Sekte der Nazoräer nannten, der *Orden der Nazoräer*." (Skriver 1992: 123) Die (modernen) Nazoräer, so heißt es in einer Selbstdarstellung, haben sich „entschieden für Reinheit und Heiligung, für Beten und Fasten, für unblutige und gesunderhaltende Speise, für Vegetarismus (Vegankost) und Lebensreform,

---

204 Vgl. zum Begriff *Nazoräer* bzw. *Nazaräer* sowie zum *Nazaräerevangelium* Galling, K. (Hrsg.): Die Religion in Geschichte und Gegenwart. Handwörterbuch für Theologie und Religionswissenschaft, Vierter Band, Tübingen: J.C.B. Mohr (Paul Siebeck), 1960, Sp. 1385f. u. 1388. In der Ausgabe 9 der *Vegetarier-Rundschau* von 1952 erschien ein Artikel mit dem Titel *Die Erscheinung des Nazoräerordens*. Darin heißt es: „Nazoräertum ist essäisch-katharisch-esoterisches Urchristentum. [...] Der Nazoräerorden ist [...] die vegetarisch-pazifistische Ekklesia in der noachitisch verderbten Kirche. [...] Einziger Sinn des Nazoräerordens ist die Erneuerung des essäisch-spirituellen Urchristentums." (Vegetarier-Rundschau 9/1952: 3)

für Abstinenz von Alkohol, Nikotin, Drogen, Genuß- und Medizingiften, für Menschen-, Tier-, Pflanzen- und Naturschutz, für eine giftfreie und viehlose Landwirtschaft; [...] gegen die Vivisektion an unschuldigen und wehrlosen Tieren, gegen animalische Medikamente [...] Wir bestreiten, dass das landläufige Christentum überhaupt Christentum ist [...]" (vgl. Nazoräerorden: Wer sind und was wollen die Nazoräer? O.J.). Skriver war „fest davon überzeugt, daß Pazifismus und Vegetarismus unbedingt zum christlichen Leben zugehörig sind, und daß die Kirche hier schon seit langem einen falschen, eben den breiten Weg geht." (Sch.[üder] 1963).

Skriver verfasste bis zu seinem Tod zahlreiche Schriften. Zu seinen Hauptwerken zählen *Die vergessenen Anfänge der Schöpfung und des Christentums* (1977) und *Die Lebensweise Jesu und der ersten Christen* (1988). (Nicht nur) in seiner Schrift *Adam, wer bist und was ißt Du?* (1982) spricht Skriver sich gegen den (Ovo-Lakto-)Vegetarismus und für einen konsequenten Veganismus aus:

„Vegetarisch zu leben mit Ei, Milch, Sahne, Butter, Quark, Käse und Honig, womöglich noch mit Bohnenkaffee und chinesischem Tee, ist kein moralisches Kunststück, sondern ein Schlemmer-Vegetarismus auf Kosten der Tiere. [...] An der weißen Milch klebt rotes Blut. Damit wir mehr Milch kriegen, müssen Kälber vorzeitig umgebracht werden. Der Mensch ist das einzige Tier, das auch als Erwachsener noch Milch trinkt!" (Skriver 1982: 17)

Skrivers Interesse galt „praktisch allen Fragen des Lebens, Bibelerforschung, Metaphysik, Okkultismus, Weltgeschichte und Politik, Kriegs- und Atomprobleme, Ernährung, Kleidung, Medizin, Tierschutz und Vivisektion, Kunst und hier besonders Dichtung." Ihn selbst habe „die Vernunft und die Ehrlichkeit seit Ende des 2. Weltkrieges zum Veganismus geführt [...] Skriver ist Ethiker und Ästhet, kein Einsiedler, kein Asket, eher ein großer Genießer von Reinem, Gesundem und Schönem, wie er selbst zu sagen pflegt." (Sch.[üder] 1963) In seinem Werk „Der Verrat der Kirchen an den Tieren" (zuerst 1967) kritisiert Skriver die Kirche (nicht nur) „in der Tierfrage" aufs Schärfste:

„Das erste und höchste Gebot für alle Söhne Gottes lautet: DU SOLLST NICHT TÖTEN! Es gilt bei Gott absolut. [...] Die Kirche hat dieses Gebot nicht einmal gegenüber dem Menschen für sakrosankt erklärt. Sie hat es nicht gewagt, den Krieg unter Christen grundsätzlich zu ächten und die Mithilfe bei der Todesstrafe zu verweigern. Die Tötung gesunder junger Menschen hat ihr weniger Not bereitet als die Euthanasie. Sie begünstigt bzw. unterbindet noch immer nicht die Ausbildung ‚christlicher' unmündiger Menschen für das Waffenhandwerk zur Tötung andersuniformierter Menschen." (Skriver 1986: 35)

Skriver trat unbedingt für eine ethische Erneuerung des Christentums ein. Eine künftige Christenheit, die ihr Verhältnis zu den Tieren grundsätzlich bereinigen wolle, werde der Menschheit eine Ethik der Ernährung zu entwerfen und zu verkünden haben (vgl. Skriver 1986: 45). Diese Ethik impliziert neben einer veganen Ernährung die entschiedene Ablehnung der Jagd, Pelztierzucht und Vivisektion. Der Mensch sei „nicht der Freund und Bruder der Tiere, sondern ihr Todfeind, ihr Nachsteller und Ausbeuter. Er ist der größte Parasit und Schädling in der Natur. Er jagt, er fischt, er fängt, er mästet, er schlachtet und er enthäutet auf oft rücksichtslos grausame Weise die Tiere seiner Umwelt." (Skriver 1986: 34) Skriver begründet den ethisch geprägten Veganismus mit einer drastischen Kritik am Milch basierten Vegetarismus:

„Ohne Vieh- und Fleischwirtschaft gäbe es auch keine Milchwirtschaft. Sie wäre nicht rentabel. Wer Milch-Vegetarier ist, empfängt also seine Speise aus den Händen der Tierzüchter und kann sich wohl nicht mit gutem Gewissen Vegetarier aus ethischen Gründen nennen. Wahrer Vegetarismus, für den die Engländer den Namen Veganismus erfunden haben, verzichtet daher auf alle Tierprodukte wie Eier, Milch und Honig. Und das geht sehr gut! — Der Käse, den unsere Vegetarier mit Begeisterung und gedankenlos essen, wird mit Kälberlab hergestellt, der aus dem Labmagen geschlachteter Kälber gewonnen wird. Dabei wachsen gleich hinter unserem Haus 300 Arten von Labkraut in der Alten und Neuen Welt, aus denen sich bei gutem Willen wohl rein pflanzliche Labfermente entwickeln ließen, wenn man ihrer überhaupt noch bedürfte, vielleicht für Sojakäse." (Skriver 1986: 41)

Im Jahre 1977 wurde der „Lindenhof" bei Möhringen erworben, wo zugleich ein Zentrum für Vegan-Ernährung eingerichtet wurde und die *Gesellschaft für nazoräisches Urchristentum* ihren Sitz fand. Der *Orden der Nazoräer* ist im Unterschied zur Gesellschaft für nazoräisches Urchristentum ein freier Freundeskreis, die Überzeugungen von Orden und Gesellschaft decken sich aber (vgl. Eggenberger 1994: 281). Bis 1982 leitete Skriver die einmal jährlich stattfindenden Nazoräerkonvente, die seit 1977 auf dem „Lindenhof" stattfanden.

In jungen Jahren kam Käthe Schüder (geb. 1919) als Gemeindeschwester in den Pastoren-Haushalt der Familie Skriver „im weltfernen Ockholm in Nordfriesland", wo Skriver „1933 in innerer Emigration Pastor für Bauern und Deicharbeiter" (Anonym, Über den Verfasser, ohne Ort u. Jahr) war. Ausgehend von ihren Erfahrungen mit der Vegan-Küche verfasste sie 1975 das erste Vegan-Kochbuch. Als Verwalterin seines Nachlasses setzte sie sich für die Weitergabe des nazoräischen Gedankenguts ein und führte den skriverschen Selbstverlag und Buchversand weiter. Im Jahre 1993 entschloss sich Käthe Skriver ihren ständigen Wohnsitz in den nach einem Großbrand ganz neu nach baubiologischen Gesichtspunkten wieder aufgebauten Lindenhof zu verlegen, wo sie am 18. August 1999 verstarb (vgl. Haußmann 1999: 16).

Als Seminar- und Gästehaus stellt der Lindenhof sich in einer Broschüre dar als „idealer Urlaubs- und Rückzugsort für Menschen, die sich nach Ruhe und Stille sehnen" (Lindenhof, Faltblatt o.J.). Die Küche bereite biologisches Gemüse aus dem eigenen Garten für die Gäste frisch zu und zwar als „vegane

Vollwertkost ohne tierische Eiweiße." Neben der seit 60 Jahren biologisch bewirtschafteten Anbau- und Gartenfläche (ca. 3 ha) und einer eigenen Quelle sind Permakultur und die Pflege alter Obstsorten fester Bestandteil des Lindenhofkonzepts (vgl. Lindenhof ebd.).

2.4 Die „Frankfurter Schule": Theodor W. Adorno und Max Horkheimer

Theodor W. Adorno und Max Horkheimer sind die wohl bekanntesten und einflussreichsten Vertreter der Frankfurter Schule, die in Nebenaspekten ihrer Arbeiten die Tierrechtsproblematik gesehen haben. Wie die Soziologin Birgit Mütherich aufzeigt, sind die in der Kritischen Theorie der Frankfurter Schule gebündelten Aspekte zur Erforschung und Kritik interhumaner Herrschaftsstrukturen unauflösbar mit der Analyse des gesellschaftlichen Gewaltverhältnisses gegenüber Tieren und der Beherrschung der Natur verknüpft (Mütherich 2000: 217).

Adorno behauptet, die „stets wieder begegnende Aussage, Wilde, Schwarze, Japaner glichen Tieren, etwa Affen", enthalte „bereits den Schlüssel zum Pogrom." So sei der gesellschaftliche Schematismus der Antisemiten vielleicht so geartet, „daß sie die Juden überhaupt nicht als Menschen sehen." (Adorno 1980: 116) Die Aussage Adornos „Auschwitz fängt da an, wo einer im Schlachthof steht und sagt, ‚es sind ja nur Tiere'", ein in verschiedenen Varianten häufig angeführter Satz, etwa auf Transparenten im Kontext von Tierrechtsdemonstrationen oder in Forenbeiträgen im Internet und in Leserbriefen, bedarf allerdings noch eines Quellenbelegs (vgl. hierzu Mütherich 2000: 174).

In ihren Studien über den *Autoritären Charakter* (1968/69) untersuchen Adorno/Frenkel-Brunswik/Levinson/Sanford (u.a.) „die Fortsetzung der ‚Entmenschlichung des Feindes' [...] auch unter dem Gesichtspunkt seiner ‚Vertierlichung': Der Fremde, der Feind werde im Rahmen der Agitationstechniken gezielt mit dem Bild des ‚Kriminellen', ‚Entarteten' und des ‚widerlichen Tier(s)' in Verbindung gebracht" (vgl. Mütherich 2000: 174f.). Juden – so Charles Patterson in *Eternal Treblinka. Our Treatment of Animals and the Holocaust* (2002) – wurden oftmals als „Ratten", „Schweine" oder „Saujuden" bezeichnet. „This use of animal terms to vilify and dehumanize the victims, combined with the abominably degraded conditions in the camps, made it easier for the SS to do their job, since treating prisoners like animals made them begin to look and smell like animals." Je größer die Erniedrigung der menschlichen Opfer (zu Tieren), desto einfacher sei es, sie zu töten (Patterson 2002: 47f.). Beispiele wären die Etikettierung von Menschen als ‚Ungeziefer', ‚Ratten' etc., die es zu vernichten gilt, oder Redewendungen wie

„Man stach sie ab wie Schweine", „Sie wurden hingemetzelt wie Tiere" usw. (vgl. hierzu auch Mütherich 2000: 175, Anm. 137 sowie Patterson 2002: 45f.). Ähnlich argumentiert auch Boria Sax in *Animals in the Third Reich. Pets, Scapegoats, and the Holocaust* (2002):

„By blurring the boundary between animals and human beings, many Nazi practices made the killing of people seem like the slaughtering of animals. The Nazis forced those whom they were about to murder to get completely undressed and huddle together [...] Nakedness suggests an identity as animals; when combined with crowding, it suggests a herd of cattle or sheep. This sort of dehumanization made the victims easier to shoot or gas." (Sax 2002: 150)

In der Notiz *Zum Wesen des Menschen* schreibt Horkheimer über den „Blutdurst der Bauern und sonstiger Helfershelfer, wenn ein Wolf oder ein Berglöwe sich nächtlich ein Schaf holt [...] Es kommt darüber hinaus in dem bestialischen Haß gegen den Wolf [...] zum Ausdruck, daß man den eigenen Fraß, dem die Schafe ausschließlich vorbehalten bleiben sollen, insgeheim als die grauenvolle Praxis empfindet, die sie wirklich ist." (Horkheimer 1991: 220). Die Aufzeichnung *Erinnerungen* (1959) – wohl auch als eine Allegorie auf die Deportation der Juden zu begreifen – thematisiert das Elend der Tiertransporte, ein alltäglicher Vorgang, der dennoch wenig beobachtet wird (und werden soll):

„Fern von Deutschland, wartete ich vor Jahren nachts auf einem Bahnhof. Auf einem Gleis weit draußen stand ein Zug mit brüllendem Vieh. Er war schon lange gefahren, und das Schlachthaus war noch fern. Der freundliche Beamte erklärte mir, die Wagen seien eng bepackt und die Stücke, die bei der rüttelnden Fahrt gestürzt seien, lägen unter den Hufen der anderen. Die Türen könnten nicht geöffnet werden, das Vieh erhalte kein Wasser auf dem Transport. [...] Übrigens sei Verschickung durch die Bahn noch human; bei Kraftlastwagen gingen mehr Tiere ein; sie würden zertrampelt. Das war bei Nacht im doppeltem Sinn, denn nur wenige wissen davon. Würde es sich ändern, wenn es alle wüßten? Ich zweifle daran." (Horkheimer 1985: 104)

Dieses Szenario hat an Aktualität keineswegs verloren. „Indem Horkheimer und Adorno den Zusammenhang zwischen Tierausbeutung und -vernichtung und politisch-sozialer Systemstabilisierung, ökonomischer Interessenorientierung und sozialem Konformismus benennen, brechen sie eines der wichtigsten Tabus der Moderne" (Mütherich 2000: 181). In der Notiz *Der Wolkenkratzer* illustriert Horkheimer einen „Querschnitt durch den Gesellschaftsbau der Gegenwart":

„Weite Gebiete des Balkans sind ein Folterhaus, das Massenelend in Indien, China, Afrika übersteigt alle Begriffe. Unterhalb der Räume, in denen millionenweise die Kulis der Erde krepieren, wäre dann das unbeschreibliche, unausdenkliche Leiden der Tiere, die Tierhölle in der menschlichen Gesellschaft darzustellen, der Schweiß, das Blut, die Verzweiflung der

Tiere. [...] Wer ein einziges Mal das ‚Wesen' des Wolkenkratzers ‚erschaut' hat, in dessen höchsten Etagen unsere Philosophen philosophieren dürfen, der wundert sich nicht mehr, daß sie so wenig von ihrer realen Höhe wissen [...] Dieses Haus, dessen Keller ein Schlachthof und dessen Dach eine Kathedrale ist, gewährt in der Tat aus den Fenstern der oberen Stockwerke eine schöne Aussicht auf den gestirnten Himmel." (Horkheimer 1987: 379f.)

2.5 Die Tierrechtsbewegung seit den 1970er Jahren bis heute

2.5.1 Die Begründung der Tierrechte in der Philosophie

1975 erschien Peter Singers *Animal Liberation* („Die Befreiung der Tiere"), oft auch als „Bibel der Tierrechtsbewegung" (Breßler 1997: 61) bezeichnet, weil es eine neuere Debatte um die Tierrechte entfachte. Nach Baumgartner ist die Philosophie der Tierrechte gegenwärtig völlig etabliert und wird an Universitäten gelehrt. Gerade in englischsprachigen Ländern sei die Flut der jährlichen Neuerscheinungen von Büchern und Artikeln zum Thema Tierrechte nicht mehr überschaubar (vgl. Baumgartner 2001: 121f.).

Neben Singer ist Tom Regan einer der bekanntesten Vertreter der Tierrechte. Sein Hauptwerk *The case for animal rights* erschien 1988. Die Positionen Singers und Regans sowie anderer Vertreter werden von Breßler (1997) diskutiert. Schmidt legt eine rechtsphilosophische Kritik der Tierrechtsidee vor und betrachtet jene u.a. auch als eine Forderung des ‚Naturrechts' (Schmidt 1996: 91ff.; vgl. auch Altner 1991: 31ff.). Zuletzt griff Helena Röcklinsberg (2001) die deutschsprachige Diskussion zur Tierethik auf und untersuchte die tierethischen Modelle von Michael Schlitt, Erich Gräßer, Ursula Wolf, Günter Altner und Klaus Michael Meyer-Abich.

Innerhalb der Tierrechtsdiskussion wurde – von Richard Ryder – der Begriff des *Speziesismus* eingeführt (vgl. Ryder 1983: 1-14), der als Analogie zum Rassismus die Unterdrückung anderer empfindsamer Lebewesen aufgrund ihrer Zugehörigkeit zu einer als minderwertig angesehenen Spezies (vgl. Teutsch 1987: 28) bezeichnet (siehe auch Kaplan 1993: 28ff. u. Singer 1996: 343-393). Beispiele dafür liefert Kaplan. Der Umgang mit Tieren sei „moralisch ebenso verwerflich wie Sklaverei, Rassismus und Sexismus" (Kaplan 1993: 82). Die Grundlage der Tierrechtsbewegung sieht Kaplan in der Überzeugung, „daß individuelle Rechte [...] unverletzlich sind [...] Deshalb fordert die Tierrechtsbewegung das bedingungslose Ende der Ausbeutung von Tieren für menschliche Zwecke, die totale Befreiung der Tiere aus der Tyrannei." (Kaplan 1993: 128) Wichtig ist in diesem Zusammenhang das *Great Ape Projekt*: die Forderung nach Menschenrechten für die Großen Menschenaffen als „ein politisches Manifest" (Kaplan 2000: 57; siehe auch Cavalieri/Singer 1994; Gold 1995: 31f. sowie Heinzelmann 1999).

1977 wurde im Rahmen der *ersten internationalen Tierrechtskonferenz* am Trinity College in Cambridge eine „Deklaration gegen Speziesismus" unterschrieben (vgl. Baumgartner 2001: 121). Am 10. Dezember 1998, dem 50. Jahrestag der Verabschiedung der „Allgemeinen Erklärung der Menschenrechte" von der Generalversammlung der Vereinten Nationen rief die Organisation *Uncaged Campaigns* eine „Allgemeine Erklärung der Tierrechte" (*Universal Declaration of Animal Rights, UDAR*) aus: „The ascription of moral and legal rights to animals, and their enshrinement in a United Nations Declaration of Animal Rights is a logical and inevitable progression of ethical thinking." (Uncaged Campaigns 2001).

Im anglo-amerikanischen Raum wird mit der Befreiung der Tiere eine „ethisch und kulturgeschichtlich bedingte Richtung des Tierschutzes" verstanden; im deutschsprachigen Bereich werden damit auch Tierbefreiungen assoziiert, wie sie von sogenannten „autonomen Tierschützern" durchgeführt werden (Teutsch 1987: 28f.).

2.5.2 Der „autonome Tierschutz"

Die Wurzeln des autonomen Tierschutzes liegen in England. Nach Gründung der *Vegan Society* war es dort gut zwei Jahrzehnte still um die Tierrechtsbewegung bis im Jahre 1963 der englische Journalist John Prestige die englische *Hunt Saboteurs Association* gründete und am 26. Dezember 1963 zum ersten Mal eine Jagd gestört wurde (vgl. Baumgartner 2001: 120f.). Aus der Anti-Jagd-Bewegung ging 1972 die von Ronnie Lee gegründete *Band of mercy* hervor, deren Zerstörungseifer sich zunächst nur gegen Einrichtungen der Jägerschaft richtete. Im November 1973 kamen zwei Brandanschläge auf Tierversuchslabore hinzu. Aus der *Band of mercy* und zwei Dutzend neuen Aktivisten formierte sich im Juni 1976 die *Animal Liberation Front* (ALF) (vgl. Baumgartner 2001: 121 u. Haferbeck/Wieding 1998: 203). Die ALF bzw. *Tierbefreiungsfront* ist keine in sich geschlossene Organisation, sondern vielmehr eine Art Programmatik, auf deren Fundament mittlerweile weltweit (illegale) Aktionen im Kampf gegen die Ausbeutung der Tiere durchgeführt werden. Zentral sind dabei zwei Aktionsformen: Sachbeschädigungen (z.B. Brandanschläge auf Tiertransporter, Fleischereien, Zerstörung von Jagdeinrichtungen und Käfigen) und Tierbefreiungen (aus Legebatterien, Pelzfarmen und Vivisektionslaboratorien). 1982 wurde als legaler Arm der ALF die *ALF-Supporters-Group* für die Durchführung der Öffentlichkeitsarbeit gegründet.

Seit Anfang der achtziger Jahre gibt es in Deutschland autonome Aktionen (vgl. Haferbeck/Wieding 1998: 245ff.). „Den militanten Flügel der neuen Tierschutzbewegung repräsentierte in den Anfängen der junge Berliner Markus Wolff."[205] (Walden/Bulla 1992: 248). DER SPIEGEL 14/1985 nahm sich in einem mehrseitigen Artikel dem stets kontroversen Thema Tierversuche an, zugleich das Titelthema („Folter für den Fortschritt") der Ausgabe. Das Magazin informierte auch über Tierbefreiungsaktionen „militanter Tierschützer", die nach dem Vorbild britischer oder französischer Aktivgruppen handeln würden. Aus Forschungsinstituten und Versuchstier-Zuchtanstalten seien Hunde, Meerschweinchen oder Frösche „entführt" worden, in Hamburg, Berlin und Göttingen wurden Laboreinrichtungen demoliert. In Münster zündeten Aktivisten „im Primatenzentrum der Firma Hazleton, einen Bürotrakt an – und sprühten blutrote Parolen auf die Wände: ‚Paßt auf, wir kommen wieder' […]" (DER SPIEGEL Nr. 14/1985: 40).

Über Aktionen „militanter" Veganer/Tierrechtler am Berliner Prenzlauer Berg berichtete Sven Röbel in der RTL-Sendung SPIEGEL TV – Magazin vom 16.11.1997. Die Metzger seien „nur *ein* Glied in der langen Kette der Tierausbeutung", so ein Informant (vermummt und mit technisch verfremdeter Stimme) zur Legitimierung der nächtlichen Sachbeschädigungen gegen Metzgereien in dem Beitrag mit dem mehrdeutigen Titel „Fleischerkrieg".

Um Ostern 2000 sorgten „autonome Tierschützer" in Deutschland mit Sachbeschädigungen gegen Legebatterien für Aufsehen (die *Rheinische Post* und die *Westdeutsche Zeitung* vom 18.April 2000 berichteten). Im Herbst des gleichen Jahres operierten „militante Tierrechtler" mit selbstauslösenden Brandsätzen gegen Transporter der Bochumer *Zimbo Fleisch- und Wurstwaren GmbH & Co. KG*, wobei ein Lastwagen durch einen der Brandsätze zerstört wurde. Die Firma *Zimbo* bezifferte den entstandenen Schaden in sechsstelliger Höhe (vgl. Tierbefreiung 30/2000: 12ff.; Voice 23/2000: 16f.). In den frühen Morgenstunden des 17. August 2001 zündeten mehrere Brandsätze unter Fahrzeugen der *EZG Thüringer Frischei Vertriebsgesellschaft mbH* in Greußen und verursachten Schaden in Millionenhöhe. In einem Bekennerschreiben sind die Motive für diese Aktion dargelegt:

„Für die industrielle Eiererzeugung, so wie sie in der Legebatterie in Greußen gehandhabt wird, sind nur weibliche Küken von Nutzen. Die männlichen Küken werden bei lebendi-

---

205 Er war der erste, der in Deutschland mit spektakulären und medienwirksamen Methoden den Protest gegen Tierversuche in den Blick einer breiten Öffentlichkeit rückte. Eine Brandstiftung am Neubau des Berliner Großlabors „Mäusebunker" und vor allem Tierbefreiungen waren Teil seiner Aktionen (vgl. auch DER SPIEGEL, Nr. 14/1985: 40). Einige Monate saß er auch im Gefängnis Berlin-Moabit ein. In Frankfurt a.M. gründete er 1989 die Tierrechtsgruppe *Animal Peace*, von der er sich aber später zurückzog. Zuletzt versuchte er mit seiner Frau Sabine ein neues Leben in Kolumbien aufzubauen, scheiterte aber damit, war krank und verzweifelt, u.a. sollen ihm Hunde vergiftet worden sein. Seine Frau und er beschlossen einen gemeinsamen Selbstmord, den die junge Frau überlebt hat (vgl. Internetquellen: http://www.vegan.de/foren/read.php4?f=90&i=5444&t=5444; Zugriff am 12.8.2002 sowie: http://www.oneworld.de/emedia/archiv/7339; Zugriff am 22.9.2002).

gem Leibe zerschreddert, mit Kohlenmonoxid vergiftet oder noch lebend in Mülltonnen geworfen, wo sie ersticken. Den weiblichen Hühnern wird der Schnabel mit einem glühenden Eisen gekappt. [...] 18 Monate und etwa 400 Eier später werden die Hennen [...] zu Hundefutter und Hühnersuppe verarbeitet. [...] Gesetze sind es, welche die Abscheulichkeiten an Tieren zulassen. [...] Zeichen sind zu setzen, daß die Tiere es uns Wert sind Gesetze zu brechen, Risiken einzugehen unter Inkaufnahme persönlicher Nachteile. [...] Tiere zu befreien oder Einrichtungen zu zerstören, die mit Tierausbeutung und Tierausbeutern in Zusammenhang stehen, ist notwendig und Pflicht. Es nicht zu tun[,] bedeutet in letzter Instanz Akzeptanz. [...] Bis die institutionelle Ausbeutung der Tiere endgültig beendet wird, werden wir die Sachgegenstände schädigen, die dazu benutzt werden, unschuldiges Leben zu mißbrauchen und Profit aus der Ausbeutung von Tieren zu ziehen." (Tierbefreiungsfront [ohne Datum]).

2.5.3 Tierbefreiungen – Zwischen moralischem Handeln und Strafverfolgung

„Einige [Tierrechtsaktivisten] setzen ihre Freiheit aufs Spiel und brechen in Laboratorien ein, um die dort verursachten Schmerzen und Leiden von Versuchstieren zu dokumentieren und vielleicht ein paar Tiere zu befreien [...] Die Befreiung der Tiere ist eine von vielen Angelegenheiten, die darauf hinweisen, daß Menschen sich zu einem ethischen Engagement bereit erklären." (Singer 1996: 183) Ein solches Engagement (vgl. dazu auch das Projekt „Befreite Tiere", online in Internet: http://www.befreite-tiere.de) ist riskant: „Bis zum heutigen Tag sitzen solche Menschen, die aus moralischen Gründen heraus gehandelt haben, in Gefängnissen und Arbeitslagern der ganzen Welt." (Noam 1999: 352) Nach Baumgartner mussten bis 1998 „schon über 600 TierrechtlerInnen für ihre Überzeugung ins Gefängnis" (Baumgartner 2001: 121).[206] Die längste Freiheitsstrafe, zu der jemals ein Tierrechtler verurteilt wurde, sollte Barry Horne für 18 Jahre hinter Gitter bringen. Im Jahr 1997 befand ihn ein Gericht für schuldig, Brandanschläge auf verschiedene Geschäfte verübt zu haben, die Tierversuchsprodukte verkaufen. Der Gesamtschaden wurde auf ca. 10 Millionen D-Mark beziffert (Tierbefreiung 34/2001: 49). „Die längste Zeit seines 49-jährigen Lebens hatte sich der ehemalige Müllmann nicht für Tiere interessiert. Eine Dokumentation über Tierversuche krempelte sein Leben jedoch schlagartig um. Über Nacht wurde er zum Veganer und die Abschaffung der Tierversuche blieb bis zuletzt sein Hauptziel. [...] Barry war für die Tiere bereits mehrere Male hinter Gittern. [...] Viermal ging Barry in den Hungerstreik, um die verlogene Labour-Regierung an ihre Wahlversprechen zu erinnern und sie dazu zu bewegen,

---

206 Vgl. dazu auch: „Prisoners of war", eine Liste inhaftierter Tierrechtsaktivisten im Internet: http://www.vegan-welt.de/ecodefense/prison2.htm sowie http://www.animalliberation.net/people/powlist.html; Zugriff am 27.9.2001. Siehe auch: Best, Steven: Terrorists or Freedom Fighters. Reflections on the Liberation of Animals. New York: Lantern Books, 2004.

Tierversuche abzuschaffen [...]" (Voice 27/2001: 25). Sein längster Hungerstreik im Jahre 1997 dauerte 68 Tage und brachte „ihn zum ersten Mal an den Rand des Todes" (Tierbefreiung 34/2001: 49). „Am 21 Oktober ging Barry Horne erneut in den Hungerstreik – in seinen letzten." (Voice ebd.). Am 5. November 2001, dem 15. Tag seines Hungerstreiks in Gefangenschaft, starb der englische Tierrechtler an Nierenversagen.

In der Nacht zum 31. März 2003 entwendeten Aktivisten der *Animal Liberation Front* 25 Hunde aus der Versuchstierzucht Harlan-Winkelmann in Borchen. Die „Tierbefreiung – das aktuelle Tierrechtsmagazin" machte die Aktion in der Ausgabe Nr. 40/Juni 2003 zur Titelstory und legte dem Heft gar ein Poster bei, welches Fotos von der Aktion zeigt. Dem Magazin wurde, zusammen mit einem Bekennerschreiben der Aktivisten, eine CD zugespielt, die Fotos von Hunden bei Harlan-Winkelmann zeigte und die Befreiung selbst in Bildern dokumentierte. In Paderborn gründete sich außerdem eine Initiative aus Tierrechtlern, die zusammen mit anderen Tierrechtsbewegten sich u.a. zum Ziel gemacht hat, das Thema „Tierversuche" wieder verstärkt in die öffentliche Wahrnehmung zu bringen. Das erklärte Ziel der Tierrechtler ist daneben vielmehr die Schließung der weltweit zweitgrößten Versuchstierzüchtung. Eine Schließung des Betriebes in Münster ist offenbar nicht ausgeschlossen. Nach erneuten Protesten bei der Zucht und vor dem Wohnhaus des Geschäftsführers Arjen Kwint, wollte dieser gegenüber der Zeitung *Neue Westfälische* „nicht ausschließen, dass Harlan-Winkelmann den Betrieb aufgrund der Demonstrationen oder aus wirtschaftlichen Gründen eines Tages einstellt." (Voice 34/2003: 15)

2.5.4 Ein Beispiel: Die Proteste gegen die Nerzfarm Roßberger in Willich-Schiefbahn (NRW)

Ein Beispiel der vielförmigen Aktivitäten der Tierrechtsbewegung sind die Protestaktionen gegen eine – heute ehemalige – Nerzfarm im nordrheinwestfälischen Willich-Schiefbahn (Nähe Mönchengladbach/Großraum Düsseldorf) als „eine bundesweit in dieser Form einzigartige Kampagne" (vgl. Anti-Pelz-Kampagne 2001), deren Ziel es war, die seit 1975 existierende Nerzfarm zur Schließung zu bringen.

Die folgende Darstellung soll lediglich einen Überblick darüber leisten, was seit der Geburtsstunde der Kampagne Anfang 1999 bis zum unmittelbaren Zeitpunkt der Schließung der Nerzfarm aus den Reihen der Tierrechtsbewegung unternommen und organisiert worden ist. Alljährlich wurden ca. 3600 Tiere auf der Farm von Roßberger gehalten, eingepfercht zu bis zu vier (und mehr! – so die Tierrechtler) Tieren in 30x90 Zentimeter kleine Käfige, getötet im November und Dezember mit dem ersten Winterfell im Alter von sieben Monaten in einem bis zu drei Minuten andauernden Todeskampf, mit

Kohlenmonoxid vergast. Den Zuchttieren bleibt das Schicksal, wieder und wieder eine Generation von Jungnerzen zu gebären – bis auch sie nach spätestens vier Jahren getötet werden (vgl. Anti-Pelz-Kampagne o.J.; Voice 27/2001: 4).

Am 29. März 1999 war im Rahmen einer Demonstrationsrundfahrt zu drei Nerzfarmen auch die Farm von Manfred Roßberger ein Ziel; im Mai 1999 wurde offiziell die Kampagne „Schließt die Nerzfarm Roßberger" ins Leben gerufen (siehe auch im Internet unter http://www.schliesst-die-nerzfarm-rossberger.de). Am 10. Juli 1999 fand der erste Demonstrationszug vom Schiefbahner Ortskern bis zur Farm statt, dem weitere Demonstrationen, Informationsstände in Willich, Schiefbahn und Krefeld folgten, groß angelegte Flugblatt-Aktionen informierten die Bürger über die Zustände in ihrer unmittelbaren Umgebung. Eine erste Strafanzeige von Seiten der Kampagne gegen Roßberger erfolgte am 12. November. Bodenproben ergaben eine Belastung durch Arsen, Zink und Blei sowie eine erhöhte Nitratkonzentration. Neben den Verstößen gegen Umweltschutzbestimmungen erstatteten die Tierrechtler auch Anzeige wegen Verstößen gegen das Tierschutzgesetz. Am 28. Dezember 1999 zerstörte die *Tierbefreiungsfront* ca. 130 leerstehende Käfige; Roßberger zufolge sollen es sogar 600 gewesen sein. Im Januar 2000 wurden Molotow-Cocktails auf den Vorplatz des Hauses von Manfred Roßberger geworfen. Der Staatsschutz stellte Ermittlungen an (vgl. Voice 27/2001: 4f.; Bewegung!... für die Abschaffung des „Pelzhandels" 1/2000: 20-38). Der *Bundesverband zum Schutz vor Rechtsmissbrauch e.V.* erstattete am 10. September 2000 gegen Roßberger erneut Anzeige wegen neuer Tierschutz- und Umweltverstöße, nachdem ein früheres Ermittlungsverfahren Ende April von der Staatsanwaltschaft Krefeld wegen ‚geringer Schuld' eingestellt wurde. „Am 11. Dezember 2000 wurden zwei Tierrechtler zu einer Geldstrafe in Höhe von 15 Tagessätzen verurteilt, da sie Roßberger als ‚Mörder' bezeichnet haben sollen. Im Anschluss an den Prozess fand die zwölfte Demonstration gegen die Nerzfarm Roßberger statt. Dabei wurde festgestellt, dass das Landeskriminalamt entgegen den Vorschriften des Datenschutzgesetzes mit Hilfe von zwei auf Roßbergers Grundstück installierten Kameras die Demonstrationen seit vielen Wochen aufgezeichnet hatte. [...] Am 30. Juli 2001 stellte der *Bundesverband zum Schutz vor Rechtsmissbrauch e.V.* einen zusätzlichen Strafantrag gegen Roßberger wegen Betruges. Aufgrund der Sachlage müsse davon ausgegangen werden, dass Roßberger Tierbefreiungen vorgetäuscht habe, um Versicherungsgelder zu kassieren. Außerdem erstattete der Verband Strafantrag gegen den Landrat des Kreises Viersen sowie gegen das Veterinäramt als berufenes Fachamt wegen Beihilfe zur Tierquälerei, zur Umweltgefährdung, zur Amtspflichtverletzung, zur Rechtsbeugung und (in Zusammenwirken mit Manfred Roßberger) wegen des Verdachts der Bildung beziehungsweise Zugehörigkeit zu einer kriminellen Vereinigung." (Voice 27/2001: 6f.)

Während des Wochenendes vom 3. bis 5. August 2001 beteiligten sich um die 70 Personen an einem Protestcamp gegen die Nerzfarm unweit des Farmgeländes (vgl. Tierbefreiung 33/2001: 30ff.). Mehr als 200 Nerzfarm-Gegner fanden sich zur Samstags-Demonstration – der mittlerweile 25. Demo insgesamt – an jenem Wochenende in Schiefbahn ein, zugleich der Höhepunkt der zweieinhalbjährigen Kampagne. „Pelzmantel, Eier und Lederschuh sind tabu" betitelte die *Westdeutsche Zeitung* vom 6. August 2001 im Lokalteil Willich/Tönisvorst (S. 9) ihre ausführliche Berichterstattung. Noch einmal 150 Personen (davon ca. 70 Tierrechtler aus Holland) konnten zu einem Fackelzug durch Schiefbahn und zu einer Fackelmahnwache vom 10. auf den 11. November 2001 mobilisiert werden.

Der „Fall Roßberger" – dies sei angemerkt – ist auch ein „Behördendrama", ein in vielerlei Hinsicht wenig nachvollziehbares Konglomerat von Merkwürdigkeiten. So wurde Roßberger beispielsweise „nach über zwanzig Jahren, im März 1999, rückwirkend eine Baugenehmigung für seine ausgerechnet noch in einem Landschaftsschutzgebiet liegende Nerzzucht erteilt." Erstaunlich ist auch, dass die Behörden in Willich über Jahre, Jahrzehnte „die illegal hochgezogenen Häuser im Märchenwald still geduldet hatten" (vgl. Voice 27/2001: 4). Auf dieses Engagement und den Druck von Seiten der Tierrechtsaktivisten und des *Bundesverbandes zum Schutz vor Rechtsmissbrauch* hin ordnete die Stadt Willich zum 01. Oktober 2001 die Einstellung der Pelztierzucht an. Allerdings konnte Roßberger noch eine Fristverlängerung zum 31. Dezember 2001 erwirken, so dass er die Tiere noch ‚ernten' – wie das Töten im Pelzzüchter-Jargon genannt wird – konnte. Begleitend zur Kampagne gegen die Nerzfarm wurde ein VHS-Video („Schließt die Nerzfarm Roßberger") produziert.

Am 2. Juli 2002 fand am Amtsgericht Krefeld ein Prozess gegen den ehemaligen Nerzzüchter statt, doch ging es in dieser Verhandlung gar nicht um Belange des Tierschutzes, sondern um den Bau seines Wohnhauses mit angeschlossener Farm Mitte der siebziger Jahre und um die Boden- und Gewässerverschmutzung, die der Betrieb der Nerzzucht nach sich gezogen hat. Zum Abschluss des Verfahrens konstatierte das Gericht, dass von Seiten der Behörden Fehler gemacht worden sind und der Betrieb der Farm zu einer Boden- und Gewässerverschmutzung geführt habe, wobei aber die „Hintergrundverschmutzungswerte in der Umgebung sowieso recht hoch" seien. Gegen Zahlung von 5000 Euro in fünf Monatsraten wurde das Verfahren schließlich (nach §153a Strafprozessordnung) eingestellt. Ein erneuter Antrag des Nerzfarmers für den Betrieb einer Zucht mit 748 Tieren ist von der Stadt Willich umgehend abgelehnt worden (Voice 30/2002: 12). Der Amtsleiter der

Wasserbehörde soll ebenfalls eine Geldbuße von 1500 Euro wegen Amtspflichtverletzungen über einen Zeitraum von mindestens 8 Jahren bezahlt haben. Gegen die beteiligten Staatsanwälte laufen derzeit noch Verfahren wegen u.a. Rechtsbeugung und Strafvereitelung im Amt. Die zuständige Dienstbehörde der Bezirksregierung Düsseldorf sieht auch bis heute „keine Veranlassung" vom „bisherigen Standpunkt abzuweichen" (Behördenschreiben vom 21.7.2003) und legitimiert die Vorgänge um die ehemalige Pelztierzucht damit fortwährend.

Aktuell dauern die Proteste gegen eine Pelztierzucht in Aachen-Orsbach ebenso an (vgl. online in Internet: http://www.nerzfarm-orsbach.de) wie gegen den Verkauf von Pelzprodukten beim Bekleidungsunternehmen Peek & Cloppenburg, nachdem Unternehmen wie etwa der Otto-Versand, C&A oder der KarstadtQuelle-Konzern nach anhaltenden Aktionen und Demonstrationen ihren Ausstieg vom Pelzverkauf erklärt (und verwirklicht) haben (siehe dazu online in Internet: http://www.offensive-gegen-die-pelzindustrie.de).

3. Veganismus in Jugendkulturen

Der Veganismus stellt im Kontext von Jugendkultur ein bislang kaum beachtetes Phänomen dar. Möglicherweise deshalb, da es sich nicht um eine Jugendkultur im klassischen Sinne handelt, sondern der Veganismus und die Tierrechtsidee vielmehr in einigen musikorientierten Jugendszenen auf ein breiteres Interesse gestoßen oder sogar immanenter Bestandteil in der Ausdifferenzierung dieser Szenen geworden ist.

Christine Holch schreibt in einem vierseitigen Aufsatz in *Jugend und Jugendmacher. Das wahre Leben in den Szenen der Neunziger* über Veganer, die „ein Leben voller Verzicht" (Holch 1996: 102) führen würden. In England sei die „Vegan-Bewegung wesentlich größer" und habe auch „im bürgerlichen Lager Anhänger" (vgl. Holch 1996: 103). Holch nennt sogar die *Fruitarians*: „Sie essen nur Lebensmittel, die ‚die Natur uns freiwillig gibt': Äpfel zum Beispiel bringen die Pflanzen nicht um, sind nur Frucht, Karotten jedoch nicht." Arne, ein 20jähriger Veganer, über den sie schreibt und von dem sie u.a. ihre Informationen bezieht, findet Fruktanismus „allerdings albern, ja geradezu religiös." (Holch, ebd.) Tom, 21 Jahre und Jurastudent, ist ebenfalls „Veganer, aber auch autonomer Antifaschist." (Holch 1996: 104f.) Tom teilt offenbar die Kritik, wie sie „aus der linken Szene, der sie [die Veganer] sich nahe fühlen" würden, behauptet werde; diese nämlich werfe „einem Teil der Veganer-Bewegung sogar faschistische Tendenzen vor: Die Veganer vergötterten die Tiere, Menschen seien ihnen egal", so auch Toms

Kritik, der etwa „an die Vergiftung des Grundwassers durch die immensen Mengen an Gülle, die durch die Massentierhaltung anfallen", denke und deswegen „weder Eier noch Fleisch" konsumiere (Holch 1996: 104f.).[207] Im Zusammenhang mit Tom kommt auch die nicht seltene Verzahnung des Veganismus im jugendkulturellen Milieu mit diversen Musikszenen zur Sprache. Tom kenne eigentlich „wenige Veganer mit Mangelerscheinungen. ‚So was kriegen nur die, die zu faul zum Kochen sind und nur Cola und Chips essen, tierfettfreie Chips natürlich', frotzelt er über seine Vegan-Freunde aus der *Hardcore*-Musikszene." (Holch 1996: 103; Hervorhebung im Orig.)

Ferchhoff spricht im Kontext verschiedener Jugendkulturen wenig differenziert von „bekehrungssüchtigen, militanten, aber auch harmloseren ‚Müsli-Szenen'" und nennt kommentarlos „‚‚Grün-Alternativlis', ‚New Age Hippies' ‚Naturapostel', ‚Rübezahls' und ‚Wurzelzieher'" (Ferchhoff 1995: 62), was einer wissenschaftlichen Reflexion zum Thema „Veganismus in Jugendkulturen" (wenn er denn auf solche Orientierungen anspielen sollte) wohl kaum gerecht werden dürfte. In einer anderen, neueren Veröffentlichung skizziert Ferchhoff immerhin eine jugendkulturelle Szene, die er als „kritisch-engagierte Szene im gegenkulturellen Milieu" betrachtet, welche sich durch eine „hohe verantwortungsbewußte lebensphilosophische Wertschätzung, teilweise aber auch durch Überhöhung des Guten, Vollwertigen, Gerechten und Sozialverträglichen" auszeichne. Zentrale Dimensionen und Perspektiven stellten sich in „diesen vollbiologischen Lebensmilieus für Öko-Ästheten" u.a. in einer Betroffenenkultur dar, „manchmal sogar im diktatorischen Gewand". Puritanismus und Ganzheitlichkeit stünden „genau so hoch im Kurs wie [...] Biowindel, Rapunzel-Naturkost, Demeter-Weizenkleie

---

207 Unter dem Titel „tierRECHTE" befasste sich das „Antifaschistische INFO-Blatt", Nr. 32, Nov./Dez. 1995 (*Veganer auf dem rechten Weg?*, so die Ankündigung auf der Titelseite), mit der Ideologie von Gruppierungen wie *Hardline* oder *Frontline* „als vermutlich taktische Abspaltung von *Hardline*". In Ausgabe Nr. 34, Mai/Juni 1996 (S. 39) ist der Leserbrief einer „Veganerin/Tierrechtlerin" (ebd.) abgedruckt, der eine deutliche inhaltliche Kritik an dem Nr. 32 erschienenen Artikel übt; so sei „gerade von der Linken eine differenzierte Auseinandersetzung" (ebd.) erwartet worden. Ebenfalls enthalten ist ein thematisch fortführender Artikel *Über das Verhältnis von linksradikaler Kritik zum Veganismus* (vgl. Antifaschistisches INFO-Blatt, Nr. 34, 1996: 36f.). – Speziesismus (vgl. Ryder 1983: 1-14) wird als eine weitere Unterdrückungsform zu Rassismus, Sexismus und Kapitalismus verstanden. Der Speziesismus-Entwurf der Tierrechtsbewegung allerdings werde von der Mehrheit der sogenannten ‚Antifa' (Gruppierungen der ‚antifaschistischen Szene') als weitere Unterdrückungsform nicht akzeptiert (vgl. Ullrich 1997: 101). *Hardline* z.B. wird mit ‚faschistoidem' Gedankengut in Zusammenhang gebracht. In letzter Zeit zeigt die Hardcore-Bewegung sich verstärkt sensibilisiert gegenüber angeblichen Infiltrationsversuchen *rechter Szenen*, da in zunehmender Tendenz – insbesondere in Deutschland – ‚Nazis' auf Hardcore-Konzerten auftauchten, in ihren Fanzines wohlwollend über Hardcore berichteten und Bands den HC-Stil imitierten. Gegen solche Einflüsse wolle sich die Kampagne „*Good Night, ‚White Pride'!*" richten (vgl. online im Internet: URL: http://www.good-night.de.lv).

[und] Ahornsirup" als Ausdruck „ökologisch und postmaterialistisch gewendeter Lebenssinnfragen." (Vgl. Ferchhoff 1999: 263)[208] Breyvogel zählt vegan lebenden Jugendlichen zu den Jugendkulturen (vgl. Breyvogel 1999: 60). In einer Publikation des *Österreichischen Instituts für Jugendforschung* werden „vegane Punks" genannt – als „Beispiel aus dem Kuriositätenkabinett der zeitgenössischen Eßkultur" (Großegger 1999: 182f.). Großegger konstatiert im „Chaos postmoderner Eßkulturen" u.a. einen ‚esoterisch-spirituellen' Zugang zur Ernährung. Mit grünem Tee, Vegetarismus und aus Heilsteinen selbst gemachtem Mineralwasser würde hierbei „eine seltsam transzendente, ökologisch getouchte (pseudo-)religiöse Sinnkomponente in die Ernährung" gebracht (Großegger 1999: 184).[209] Klaus Farin versucht in einer Aufzählung

---

208 H. Bartz (2002: 735) beschreibt in seinem Beitrag über *Kultur und Lebensstile* im *Handbuch Bildungsforschung* ebenfalls ein *Alternatives Milieu*, welches er u.a. wie folgt skizziert: „*Lebensziel:* [...] Aufbau einer menschengerechten Welt, [...]. *Soziale Lage:* Überrepräsentierung von höchsten Bildungsstufen (Abitur, Hochschulabgänger), hoher Anteil von Studenten und Schülern, [...]. *Lebensstil:* Abwertung materieller Bedürfnisse, stilisierte Einfachheit, Konsumaskese, Natürlichkeit, Echtheit als stilprägende Werte, z.B. umweltbewusstes Leben, [...]. *Leseinteresse:* Es wird häufig und viel gelesen – bevorzugte Themen: Kultur, Politik, Wissenschaft (z.B. Psychologie, Ökologie) [...]. *Kultur/Soziales Leben:* Präferenz für moderne, lebendige Kultur (Kleinkunst, Kabarett, ... Rock- und Jazzkonzerte); Mitarbeit in Bürgerinitiativen [...] *Erwachsenenbildung:* Handlungsorientierung, politische und kreative Interessen, Gesundheitsbildung häufig bei privaten Anbietern (Umwelt, Esoterik)." – Den Zusammenhang zwischen den Lebensstilen und der Ernährung von Jugendlichen haben Gerhards/Rössel (2003) untersucht: Mit der Hochkulturorientierung gehe „eine Präferenz für eine ‚gesunde' Ernährung einher: Vollkornbrot, Obst und Gemüse werden überdurchschnittlich, Süßgetränke wie Cola sowie Snacks zwischendurch und Drogen unterdurchschnittlich geschätzt." (Gerhards/Rössel 2003: 254) Siehe zu diesem Sachverhalt auch: *Bundeszentrale für gesundheitliche Aufklärung:* Das Ernährungsverhalten Jugendlicher im Kontext ihrer Lebensstile. Eine empirische Studie, Köln: BZgA, 2003.
209 Die 12. Shell Jugendstudie Jugend '97 untersucht immerhin die bevorzugte Ernährungsweise der 13- bis 24-jährigen. Allerdings werden auch „diejenigen, denen eine Ernährung mit wenig [...] Fleisch erklärtermaßen lieber ist, unter dem Begriff ‚Vegetarier' zusammengefaßt [sic.!] (wohl wissend, daß dies eigentlich eine unrichtige Betitelung ist)." (Jugendwerk der Deutschen Shell 1997: 352). „Rein vegetarisch" (vermutlich ist damit nicht vegan, sondern eine tatsächlich fleischfreie bzw. eine Ernährung unter Ausschluss jeglicher Substanzen des getöteten Tieres gemeint) ernähren sich nach eigenen Angaben 84 von 2102 Befragten und mehr als ein Drittel erklärt, fleischarme Speisen zu bevorzugen. Die acht Jugendporträts im Ergänzungsband zur 12. Shell Jugendstudie beinhalten auch ein Porträt des 23-jährigen Studenten und Vegetariers Mark, der sich aktiv in der Umweltbewegung engagiert bzw. das biografische Porträt der 17-jährigen Gymnasiastin Vera, die sich als „absoluter Tierfreund" bezeichnet und „Kosmetik mit Tierversuchen" ablehnend gegenüber steht (Streit 1997: 31 u. 80f.). Die Tierrechtsidee ist in ihren Forderungen (den Veganismus implizierend) natürlich weitreichender als das Motto „Tierchen schützen macht Spaß!" im Portrait des 18-jährigen Daniel zum Ausdruck bringt (vgl. Jugendwerk der Deutschen Shell 1997: 155). Tierschützer allerdings stehen bei den Jugendlichen laut 12. Shell Studie Jugend '97 hoch im Kurs: In der „Hitliste" rangieren die Tierschützer mit 82% vor den Umweltschützern (81%), Musikgruppen-Fans (66%) und Menschenrechtsgruppen (65%) auf dem ersten Platz! 17 Prozent der 12- bis 24-jährigen zählen sich selbst dazu, 65 Prozent der

jugendkultureller Phänomene und Szenen die „Vielfalt der Kulturen" darzustellen, und nennt sowohl „Hardcores" und „Straight-edger" als auch Tierrechtler und Veganer, allerdings in einem Atemzug mit „Disco-Fans, Junge Union, Popper, Poser, Provos, Satanisten, Stagediver, Teenager, Volleyballer, Yippies und Yuppies..." (vgl. Farin 2003, S. 70), was nicht unkommentiert bleiben kann, da eine solch unreflektierte Aufstellung völlig ignoriert (und zu einem verklärten Bild sozialer Realitäten führt), dass sich in den Reihen der (neuen) sozialen Bewegungen eine Tierrechtsbewegung zunehmend konstituiert und etabliert hat. Tierrechtler und vegan lebende Menschen sind nicht gleichsam als Jugendkultur zu etikettieren, auch wenn beide Themen – der Veganismus und die Forderung nach Tierrechten – in verschiedenen jugendkulturellen Musikszenen durchaus ein gewichtiges habituelles Moment ausmachen können (besser in diesem Kontext: Moser/Lunger 2003: 64ff.).

Eine jugendkulturelle Verortung des Veganismus ist mit Blick auf Szenen und Bewegungen wie *Hardcore* (HC) bzw. *Straight Edge* (innerhalb der Szene sXe, das *s* und das *e* stehen für Straight Edge, das X als Symbol für diese Lebensphilosophie; das *x* etwa vor und nach einem (Band-)Namen oder einem Pseudonym machen die Identifikation mit den Werten des Straight-Edge deutlich) keineswegs als marginal zu erachten, wie der *Expertise zum 7. Kinder- und Jugendbericht der Landesregierung Nordrhein-Westfalen* zu entnehmen ist (vgl. Hitzler 2000: 43-56 bzw. Hitzler/Bucher/Niederbacher 2001). Haenfler unterstreicht die Bedeutung des Veganismus für die Straight Edge Bewegung besonders in den späten Neunzigern; nach der Jahrtausendwende sei aber, trotz immer noch weit verbreiteter Akzeptanz, ein Rückgang zu verzeichnen (vgl. Haenfler 2004: 432). Der Aufsatz von Haenfler über die *zentralen Wertorientierungen* des Straight Edge fülle aufgrund der Erhebung und Auswertung empirischen Materials eine Lücke in der Forschung aus. Identitätsstiftende Funktion für die Straight Edge Szene hat die Musik bzw. haben die Bands, welche der Szene eine kollektive Orientierung verleihen:

„As a relatively unstudied movement, straight edge (sXe) provides an opportunity to rethink and expand notions of resistance. [...] Straight edge remains inseperable from the hardcore (a punk genre) music scene. Straight edge bands serve as the primary shapers of the group's ideology and collective identity." (Haenfler 2004: 409)

Zum Forschungsstand über die Straight Edge-Bewegung ragen bisher drei amerikanische Arbeiten (allesamt Dissertationen) heraus:

Befragten sympathisieren mit ihnen, 2 Prozent erklären, diese Gruppe „nicht leiden" zu können (vgl. Jugendwerk der Deutschen Shell 1997: 365 u. 371). Den größten Sympathieverlust seit 1991 hat im übrigen die FKK-Bewegung zu verzeichnen. Platz 1 der „Hasslisten" nehmen sowohl 1991 als auch 1997 mit 89 bzw. 90% die Hooligans ein.

1. Mary S. Pileggi richtet in ihrer Studie mit dem Titel *No sex, no drugs, just hardcore rock: Using Bourdieu to understand straight-edge kids and their practices* (1998) den Schwerpunkt ihres Interesses (unter Verwendung von Pierre Bourdieus Habituskonzept) auf (multi)mediale und kommunikative Aspekte innerhalb der Straight Edge-Bewegung.[210] Mit sowohl strukturierten als auch unstrukturierten Interviews zwischen zwei und drei Stunden Dauer, vereinzelt auch länger, wurden 26 Straight Edger, davon nur vier weiblich, zwischen 13 und 26 Jahren, die meisten um die 19 Jahre alt, befragt. Zwei der Teilnehmer bezeichneten sich selbst als bisexuell, alle anderen als heterosexuell. 12 Familien gehörten der römisch-katholischen Kirche an, jeweils drei Familien waren jüdisch, protestantisch oder unterschiedlicher Religionsangehörigkeit, eine Familie war muslimisch. Allerdings praktizierten nach eigenen Angaben nur sechs der befragten Jugendlichen ihren Glauben: drei Katholiken, zwei Juden, zwei selbsternannte ‚fundamentalistische Christen' sowie ein Protestant (vgl. Pileggi 1998: 56 u. 75ff.). 22 der 26 Jugendlichen in Pileggis Erhebung lehnten voreheliche Sexualität ab.[211] 11 der Jugendlichen gaben an, vegan zu leben, 5 der Befragten hingegen zählten nicht zu den Vegetariern. Jeder der Jugendlichen hörte Hardcore und besuchte durchschnittlich 55 Konzerte einschlägiger Bands im Jahr, die Varianz der Angaben lag zwischen 12 und 130 Live-Shows (Pileggi 1998: 81f.).

„In the early 1990s bands such as Earth Crisis, Snapcase, and Strife began to appear on the straight-edge scene. […] these new school bands are strongly committed to veganism and animal rights. Their lyrics, especially those of Earth Crisis, often take a militance stance on straight-edge identity. Musically, they depart somewhat from the original punk style, experimenting with a more ‚metal grind' sound. Finally, […] the believe in the importance of delivering the straight-edge message to the world." (Pileggi 1998: 126)

---

210 Sowohl Williams (2003) als auch Haenfler betonen die große Relevanz moderner Kommunikations(platt)formen für die Straight-Edge-Bewegung: „With the advent of e-mail and the Internet, sXe kids communicated via a virtual community around the country and sometimes the globe." (Haenfler 2004: 432) „Die Medienvermittlung jugendkultureller Formen ist im Prinzip kein neues Phänomen, weil der Bericht über Jugendkulturen immer schon Bestandteil dieser Kulturen selbst war." (Rusinek 1993: 101) Die Möglichkeit für Jugendliche, an einer globalen Ausbreitung von Jugendkultur über Angebote im Internet quasi *global partizipieren zu können*, über jugendkulturelle Ausdrucksformen und über spezifische Szenen stets aktuell informiert zu sein, bzw. in einschlägigen Foren mit Gleichgesinnten mitdiskutieren und letztendlich darüber an einer globalen Entwicklung selbst teilhaben und diese mitgestalten zu können, ist erst ein Phänomen der modernen Informationsgesellschaft.
211 Der Bekämpfung der Promiskuität werde in der US-amerikanischen Szene teilweise sogar größeres Gewicht eingeräumt als dem Verzicht auf Drogen und Alkohol. Straight Edge werde mitunter „als Möglichkeit angesehen, sexuelle Bedürfnisse automatisch auszuschließen, wenn man sich einmal diesen Werten verschrieben" habe. Zudem seien „christlich-fundamentalistische Keuschheitsbewegungen", die voreheliche Sexualität grundsätzlich ablehnten, in den Vereinigten Staaten sehr angesehen (vgl. Maybaum 2003: 303f.).

2. Ross J. Haenflers Untersuchung *Straight edge: The newest face of social movements* (2003) ist eine an ethnographischen Methoden orientierte Arbeit über die Straight Edge Bewegung. Sie basiert auf Methoden der teilnehmenden Beobachtung sowie des Tiefeninterviews mit Gruppenmitgliedern während eines Zeitraums von über sechs Jahren. Auseinandersetzungen um den Eigensinn Jugendlicher seien oft zu schmal angelegt, um die Vielfalt von Bedeutungsmustern, Zielvorstellungen und Erscheinungsformen jugendlicher Gegenkulturalität zu erfassen. Diese nämlich steht nicht nur im Widerstreit zur dominierenden Kultur der Erwachsenen, sondern zugleich in komplexen Beziehungen zu anderen jugendlichen Subkulturen („youth subcultures").

„Continuing with the collective identity theme, I examine an ongoing tension within the straight edge movement between tolerance and militancy, inclusiveness and exclusivity. [...] Finally, I describe the two faces of straight edge, one proposing a more progressive vision of manhood, the other reflecting hegemonic masculinity, and compare straight edge to the other men's movements." (Haenfler 2003)

3. James P. Williams Studie *The straightedge subculture on the Internet: A case study* (2003) ist gleichfalls um Methoden der teilnehmenden Beobachtung, des Tiefeninterviews sowie der qualitativen Inhaltsanalyse zentriert. Die Arbeit beabsichtigt, dem Autor zufolge, zwei unterschiedliche Forschungsfelder miteinander zu verknüpfen: „subculture and cyberspace studies" (Williams 2003: 5). Williams sieht das Internet als einen (virtuellen) Raum, in welchem ‚Szene' sich konstituiert bzw. artikuliert. Online-Foren (*„Bulletin board forum"*) würden von den Foren-Teilnehmern u.a. dazu genutzt, um über die Normen der (Straight Edge) Szene in schriftlicher Interaktion zu diskutieren. „I look at how subcultural information is transmitted and negotiated among participants in an Internet forum to demonstrate how the straightedge subculture is interactionally accomplished." (Williams 2003: 10f.) Kategorien sind neben Drogenabstinenz und Promiskuität (in diesem Fall etwas vage tituliert mit „No Sex") auch die Forderung nach Rechten für Tiere („Animal Rights") (vgl. Williams 2003: 86ff.). Die Subkultur des Straight Edge sei keine homogene Gruppierung, sondern durch differente Typen geprägt (Williams 2003: iv).

Eine Studie von Larsson u.a. (2003) untersucht den Zusammenhang von Jugendkultur und Veganismus, ebenfalls vor dem Hintergrund des Straight Edge. In den 1990er Jahren wurde jene „Lifestyle-Philosophie" in Schweden, gerade im Zusammenhang mit entsprechenden Musikgruppen offenbar sehr populär. Im Jahre 1996 lebten im schwedischen Umeå 16% der 15-Jährigen vegetarisch, davon 3,3% vegan (Larsson u.a. 2003: 61). Der Methodologie der Untersuchung zugrunde gelegt sind Annahmen der *Grounded Theory*; demnach basiert der Ansatz auf qualitative Verfahren. Zunächst wurde ein Gruppeninterview mit drei vegan lebenden Jugendlichen (zwei davon männlich, eine weiblich) durchgeführt (wobei in der entsprechenden Tabelle für das Gruppeninterview eine 16-jährige Lacto-ovo-Vegetarierin, die im Gegensatz zu Veganern Milch und Eier(-Speisen) konsumieren dürfte, ausgewiesen ist), um über unterschiedliche Typen von Veganern Aufschluss zu erhalten. Mit einem weiblichen und zwei männlichen vegan lebenden Jugendlichen wurden außerdem Tiefeninterviews durchgeführt. Diese wurden aus einer Gruppe von 30 veganen Jugendlichen, die an einem Forschungsprojekt teilgenommen haben, rekrutiert. Alle Interviews wurden, um eine wortwörtliche Transkription zu ermöglichen, auf Band aufgezeichnet und dauerten zwischen 1,5 und 2 Stunden. Die Motivation, Veganer zu werden, sei sowohl von inneren als auch von äußeren Faktoren bestimmt. Ethische oder gesundheitliche Motive, die Abscheu vor Fleisch oder die Präferenz pflanzlicher Kost werden als Beispiele für intrinsische Motive angeführt. Extrinsische Faktoren würden von bedeutungsrelevanten Personen wie Freunden, der Familie, dem sozialen Umfeld der Schule sowie Akteuren aus dem Medien- bzw. Musikbereich ausgehen. Freunde würden oft als der entscheidende einflussreiche Faktor in der Entscheidung, vegan leben zu wollen, genannt. Zum anderen sei die Sozialisation in der frühen Kindheit relevant, wenn Eltern etwa ihrer Tochter, die an rheumatischer Arthritis leide, seit jeher vegane Kost zubereitet haben. Die Möglichkeit aber, in der Schule vegan zu essen, werde als sehr wichtiger Beweggrund empfunden, die vegane Lebensweise für sich in Erwägung zu ziehen. Heranwachsende würden nicht selten in der Schule erstmals mit veganen Speisen in Berührung treten, aber zu Hause weiterhin konventionell essen. Das Angebot veganer Verköstigung in der Schule ist gerade für die „Vollzeit-Veganer" von immenser Bedeutung. Dem Diskurs über Vegetarismus in den Medien werde eine nicht unerhebliche Bedeutung zugeschrieben. Viele Jugendliche würden bei dem Besuch von Hardcore-Konzerten mit vegetarisch lebenden Gleichaltrigen und der Straight Edge-Philosophie konfrontiert. Die Musik sei dabei eine Möglichkeit, solche Einstellungen zu verbreiten, doch korrespondiere die Entscheidung Jugendlicher, vegan zu leben, nicht zwingend mit einer uneingeschränkten Sympathie für die Wertvorstellungen des Straight Edge (vgl. Larsson u.a. 2003: 63).

Im folgenden Kapitel wird der Zusammenhang von Veganismus und Jugendkultur, insbesondere im Kontext musikorientierter Szenen diskutiert, da Musik als *zentrales Medium* innerhalb der Jugendkultur nicht wegzudenken ist –, so manche Jugendszene würde ohne eine entsprechende Musikorientierung gar nicht existieren. Musik als ästhetische Ausdrucksform und Erfahrungswelt stellt auf der Folie eines vorkritischen Bewusstseins ein nahezu ideales Medium (neben dem Internet) dar, um etwa den Tierrechtsgedanken populärer zu machen, und vermag damit eine zweckhafte sozialisatorische

Wirkung im Sinne jugendkultureller Moralentwicklung und Wertevorstellungen innerhalb der *peer-group* zu erzielen.

3.1 Jugendkulturen und Veganismus: Szenen, Bands und deren Musik

Musik spielt in den meisten Jugendkulturen eine wichtige, wenn nicht gar die identitätsstiftende Rolle, und sie ist neben einem bestimmten, mehr oder weniger klar definierten Kleidungsverhalten sowie bestimmten Freizeitpräferenzen und Konsumstilen das entscheidende ästhetische Ausdrucksmittel mit quasi inhärenter Abgrenzungsfunktion gegenüber anderen Jugendlichen und Jugendszenen. Mit der Herausbildung eines eigenen Musikgeschmacks und der Zugehörigkeit zu einer der unterschiedlichsten musikorientierten Jugendszenen kann eine Kritik an der Erwachsenenwelt samt ihrer Normen und Wertvorstellungen expliziert werden. Musik fungiert hierbei als Medium und als Verstärkerfunktion des Protestes gegen die leitenden gesellschaftlichen Konventionen. Der Gebrauch von Musik, vor allem im Sinne einer aktiven und selektiven Aneignung, trägt zudem nicht unerheblich zur Identitätsfindung und Identitätsbildung von Jugendlichen und jungen Erwachsenen bei. Musik erfüllt somit wichtige Entwicklungsaufgaben. Dazu zählt u.a. die „Gewinnung politischen Wissens durch Songtexte" oder sogar eine „politische Positionierung mit Hilfe von Musik" und ihrer Interpreten (vgl. Münch 2002: 73). Dies kann an unterschiedlichen Musikgenres und musikbezogenen Jugendkulturen deutlich gemacht werden, angefangen vom Punk über Hardcore und Straight Edge bis hin zur unter den Jugendlichen derzeit beliebtesten, radiotauglichsten und somit auch chartpositionierten Musikrichtung: dem HipHop.[212]

Das Spektrum, auf das sich *politische Inhalte von Musik* beziehen können, stellt Max Fuchs (in Anlehnung an Dollase 1997) folgendermaßen dar (vgl. Fuchs 1998: 11):

- Engagement für politische Bewegungen wecken,
- das Wertesystem derjenigen Menschen verstärken, die die politische Bewegung unterstützen,
- Zusammenhalt, Solidarität und Moral der Mitglieder in einer Bewegung unterstützen,
- Mitglieder rekrutieren,
- Lösungen für soziale Probleme durch politische Aktion herbeimusizieren,
- soziale Probleme emotional beschreiben,
[...]
- der Verzweiflung entgegenwirken, wenn sich Ziele nicht verwirklichen.

---

212 HipHop-Kultur definiert sich allerdings nicht lediglich als reine Musikkultur. Gemeint ist in diesem Kontext meist *Rap*-Musik (zum Rap ausführlich Androutsopoulos 2003).

Hardcore (HC) bezeichnet zunächst einen Musikstil, doch im Grunde genommen handelt es sich dabei vielmehr um eine – „subversiv-rebellische" (Büsser 2000: 22) – Bewegung. Hardcore war aufgrund der Szene immanenten Ideale schon immer „more than music" (vgl. Büsser 2000: 14). Eine repräsentative Bedeutung kommt den Songtexten (*Lyrics*) und CD-Beiheften (engl. *Booklets*) zu bzw. den darüber transportierten Inhalte und Aussagen, die zumeist eine bestimmte – nämlich bewusste und konsequente, d.h. von Drogen und von Tierprodukten freie – Lebensweise propagieren. Szenegänger würden daher häufiger davon sprechen, „Hardcore zu leben", als lediglich Hardcore zu hören (vgl. www.jugendszenen.com). Als Ursprung der HC-Bewegung gilt *Punk*, „dessen undifferenzierte Gesellschaftskritik sowie dessen No-Future-Einstellung" im Hardcore zu einer positiven, lebensbejahenden Grundhaltung umgekehrt wird (vgl. Hitzler/Bucher/Niederbacher 2001: 59).[213] Büsser spricht von einem „an sich subversiven Nicht-Definiertsein"

---

213 Alkohol- und Nikotinabstinenz waren u.a. Bestandteil des Grundkonsenses, wie er für alle gemeinsamen Veranstaltungen der Freideutschen Jugend in der Meißner-Formel am Freideutschen Jugendtag im Jahre 1913 auf dem Hohen Meißner bei Kassel Ausdruck gefunden hat (vgl. Bias-Engels 1988: 148). Bis zum Ausbruch des Zweiten Weltkriegs blieben die Vertreter der Jugendbewegung dem Prinzip eines alkoholfreien Lebens treu. Die Veranstaltungen der *deutschen reform-jugend e.V.* (gegr. 1951), deren Wurzeln in der Jugend- und Lebensreformbewegung liegen, sind nach wie vor von der Maxime gesunder und naturgemäßer Lebensführung geprägt: ohne Alkohol, Nikotin und andere Drogen sowie Ferienlager und Treffen mit vegetarischer (Vollwert-)Kost, soweit als möglich aus biologischem Anbau (*deutsche reform-jugend* online in Internet: www.drj.de). Der Verzicht auf Alkohol galt in der Jugendbewegung der 60er Jahre „als spießig" (Meyer-Renschhausen 2002: 87) – eben, so Ulrich Beck, jene „Spießigkeit, die ja in dieser Angst vor der durch Trunkenheit zugrundegehenden Welt auch zum Ausdruck – und zur Macht! – kommt." (Beck 1997: 397) – In den 70er Jahren tauchte „die Sehnsucht nach dem Rausch als einem passiv ,Bewegtsein/Bewegt werden wollen' wieder auf." Das wiedererwachte „Bedürfnis nach symbolischer Darstellung von Männlichkeit [...] legte nunmehr die Betonung auf eine sozusagen heldenhafte wilde ,Antibürgerlichkeit', indem eine neue Alkoholwelle mit vermehrtem Fleischkonsum kombiniert wurde." (Meyer-Renschhausen 2002: 87) Die Punks der siebziger Jahre inszenierten im „Provokationsmilieu der öffentlichen Plätze, Bahnhöfe und Parks" schließlich eine Art „Jugendalkoholismus" (vgl. Soeffner 1986: 332). Punk stellt sich in diesem Kontext musikalisch wie weltanschaulich „als eine alternative Lebensform" dar (vgl. Rösing 1998: 138). Das endgültige Ende für den Punk *als richtungsweisender Musikstil* kam spätestens Mitte der achtziger Jahre. Gerade am Beispiel des Punks lasse sich recht anschaulich die These illustrieren, dass Rockmusik immer nur für kurze Zeit in der Lage sei, die Werte bestimmter Jugendsubkulturen zu repräsentieren, bevor sie in Prozessen kommerzieller Vereinnahmung wieder auf ihren reinen Unterhaltungswert reduziert werde und damit ihren identitätsstiftenden Charakter verliere (Krüger/Kuhnert 1987: 211). Die kommerziell erfolgreichste deutsche Punkband *Die Ärzte* parodieren dieses Phänomen mit einer gehörigen Portion Selbstironie (spätestens?) seit der Reunion der Band 1993; beispielhaft dafür stehen Songs wie „Punk ist..." und „Ein Lied für dich" (vom Album *13* von 1998, welches auch den Bier- und Festzelt-Schlager „Männer sind Schweine" enthält) sowie die auf dem 2003 erschienen Doppelalbum *Geräusch* enthaltenen Lieder „Als ich den

des Hardcore als „die Geschichte einer Idee von Freiheit, die das Marketing einer auf Buntheit versessenen Kulturindustrie verkannte und darum im Lauf der Jahre – nicht als erste Subkultur – auch zu deren Objekt wurde." (Büsser 2000: 14).

In der Bundesrepublik Deutschland soll die Hardcore-Bewegung um die 40-60.000 Anhänger vereinen; in Nordrhein-Westfalen „als ein Zentrum der HC-Szene nicht nur in der BRD, sondern in ganz Europa" kann die Szene auf eine Größenordnung von etwa 6-10.000 junge Menschen blicken (vgl. Hitzler/Bucher/Niederbacher 2001: 58).

Frauen und Mädchen sind innerhalb der Hardcore-Bewegung „stark unterrepräsentiert" (15-20%), was auch für die Zusammensetzung der Bands gilt[214]; die Altersspanne der HC-Anhänger liegt „überwiegend zwischen 15 und 30 Jahre" (Hitzler/Bucher/Niederbacher 2001: 59). Nach dem Aufkommen von Hardcore in Deutschland Mitte der 80er Jahre nahm die Szene bis Mitte der 90er quantitativ zu (vgl. Hitzler/Bucher/Niederbacher 2001: 58), erfuhr aber gleichzeitig auch eine „Zersplitterung, die zu einer verwirrenden, für Außenstehende kaum mehr entschlüsselbaren Aufteilung in Substile oder Fusionen führte (Straight Edge, Emocore, Grindcore, Speedcore, Post Punk, Crossover etc.)" (Büsser 2000: 19). Aktuell manifestiert sich ein Genre mit der Bezeichnung Metalcore (dazu in diesem Kapitel weiter unten).

Die Inhalte von Hardcore sind zum einen zwar „thematisch indifferent", im Kern aber impliziert Hardcore/Straight Edge „emanzipatorische und aufklärerische Ideale" (Hitzler/Bucher/Niederbacher 2001: 61). Themen wie Gerechtigkeit, Toleranz und Solidarität sind zentral. Hardcore-Anhänger sehen sich als Vorbilder für eine bessere Lebens- und Zukunftsgestaltung, deren massenhafte Umsetzung eine gesellschaftliche Veränderung zuwege bringen soll. Die Musik fungiert dabei „nicht nur als Ausdrucksmedium, sondern auch als Ventil und Bestärkung" (vgl. Hitzler/Bucher/Niederbacher 2001: 59f.). „The bands, lyrics and fanzines of the Straight Edge movement offer a rich description of its values. Many young fans are encouraged by the commitment of Straight Edge bands [...]" (Irwin 1999: 374)[215]. Einige Bands

---

Punk erfand..." und „Nichtwissen". Zitat Liedtext: „Sind die ärzte [sic.!] schon Kommerz – ich will[']s nicht wissen" (Nichtwissen, CD-Beiheft *Geräusch*, CD 1, 2003: 15). Büsser (2000: 135) nennt „Chaostage [...] in bezug auf eine Wiederbelebung des Punk-Geistes dann doch bedeutsamer, glaubwürdiger und subversiv wirksamer als die Verbreitung von Punk-Schlagern durch die ÄRZTE und GREEN DAY."

214 Vgl. hierzu auch Pileggi 1998: 137ff. (*Girls just want to have fun, too*). Susan Willis (1993: 372f.) konstatiert: „While hardcore dress style is open to feminization, hardcore music style is *resolutely masculine*. [...] From my point of view, admittedly outside the culture and grounded in classic rock´n´roll and blues, hardcore is *typified by young white male* belligerent and nihilistic chants." (Hervorhebung: d. Verf.)

215 Fanzine-Seiten im Internet etwa sind: www.ox-fanzine.de und www.trust-zine.de. Erwähnenswert sind auch die beiden Kochbücher *Das Ox-Kochbuch*. Vegetarische und vegane

legen ihren Veröffentlichungen Texte über die Ausbeutung von Tieren bei, wenn dies nicht ohnehin schon Inhalt vieler Songtexte, Kommentare oder sogar kleinerer Essays in den CD-Beiheften ist. Damit angefangen haben englische Bands, „vor allem solche mit einer anarchistischen Botschaft, legten ihren Platten oft Informationen und Bilder über das Grauen der Tierhaltung und des Missbrauchs von Tieren bei. [...] Waren es die europäischen Punks, die den Vegetarismus unterstützt haben, so gehen viele nordamerikanische Punks jetzt einen Schritt weiter und unterstützen den Veganismus." (Vgl. O'Hara 2001: 131ff.) So auch der Musiker *Richard Melville Hall*, besser bekannt unter dem Künstlernamen *Moby*, der im Booklet seines 1999 veröffentlichten Albums *Play* einige Essays abgedruckt hat. In einem dieser Essays schreibt er über seine Motive, vegan zu leben, wobei er betont, dass er niemanden verurteile, der (noch) Fleisch isst:

„Before I list the reasons why I've chosen to be a vegan let me say that I don't judge people who choose to eat meat. [...] A vegan diet is materially more efficient than an animal product based diet. By that I mean that you can feed lots more people with grain directly than by feeding that grain to a cow and then killing the cow. In a world where people are starving it seems criminal to fatten up cows with grain that could be keeping people alive. The raising of farm animals is environmentally disastrous. [...] Compare a plate with grains and fruits and vegetables to a plate with pigs' intestines, chicken legs, and chopped up cows' muscles. So that's pretty much why I'm a vegan." (Moby, *Play*, Booklet 1999: 6).

Die Musik von *Moby* lässt sich mit Blick auf die Gesamtheit seiner Veröffentlichungen einer bestimmten Richtung nicht zuordnen; denn zu verschieden sind allein die Einflüsse, die das erwähnte Album *Play* prägen. *Animal Rights* (1996) hingegen verkörpert Elemente des Punkrock, aber auch „instrumentale Balladen, in denen Moby mit akustischen Gitarren und Violinen musikalisches Terrain erforschte, an dem er sich bereits mit Synthesizern und Samplern versucht hatte." (James 2003: 131) Was angesichts des eindeutigen Albumtitels überraschen mag, ist, „dass sich auf *Animal Rights* kein einziger Text mit dem Thema [Tierrechte] beschäftigte." (James 2003: 134) Demgegenüber enthalte das *Booklet* „extrem gut formulierte und überzeugende Argumente zum Thema" (James ebd.; vgl. auch Moby, *Animal Rights*, CD + Booklet 1996). Der britische Journalist Martin James beleuchtet im (bislang) einzigen Buch über Moby, den er mehrfach interviewte, dessen musikalische Entwicklung und zeichnet „die beachtliche persönliche Metamorphose des ursprünglich dogmatisch christlichen Antialkoholikers, Gegners jeglicher Drogen und strikt veganen Vegetariers zum munter trinkenden Partylöwen" (James 2003: Klappentext) nach. Nicht zuletzt, um jugendkulturelle Biogra-

---

Rezepte nicht nur für Punks (1997) sowie Teil II: Moderne vegetarische Küche für Punkrocker und andere Menschen (2000), beide hrsg. von Uschi Herzer u. Joachim Hiller.

phien und Szenen in ihren Orientierungen nachzuvollziehen, ist dieses Buch eine empfehlenswerte Lektüre, die zudem einen Einblick in die Entwicklung populärer Musikkultur vor dem Hintergrund der Biographie Mobys bis in die Gegenwart leistet. Der Nachfolger zur *Play*, das Album *18*, erschien im Mai 2002 und erwies sich als dem Vorgänger-Album recht unwürdig, als „ein Produkt des dem plötzlichen Ruhm folgenden Nachbebens", wenn man Martin James' Eindruck Glauben schenken mag: „Auch das Fehlen von Essays über wichtige und kontroverse Themen im Booklet des Albums verstärkte den Eindruck, dass Moby in vielem ein anderer geworden war." (James 2003: 196)

Straight Edge ist zu einer bedeutenden Strömung[216] innerhalb der Hardcore-Bewegung avanciert. Als Symbol für die Zugehörigkeit zum Straight Edge hat sich ein mit Filzstift auf die Hand gemaltes (Büsser 2000: 110) oder auf T-Shirts getragenes schlichtes ‚X' etabliert (Hitzler/Bucher/Niederbacher 2001: 55, Anm. 41; vgl. auch Lahickey 1997: 99 sowie Helton/Staudenmeier 2002: 455ff.), ursprünglich ein Erkennungszeichen in amerikanischen Clubs, an solche Personen keinen Alkohol auszuschenken. Die Straight-Edge-Anhänger tragen es mit Stolz (vgl. Büsser 2000: 110), als Ausdruck eines ganz besonderen Protests, einer „Gegenkultur" im Sinne einer *Rebellion gegen die Rebellion* („For them, straight edge provided an untraditional form of rebellion—rebelling against the traditional forms of rebellion." (Lahickey 1997: xviii). Viele Straight Edger seien leicht anhand typischer Slogans – und Tattoos – zu erkennen, wobei insbesondere Tattoos Ausdruck dafür seien, dass es sich bei der Entscheidung für einen Straight Edge-Lebensstil nicht lediglich um eine Mode-‚Torheit' in der Adoleszenz, sondern um ein krisenfestes ‚Bekenntnis' handele: „Tattoos with phrases such as ‚Straight edge 4 life,' ‚drug free,' and ‚XXX' are very common, emphasizing that the decision to remain drug free is not just a passing teen fad."[217] (Ralston 2000: 178).

---

216 Maybaum, der eine E-Mail-Befragung von 22 US-amerikanischen Straight Edgern durchgeführt hat, verweist darauf, dass „nur wenige [der Befragten] straight edge als movement [=Bewegung]" bezeichneten; „Hardcore sei als movement zu verstehen, straight edge hingegen eine private Entscheidung […] In diesem Sinne fielen häufiger Bezeichnungen wie lifestyle, philosophy oder commitment." (Maybaum 2003: 297)

217 Im Diskurs des Straight Edge werde eine „kurzfristige Hinwendung zur Szene", so Maybaum (2003: 318) „oftmals verachtet und häufig die lebenslange Hingabe beschworen." Diesem Idealismus für die Werte des Straight Edge wird etwa durch Tattoos wie „true till death" Nachdruck und Ernsthaftigkeit verliehen. Die Abkehr werde kritisiert, „ebenso wie ein kurzlebiges Interesse auch mit ‚true till coll-edge' bezeichnet" werde (Maybaum, ebd.). Mit dem Eintritt ins College erfolgt der Eintritt in neue soziale Gruppen und gleichsam in einen neuen Lebensabschnitt, der den Alkoholkonsum erlaubt. Formeln wie „selling out" oder „loosing the edge" würden den „Verrat an gemeinsamen Überzeugungen" zum Ausdruck bringen, wobei dies „ein häufig wiederkehrendes Thema in der Hardcore-Szene all-

Die Bezeichnung *Straight Edge* sei auf den gleichnamigen Song des späteren *Fugazi*-Sängers *Ian MacKaye* der Gruppe *Minor Threat*[218] zurückzuführen, den viele Fanzines als „Hardcore-Ikone und Wortführer" erkoren haben (vgl. Büsser 2000: 13; Hitzler/Bucher/Niederbacher 2001: 60; Lahickey 1997: 100; Ralston 2000: 178). Der Song aus dem Jahr 1981 (mit einer Spiel-dauer von ca. 45 Sekunden) hat ‚Kult-Status' und „gilt als Hymne der Bewegung" (Hitzler/Bucher/Niederbacher ebd., Anm. 52):

„I'm a person just like you / But I've got better things to do / Than sit around and fuck my head / Hang out with the living dead / Snort white shit up my nose / Pass out at the shows / I don't even think about speed / That's something I just don't need / I've got the straight edge / I'm a person just like you / But I've got better things to do / Than sit around and smoke dope / 'Cause I know I can cope / Laugh at the thought of eating ludes / Laugh at the thought of sniffing glue / Always gonna keep in touch / Never want to use a crutch / I've got the straight edge" (Minor Threat, CD *Complete Discography*, Booklet 1989: 14f.).

MacKaye äußerte sich zum Hardcore, so Büsser, „entsprechend unbestimmt: ‚Deine Definition von Hardcore wird sicher eine andere sein als meine. Und so unterscheidet sich das je nach der Gegend, aus der einer kommt und je nach den Erwartungen, die einer an Hardcore stellt.'" Dementsprechend divergent innerhalb des Hardcore sind die Anschauungen über den angestrebten gerechten Lebensstil einer ‚besseren' Welt.

„So hat sich auch eine Gruppierung herausgebildet, deren Mitglieder die Forderungen der ‚Straight-Edge'-Bewegung radikalisieren und die sich deshalb ‚Hard-Liner' nennen. ‚Hard-Liner' ernähren sich vegan, akzeptieren Sex nur als Mittel der Fortpflanzung und lehnen infolgedessen Empfängnisverhütung sowie Abtreibung kategorisch ab[219]. Andere Mitglieder der Hardcore-Szene legen ‚Straight Edge' für sich liberaler aus, indem sie z.B. Kaffee konsumieren, Zigaretten rauchen und/oder Alkohol trinken." (Hitzler/Bucher/Niederbacher 2001: 61)

Über eine extremistische Degeneration des Veganismus spricht *Ian MacKaye* in einem Interview: „I remember reading this lyrics that were so totally over the top, so extreme like, ‚We give you lessons about veganism and the right

---

gemein (unabhängig von einer etwaigen straight-edge-Ausrichtung)" sei (Maybaum, ebd.) und als „backstabbing" (Maybaum, ebd. nach Järvinen 2000: 11) bezeichnet werde. Dieses werde auch häufig in Songtexten verhandelt (Maybaum 2003: 318). – Bei dem Begriff „backstabbing" handelt es sich um einen englischen Neologismus, der direkt übersetzt soviel wie „hinterhältig" bedeutet. Der Begriff kommt von der Phrase „to stab someone in the back – jemanden von hinten erdolchen" und wird vor allem im politischen Kontext häufig verwendet.
218 Lunger/Moser (2003: 64) schreiben die Bezeichnung *straight edge* für eine ‚gradlinige' Lebensweise hingegen Jeff Nelson, dem Schlagzeuger von *Minor Threat* zu.
219 „*Pro-live*" ist die geläufige Bezeichnung für Abtreibungsgegner im Allgemeinen; die gegensätzliche Seite wird als „*pro choice*" bezeichnet. Die polnische Straight Edge-Szene „soll in der überwiegenden Mehrheit pro-life" eingestellt sein (vgl. Järvinen 2000: 11).

to life, and if you don't accept these lessons then waive your rights, that we can kill you.' What was up with that? Who the fuck wrote that?" (Lahickey 1997: 106)

Die Band *Earth Crisis* aus Syracuse/New York, die innerhalb der Hardcore-Bewegung nicht unumstritten ist, gilt, so auch laut Katalogeintrag des in Münster ansässigen *Green Hell Mailorders*, als die „Vegan-Straight Edge-Band schlechthin"[220] (Green Hell Mailorder Katalog, Spring 2002: 41). Die folgende Textpassage aus dem Song *New Ethic* spricht bereits für sich:

„This is the new ethic. / Animals lives are their own and must be given respect. / Reject the anthropozentric falsehood that maintains the oppressive hierarchy of mankind over the animals. / It's time to set them free. / Their lives reduced to biomachines. / In the factory farm and laboratory – / Dairy, eggs and meat – fur, suede, wool and leather are the end products of torture, confinement and murder." (Earth Crisis, CD *Destroy The Machines*, Booklet o.J. [1995]: 2).

Aus Belgien kommt die Band *Arkangel*. Deren Debut-Album *Dead Man Walking* (1999) liefere, so ebenfalls der *Green Hell Mailorder* in einem Katalog-Kommentar zu der CD, „supermetallischen New-School-Hardcore mit aggressiver Kreischstimme, angereichert mit schnellen Black Metal-Riffs", getüncht „mit veganer Attitüde und entsprechenden, metaphorisch-apokalyptischen Lyrics" (Green Hell Mailorder Katalog, Spring 2002: 33). Im Booklet der angesprochenen Veröffentlichung tritt die Band für den Veganismus ein: „*life is not a product to be consumed — refuse to be a part of murder — wash the blood from your hands – live vegan*" (Arkangel, *Dead Man Walking*, Booklet o.J. [1999]: 8). Mittlerweile sollen die Musiker nur noch vegetarisch leben.

Beispiele für Bands aus Deutschland, die einen veganen Straight-Edge-Lebensstil vertreten, wären etwa *Deadlock* (CD-Album *the arrival*, Winter Recordings 2002) oder *Maroon*. Letztere artikulieren ihre Überzeugung fast schon überdeutlich —, das Album *Antagonist* zeigt im Innenteil ein Foto vermummter ‚Vegan Straight Edger'[221], deutlich ist auch das aufgemalte ‚X' auf den Händen zu erkennen, mit der Aufschrift in großen Lettern „EAST GERMAN VEGAN STRAIGHT EDGE". Die im CD-Beiheft abgedruckten *Lyrics* sind durchgehend (und teilweise sogar umfangreicher als die Liedtexte selbst) kommentiert. „A commitment for life... A commitment for life, vegan. A commitment for life, straight edge" lautet die einfache wie ebenso

---

220 *Earth Crisis* als eine der bedeutendsten Bands des *Vegan Straight Edge* der 1990er Jahre sollen sich mittlerweile aufgelöst haben (vgl. Maybaum 2003: 322, Anm. 62).
221 „Veganism had become such a significant part of sXe by the late 1990s [...]. Thus, many sXe vegans would self-identify as 'vegan straight edge,' and some bands identify as 'vegan straight edge' rather than simply 'straight edge.'" (Haenfler 2004: 432)

klare Botschaft des Songs *Still Believe In What Has Fallen Apart*. Im Kommentar dazu schreibt die Band:

„It's a lifetime commitment – nothing less! And yes, WE STILL BELIEVE in it. [...] It's something that will last forever! This song is dedicated to the vegan straight edge movement, to everyone who still holds true and to all the traitors, who left behind so much more than just another trend! You liars..." (Maroon, *Antagonist*, CD-Beiheft o.J. [2002]: 7).

Der Straight Edge-Bewegung wird ein mitunter ‚elitäres Selbstverständnis'[222] zugeschrieben. In der Gruppe, die sich zu Konzerten oder zu Aktivitäten, wie etwa gemeinsames veganes Kochen treffe, trete jeder als selbständiges Individuum auf, zwar die Gemeinschaft genießend, doch im Grunde genommen nur sich selbst und den persönlich interpretierten Grundsätzen des Straight Edge verpflichtet. Wer ‚straight' lebe, sei in der Regel stolz auf seinen gesunden starken Körper und „stolz, einer elitären Gruppe mit harten Regeln anzugehören. [...] Tätowierungen sind beliebte Mittel, sich zu seiner Überzeugung zu bekennen, zum Beispiel verschlungene XXX-Motive oder SE-typische Slogans wie ‚forever true' oder ‚justice'." (Morhart 1999: 10)[223]

Morhart (1999) und auch Pileggi (1998) thematisieren Gewalthandlungen als angenommenes legitimes Mittel in der Straight Edge-Szene zur Durchsetzung sozialer Normen vor dem Hintergrund einer auf der Tierrechtsphilosophie basierenden Ethik. Veganismus ist inhärenter Bestandteil dieser von einem amerikanischen Interviewee explizierten ‚Erziehung' oder ‚(Aus)Bildung' (Orig.: *education*), welche sich aber nur auf Menschen beziehe, die eine ähnliche Einstellung der Tierrechtesidee gegenüber teilten: *„The Band becomes a platform for Hardline propaganda and a way to educate in the scene."* (Vgl. Pileggi 1998: 133) Im Einzelnen bedeute diese ‚Schulung':

„Everybody was vegan, for political, moral, and ethical reasons. It was almost a millennium movement. It looked at this time like the period of when we could reverse the damage being done to the earth by industry and by human society. So it espoused direct action against the corporations. A lot of people attacked fur stores. The was a lot of arson against fast food chains, meat packing plants, and furriers. A lot of Animal Liberation Front based activity. The other thing that we sympathized with was a lot of deep ecology concerns that Earth First! was espousing." (Pileggi 1998: 133f.)

---

222 Die Redewendung ‚*have the edge on*' (oder *over*) *someone*' bedeutet „einen Vorteil gegenüber jemandem haben, jemandem ‚voraus' *od.* ‚über' sein" (vgl. Langenscheidts Handwörterbuch Englisch, Teil I, Englisch-Deutsch, Berlin/München: Langenscheidt, 2001: 202).

223 Die Tätowierung erfährt offenbar (auch hierzulande) eine zunehmende Verbreitung in der Straight Edge-Bewegung (vgl. Hitzler/Bucher/Niederbacher 2001: 63). Detailliert zum Thema Tattoos im Kontext des Straight Edge hat Atkinson (2003) gearbeitet, der 31 tätowierte Straight Edger in Kanada befragt hat. „The most popular tattoos among the Straightedgers interviewed were 'symbols of lifestyle declaration.'" (Atkinson 2003: 210)

Salt Lake City gelte als besonders gewaltbereite Straight Edge-Szene in den USA. Die Gewalttätigkeit werde auch mit den dort dominanten Mormonen in Bezug gesetzt. In Salt Lake City soll es zu Misshandlungen und sogar Morden an Jugendlichen, die nicht straight edge waren, gekommen sein. Gerade die negative Berichterstattung darüber habe Jugendliche neugierig gemacht und den Begriff „straight edge", der ansonsten außerhalb der Hardcore-Szene kaum bekannt sei, auf einmal zu mehr Bekanntheit verholfen (vgl. Maybaum 2003: 309) Auf der anderen Seite herrsche innerhalb der Szene vielmehr „Uneinigkeit darüber", ob „es überhaupt wünschenswert sei, diesen zu popularisieren" (Maybaum 2003: 322.; siehe auch Budde 1997: 181ff. u. Inhetveen 1997: 238).

Hardcore-Outfit soll in seiner Eigenschaft „bequem, stabil und wetterfest sein, um szenetypische Aktivitäten (Konzerte, Demonstrationen) zu ermöglichen. [...] Während in den 80er Jahren noch eher Militärlook verbreitet war [...] präferieren HC-Anhänger heute stärker Street-Wear, wie sie auch in der HipHop-Szene zu finden ist.[224] Von vielen älteren Szenegängern wird die zunehmende Markenorientierung (,Homeboy', ,Stüssy', ,Stanley B23', ,Airwalk' etc.) in der Szene kritisch kommentiert." (Vgl. Hitzler/Bucher/Niederbacher 2001: 63). Sportliche oder militärische Kleidung demonstriere „Stärke und Kampfbereitschaft", einige wenige Straight-Edge-Anhänger dagegen würden sich „betont bürgerlich" geben, als eine Art „,understatement' zum extremen Lebensstil: ,...würden sie nicht brachialen Hardcore hören, (...) würden sie sich bei vielen Gleichaltrigen verdächtig machen, Warmduscher zu sein, die keinen Alkohol vertragen und bei Mädchen sowieso keine Chance haben...'" (Morhart 1999: 10).

Konzerte stehen mehr noch als Tonträger für die Authentizität und für die rituelle Inszenierung identitätsstiftender Elemente und Habitate einer Szene. Jede Szene weist dennoch eine gewisse Heterogenität auf, insbesondere dann, wenn z.B. die präferierte Musik oder die Vorliebe für bestimmte Bands eines Genres der einzige gemeinschaftsstiftende Aspekt im Rahmen eines Konzertereignisses ausmachen.

---

224 Mit der italienischen Firma *Eblood Clothing* (http://www.ebloodclothing.com) hat sich eine entsprechende Marke mit einem sowohl für die Hardcore/Straight-Edge-Szene als auch für die Tierrechtsbewegung annehmbaren Firmenprofil gegründet. Die Unternehmensphilosophie bestehe darin, ethische Grundsätze und qualitativ hochwertige Produkte zu kombinieren. Da die Firma konsequent die Idee der Tierbefreiung und des Veganismus unterstütze (und zudem einen drogenfreien Lebensstil), werde keines der Produkte aus dem Firmensortiment jemals Bestandteile tierischen Ursprungs wie Wolle, Leder oder Seide enthalten: „We hope more and more kids will feel attracted by a clean, positive, cruelty and drug-free way of living showing more respect towards our planet, the animals and human beings in their every day life. [...] Live free, live militant, live vegan. XXX" (Vgl. online in Internet: http://www.ebloodclothing.com/pagine/startframeset.htm; Zugriff am 21.8.2002).

„Individuelle Werdegänge und musikalische Sozialisation, Identitätssuche, Identitätsfindung durch musikbegleitete Distinktionsprozesse, die Ausprägung musikalischer Vorlieben und Abneigungen, schließlich die Realisation von Lebensstilen auf der Basis solcher Vorlieben führt zu Erfahrungsinventaren und Musikkonzepten als Ausdruck von kultureller Identität für den Einzelnen, für bestimmte gesellschaftliche Gruppen, soziale Milieus [...]" (Rösing 2002: 13f.; vgl. dazu auch Diaz-Bone 2002: 213, insbes. Anm. 225).

Ein sehr eindrucksvolles Beispiel dafür liefert eine im Internet veröffentlichte Konzertberichterstattung, die zwar hier nur Auszugsweise, zur Illustration des Sachverhaltes aber sehr dienlich, in den relevanten Passagen (alles im Original-Wortlaut) wiedergegeben ist:

„In Nürtingen selbst war dann so gegen neun noch nicht allzu viel los, aber nach und nach versammelte sich doch ein beachtlicher Teil der wie immer vorbildlich gegelten und gestylten SxE-Jünger, wenn man ihnen zugute halten muss, dass die meisten nicht so fett sind wie man selbst [...] Als erste Band stiegen dann [...] auf die Bühne, und ihr extrem technischer wie poetischer Death Metal trug überhaupt nicht zu meiner Unterhaltung bei, denn was soll man von einer Band halten, die eine Flötistin in ihren Reihen hat, welche, wenn sie nicht grad die Alde [=Freundin, Anm.: TS] vom Sänger/Gitarristen wäre, sich wohl kaum diesem uninspirierten und technisch völlig überzüchtetem Gerumpel aussetzen würde?? Dazu der kleine Spast am Bass mit seiner Blutschminke um die jugendlich-grüne Fresse [...] Hängen geblieben ist jedenfalls nichts, und der Kollege meinte nur, dass der Gitarristenschwuli wohl bald aufhören wird mit dem ganzen Scheiß und stattdessen Musik studieren geht. Könnte was dran sein. [...]
Accion Mutante, die mit ihren zwei Sängern, einer Menge Bier und verfilzten Dreads sowie einem Arsch voll Erfahrung sicher wieder mal eine nette Show hingelegt hätten, fielen leider aus, [...]
Auf Absidia war ich im Vorfeld ja schon gespannt [...], aber ehe sie überhaupt angefangen hatten zu spielen ging mir ja die besagte vegane, straighte, Animals befreiende usw. Jugend mal wieder ziemlich auffen Sack, [...] die Kollegen erfüllten jedes lausige Klischee, was man sich im Zusammenhang mit den typischen SxE-Metalcore-Bands nur vorstellen kann, inklusive lausig adaptierter Black Metal-Leads, Akustikparts, [...], dazu permanent dieses völlig overstylte HC-Posing [...], ganz zu schweigen vom Einheitslook der Kollegen (schwarze, gegelte Schöpfchen, ein paar geile Tattoos usw.). Wo steht eigentlich die School, die dieses immer wieder verblüffend gleiche HC-Outfit vorschreibt?? Also Absidia is allenfalls als Soundtrack von Freunden für Freunde innerhalb ihrer kleinen beschränkten Szene geeignet, musikalisch allerdings ziemlich für die Katz. Beschwerdebriefe, Hassmails, tote Katzen etc. bitte an: [...]"[225]

Konzerte sind offenbar seit Beginn einer zunehmenden Differenzierung der Hardcore-Punk-Bewegung[226] (Budde 1997) Orte sich ständig entladenden

---

225 Konzertkritik zitiert n.: http://www.brokenviolence.de/mb/live/1absidia0501.htm (Zugriff am 21.1.2004)
226 Die Auflösung der ursprünglichen Punkszene hatte nicht unmittelbar die Konstituierung einer neuen (Hardcore-)Szene, die eindeutig als Hardcoreszene mit allen ihren Implikationen bezeichnet werden kann, zur Folge, sondern, es kamen neue Bands zum Vorschein, die sich jedoch nicht ohne weiteres den Kriterien der späteren Hardcore- oder früheren Punk-

Konfliktpotentials: „Slammer prügeln Pogo-Tänzer von der Tanzfläche herunter, Pogo-Tänzer treten Slammern absichtlich in die Knochen, Vegetarier beschimpfen Fleischesser, Anarchos hassen Funbands, Funpunker mögen keine Polit-Punx und so weiter und so fort ..." (*Beppo* von der Band *Spermbirds*, in: *Seconds to Nowhere* 1, 10 zitiert nach Budde 1997: 124).

Katharina Inhetveen (1997) stellt in ihrer Untersuchung *Ritual, Spiel und Vergemeinschaftung bei Hardcorekonzerten* die inszenierte „Konzertgewalt" bei Hardcorekonzerten in den Mittelpunkt des Interesses. Die Analyse basiert auf teilnehmender Beobachtung bei je ein bis zwei Konzerten von acht Hardcorebands, auf Gesprächen mit fünf Konzertbesuchern, problemzentrierten ein- bis zweistündigen Interviews mit sieben Musikern verschiedener Hardcore-Bands und der inhaltsanalytischen Betrachtung von Musik auf Tonträgern bzw. schriftlicher Zeugnisse wie Fanzines, Magazine oder Plattenhüllen (Inhetveen 1997: 238).

Körperlichkeit[227], Verletzung und Schmerz als zentrale Aspekte von Gewalt stellen quasi-typische Elemente für Hardcorekonzerte dar. Das Entblößen der Oberkörper geschehe einerseits wegen der Hitze, andererseits würden Tatoos [sic.!] und Muskeln gezeigt und Männerkörper in gewalttätiger Aktivität präsentiert (Inhetveen 1997: 240)[228] Die Akteure seien sich der negati-

---

szene zuordnen lassen. Gemeinsam ist ihnen die radikale und konkret politische Grundhaltung in Verbindung mit der Suche nach neuen musikalischen Ausdrucksformen. *Hardcore-Punk* ist nicht lediglich als Übergangsstufe von Punk zu Hardcore zu verstehen, vielmehr stehe der Terminus für eine gesellschaftlich und musikalisch motivierte Entwicklung, die auf Punkrock aufbaue und zu Hardcore führe und je nach Schwerpunkt und Perspektive entweder als Ausläufer des Punkrock oder Vorläufer des Hardcore gesehen werden könne. Beansprucht würden die Bands dieser Epoche später von beiden Szenen sowie einer eigenen Szene, die sich sowohl vom Punk als auch vom Hardcore abgrenze (Budde 1997: 110).

227 „Die große Bedeutung der Körperlichkeit in der Rockkultur" stelle „ein folk theorem der Kultursoziologie" dar (Diaz-Bone 2002: 271).

228 Mary S. Pileggi (1998) diskutiert (bzw. sie beschreibt eher) auf der Basis der von ihr geführten Interviews, allerdings vergleichsweise marginal, das Gewaltphänomen innerhalb der Hardcore-Szene; in diesem Zusammenhang thematisiert werden Gender-Aspekte und die grundsätzliche Partizipation von Mädchen und Frauen in der Szene, ausgehend von genau der rituellen Inszenierung und Verausgabung des (männlichen) Körpers im Kontext von Live-Musik bzw. der inhärenten Aggressivität der Musik überhaupt: „Hard core [sic.!] is more aggressive, and for the most part physically, guys are more aggressive... [...] So you don't always see girls dancing." – „Moshing (dancing) is not a feminine activity but a chance for a man to reach into himself, grab all of the anger and hatred that has built up and bash everybody around, over the head with it." (Pileggi 1998: 138f.) „Eine gleichberechtigte Rolle scheinen weibliche Jugendliche erstmals bei den Punks zu spielen. In der Jugendbewegung wurde die ‚Mädelfrage' bald zu einem ideologischen Minenfeld, und viele Bünde weigerten sich, Mädchen aufzunehmen" (Rusinek 1993: 100). „Das vielen männlich dominierten Jugendkulturen inhärente Gewaltpotential", schreibt Bernd-A. Rusinek in einer Abhandlung über Gewalt in historischen Jugendkulturen weiter, „ist nicht primär inhaltlich bestimmt, sondern mit verschiedenen Zwecken verknüpfbar". Die spezifischen Gesetze dieser Subkulturen seien nicht außer Acht zu lassen. „Zu diesen Spezifika gehören neben unter-

ven Konnotation des gängigen Gewaltbegriffs bewusst, zudem werde zwischen legitimer und illegitimer Gewalt, wobei letztere sanktioniert werde, differenziert; beim „Slamdancing, Moshen und Stagediving liegt kein Verletzungswille vor" (Inhetveen 1997: 244). Jene Aktivitäten können vielmehr als Ausdrucksformen einer unbegrenzten (und zugleich damit Grenzen erfahrenden) „Intensität des Körpergebrauchs" (Inhetveen 1997: 240) interpretiert werden, die der rhythmus- und gitarrenlastigen Spezifik der Musik – zumindest im Rahmen von Konzertereignissen – inhärent ist; die Musik stellt somit die hauptsächliche, wenn nicht gar einzige ‚Droge' in einem jugendtypischen Erfahrungsraum dar. Bei Hardcorekonzerten ist zudem die Grenze zwischen Publikum und Band – im Idealfall ist die Rollendifferenzierung auf das Spielen oder Nichtspielen von Instrumenten minimiert – weitgehend aufgehoben: „[...] größere Teile des Publikums halten sich auf der Bühne auf, um von dort ins Publikum zu springen oder mit ins Mikrophon zu singen; Teile der Band, meist der Vokalist, verlassen die Bühne, indem sie stagediven und sich – oft über erhebliche Strecken – vom Publikum über dessen Köpfe weiterreichen lassen." (Inhetveen 1997: 247) *Straight Edge* wird in der Untersuchung von Inhetveen nur sehr knapp im Kontext von Alkohol, als möglicherweise das Aggressionspotential fördernde Droge thematisiert, dessen Bedeutung von den meisten Musikern „für die Interaktion, die Intensität der Konzertveranstaltung" aber negiert werde (Inhetveen 1997: 250). Andere, auf moralische Wertvorstellungen basierende oder Hygienevorstellungen implizierende Abstinenzgebote, etwa spezifische Ernährungsgewohnheiten, werden, vermutlich vor dem Hintergrund der primären Fokussierung des Gewaltphänomens in der Hardcore-Szene, nicht genannt.

Die Chancen, die aus der Partizipation an der Hardcore-Szene resultieren können, skizziert Hitzler in seiner *Expertise zum 7. Kinder- und Jugendbericht der Landesregierung Nordrhein-Westfalen* (2000) wie folgt:

„Die Teilnahme am Szeneleben kann [...] hinsichtlich der Entwicklung der sozialen Identität durchaus positiv wirken: Schließlich ist es die Ausbildung eines stabilen Charakters, welche in der HC-Szene zentral verankert ist. [...] Außerdem geraten HC-Kids in ihrem sozialen Umfeld häufig unter Druck, ihre z.T. radikalisierten Ansichten durch ‚überzeugende Argumente' (die mit der Reflexion über die eigene Haltung verbunden sein müssen) zu legitimieren und somit den Vorwurf der Intoleranz gegenüber Andersdenkenden auszuräumen." (Hitzler 2000: 56)

Metalcore nennt sich eine Musikrichtung, die ab Mitte der 1990er Jahre aus dem Hardcore entstanden und musikalisch am *Death Metal* vorwiegend skandinavischer Bands orientiert ist. Viele Metalcore-Bands würden sich

---

schiedlich ausgeprägter Gewaltbereitschaft das Territorialverhalten, der zeichenfixierte Charakter und – das Glück der Provokation." (Rusinek 1993: 103)

„offen zu ihren Metal-Vorlieben und Bands wie *At the Gates*, frühen *Dark Tranquillity* über Thrash Metal-Ikonen wie *Slayer* bis hin zu Black Metal-Bands wie *Emperor*" bekennen. „Der Hardcore bediente sich hier einiger prägenden Elemente und verschmolz dies zu einer energiegeladenen, dynamischen Mischung" – unter der die ‚Hardcore-Credibility' jedoch keineswegs gelitten habe. Musikalisch seien die Grenzen nur selten deutlich zu erkennen. Was *Metalcore*-Bands von *Death Metal*-Bands unterscheide, sei „manchmal nur noch die Credibility dahinter." Vegetarische und vegane Tendenzen seien Merkmale dieses neuen Stils. „Image und Kleidungsstil im Metalcore könnten nicht weiter vom Death Metal entfernt sein, ebenso wie inhaltliche Themen." Während die einen dem langhaarigen, schwarzgekleideten, biertrinkenden und ‚bösen' bis blutrünstigen Image frönten, sei die Metalcore-Szene „geprägt vom typischen Hardcore-Image. Kurzhaarige Kids in modischen Klamotten, die nicht selten an Rapper erinnern, sind hier tonangebend." „Liebäugeleien von Metal-Bands zum Hardcore hin sind bisher meist kläglich gescheitert, während die Öffnung von der anderen Seite aus heutzutage weitreichende Triebe und eine lebendige Underground-Szene hervorgebracht hat."[229] Das Musikmagazin *RockHard* berichtet in der September-Ausgabe 2004 über die „boomende Metalcore-Szene" als „die Musik der Stunde" in einem mehrseitigen „Special". Führende deutsche Bands seien *Caliban* oder *Heaven Shall Burn*. Letztgenannte treten u.a. für eine vegane Lebensweise ein und sympathisieren auch mit den Werten des Straight Edge, die auch im Metalcore ihren Niederschlag gefunden haben, ohne jedoch, dass – in diesem Fall – die Band als Kollektiv sich darüber zu definieren sucht.

Metalcore stehe „nicht nur für die Verschmelzung verschiedener Musikstile, sondern auch für eine Ansammlung unterschiedlichster Lebenseinstellungen und Denkweise. Metaller treffen auf Hardcore-Fans und vegane Straight-Edger auf Alkohol trinkende Fleischesser." (*RockHard* 9/2004: 75). Sascha Frantzen, der das Bochumer Label *Alveran Records* betreibt, schätzt laut der Zeitschrift *RockHard* den Einfluss der Straight-Edge-Bewegung als nunmehr unwesentlich ein, da diese nur noch einen kleinen Teil der Hardcore-Szene ausmache. „Der einzige Knackpunkt" sei, „dass wir von vielen Me-

---

229 Informationen aus: Net-Lexikon, Stichwort: Metalcore. Online-Dokument: http://www.net-lexikon.de/Metalcore.html (Zugriff am 28.02.2004). Das Kulturzentrum *Zeche Carl* in Essen wirbt auf einem Flyer beispielsweise damit, dass auf der „Abyss-Party" (www.abyss-party.de) an jedem 3. Freitag im Monat „300% Metal" gespielt werde: „Pure Fucking Metal! No Hardcore – No Nu Metal" (Flyer Februar/März 2004). Die Stilrichtung *Crossover* meint ursprünglich eine Vermischung von Hardcore und Metal (Büsser 2000: 46). Zur Verbindung von Punk und Heavy Metal siehe Budde 1997: 184f. Metalcore möge auch eine „Gegenbewegung zum Nu Metal" bilden; jener findet seinen Nachfolger offenbar in der „New-Wave-Of-American-Heavy-Metal" (vgl. dazu auch *RockHard* 9/2004: 77, Conny Schiffbauer im Gespräch mit Maik Weichert von der Metalcoreband *Heaven Shall Burn*).

tallern immer noch nicht akzeptiert werden, weil wir weite Hosen tragen und kurze Haare haben." In Amerika hätten sich „die beiden Szenen bereits angenähert." (*RockHard* 9/2004, ebd.) Es erscheine allerdings fraglich, ob eine Annährung unterschiedlicher Szenen überhaupt wünschenswert sei:

„'Wollen wir denn wirklich Straight-Edger und Metaller glücklich vereint haben? Jugendsubkulturen funktionieren doch über Abgrenzung', gibt Joachim Hiller, Chefredakteur des Ox-Fanzines, zu bedenken. ‚Ich will keine Metaller anpissen und auch ganz bestimmt nicht für eine ‚reine' Szene plädieren, aber die Unterschiede zwischen Hardcore-Idealen und der Metalszene liegen auf der Hand. Warum sollen sich um jeden Preis Dinge vermischen, die nicht unbedingt zusammengehören?'" (*RockHard* 9/2004: 75)

Die Gitarre, dies sei abschließend noch angemerkt, wurde innerhalb der Geschichte der Jugend und Jugendkultur im 20. Jahrhundert quasi zum Inbegriff und „zum Symbol widerständigen Eigensinns Jugendlicher. Sie ist zweifellos das Objekt, das neben Kochtopf und Zelt von Anfang an die Geschichte der Wandervögel begleitet." (Breyvogel 1987: 61) Bis hinein in aktuelle Rockmusik-Derivate (Punk, Hardcore-/Metal-Stile) avancierte sie „über die Tradition des Rhythm and Blues, über den Rock 'n Roll und besonders im Beat der frühen Stones und Beatles zum allgemeinen gegenkulturellen Objekt." (Breyvogel ebd.)[230]

Musiker, die sich auf Tournee befinden, wollen natürlich auch entsprechend verpflegt werden. Bands, die noch zu keiner größeren Popularität gelangt sind und für erste Auftritte in kleinen Jugendzentren dankbar sind, mögen sich mit einem kleinen Imbiss, einem Teller Eintopf durchaus zufrieden geben; Musikgruppen, die bereits zu Ruhm und kommerziellem Erfolg gelangt sind, mögen hingegen ganz andere Ansprüche stellen. Der Pâtissier, Jörg Raufeisen, und der Koch, Ole Plogstedt, gründeten im Mai 1993 die *Rote Gourmet Fraktion* als Catering-Service für Musikgruppen auf Tour. Seitdem haben die beiden Bands wie *Die Ärzte, Die Fantastischen Vier* oder *Die Toten Hosen* auf deren Tourneen verköstigt. „Für den Hund von Thomas D" (von der deutschen HipHop-Formation *Die Fantastischen Vier*) wollen sie „auf der Fanta-4-Tour sogar Reis und Gemüse gekocht, und den Beastie Boys Ginsengwurzeln und Spinat vom Ökobauern besorgt" haben, denn die seien, „wie auch Thomas D, überzeugte Veganer" (Plogstedt/Raufeisen/Skai 2004: 44). Für die „kulinarisch gestrengeren Verwandten" der Vegetarier, die Veganer, gäbe es anstelle von Sahne Kokosmilch bzw. Sojamargarine statt Butter „und zur Bindung von leckeren Gemüsebratlingen Tempurateig als Ei-Ersatz." Die Nachfrage nach vegetarischen Gerichten steige, je länger eine

---

230 Zur funktionalen Bedeutung der Gitarre bzw. der Instrumentierung im Hardcore siehe Budde 1997: 170ff., für den Heavy-Metal-Bereich stellt den technisch-funktionalen wie ideellen Status insbesondere der E-Gitarre Diaz-Bone (2002: 270ff.) heraus.

Tournee dauert. „Nicht, dass plötzlich alle Vegetarier werden. Ihr Anteil ist in all den Jahren ziemlich konstant geblieben und liegt bei knapp einem Viertel. Immer mehr Nicht-Vegetarier entscheiden sich dann aber schon mal öfter für eine fleischlose Mahlzeit, die vor allem nicht so schwer im Magen liegt. Für einige ist eine Tour mit uns sogar eine willkommene Gelegenheit, vorübergehend ganz auf Fleisch zu verzichten." (Plogstedt/Raufeisen/Skai 2004: 123f.)

HipHop hat sich in Deutschland weitgehend aus seinem ursprünglichen, afroamerikanischen Kontext gelöst und eine „in Zeiten globaler Kulturindustrien" (Klein/Friedrich 2003a: 95) massenmedial geradezu geförderte Kommerzialisierung erfahren. Daher mag es vielleicht wenig überraschen, wenn HipHop, laut einer Befragung aus dem Jahr 2002, die beliebteste Musikrichtung unter den 10- bis 18-jährigen darstellt, noch vor Charts und Popmusik, welche die Plätze zwei und drei belegen (vgl. Zinnecker u.a. 2002: 144f.).[231] HipHop rangiert auch in einer Befragung von 200 Gymnasiasten zum Umgang Jugendlicher mit Musik an erster Stelle (vgl. Müller-Bachmann 2002: 200). Der Begriff *HipHop* wurde bereits im Laufe der 1970er Jahre geprägt, aber erst durch *Africa Bambaataa* etabliert (vgl. Breyvogel in diesem Band, S. 62 und 65 sowie Spatschek/Nachtigall/Lehenherr/Grüßinger 1997: 106ff.). *Rap*, ursprünglich ein Slangausdruck für ‚reden', ‚ausplaudern', ‚verraten', meint im Kontext von HipHop ‚rhythmisches Sprechen'. Mit Rap ist also allein das Rappen gemeint – im Gegensatz zum HipHop-Begriff, welcher die gesamte Kultur meint: eine „Synthese aus Sprache, Bild, Musik und Körper" (Klein 2001: 168), die neben der Musik auch *Breakdance, Graffiti* und andere Elemente mit allerdings eigenen Entstehungszusammenhängen subsumiert (vgl. Müller-Bachmann 2002: 93ff. u. Weinfeld 2000: 254). Der HipHop-Bereich wird zudem von *Skatern* etc. präferiert (und frequentiert). HipHop fungiere dabei als „eine Art ‚Dach' für thematisch unterschiedlich orientierte Jugendszenen" (Hitzler/Bucher/Niederbacher 2001: 107).

Die HipHop-Kultur als Medium für z.B. ‚konsumkritische Inhalte' stellt im Sinne eines ‚Appells an ein neues Bewusstsein' ein interessantes Phänomen dar: Rap *made in Germany* ist „seit Jahren die Erfolgsgarantie der deutschen Popmusikindustrie" (Klein/Friedrich 2003b: 15). Das Paradoxe jedoch besteht darin: Musik wird „vielfach als gegenkulturelle Aktivität erlebt und führt – falls sie erfolgreich ist – zum kommerziellen Erfolg in dem System, das kritisiert wird." (Luger 1991, S. 242f.) Bands stehen somit zwischen den

---

231 Es folgen: 4. Techno, 5. Diskomusik, auf den mittleren Rängen Rock, Girl- und Boygroups, Heavy Metal, Blues/Soul/Gospel, Reggae und Jazz, nur geringe Nennungen verzeichnen Deutsche Schlager (5%), Klassik (3%), Country und Independent (je 2%); weit abgeschlagen in der Präferenz der Jugendlichen sind Deutsche Volksmusik, Kirchenmusik sowie Folk (je 1%). Schlusslicht sind mit 0 Prozent Chansons und Liedermacher (vgl. Zinnecker u.a. 2002: 144f.).

beiden Polen, einerseits eine Botschaft vermitteln zu wollen, womit sie nicht selten zu ‚Szene-Helden' avancieren, und dem Traum einer (Profi-)Musiker-Karriere andererseits, nämlich mit den Band-Aktivitäten den Lebensunterhalt bestreiten zu können, oder gar den „ganz großen Durchbruch" zu schaffen. Dies mag tatsächlich nicht für sämtliche Musikgenres zutreffen, wie es beispielsweise die Musiker einer *Black-Metal*-Band im Interview mit einem Musikmagazin glaubhaft machen wollen. Das „Vorhaben, Black Metal zu einer kommerziell verwertbaren Musik" machen zu wollen, sei „absurd". Erstens würden die Ideale der Szene ‚verraten', und zweitens sei der finanzielle Gewinn niemals so hoch, dass es sich dafür gelohnt hätte, „alles, was mir jemals etwas bedeutet hat, über Bord zu werfen." (Vgl. Diaz-Bone 2002: 256)

In einer diskurstheoretischen Betrachtung der Heavy-Metal-Szene stellt Diaz-Bone die „Doppelkodierung der Oppositionsseiten" für die Bewertung der Bandintegrität dar: demnach stehen „hohe Authentizität/fehlender Erfolg" einerseits und „weitere Anerkennung/Ausverkauf" sowie „Identitätserhaltung/künstlerische Stagnation" und „künstlerische Entwicklung/Identitätsverlust" andererseits diametral, wenn auch „möglicherweise nicht vollständig orthogonal zueinander"; dennoch sei eine weitgehende Unabhängigkeit der beiden Oppositionen gegeben, da sie sich ausreichend abgrenzten (vgl. Diaz-Bone 2002: 260). Über die Bedeutung von Songtexten im Metalgenre existieren unterschiedliche Auffassungen (Diaz-Bone 2002: 304ff.).

„Die Aussagen der Musiker beinhalten [...] vielfach Interpretationsaufforderungen an die Hörer, Selbstdistanzierungen von denotierten, einfachen Inhalten und Hinweise, dass die Songtexte eine andere Kommunikationsabsicht haben, als die wörtliche, wie die, eine Stimmung zu evozieren. [...] Dieser diskursive Status der Songtexte ermöglicht so nicht nur eine reflexive Distanzierung gegenüber einfachen Fremdbeobachtungen, sondern auch eine auf den Kopf gestellte Semantik in der Kulturwelt selbst: das Böse wird das Gute, das Schreckliche gewinnt ästhetisch-poetische Züge" (Diaz-Bone 2002: 307).

Im Bereich des *HipHop*[232] kann *Rap* als Medium für sowohl umfangreiche als auch inhaltsreiche Botschaften im ‚lyrischen Gewand' sich besonders dann als zweckdienlich erweisen, wenn es etwa um die künstlerische Auseinandersetzung mit gesellschaftskritischen Themen und die Verbreitung ent-

---

232 Zur Geschichte des HipHop (in der BRD): Verlan, Sascha/Loh, Hannes: 20 Jahre Hiphop in Deutschland. Wien: Hannibal, 2000. Weiterführende Betrachtungen: Menrath, Stefanie: represent what... Performativität von Identitäten im HipHop. Hamburg: Argument Verlag, 2001; Klein, Gabriele/Friedrich, Malte: Is this real? Die Kultur des HipHop. Frankfurt am Main: Suhrkamp, 2003b; Weinfeld, Jean: HipHop – Licht und Schatten einer Jugendkulturbewegung. In: Roth, Roland/Rucht, Dieter (Hrsg.): Jugendkulturen, Politik und Protest. Vom Widerstand zum Kommerz? Opladen: Leske + Budrich, 2000: 253-262. Beiträge aus verschiedenen Disziplinen zur HipHop-Kultur vereint der Band: HipHop. Globale Kultur – lokale Praktiken, hrsg. von Jannis Androutsopoulos (2003).

sprechender Inhalte geht. Sowohl bei einer HipHop-Performance als auch beim Anhören der Studioaufnahmen, die noch vielfach auf Vinyl (und CD) veröffentlicht werden, kann die Aufmerksamkeit der Zuhörer auf den Rapper und seinen nicht selten ausgiebigen Textvorträgen konzentriert sein. Dass auch HipHop eine Plattform für den Tierrechtsgedanken bzw. den Veganismus bieten kann, dafür steht das Beispiel und biographische Portrait eines vegan lebenden Rappers.

3.2 Interview mit Rapper A. und seinen Freunden O. und B.: „Das Ding ist halt einfach, dass wir Bewusstsein schaffen wollen"

Anfang des Jahres 2002 stieß ich bei Recherchen im Internet auf einen Eintrag im Gästebuch eines Gnadenhofes für Tiere. Es war der Text eines Liedes, welches das Leid der Tiere in unserer Gesellschaft anprangert; der Autor: ein vegan lebender Rapper aus „Nordstadt" in Deutschland. Im Juli 2002 kontaktierte ich A. per E-Mail und fragte nach einem Interview an. Als Termin wurde Freitag, der 30. August 2002 vereinbart. An dem Gespräch nahmen neben A. noch zwei seiner Freunde teil: O. (20 Jahre), ein musikalischer Wegbegleiter von A., seit sich deren Wege im Jahr 2000 auf einem „Freestyle-Battle", einem Rap-Improvisations-Wettbewerb, gekreuzt haben, sowie B. (22 Jahre), ein ehemaliger Graffiti-Sprayer. Als Ort für das Treffen wurde ein „Kneipenkollektiv" in G-Stadt mit ausschließlich vegetarischer bzw. veganer Speisekarte verabredet, in dem sich an dem Abend zwischen 19.00 und ca. 0.00 Uhr nie mehr als ca. 15 Besucher einfanden, wobei die Fluktuation sich ebenfalls in einem bescheidenen Rahmen verhielt. Das Interview wurde an einem der Tische durchgeführt, an dem wir zunächst eine Mahlzeit einnahmen und dann in ein lockeres Gespräch einmündeten. Beginn des ca. 100minütigen Interviews[233] war kurz nach 20.00 Uhr.

3.2.1 Summarische Fallinterpretation

Zum Zeitpunkt des Interviews ist A. 27 Jahre. Nach dem Besuch der Realschule absolvierte A. eine Ausbildung zum Versicherungsangestellten, anschließend leistete er den Zivildienst in einem Blindenheim. Nach einer zwei-

---

[233] Mitgeschnitten wurde das Gespräch, angelegt als *narratives Interview*, mit einem Kassettenrekorder, um eine wortwörtliche Transkription zu ermöglichen. Die in den folgenden beiden Kapiteln wiedergegebenen Interviewpassagen wurden im Interesse der Lesbarkeit gegenüber der Transkription des vollständigen Interviews entsprechend redigiert. Zur qualitativer Forschung siehe grundlegend: Lamnek (1995) sowie weiterführend Girtler (1988), Fatke (1997) und Oswald (1997). Zur Einführung in das Verfahren des narrativen Interviews vgl. Glinka (1998); zur Analyse und Interpretation qualitativer Interviews vgl. etwa Bernart/Krapp (1998) sowie zur qualitativen Inhaltsanalyse Mayring (2000).

jährige Berufstätigkeit entschloss A. sich dazu, noch das Abitur nachzuholen, um gegebenenfalls noch ein Studium aufzunehmen, „wahrscheinlich Soziologie", was er damals aber „noch nicht hundertprozentig" entschieden hatte. Mittlerweile studiert A. Soziologie, politische Wissenschaft und Europäische Ethnologie. Derzeit finden Arbeiten am dritten Studio-Album statt, die Veröffentlichung einer EP/DVD ist für Jan./Feb. 2005 geplant. Seit 1988 zählt A. sich zur HipHop-Szene; ab 1995 verfasst er eigene Texte („hab dann einfach mal losgeschrieben und das hat mich bis zum heutigen Tag eigentlich nicht mehr losgelassen"). Themen seiner Lieder sind neben sozialkritischen Texten Tierausbeutung („das war auf jeden Fall einer der Hauptgründe, warum ich angefangen hab [mit dem Rappen], weil ich versucht hab 'n Ventil zu finden"), Veganismus und die Rechte der Tiere. Die erste Veröffentlichung (eine EP) erschien 1998, ein Jahr später kam eine Maxi heraus, der in den Jahren 2000 das erste und 2002 das zweite Album folgten. Seit 1999 ist A. Veganer („wenn ich sie [andere Menschen] überzeugen will, dann muss ich natürlich auch selber hundertprozentig das leben, was ich denke"). Zur veganen Lebensweise ist A. „Schritt für Schritt" gelangt. Er repräsentiert einen Veganer-„Typ", der auf Grund eines emotionalen Erlebnisses, der Konfrontation mit Bildern von beispielsweise Tiertransporten, sich Gedanken zunächst über das Fleischessen gemacht hat („Also das Medium Fernsehen war da schon ziemlich ausschlaggebend, hab dann [1992] aufgehört, Schwein und Rindfleisch zu essen und kam dann langsam auf das Buch von Peter Singer *Befreiung der Tiere*"). Ein solches Schlüsselerlebnis führte ihn zu der Auseinandersetzung mit Aspekten der Nutzung von Tieren durch den Menschen. Für etwa ein Jahr habe er dann noch Fisch gegessen („die Motivation war eigentlich Mitgefühl so, das war das Ding, warum ich damit begonnen habe, da war aber noch nicht dieses theoretische Wissen, so diese Logik da"). Nachdem er auch aufgehört habe, „Milch zu trinken", habe er „noch ein Jahr lang Käse gegessen". 1999 folgte schließlich die Umstellung auf ein in möglichst allen Lebensbereichen vegan geführtes Leben („und dann hab ich recht spät 1999 dann angefangen, mich vegan zu ernähren und versucht das halt nach und nach in meinem restlichen Lebensbereich auch […] umzustellen").

Ein wichtiger Bezugspunkt dieser konsequenten Veränderung der eigenen Lebensgewohnheiten ist die Botschaft und die Intention seiner Texte („wo ich gesehen hab so […] man muss diesen Schritt konsequent auch weitergehen, noch 'n Schritt weitergehen und gerade wenn ich das in der Musik auch stark vertreten will und vor Leuten äh das, was mich bewegt, wenn ich sie überzeugen will"). Für die Umsetzung dieses als „Aufklärung" verstandenen, von der Absicht her die Tatbestände entlarvenden, erhellenden und in mancher Hinsicht sicher auch leicht ‚elitär' anmutendenden Ideals („deshalb schreiben wir ja auch Texte so und einfach Dinge, die für uns mittlerweile klar sind, die wir in uns aufgenommen haben und als Wahrheit vielleicht [...] irgendwie schon umgesetzt haben und leben [...] dass vielleicht andere Menschen überhaupt noch nicht dran gedacht haben [...] einfach Ideen geben und Bewusstsein schaffen"), ist die HipHop-Kultur für A., insbesondere der „Rap als Medium ziemlich geeignet, also ich denk HipHop ist noch, egal was heute draus [geworden] ist [...] man kann es immer noch als rebellische Jugendform benutzen". Das Rappen der selbstgeschriebenen Texte, verbunden mit der Absicht, andere Menschen für das Leid der Tiere zu sensibilisieren, ist *eine* Ebene; die zweite beinhaltet insbesondere kompensatorische Momente („die Rebellion muss ich schon sagen, leb ich hauptsächlich in den Texten") und ein kreativ-selbstbezogenes Potential, welches besonders in der Textzeile eines Songs („Raps sind Nahrungsmittel, sie füttern meine Seele") zum Ausdruck kommt und von A. – im Interview mit dieser konfrontiert – gestützt wird. So entspringe aus dem Schreiben eigener Texte für ihn „ein wahnsinniges Glücksgefühl" und „eine totale Befriedigung [...] in dem kurzen Moment [...] so dass man das, was in einem drinsteckt, in vielleicht genau den richtigen Worten so rausgehauen hat [...] und das is auf jeden Fall Nahrung für die Seele für mich".

3.2.2 Paraphrasierung und Interpretation ausgewählter Sequenzen

Die folgenden vier Sequenzen aus dem Interview mit A. deuten zum einen auf die Intentionen hin, die A. mit dem Rappen verfolgt („es gibt so viel Unrecht und man müsste eigentlich an allen Fronten kämpfen"), zum anderen kommen aber auch die Ambivalenzen seiner Person zum Ausdruck („bin mit mir irgendwie innerlich unzufrieden so ich kann das auch gar nicht weiter begründen"). Tiere seien A. „nicht wichtiger als Menschen", doch für Menschen werde „schon mehr gemacht", daher versuche er sein Augenmerk primär auf „die unterdrückten Tiere", „die noch Schwächeren sozusagen" zu richten.

1. Sequenz: „Mich regt jede Ungerechtigkeit auf, die ich wahrnehme"

Am: [...] ich beschränk das natürlich nicht nur auf die Tiere so (.) mir sind die-/ ist das Palästinaproblem (,) emotional genauso nah (,) wie wie der-/ wie das nächste Tier-KZ so-also-es-is-is (,) mich regt jede Ungerechtigkeit auf die ich wahrnehme
y1: ˪ Mhm.
Am: ˪ und versuche dagegen (,) meist äh (,) in *(lachend)* lyrischer Form irgendwie (*) vorzugehen oder mit Leuten zu sprechen (.) ähm (,) aber es gibt so viel Unrecht und (,) man müsste eigentlich an allen Fronten kämpfen und man muss seine Kräfte irgendwie einteilen und deshalb (.) liegt mir emotional dieses Tier-Thema besonders nahe (.) weil es auch noch so wenig in den Köpfen der Menschen drin is [...]

Seine persönliche Entwicklung stehe noch „am Anfang", „noch im ersten Drittel"; Veganismus ist in dieser Hinsicht offenbar eine erste Grundlegung, die A. bei anderen u.a. durch seine Texte zu initiieren sucht. Die HipHop-Szene allgemein hat großen Einfluss auf seine persönliche Entwicklung genommen; umgekehrt versucht A., andere Menschen durch seine Texte, insbesondere für die Tierrechtsproblematik, zu sensibilisieren. Eine maßgebliche Rolle spielt dabei das Stück „Ohne Rechte" – positive Reaktionen auf Texte wie „Ohne Rechte", in dem A. die Ausbeutung der Tierwelt anprangert, bilden einen besonderen Ansporn und machen ihm „immer wieder Mut", diesen Pfad fortzuführen.

2. Sequenz: Die Bedeutung der Szene

Am: [...] mein Spektrum ist einfach (,) durch HipHop und durch die Menschen denen ich durch HipHop begegnet bin (,) einfach gewachsen so (,) wahnsinnig gewachsen ist bunter geworden (,) aber es ist immer noch inner (,) im beginnenden Stadium so-ich denk mal (.) dass ich noch (*gedehnt* *) ziemlich (*) (,) äh am Anfang stehe so in meiner (,) geistigen Entwicklung was ich echt jetzt (..) noch im ersten Drittel bin so auf jeden Fall aber (,) ähm (.) es macht mir immer wieder Mut wenn ich irgendwie vereinzelt Stimmen hör von Leuten die meine Platte gehört haben (,) die ähm (,) sei's auch nur <u>ein Lied</u> so gut fanden und (,) äh (,) sensibilisiert wurden für irgendein Thema (,) grade das Lied „Ohne Rechte" [...]:

Ich spüre Ohnmacht, schau mich an, was soll ich tun?
Dunkle Wolken am Horizont. in mir tobt ein Taifun.
Moral, was ist das? Wohl nur etwas für Spinner.
Dort wo es sie nicht gibt, sitzen Gewinner – und zwar immer.
Die Ethik zweigeteilt, der Mensch trägt die Krone.
Ist man ein Tier, stirbt man für Feinschmecker und die Mode.
[...]
Drum leih' ich meine Stimme denen, die keine haben.
Die ohne Rechte sind – in aussichtslosen Lagen.
Bewusstsein will ich schaffen, und es wird höchste Zeit.
Tagtäglich erleiden Tiere für uns das größte Leid.
[Textauszug aus: „Ohne Rechte"]

Die empfundene Ohnmacht besteht insbesondere darin, dass die meisten Menschen gegenüber dem Leid der Tiere immun zu sein scheinen, nicht zuletzt spielen Sozialisationsfaktoren dabei eine entscheidende Rolle. Dies wird durch die folgenden Zeilen in dem Text „Ohne Rechte" thematisiert:

Menschen wollen's nicht wissen.
Verstecken sich hinter Kulissen.
Keine freie Meinungsbildung, denn man wächst leider hinein.
Welches kleine Kind müsste nicht beim Anblick der Wahrheit schreien?
Das gäb 'n Trauma, und zwar für den Rest des Lebens.

[...]
Doch so ahnt man als Kind nichts von den ganzen Grausamkeiten,
die die großen Erwachsenen den Kreaturen bereiten
[...]
Moderne Sklaven der Menschheit – und die entscheidet,
welches Tier zum Freund wird – und welches leidet.
Der eigene Vorteil zählt, Bedürfnisse der Tiere wenig.
Wissen, wie das Schnitzel vorher aussah, will man eh nicht.
Thema erledigt!

[Textauszug aus: „Ohne Rechte"]

Eine wichtige Zeile in dem Song ist in einer neueren Version verändert worden. Ursprünglich hieß es in dem Text: „Wenn es um Tiere geht, wird jeder Mensch zum Nazi. – Vegetarismus ist für jeden ein Nahziel." Im Folgenden wurde der Text dahingehend modifiziert, dass der Begriff Vegetarismus dem des Veganismus gewichen ist. Im Februar 2004 gab A. auf seiner Webseite eine Erklärung darüber ab, dass und warum er diese Textzeile („Als Resultat eines Bewusstseinsprozesses...") nicht mehr verwenden werde. Aktuell heißt es an dieser Stelle: „Wenn es um Tiere geht, wird Mensch blind und taub. Dieser blutigen Fassade hab ich schon als Kind misstraut." Laut seiner Erklärung solle die „Kritik an den tierfeindlichen Verhältnissen dieser Gesellschaft [.] sich darauf konzentrieren, das Wesen der Tierausbeutung zu analysieren, anstatt die Phänomene zu vergleichen." Bei Anführung des o.g. Vergleichs bestehe „die Gefahr der Enthistorisierung der Nazi-Verbrechen. Dies war nicht meine Absicht als ich den Text schrieb." (A., im Februar 2004)

Die Textzeile „Wenn es um Tiere geht, wird jeder Mensch zum Nazi" spielt auf einen Roman des jüdischen Schriftsteller und Literaturnobelpreisträgers Isaak Bashevis Singer an, der in seinem Roman *Feinde, die Geschichte einer Liebe* (zuerst 1972) den von Tierrechtlern häufig angeführten, sensiblen Vergleich von Holocaust und Tiervernichtung, z.B. durch den oben zitierten Ausspruch, durch seine Romanfigur Hermann zum Ausdruck bringt:

„Die Vögel hatten den neuen Tag angekündigt, als wäre es der Morgen nach der Schöpfung. Laue Lüfte trugen den Duft des Waldes heran, und aus den Hotelküchen kamen Essensgerüche. Herman meinte, den Schrei eines Huhns oder einer Ente zu hören. Irgendwo wurde an diesem lieblichen Sommermorgen Geflügel geschlachtet; Treblinka war überall." (Singer 1978: 140).

An späterer Stelle wird diese Analogie[234] von Singer noch einmal konkretisiert:

---

234 In dem Roman *Das Leben der Tiere* (2000) von J. M. Coetzee wird die Analogie von Holocaust und der massenhaften Tötung von Tieren durch die Figur der Tierrechtlerin Elizabeth Costello artikuliert (vgl. Coetzee 2000: 15f.).

„Schifrah Puah hatte zwei Opferhennen gekauft, eine für sich und eine für Mascha; für Hermann hatte sie einen Hahn kaufen wollen, aber er hatte es verboten. Er hatte jetzt seit einiger Zeit daran gedacht, Vegetarier zu werden. Bei jeder Gelegenheit wies er darauf hin, daß das, was die Nazis mit den Juden gemacht hatten, dasselbe sei, was die Menschen mit den Tieren machten." (Singer 1978: 181).

3. Sequenz: Massenmediale Wirksamkeit und mediale Selbstinszenierung

Am: ähm wenn ich jetzt sagen müsste es-ich mach wenn ich live auftrete nur ein einziges Lied-ich dürfte nur ein Lied machen dann wär's immer „Ohne Rechte" so (,) weil (,) weil das eigentlich meine Mission is so (.) die-die ich äh (,) in die Welt bringen möchte so und (.) und mit diesem Lied möchte ich auch ins Gespräch kommen mit Leuten möchte ich diskutieren und (,) ähm (,) und das ist mir (,) in der Vergangenheit auch (,) recht häufig gelungen, dass mich einfach Leute angesprochen haben (.) ähm (,) oder die mir einfach gesagt haben (,) das hat ihnen Mut gemacht (,) und ich hab dieses Lied ja auch einfach auch geschrieben, weil in b-/ damals als ich anfing (,) fühlt ich mich ziemlich alleine so (,) ich sah Bilder im Fernsehen
y1: ˪ Ja.
Am: ˪ aber, wenn man irgendwelche politischen Talkshows sieht oder (,) man guckt „Viva interaktiv" oder irgendeine Sendung, die die Massen sehen (,) da saß ich damals da und dachte, mein Gott, ihr redet einen Scheiß zusammen (,) und da draußen (,) jeden Tag, werden Millionen von Lebewesen (,) gequält, diskriminiert, ausgebeutet, sag mal, das kann doch nicht wahr sein so und dass ähm (,) dass es Leute geben muss (.) ähm (.) die einfach ähm (.) die (,) denen auch eine Bühne geboten wird und äh dass sie die dann auch nutzen und dass sie einfach
y1: ˪ Mmh.
Am: ˪ ähm (,) sagen was (,) was Sache ist so und das hat (,) das hat mich halt damals aufgeregt und (.) ähm (.) ja ich denk schon dass (,) dass ich (,) n paar Leuten (,) n bisschen Mut machen konnte und Hoffnung geben konnte dass sie nicht <u>alleine</u> stehen dass sie (,) auf dem richtigen Weg so (.) und deshalb hat sich's auf jeden Fall schon gelohnt.

Die HipHop-Szene bietet eine Plattform zur Kommunikation, zunächst auf einer Metaebene, nämlich über das Vortragen der Texte als Rap, wobei es gegebenenfalls zu einer positiven Rückkopplung kommen kann, wenn einzelne Personen aus dem Auditorium sich von der Botschaft der Texte angesprochen fühlen. Auf der anderen Seite steht die große Macht der Massenmedien, die Themen vorgeben, andere Facetten menschlichen Daseins dagegen ausblenden, die in erster Linie unterhalten wollen. Rap ist für A. ein Medium, um zum einen gegen die angeprangerten Missstände aufzubegehren, aber, zum anderen, auch ein Medium, um

„Leute zu überzeugen oder [zu] versuchen ans Bewusstsein der Leute zu kommen (.) da seh ich Rap so als Medium (,) ziemlich geeignet-also ich denk (.) HipHop ist egal was heute draus [geworden] is, man kann es immer noch als rebellische Jugendfom benutzen."

Wichtig sei es, das hebt A. an anderer Stelle des Interviews noch einmal hervor, dass „durch eine Jugendkultur es möglich ist, einfach zu reifen und zu lernen und ein wahnsinniger Erfahrungsaustausch möglich ist, egal ob's nun Punk ist oder Hardcore oder Rap."

Der ‚Rebell' aber ist auf der anderen Seite auch ein ‚Missionar', der den „richtigen Weg" vorzugeben glaubt und der sagt, „was Sache ist". Der Rapper wird hier zum Prediger des ‚Guten' gegen das ‚Abscheuliche' („Dinge, die für uns mittlerweile klar sind, die wir in uns aufgenommen haben und als Wahrheit vielleicht irgendwie schon umgesetzt haben und leben..."). Eine wichtige Person für A. ist neben Gandhi und Martin Luther King der aus der Studentenbewegung bekannte Rudi Dutschke, von dem A. gesprochene Sequenzen als Sample für einige seiner Songs benutzt hat.

y1: Unter anderem in dem Song „Kleine Welt". Ich hab mir dieses Dutschke-Zitat mal aufgeschrieben. Da heißt es „Es gilt erst mal ein Bewusstsein des Missstandes zu schaffen"
Am: └ Genau-genau und deshalb schreiben wir ja auch Texte so und (,) einfach äh (.) Dinge die für uns mittlerweile klar sind (,) die wir in uns aufgenommen haben und (,) als Wahrheit vielleicht (,) is-wahrscheinlich-doof-aber-als-/ (,) irgendwie schon umgesetzt haben und (,) leben (,) das äh (,) in uns drin steckt so (,) dass vielleicht andere Menschen das überhaupt noch nicht (,) dran gedacht haben oder (,) einfach Ideen geben und Bewusstsein schaffen so und das (,) äh „Kleine Welt" is ja so'n Song der (,) die Ursprungsidee war einfach dass (,) dass viele einfach nicht über'n Tellerrand gucken so (,) dass sie in einer kleinen Welt leben (,) äh und äh das Ding ist halt einfach dass wir (.) ähm Bewusstsein schaffen wollen

Die abschließende vierte Sequenz stellt die Ambivalenzen des Rappers heraus, der insgesamt eine reflektierte Haltung u.a. zum Umgang mit Drogen einzunehmen weiß und diesbezüglich mit sich selbst auch noch im Zwiespalt steht („...bin mit mir irgendwie innerlich unzufrieden, ich kann das auch gar nicht weiter begründen"). A. lehnt Alkohol und Drogen an sich weitgehend ab; Alkohol spielt in seinem Leben überhaupt keine Rolle. Dennoch zählt A. sich nicht zu den Straight Edgern.

4. Sequenz: Glücksgefühle oder: Die ambivalente Haltung zu Drogen...

Am: Ich mag Alkohol auch nicht weil ich denk (,) Alkohol macht ähm (,) richtet viel Schaden an so weil's viele Leute müde macht und ablenkt (.) von der äh (,) Realität genau wie alle Drogen so auch (,) ähm wo ich selber aber sagen muss dass ich (,) auch schon Cannabisprodukte äh (,) konsumiert habe und vielleicht auch (,) noch konsumieren werde was ich im Moment nicht weiß (.) seit drei Wochen hab ich (*lachend*) nichts mehr konsumiert so (*) ähm (,) das ist grad n Thema wo ich auch versuch einfach äh (,) irgendwie Klarheit zu kriegen so weil (,) eigentlich bin ich ab-/ bin ich gegen Drogen muss ich schon sagen (.) ähm auf der andern Seite (.) waren die Erfahrungen die ich mit-/ mit Cannabisprodukten gemacht hab auch ganz (*lachend*) interessant so (*)
Om: └ (*lacht*)
Am: └ (*lautes Lachen ca. 1 Sekunde*) Aber das Ding ist halt (,) es ist eigentlich auch scheiße weil wenn ich so (,) argumentiere (,) oder so über

Cannabisprodukte spreche (.) ähm kann-ich-/ kann niemand verurteilen der (,) irgendwie kokst und sagt das ist für ihn das irgendwie oder für ihn bedeutet das genau das Gleiche (,) von daher (,) hab-ich da im Moment mit mir noch selber Probleme
y1: ᴸ Mhm.
Am: ᴸ äh bin mit mir (,) irgendwie innerlich unzufrieden so ich kann das auch gar nicht weiter begründen (,) aber es ist einfach so (*gedehnt* *) weil (*) (.) aus der (*gedehnt* *) Tiefe (*) meiner Seele würd ich eigentlich sagen (,) hat der Mensch Drogen (,) nicht nötig so-es is einfach (,) einfach nicht nötig Drogen zu konsumieren-man kann auch (.) einfach (,) durch das Leben an sich (,) Glücksgefühle und Schönheit erleben und braucht Drogen nicht (,) äh aber (.) wie gesagt da-auch-da ist der Punkt noch nicht abgeschlossen (.) was ich in „Neues Kapitel" meinte mit äh „ohne Drogeneinfluss"
y1: ᴸ Mhm.
Am: ᴸ als ich den Text schrieb und wieder eins dieser Glücksgefühle hatte so da dacht ich (,) dass muss man einfach mal sagen (,) das dieses Gefühl wenn man einen Text schreibt oder (,) dass das einen so befriedigt dass da wahrscheinlich selbst (..) (*lacht*) (*) irgend-die geilste Droge nicht mitkommt weil (,) das Leben an sich schon so geil ist (,) und der Moment (,) war so schön [...]

3.3 Kurzportrait eines Schlagzeugers einer Vegan Straight Edge Hardcore/Metalcore-Band: „Ich habe kein Mitleid mit jemandem, der Fisch isst und an 'ner Gräte stirbt"

T. ist zum Zeitpunkt des Interviews – im Juni 2003 – 23 Jahre und seit neun Jahren Vegetarier, davon lebt er die letzten sechs Jahre vegan. Mit 14 sei er „in die Materie eingestoßen", angeregt durch den Besuch eines Schlachthofes, der im Rahmen einer schulischer Exkursion statt gefunden habe, „mit einem engagierten Lehrer, der uns das mal aufzeigen wollte. Und ja, seit dem Tag war ich fleischlos." Nach und nach hat T. sich in den Themengebieten der Nutztierhaltung und der Ernährung vertieft, „Bücher gelesen" und „Gespräche geführt". Eines Tages habe er auch „Fisch weg gelassen", außerdem „Zusatzstoffe", deren Ursprung oftmals nicht zweifelsfrei zu klären ist. T. hat noch zwei Brüder im Alter von zwei und 12 Jahren, sowie eine Schwester, die, wie seine Mutter („die beste Köchin"), mittlerweile Vegetarierin geworden sei. Mit seiner Freundin, die ebenfalls vegan und *straight edge* lebt, ist T. seit 4 Jahren zusammen. Eine Beziehung mit einer Nicht-Veganerin würde „auf Dauer nicht gehen". In dieser Hinsicht sei er „doch 'n ziemlich intoleranter Mensch, was das Thema angeht". T. lebt mit seiner Freundin als „kleine vegane Kommune" im Haus der Eltern. Nach Abbruch des Gymnasiums („keine Lust mehr auf Schule") in Bayern absolvierte T. eine Ausbildung („zum Einzelhandelskaufmann und ist seitdem als kaufmännischer Angestellter tätig. Zudem betreibt er einen Großhandel für vegane Lebensmittel („Nahrungsmittel, die es hier in Deutschland nicht gibt"), die er aus dem Ausland importiert und dann an die Vegan-Läden und Vegan-Versandhändler in Deutschland, Österreich und der Schweiz weiter veräußert.

Veganer wurde T. „von einem Tag auf den anderen"; erinnern, exakt an jenen Tag erinnern, kann er sich im Interview nicht mehr. Jedoch „musste der richtige Zeitpunkt kommen", er sich „selbst dafür bereit fühlen", „gerne zu verzichten" und „wo es [...] nicht mehr anders geht vom Gewissen her." Auf seine Gefühle damals beim Besuch des Schlachthofs angesprochen, spricht T. von „Horrorbilder" und dass er „im Schlachthof selbst Ekel" empfunden habe. Auf einmal mache man sich „eben Gedanken, was machst du eigentlich da?" – „Du beschäftigst dich zuerst mit dem, was du wirklich siehst, wenn du neu in der Materie bist." T. lebt zudem *straight edge* und spielt in einer fünfköpfigen Vegan Straight Edge Hardcore/Metalcore-Band Schlagzeug.

„Ich will das für mich, dass ich jeden Tag so leb', dass ich mir denke, ich kann Leute dazu bringen, 'ne bessere Welt zu schaffen" (T., Interview, 27.6.2003)

T. ist nach eigenen Angaben „früher in der Punk- und Metalszene unterwegs" gewesen. Nach dem Umzug vom Heimatort in ein 40 km entferntes neues Umfeld, fühlte er sich „praktisch allein". In musikalischer Hinsicht aber fühlte T. sich „frisch in der Hardcore-Szene zu Hause". Die Musik, die er höre, sei eine „ziemliche Seltenheit". So sei es auch ein „unglaubliches Glück" gewesen, dass er „Leute getroffen" hat, die genau diese Musik auch hörten, sich in eben dieser Szene auch bewegten. Dies waren „5, 6 Leute, die 'ne Band hatten", mit denen sei er „ins Gespräch gekommen" und habe „deren Konzerte besucht". Er selbst habe mit 15, „kurz vorher angefangen, Schlagzeug zu spielen", dieses habe er „von einem Schulkollegen abgekauft". Das Schlagzeugspiel habe T. „nie erlernt", sondern vielmehr habe er „versucht, CDs nachzuspielen". Nach Auflösung jener Band kam es zur Neugründung einer Band, der eine „Probe im Jugendzimmer des Sängers" vorausging. Seit 1997 existiert diese Band. Die Position des Bassisten ist bereits zum dritten Mal neu besetzt worden. Der Kern der Band besteht neben T. am Schlagzeug aus dem Sänger und einem der Gitarristen. Alle Bandmitglieder leben vegan und *straight edge*; dies sei eine „kleine Bedingung" für die Aufnahme eines Musikers in die Band. Auf die Straight-Edge-Bewegung ist T. als 15-Jähriger aufmerksam geworden: „Mit 15 habe ich angefangen Hardcore zu hören." In den Texten der Bands sei es „oft um das Thema Straight Edge" gegangen; daraufhin habe T. sich „schlau gemacht", was es z.B. mit den drei ‚Kreuzen' (XXX), häufig auf dem Handrücken markiert, auf sich habe und so habe er „mit 16 beschlossen, dem zu folgen". T. akzeptiert es, wenn jemand nicht straight edge leben möchte („Straight Edge ist eine persönliche Sache für mich. Veganismus sehe ich und akzeptiere ich als den einzigen Weg"). Für ihn selbst bedeutet Straight Edge, „auf sämtliche fremden Einflüsse auf den Körper zu verzichten". Tee komme schon in Frage, Koffein („Gift für den Körper"), Alkohol, Zigaretten und „sonstige Rauschmittel, die nicht sein müssen", lehnt er hingegen entschieden ab, um seinen „Körper immer kontrollieren zu können."

Wie radikal und offensiv er (und seine Mitstreiter) den Veganismus als quasi religiöses Dekret mit festem Glauben an die Utopie („gegen diese Ignoranz, denk ich, werden wir eines Tages gewinnen, hundertprozentig") in einer sehr elitär anmutenden Weise („Weil ich einfach erkennen musste, dass es keinen Sinn hat bei vielen Leuten") vertreten, wird exemplarisch an folgender Interviewsequenz deutlich:

Tm: Also, wir führen einfach einen symbolische Krieg gegen die normale Welt. Also, ich find's jeden Tag 'n Kampf, vegan zu sein. Und zwar 'n guten Kampf, den ich gerne kämpfe. Ist alles sehr bildlich, also ich bin nicht so'n Fanatiker, der hier mit Schwert rumläuft. Das ist echt nur bildlich. Jeden Tag, sollte man sich bewusst werden, was man macht, oder wie man etwas macht und warum man es macht. Und das musst du dir glaube ich jeden Tag sagen. Es gibt viele Veganer, die da stagnieren und vor sich hin leben und sagen ‚Ich bin's halt, ich bin vegan und das ist okay.' Und das als Selbstverständlichkeit hinnehmen. Ist auch 'ne Selbstverständlichkeit. Aber trotzdem sollten wir, ich will das für mich, dass ich jeden Tag so leb, dass ich mir denke: ich kann Leute dazu bringen, 'ne bessere Welt zu schaffen. Also allein durch Sprechen oder, wenn sich jemand interessiert. Ich bin auch nicht mehr jetzt hier so gesprächig, wie ich vor drei, vier Jahren war, so missionarisch tätig. Weil ich einfach erkennen musste, dass es keinen Sinn hat bei vielen Leuten. Und gegen diese Ignoranz, denk ich, werden wir eines Tages gewinnen, hundertprozentig. Und die Ignoranz irgendwann, die Leute bekommen, was sie verdienen, und das glaube ich einfach. Ich habe kein Mitleid mit jemanden, der Fisch isst und an 'ner Gräte stirbt.

(Interviewsequenz T., 27.6.2003)

Konzerte werden weniger als Plattform für die Verbreitung der Tierrechtsidee oder die Werte des Straight Edge genutzt, zumal sich bei der Band eine gewisse Hinwendung vom Hardcore zum Metal vollzogen hat. Bei einem stärker im Hardcore verwurzelten Publikum könnte man das Wissen um den Veganismus zwar weitgehend voraussetzen, dennoch ist entsprechenden Verkündungen kein ungeteiltes Echo sicher. Metal als dem Hardcore benachbarte Musikrichtung sei im Vergleich zum Hardcore „eine politisch eher diffuse, schwer einzuordnende Szene" (Baacke 1997, S. 259). Baacke zieht den Schluss, „daß Heavy Metal weniger eine Lebensform hervorgebracht hat, als einen bestimmten Typus von Rockmusik." (Baacke ebd.). Eine dementsprechende Bedeutung kommt auch den Konzerten zu:

Tm: Konzerte, ist für mich eher, da geht's einfach vielmehr um die Show, da geht's um die Show und nicht um Inhalte. Also, Musik ist zur Unterhaltung. Wenn ich mich mit Texte befasse, weil, keiner, der auf'm Konzert ist, kann sich irgendwie mit den Texten auseinandersetzen. Das macht er, wenn, dann zu Hause, und kommt dann zu den

Konzerten und weiß, was wir da gerade hier vortragen. Aber so groß erklären oder so auf der Bühne, das machen wir nicht. Man sieht es uns zwar an vielleicht, dass wir vegan straight edge sind, eben durch Merchandise, verschiedene Artikel und so und haben auch dort die ein oder anderen Gespräche am Merchandise-Tisch oder auch unterm Publikum dann. [...] Aber auf der Bühne nicht.

y1: Du hattest gerade gesagt, das käme zu ‚hardline' rüber, für die Leute hier, oder, was meinst du genau damit?

Tm: Wir sind, wie gesagt, sehr überzeugt. Unser Sänger ist auch ein sehr militanter Mensch, was das ganze Thema betrifft, ähnlich wie ich. Nur dass ich kein Mikro[phon] hab' (*lacht*). Er hat halt 'n Mikro und kann sprechen, auf der Bühne. Und kann, und sagt dann ab und zu seine... Der denkt 'n bisschen zu hart anscheinend für manche Leute. Und damit bekommt die Band 'n Ruf, den sie eigentlich nicht hat. Weil irgendwas total falsch ausgelegt wird. Weil Leuten einfach fehlt, das Bewusstsein manchmal. Also ich bezeichne das gerne als Bewusstsein, weil manche Leute einfach ohne Bewusstsein rumlaufen – für mich. Und das wird dann so verstanden, wird anders weitergeben und schon biste so und so, biste Hardliner und bist Sexist und Faschist und Nazi und was wir nicht alles schon waren. Und darauf haben wir einfach keine Lust mehr. [...] Und da unser Publikum zusehends anders wird oder wir auch immer mehr in die Metalszene jetzt mit reinrutschen durch die Musik, ist da sowieso kein Interesse. Das versuchen wir dann wirklich durch die Texte, falls sich da jemand beschäftigen sollte mit den Texten [...], wobei, wie gesagt, die Texte auch nicht direkt drauf ansprechen [auf den Veganismus, T.S.]. Also Musik ist wirklich nur, jetzt, 'ne Show einfach, 'ne Show und Spaß zusammen zu haben und Leute zu treffen, mit denen zu sprechen.

(Interviewsequenz T., 27.6.2003)

Eine Ansage des Sängers bei einem Auftritt der Band auf einem Benefiz-Festival zugunsten einer internationalen Kampagne gegen Europas größtes Auftragslabor für Tierversuche HLS (*Huntingdon Life Sciences*) hatte ungeahnte Folgen. Die Band wurde übelst beschimpft und diffamiert. Wie es dazu gekommen ist, konkretisiert T. in der folgenden Passage:

Tm: Wir hatten zum Beispiel [...] im Mai ein Konzert, für 'ne SHAC[235] Benefiz-Show war das eben hier. Da war vorher der Film von HLS, da war's so, dass eben da Aufnahmen waren, wie wirklich die Hunde geprügelt wurden und sich darüber lustig gemacht wurde, zum Beispiel jetzt in den Versuchslaboren. Und wir haben uns eben bedankt auf der Bühne, für die Show, für das Engagement der Tierrechtler, die die Show auf die Beine gestellt haben, gesagt, was dahinter steckt, dass es eben 'ne gute Sache ist, dass wir hier spielen, weil wir eben was Gutes tun wollen, und weil wir der Meinung sind – jetzt kommt der entscheidende Satz –, dass solche Leute wie in dem Video, die Lebewesen so behandeln, unserer Meinung nach auch kein Recht auf Leben haben, weil sie nicht wissen, wie man damit umgeht. Hört sich hart an, haben die Leute hart verstanden und schon biste 'n Faschist, der sagt, hier ‚jemand, der tötet, muss selbst getötet werden' oder ‚jemand, der Tiere tötet, hat auch kein Recht zu leben.' Darauf wirst dann halt... Unser Sänger hat sich dann auch dazu geäußert und hat gesagt, wie er's gemeint hat. Aber, wie gesagt, das bringt nichts, wenn Menschen das Bewusstsein nicht haben, dann klappt's einfach nicht, dann hat's keinen Sinn. Und da

---

235 SHAC = *Stop Huntingdon Animal Cruelty*, Kampagne gegen HLS (und seine Auftraggeber in aller Welt), gegründet 1999 in England. Das deutsche Segment der Kampagne wurde im Oktober 2001 ins Leben gerufen.

war eben der Faschisten-Vorwurf, Rassist, Sexisten, und, ja, das wird einem alles angedichtet. Wir sind schon berühmt in Sachen schlechte Eigenschaften. [...]
[...] Das anonyme Internet wird da oft sehr gern genutzt, um sich da kundzutun oder um sich über die Band auszulassen. [...] Auf Gästebüchern, in Foren. Unser Gästebuch war voller Beschimpfungen.

(Interviewsequenz T., 27.6.2003)

Nach T. orientiere die Band sich zukünftig mehr an der Metalszene, einer eher unpolitischen Musikszene, auch wenn sich das sicherlich nicht pauschalisieren lässt. Das Interview wurde geführt, als die Band für einen Auftritt bei einem dreitägigen Festival ins Ruhrgebiet gereist ist, ein Festival mit vorwiegend am Metal orientierten Bands, zwar kein „Tierrechtsfestival" – trotzdem hatten die Veranstalter einen veganen Snack-Stand auf dem Festivalgelände organisiert.

3.4 Kurzportrait eines Sängers einer Punkrockband: „Man wird die Gesellschaft vielleicht verändern können, wenn's auch 'n bisschen Spaß macht noch dabei "

M. ist zum Zeitpunkt des Interviews 28 Jahre. Das Interview mit M. fand statt am 25.4.2003 vor und nach dem Auftritt seiner Band in einem Kinder- und Jugendzentrum einer nordrhein-westfälischen Kleinstadt. M. studiert Lebensmitteltechnologie und steht offenbar formal kurz vor dem Abschluss seines Studiums; er müsse seine „Diplomarbeit noch abgeben" – allerdings vollzieht sich dieser letzte Schritt, nicht zuletzt auch aufgrund seiner Tätigkeiten als Sänger und Texter einer Punkrockband „sehr, sehr mäßig". Vielmehr noch betont M., er habe sich mittlerweile „selbständig gemacht". Neben den Aktivitäten, die seine Band betreffen, mit der er an Wochenenden ausgiebig in Deutschland, Österreich und der Schweiz tourt, schreibt M. für einige Musikmagazine, organisiert Konzerte (auch für andere Bands), betreibt ein Label und legt zudem noch auf (DJ-Tätigkeit). Seit der Gründung 1995 hat die Band vier Studioalben, eine EP sowie eine Split-CD (d.h. auf dem Tonträger ist noch eine weitere Band vertreten) veröffentlicht, die größtenteils vergriffen sind; zuletzt wurde eine EP im CD-Format mit fünf Titeln produziert. Zum 10-jährigen Bandjubiläum soll es ein neues Album geben, Songs seien jedenfalls ausreichend vorhanden. Neuerdings steht auch M. bei den Konzerten mit einer Gitarre auf der Bühne, doch spiele er nach eigenen Angaben das Instrument „nicht gut". Anfragen für Konzerte der Band gäbe es mittlerweile auch aus Japan. Die Konzerte der Band waren im Jahr 2003 „gut besucht" und es gingen viele E-Mails ein. Diese beinhalten nicht zuletzt Bestellungen von Tonträgern oder Fanartikeln aus einem doch beeindruckenden Merchandising-Sortiment, das auch während der Tour bei den jeweiligen

Auftritten der Band an einem separaten Stand innerhalb der Lokalität, die sich die Band „bedingt auswählen" kann, angeboten wird: verschiedenfarbige T-Shirts mit unterschiedlichen (Band- oder Tierrechts-)Motiven, sogar spezielle Girlie-Shirts (für Mädchen/Frauen), Girlie-Spaghetti-Träger, Girlie-Langarm- und neu: Kurzarm-Shirts; die Girlie-Shirts sind wahlweise erhältlich in „rosa, himmelblau, schwarz mit orangen Bündchen, schwarz mit weißen Bündchen oder oliv mit schwarzen Bündchen" (Merchandising-Sortiment), außerdem im Programm sind Kapuzenpullis in drei unterschiedlichen Farben („grufti-schwarz, sozi-rot oder skater-grün") und verschiedenen Größen, ein Aufnäher, ein Button und natürlich die Tonträger der Band. M. äußert in dem Gespräch, dass der Band auch schon Artikel vom Verkaufsstand gestohlen worden seien und dass einige Leute der Band noch Geld schuldeten.

Es gäbe „viele Gründe, 'ne Band zu gründen", doch solle solch ein Unterfangen „auch Spaß machen" und sei eine „Sache, die mich begeistert", eine „Leidenschaft". Dazu zählen auch die „Ambitionen, woanders hinzufahren", und eben nicht nur in der Region zu verweilen und dort zu touren, wo es auf Dauer eben „langweilig" würde. Punk als Szene biete eine gute Voraussetzung, bundesweit Konzerte zu spielen „und das mit einem ultrabeschissenen Demotape". Fernerhin biete sich durch das Touren und die Musik die Möglichkeit, „andere Leute kennen zu lernen".

M. versucht, „soweit wie möglich, vegan zu leben" bzw. „so vegan wie möglich zu leben", wobei er keinesfalls eine dogmatische Grundhaltung an den Tag legt, doch: „Jedes Lebewesen sollte ein Grundrecht haben auf ein schmerzfreies, unversehrtes Leben." Dass er diesen Grundsatz auch in die Praxis umsetzt, zeigt der Umstand, dass er kürzlich ein Schwein gekauft (und damit vor der Schlachtung gerettet) hat, für welches er aktuell ein Grundstück zur Unterbringung sucht. Das Geld dafür habe er zusammengespart.

„Viele Punk-Klischees, fast alle, gehen mir vollkommen am Arsch vorbei" (M., Interview, 25.4.2003)

Zum Interview und auch auf der Bühne an dem Abend erschien M. in Jeans, T-Shirt und Leinenschuhen, allenfalls seine Frisur und vielleicht die Flasche ‚Puschkin Red', aus der er während des Interviews trank und die er nach dem Auftritt weiter leerte, erinnerten ansatzweise an einen Punk. M. trägt somit auch „keine Nietenlederjacken, sowohl aus ethischen wie auch aus modischen Gründen" (*lacht*). Die Musik dient nicht der bloßen Unterhaltung, sondern ist zugleich Träger der mitunter sehr nachdenklich stimmenden Texte, die M. für die Band verfasst. Einige der Texte[236] spielen mehr oder weniger direkt auf die Nutzung und Ausbeutung der Tiere in unserer Gesellschaft an. Wenn man „Spaß-Musik" mache, dürfe „nichts drum herum sein". Benefiz-Konzerte für Tierrechte wären ein Beispiel für das ernsthafte Ansinnen der Band, deren Mitglieder zwar nicht allesamt vegan, aber vegetarisch leben. Der Schlagzeuger, so äußerte er in einem informellen Gespräch, sei durch die Band für den Vegetarismus „erst sensibilisiert worden" (*Gesprächsnotiz*, 25.4.2003).

In einem Song der zuletzt erschienen EP werden Vorurteile gegen Vegetarier und Veganer thematisiert:

Du sagst: Vegetarier können nicht tanzen
die Haut ist immer bleich
denn die essen ja kein Fleisch
das Gemüse schmeckt alles gleich
[...]
Du sagst: Vegetarier haben keinen Geschlechtsverkehr
die wollen doch nur kuscheln
sind ständig immer krank
wahrscheinlich alles geisteskrank
die sind immer ganz traurig,
weil der Schinken ihnen fehlt.
Nein, hier wird kein Tier gequält
das hat dein Bruder dir erzählt

Während der Song *Blumen* („Ich ess' Blumen, denn Tiere tun mir leid / Lieber Akazien statt 'nen dicken, fetten Schinken") der Band *Die Ärzte* noch ein Zugeständnis an die Ernährung fleischessender Haustiere bewahrt („Wenn's Würstchen noch so lacht – es ist aus Tier gemacht / Nur meine Katzen fressen Kuh-Ragout aus Dosen."), verschärft der zuvor erwähnte Liedtext diese Problematik im Sinne der Tierrechtsidee dahingehend, dass domestizierte Tiere in der Obhut des Menschen aus ethischen Gründen ebenfalls aus jeglicher Nutzung oder gar Tötung anderer Tiere ausgeschlossen werden sollen: „Du sagst: Vegetarier können nicht tanzen / Selbst der Hund kriegt keinen Pansen..." Die letzte Strophe schließlich spielt u.a. auf ein Pamphlet der Grünen-Mitbegründerin Jutta Ditfurth (1996) an und endet mit einer sarkastischen Schlusszeile:

Am Schlimmsten sind Veganer
ja, was soll man dann noch essen?
Das sind Ökofaschisten

---

236 „Mit dem appellativen Charakter der meisten Songtexte findet die in der Punk umgebenden Welt plakativ eingesetzte Sprache ihre Entsprechung [...] um über das angemessen singen zu können, was bisher in dieser Vehemenz und Dichte in der populären Musik unthematisiert blieb." (Lau 1992: 63)

das hat die Jutta dir gesagt
Die sind dafür gezüchtet
– dazu sind Tiere da
und jemand muss es eben essen
oh, das war mir gar nicht klar!

„Wir sind von den Texten her null spaßig" (M., Interview, 25.4.2003)

Die Bedeutung der Texte für das Ansinnen der Band thematisiert M. an der folgenden Stelle des Interviews. Es gehe darum, „Denkanstöße" zu geben, „Leute zu erreichen". Daher sei es wichtig, nicht nur vor Publikum zu spielen, das ohnehin vorwiegend aus Vegetariern/Veganern besteht:

Mm: Wir wollen einerseits schon auch Leuten, die vielleicht für 'ne ähnliche Sache stehen, denen auch Mut machen oder zumindest zusammen da sein. Dass man irgendwie zusammen irgendwie was verändern kann, das möchten wir. Aber wir möchten uns nicht total isolieren, also so'n aseptisches Ding, wo wirklich nur noch Vegetarier und Veganer rein können. Das möcht' ich halt nicht, weil ich möchte zumindest probieren, was zu verändern und [zu] erreichen. Wir haben schon richtig viele Mails bekommen von Leuten und mit Leuten gesprochen, die halt sagen: ‚Ich hab aufgehört, Fleisch zu essen.' Und unglaublicherweise vielleicht irgendwie so, man war halt vielleicht der ausschlaggebende Punkt bei der Sache. Das ist halt wichtig und darum geht's uns ja, also unter anderem auch. Deswegen ist es schon wichtig, dass man nicht nur sich innerhalb der Szene bewegt und nicht nur für die Szene spielt. Aber natürlich mach' ich mir da keine Illusionen, wenn jemand 'ne totale Aversion gegen Vegetarier und Veganer hat, warum auch immer. Vielleicht, weil er sich nicht mit der Sache beschäftigt hat oder vielleicht noch schlimmer, weil er's nicht versteht. Und wenn der dann halt vollkommen aggressiv, das haben wir auch schon kennen gelernt, aggressiv auf'n Konzert vielleicht kommt, dann glaube ich halt nicht, dass ich ihn mit zwei Ansagen von der Bühne aus, ohne dass ich die Möglichkeit habe, mit ihm direkt zu reden, vielleicht irgendwie, also umstimmen noch nicht mal aber, aber ihn halt beruhigen kann. Also, es gibt schon Leute, die halt sehr aggressiv auf das Thema reagieren.

Folgende Episode schildert M. im Interview mit einem Fanzine aus dem Jahr 2001; diese unterstreicht, dass solche Konflikte nicht auf die Publikumsebene allein beschränkt sind, sondern auch im Umgang der Band untereinander zum Ausdruck kommen können. Das Beispiel unterstreicht die Brisanz des Themas Tierrechte/Veganismus, welches – direkt oder indirekt – das individuelle Konsumverhalten angreift, wenn dieses mit dem ethisch motivierten Entwurf der Tierrechte nicht im Einklang steht und somit kaum bis gar keine Toleranz zulässt, wodurch ein gewisses Konfliktpotential von vornherein gegeben ist, zumal, wenn divergierende Ansichten, sei es laut artikuliert oder in einer eher subtilen Weise, aufeinander treffen.

„Ja, das Witzigste war mal, als wir bei einem Konzert nicht in dem Raum essen durften, in dem normalerweise die Bands essen, weil unser Essen vegan war! Auch ganz lustig war es mal, als ich mir bei dem Gitarristen einer anderen Band ein Kabel ausleihen mußte – der kam dann nach einer Ansage über Tierrechte an [und] meinte, ich solle ihm das Kabel wiedergeben, weil ich ihm ‚zu viel Mist reden würde'. Wir finden es prinzipiell vollkommen okay, daß nicht alle die gleiche Meinung wie ich/wir haben – aber was mich wirklich stört[,] sind diejenigen, die der Meinung sind[,] man solle ‚das Maul halten und spielen!' Also, wir sehen uns nicht als reine Entertainer an – dann muß man halt zu Bon Jovi gehen, die machen eine reine Unterhaltungsshow – aber ich/wir sind der Meinung, daß ‚Punk' etwas anderes ist, als reine Unterhaltungsmusik. Wir sehen unsere Musik als Möglichkeit an, unsere Meinung zu vertreten. Ich finde, wir alle halten sowieso schon viel zu oft unser Maul. Man muß das ja nicht gut finden – es steht ja jedem frei rauszugehen." (Fanzine-Interview, September 2001)

3.5 Veganer in jugendkulturellen Kontexten: Fazit und Ausblick

In der Jugend(kultur)forschung steht das Phänomen Veganismus bislang für ein Desiderat an Forschungsarbeiten und Publikationen; dies betrifft sowohl einschlägige (Musik-)Szenen als auch Biographien Jugendlicher zum Veganismus überhaupt. Das Forschungspotential scheint, angesichts eines breiten Spektrums an Quellenmaterial, nicht unbeträchtlich, angefangen von musikalischen Veröffentlichungen/Song-Texten über Fanzines und Internet-Foren etc. bis hin zu Befragungen von Mitgliedern und Interviews mit Musikern der unterschiedlichen, wie potentiell sich überschneidenden Szenen selbst.

Doch nicht nur Jugendliche sind Verfechter der Tierrechtsidee und des Veganismus; allerdings werde dieser, so Christine Holch „vor allem von sehr junge Leuten" (Holch 1996: 105) angenommen. Dazu widersprüchlich verhält sich die Untersuchung von McDonald/Cervero/Courtenay (1999). Die Entscheidung vegan zu leben kann im Verlauf der Biographie auch über eine langjährige, erst vegetarisch orientierte Phase führen. Eine *jugendkulturelle Verortung* des Veganismus ist mit Blick auf Szenen wie Hardcore/Metalcore, aber auch andere, geradezu evident; daher macht es Sinn, den Veganismus im Rahmen jugendkultureller Kontexte und Biographien insbesondere vor dem Hintergrund musikorientierter Szenen zu fokussieren, da vegan/straight edge zu leben zwar nur *ein*, aber ein durchaus sehr prägnantes Kriterium für die den Jugendszenen immanenten und gleichwohl notwendigen Stildifferenzierungen (etwa durch Kleidung, Musik etc.) sein kann.

Musik ist im Kontext von Jugendszenen und Jugendkulturen oft mehr als lediglich ein Freizeitvergnügen oder ein Mittel zur Entspannung (vgl. Baacke 1998; Müller/Glogner/Rhein/Heim 2002). Musik als Mittel zur Distinktion und Abgrenzung, das gilt für die meisten der Jugendkulturen/-szenen, repräsentiert nicht zuletzt im Kontext veganer Einstellungen „eine Lebensphilosophie und stilistische Haltung mit einem ausgeprägten identitäts- und gemeinschaftsstiftenden Charakter" (Schulze-Krüdener/Vogelgesang 2001: 41). Das Verhältnis von Jugendkulturen, Musik und Medien sowie Identität greift zuletzt Müller-Bachmann (2002) auf.

Womöglich war die Jugendbewegung um 1900 „radikaler als alle späteren." (Saltzwedel 1999: 102) Zudem mag eine „beunruhigende Normalisierung" (Rink 2002) im Wandel der Jugendkulturen in der Bundesrepublik Deutschland zu konstatieren sein. Vegane Biographien Jugendlicher jedoch zeigen, dass offenbar noch Potential vorhanden ist, eine Gesellschaft unter Einschluss radikaler Veränderung gerade auch der eigenen Lebensgewohnheiten und einer gezielten und reflektierten Konsum- und Lebensstilkritik gezielt verändern zu wollen. Thomas Morus verhalf der Utopie erst zum Namen und, wie Rainer Bieling bemerkt, könne „Utopie, als verträgliche Dosis dem Denken beigemischt, den Geist beflügeln". Utopie als Droge aber mache süchtig und bewirke „bedenklichen Realitätsverlust." (Bieling 1988: 95ff.)

Veganismus schließlich ist gelebte Utopie und die Tierrechtsbewegung in den Reihen der neuen sozialen Bewegungen eine noch recht junge. Sowohl am Beispiel der ökologischen Bewegung, so Walter Hornstein, als auch an Themen wie „Frieden", „Dritte Welt" oder „alternative Lebens- und Produktionsformen" ließe sich zeigen, „wie sie in ihrer Umformulierung […] ihrer Substanz und ihres Charakters als alternative Lebensentwürfe beraubt werden und höchstens als reformistische Korrekturen einer Zukunft in Erscheinung treten, die im ganzen als Fortschreibung des Bestehenden gedacht ist." (Hornstein 1999: 249) Utopie bezieht sich auf Gesellschaftsentwürfe, „auf Projekte gesellschaftlicher Umgestaltung, die für unmöglich gehalten werden. […] In der gewöhnlichen Diskussion der Utopie besteht die Unmöglichkeit der Verwirklichung des Projektes einer neuen Gesellschaft dann, wenn die subjektiven und objektiven Faktoren einer gegebenen gesellschaftlichen Situation der Umwandlung entgegenstehen […]" (Marcuse 1980: 10).

4. Für die Befreiung von Mensch und Tier? Kritischer Ausblick und Anmerkungen zu einer Theorie des Veganismus. Ein Fazit

> Alle Tiere sind Gottes Geschöpfe —
> bringe ihnen die Liebe des Gral
> und tilge von deiner entweihten Stirne
> der Menschheit blutiges Kainsmal.
>
> Alle sind deine Brüder und Schwestern,
> mit dir in die Kette der Dinge gereiht.
> Erst wenn das letzte Geschöpf befreit ist,
> bist du, Befreier, selber befreit.
>
> *Manfred Kyber*[237]

Veganismus darf nicht als eine „Ernährungslehre" (unter vielen) verstanden werden oder, wie in aller Regelmäßigkeit zu beobachten ist, auf die Ebene der Ernährung reduziert werden, wobei es – ebenfalls wiederkehrend zu beobachten – nur darum sich zu drehen scheint, ehrgeizig Nachweise für mögliche Risiken im Falle einer Fehlernährung zu erbringen oder Veganer in einer Weise von subtil bis offensiv zu diskreditieren. Der Deutsche Presserat erteilte den Zeitungen *DIE WELT* und *Berliner Morgenpost* im März 2005 je eine öffentliche Rüge wegen eines Verstoßes gegen Ziffer 12 des Pressecodex.[238]

Veganismus ist ein *Lebensstilkonzept*, welches hinreichend polarisierendes Potential enthält, denn die Forderung nach Tierrechten greift gravierend in unsere traditionellen Gewohnheiten ein; somit sind nahezu sämtliche Facetten menschlichen Daseins davon tangiert.

Die vegan lebende Umweltaktivistin Julia „Butterfly" Hill, die „im Dezember 1997 als 22-jährige einen 1000-jährigen Baum in Nordkalifornien

---

[237] Manfred Kyber: Genius Astri. Dreiunddreissig [sic.!] Dichtungen, Berlin-Ch. [Charlottenburg]: Vita/Deutsches Verlagshaus, 1918: 19, Vers 1&2

[238] Der Pressecodex lautet in Ziffer 12: „Niemand darf wegen seines Geschlechts oder seiner Zugehörigkeit zu einer rassischen, ethnischen, religiösen, sozialen oder nationalen Gruppe diskriminiert werden." — „In einem identischen Kommentar [„Fanatische Ernährer"; DIE WELT vom 20.11.2004] hatten die Zeitungen den Tod eines Kleinkindes aufgegriffen, dessen Eltern Veganer sind. Der Kommentar konnte aus Sicht des Presserats bei Lesern den Eindruck hervorrufen, die Eltern hätten die Grundsätze veganer Ernährung höher gestellt als das Leben ihres Kindes und sie hätten damit den Tod des Kindes verursacht. Eine Prüfung des Vorgangs durch ein Gericht hat es bisher jedoch nicht gegeben. Zugleich stellt der Kommentar einen Bezug zu den Mördern des niederländischen Politikers Pim Fortuyn her. Einer von ihnen sei ebenfalls Veganer. Durch die Gesamtdarstellung kann nach Überzeugung des Gremiums der diskriminierende und vorverurteilende Eindruck erweckt werden, die Anhänger veganer Ernährung seien bereit, Menschenleben zugunsten ihrer Lebensregeln auszulöschen oder zu opfern." (Deutscher Presserat, Pressemitteilung vom 4.3.2005)

bestieg, um eine kurzfristige Protestaktion gegen den Kahlschlag eines uralten, unersetzlichen Waldes durchzuführen" und schließlich „die nächsten 738 Tage" auf dem Baum verbrachte, bis dieser am 18. Dezember 1999 dauerhaft unter Schutz gestellt wurde (samt eines 70 Meter umfassenden, kreisförmigen Areals um den Baum herum), bezeichnete in einem Interview mit dem *Vegetarier-Bund Deutschlands e.V.* ihren „veganen Lebensstil als etwas Revolutionäres – als eine Revolution für den Frieden." (natürlich vegetarisch 1/2005: 8ff.) Hier wird zwar ein starker Pathos offenbar, doch spiegelt jene Aussage den Kern veganer Utopie wieder. Neben verschiedenen theoretischen Ansätzen, die im Diskurs um den Veganismus angeführt werden (vgl. Rinas 2000), scheint eine quasi-religiöse Komponente evident, die sich im Mitgefühl und Mitleid ausdrückt; erst daraus scheinen nachfolgende Forderungen abgeleitet, etwa nach der Überwindung der anthropozentrischen Herrschaftsordnung und der Inhumanität innerhalb der Mensch-Tier-Beziehung. Ein zentraler Aspekt ist zudem die religiös geprägte Frage nach der „Schuld" und der Überwindung derselben.[239]

Eine Theorie des Veganismus ist innerhalb der Tierrechtsdebatte bislang nicht konkretisiert worden. Möglicherweise gründet diese in dem Entwurf einer *transreligiösen Utopie*. Eine solche Konzeption würde eine Auseinandersetzung mit der Geschichte des Opfers (Burkert 1997; Clarus 2005) nahe legen. Ausgehend von der Ernährung würde „ein Modell der Zivilisationskritik entworfen. [...] Entgegen dem herrschenden Modell eines technisch-instrumentellen Naturverhältnisses wird die Utopie von einer mit der Natur versöhnten Gesellschaft gestellt und eine individuelle und kollektive Identität angestrebt, die sich in Harmonie mit der Natur bewegt." (Mann 1991: 7)

Die Tierrechtsbewegung wird in der Literatur oftmals als „Befreiungsbewegung" bezeichnet. Rassismus oder Sexismus werden einem *Speziesismus* (nach Richard Ryder), die Sklaverei oder die Diskriminierung von Frauen dem Gebrauch und der Unterdrückung von Tieren gleichgesetzt. Die Bezeichnung ‚Tier' als Antonym zu ‚Mensch' sei „ohnehin ein reines Abstraktum" (Mütherich 2000: 175). Im anglo-amerikanischen Sprachraum wird in der einschlägigen Literatur die kategoriale Unterscheidung *nicht-menschliche Tiere* („nonhuman animals") und *Menschen* favorisiert (Wise 2000: 14; vgl. auch Ach 1999: 244).

---

239 Ein Auszug aus der Zeitschrift *Instinkt*, Nr. 1 (hier zitiert n. Rinas 2000: 76) belegt diesen Aspekt: „Vegan zu leben ist das mindeste, was du tun mußt. Das ist keine persönliche Entscheidung, sondern deine verdammte Pflicht. Als Fleisch-. Milch- und/oder EierkonsumentIn bist du AuftraggeberIn für millionenfachen Mord und millionenfaches Leiden. Deine Hände sind mit Blut befleckt, deine Schuld ist unabwendbar." In jugendkulturellen Kontexten wird die Fokussierung der persönliche Verantwortung jedes Einzelnen etwa in Liedtexten artikuliert, so von der bereits erwähnten Band *Arkangel*: „*...wash the blood from your hands – live vegan*" (Arkangel, *Dead Man Walking*, Booklet o.J. [1999]: 8).

In den USA arbeiten nach Breuer (2003) Philosophen, Juristen, Primatenforscher und Tierrechtsaktivisten daran, „vor allem Affen aus der juristischen Subhumanität zu befreien." Rund ein Dutzend Universitäten bislang würden „zukünftigen Richtern, Staatsanwälten und Verteidigern Kurse zum Tierrecht" anbieten.

Folgende Überlegungen und Befunde sind für den weiteren Diskurs um den Veganismus und die Tierrechte von Bedeutung:

1. *Die Tierrechtsbewegung*, ob nun als (Tier-)Befreiungsbewegung (Kaplan 2000: 11) oder – gewiss weniger offensiv – als Reformbewegung („*...one of the fastest growing reform movements in the developed world*", vgl. Gold 1995: Klappentext) plakatiert, fällt in den Bereich der (neuen) sozialen Bewegungen („*radical social movement*", vgl. Guither 1998) und hat sich in der öffentlichen wie akademischen Wahrnehmung etabliert (vgl. Baumgartner 2001: 121f.).

2. Mit der *Befreiung der Tiere* wird zum einen eine „ethisch und kulturgeschichtlich bedingte Richtung des Tierschutzes" verstanden; zum anderen sind damit konkrete Tierbefreiungen gemeint (Teutsch 1987: 28f.), etwa aus Legebatterien oder Versuchstieranstalten (vgl. dazu: http://befreite-tiere.de).

3. Eine *vegane (Welt-)Gesellschaft* allerdings ist utopisch! Veganismus ist sozusagen ein Utopieentwurf und im Mikrokosmos allenfalls gelebte Utopie. Dies unterstreicht die folgende desillusionierte Erkenntnis aus den Reihen der Tierrechtsbewegung selbst:

„Wir müssen realistisch erkennen, daß in einer Gesellschaft, in der Geld, Macht, Egoismus und materielle Dinge zählen, niemals die komplette Bevölkerung, sondern nur eine geringe Anzahl von Menschen ein Leben, das nicht auf Tierausbeutung beruht, akzeptieren wird. Das bedeutet, daß die Anzahl der gefolterten und getöteten Kreaturen in absehbarer Zeit nicht wesentlich abnehmen wird. Diese Tiere sind rettungslos verloren, wenn es nicht Menschen gibt, die bereits sind, sich direkt für sie einzusetzen." (Tierbefreiungsfront 2001).

Eine stetig wachsende Zahl von Menschen müsste kontinuierlich die Bereitschaft aufgeben, das gegenwärtige System der Tiernutzung durch den Gebrauch von Produkten, die diesem System entstammen, zu unterstützen, und Menschen müssten zunehmend solche Erzeugnisse nachfragen, die weitmöglichst veganen Kriterien entsprächen. Eine solche Lebenseinstellung gälte es global sukzessiv an die Nachkommen weiterzuvermitteln und vorzuleben. „Vor allem gerade die Schwellenländer Asiens steigern ihren Fleischkonsum drastisch." (Mertz 2001) Woher also soll die Bereitschaft, auf Tierprodukte zu verzichten, erfolgen –, zumal das Mitleid und Mitempfinden mit Tieren als entscheidender Faktor „die Masse" offenbar nicht erreicht? Ein Vegetarier wird vermutlich eher akzeptiert, wenn er für sich das (egoistische) Motiv gesundheitlicher Vorteile reklamiert, als wenn er sich auf das Mitleid mit den Tieren beruft. Wodurch könnte also ein Umdenken bei einer für ein *Gelingen dieser Utopie* notwendigerweise großen Zahl von Menschen erfolgen? Marcuse formuliert in diesem Zusammenhang einen nicht minder desillusionierenden Ansatz für eine (globale) Läuterung der Menschheit zum Veganismus hin; dennoch verdient Marcuses Gedanke sicherlich Beachtung:

„Wird menschliche Aneignung der Natur jemals die Gewalt, Grausamkeit und Brutalität beenden können, die mit dem Opfer tierischen Lebens für die physische Reproduktion des Menschengeschlechts gesetzt sind? [...] Das Ende des Krieges, der vollkommene Frieden in der belebten Welt – diese Idee gehört [...] zu keiner vorstellbaren geschichtlichen Realität. Angesichts des Leids, das Menschen von Menschen zugefügt wird, erscheint es unverantwortlich ‚verfrüht‘, sich für universellen Vegetarismus oder synthetische Nahrungsmittel einzusetzen [...]. Und doch ist keine freie Gesellschaft vorstellbar, zu deren ‚regulativen Ideen der Vernunft' nicht der gemeinsame Versuch gehörte, die Leiden, welche die Menschen den Tieren zufügen, folgerichtig zu verringern." (Vgl. Marcuse 1973: 83).

4. Es kann faktisch nicht ausgeblendet werden, dass ein Lebensstil mit einer deutlichen Reduzierung tierischer Lebensmittel – bis hin zu einer vielleicht vollständigen bzw. bestmöglichen Abkehr von diesen – sowohl ökologische und gesundheitliche Anforderungen[240] an eine *zukunftsfähige Ernährung* optimal erfüllt als auch soziale und ökonomische Dimensionen tangiert werden (vgl. Baumgartner 2001: 123).

5. Ein Argument, das von Kritikern oder Gegnern des Veganismus, ob ernst gemeint oder mit einer gehörigen Portion Polemik gefärbt, vorgetragen wird, ist die Überlegung, dass auch *Pflanzen* natürlich Lebewesen sind und daher *schmerzempfindend* seien – zumindest könne man nicht hundertprozentig ausschließen, dass es nicht so ist.[241] Tatsache ist, dass der Mensch essen muss, um zu leben, und dazu muss er anderes Leben – Tiere und/oder Pflanzen – auslöschen (vgl. auch Baranzke/Gottwald/Ingensiep 2000). Der schon mehrfach zitierte Kaplan argumentiert, dass „selbst unter der absurden Annahme, daß Pflanzen und Tiere *gleich leidensfähig* sind", wir verpflichtet seien, „vegetarisch zu leben, da die Ineffizienz der Fleischproduktion (im Vergleich zur Pflanzenproduktion) zur Folge hat, daß diejenigen, die Fleisch essen, damit indirekt mindestens zehnmal so viele Pflanzen zerstören, als dies bei vegetarischer Ernährung der Fall wäre." (Vgl. Kaplan 1993: 173)

6. Problematisch, sowohl im Rahmen einer *theoretischen Begründung des Veganismus* als auch für die *praktische Umsetzung*, erscheint die Frage,

---

240 Grundlegend zu den gesundheitlichen Aspekten einer veganen und vegetarischen Ernährung sei hier noch einmal explizit auf das Positionspapier der *American Dietetic Association* hingewiesen (vgl. dazu Anm. 198 in diesem Beitrag).
241 Vgl. in diesem Kontext auch Fechner, G.T.: Nanna oder Über das Seelenleben der Pflanzen, Leipzig 1921 (zuerst 1848) sowie Ingensiep, H.W.: Geschichte der Pflanzenseele. Philosophische und biologische Entwürfe von der Antike bis zur Gegenwart, Stuttgart 2001b.

wie eng die programmatische Forderung nach einer gänzlichen Loslösung von der Nutzung bzw. Schädigung von Tieren gefasst werden kann (und soll) und –, ob diese überhaupt „in letzter Konsequenz" erfüllbar ist. Eine *Theorie des Veganismus* im engeren Sinne ist bisher nicht entwickelt worden; allenfalls stehen Gebote im Raum, die einen mehr oder minder konsequenten bzw. radikalen Ausschluss von Produkten tierischen Ursprungs fordern.

Nicht alle Inhaltsstoffe von Nahrungsmitteln und Gebrauchsgütern sind deklarierungspflichtig und auch nicht immer können (oder wollen) die Hersteller aus verschiedenen Gründen Aussagen über die genaue Zusammensetzung ihrer Erzeugnisse machen, wodurch eine völlige Gewissheit, dass ein Produkt tatsächlich frei von jeglichen tierischen Substanzen ist oder mit solchen während der Produktion nicht in Berührung gekommen ist – zum Beispiel bei der Klärung oder Filtrierung (evtl. Einsatz von Gelatine) – für die meisten Lebensmittel nicht gegeben sein kann. Selbst im Obst- und Gemüseanbau werden mitunter Düngemittel tierischen Ursprungs oder Pflanzenschutzmittel verwendet, die „negative bis tödliche Auswirkungen auf wilde Tiere und sogenannte ‚Schädlinge'" (http://www.vegan.de/guide/kriterien; Zugriff am 18.2.2005) haben. Auch bei einer weitgehenden Selbstversorgung mit Nahrungsmitteln, bestünde das Problem einer irgendwann sicherlich erforderlichen medizinischen bzw. medikamentösen Versorgung (Tierversuche, tierische Substanzen in Medikamenten etc.) weiterhin. Auf zwei einschlägigen deutschen Internetseiten zum Veganismus ist auf die *Dimensionen und Grenzen einer veganen Lebensweise* hingewiesen: Je mehr sich jemand einem zu 100 Prozent veganen Leben annähern will, desto massiver steige der dafür notwendige Aufwand. Eine tatsächlich vollständig vegane Lebensweise sei – zumindest bei aktiver Teilnahme an unserer Gesellschaft – nicht möglich (vgl. http://www.vegan.de/guide/kriterien; Zugriff wie oben). Der Veganismus sollte demnach vernünftigerweise die Strategie einer „Vermeidung des Vermeidbaren" verfolgen, ansonsten wäre eine vegane Lebensweise „zumal in einer nichtveganen Gesellschaft tatsächlich nicht praktizierbar" (http://veganismus.de, FAQ: Vegan werden; Zugriff am 18.2.2005).

7. Möglicherweise sind *zukunftsweisende Trends in der Ernährung* bereits jetzt erkennbar; beispielhaft dafür stehen könnte das sogenannte *Novel Food Protein* – Fleisch aus der Retorte, möglich durch moderne Biotechnologie. Von diesem Trend gehe der amerikanische Journalist Gregg Easterbrook aus. „Die Vorstellung, künftig Fleisch zu essen, das nicht von Rindern, Schweinen und Geflügel stammt, werde späteren Generationen ganz normal erscheinen; eingesperrte, herumtransportierte, getötete Tiere hingegen nicht mehr. Tierfreies Fleisch wäre dann auch für einen Großteil der (ökologisch-moralisch motivierten) Vegetarierinnen geeignet, für ‚Techno-Vegetarier'", behaupte der Journalist (vgl. Mertz 2001: 12). „Akzeptanzprobleme" werde

„das Techno-Fleisch wahrscheinlich nur bei den eher archaischen Gelüsten frönenden Hähnchen-, Hasenrücken- und Haxenessern haben, die Wert auf das Tier im Fleisch legen." Der Großteil der Konsumentinnen hingegen verzehre „die tierischen Rohstoffe ohnehin filetiert, gehackt, verwurstet oder anderweitig bearbeitet." Beim Hamburger, der Pizza, der Wurst oder den vielen Fertiggerichten frage „ja bereits heute schon absichtlich niemand, was eigentlich alles drin steckt." (Vgl. Mertz 2001: 13) Wiedenmann spricht im Kontext der heutigen industrialisierten Landwirtschaft und Nahrungsmittelherstellung von einer „‚Deanimalisierung' des Tierkörpers zu Fleisch"; der Tötungsprozess und nicht selten auch die Aufzucht der Tiere sind „der Wahrnehmung entzogen und ‚hinter die Kulissen des gesellschaftlichen Lebens' [N. Elias] verlegt" (Wiedenmann 1998: 375).

Firmen wie die Tofutown.com GmbH verarbeiten Rohstoffen wie Weizen, Sojabohnen und Bio-Gemüse zu Fleisch- und Wurstalternativen, Tofuprodukten und anderen Sojaspeisen, Sojacremes und Getränken (Sojadrinks). Neuester Clou ist eine rein pflanzliche Schlagcreme, die an herkömmliche (Schlag- und Sprüh-)Sahne erinnern soll (vgl. http://www.soyatoo.de; Zugriff am 15.3.2005; Tofutown.com GmbH, Pressemitteilung, 24.5.2005). Unternehmen wie der Tiefkühlkosthersteller IGLO kennzeichnen mittlerweile Produkte, die keine tierischen Substanzen enthalten, als *vegan*; andere Lebensmittelkonzerne stellen zunehmend entsprechende Listen über ihr Sortiment zur Verfügung, welche Produkte für eine vegane Ernährung geeignet scheinen. Im Januar 2005 erklärte der Autokonzern DaimlerChrysler gegenüber der Tierrechtsorganisation PeTA, künftig alle Modelle seiner Marke Mercedes-Benz auf Wunsch auch in einer komplett lederfreien Ausstattung anzubieten (vgl. http://www.schmerzedes.de; Zugriff am 16.3.2005). Selbst das renommierte Champagner-Haus Duval-Leroy hat derweil einen „Vegetarian & Vegan Brut" im Angebot, bei dessen Herstellung kein Eiweiß von Fischen, Eiern oder Milch verwendet werde (vgl. DIE WELT vom 23.8.2003).

8. Die *Sprache* dient nicht selten als „willfähriges Instrument der ‚Versachlichung' und Verschleierung. [...] Innerhalb des ‚Wirtschaftsgeflügels' gibt es die ‚B.U.T.-Big-6-Puten', einen häufig genutzten ‚Masthybriden', dessen Mast bei sehr hohen ‚Besatzdichten' von ‚40-60 kg Tiermasse/qm' erfolgt." (Jaresch 1999: 9) Beispiele für alltagssprachliche Begriffe und Redewendungen zur kategorialen Abgrenzung des Menschen vom Tier und zur Abwertung der Tiere führen Sina Walden (1992: 18) und zuletzt Birgit Mütherich (2000: 174ff.) an, wobei Mütherich insbesondere Beispiele für die massive „Repräsentanz des Tierlichen" im semantische Bereich der Verbalinjurien („Du Sau, du Schwein!"; „Das ist kein Mensch, er ist ein Tier, ein Vieh...") identifiziert (vgl. Mütherich 2000: 175, Anm. 137; vertiefend zum Kontext von Tierkategorien und Schimpfwörtern siehe Leach 1972).

9. *Der jugendkulturelle Bezug* der Themen Veganismus/Tierrechte/Tierbefreiung scheint langsam auf ein zunehmendes Interesse zu stoßen, so z.B. am *Center On Animal Liberation Affairs* (CALA) des *Departement of Philosophy* an der Universität von Texas, El Paso. Das vom CALA herausgegebene Magazin *Animal Liberation Philosophy and Policy Journal* greift neben schon stärker rezipierten Themen wie die Philosophie der Tierrechte oder Tierrechte im Kontext neuer sozialer Bewegungen[242] auch bisher eher vernachlässigte Bereiche des breiten Spektrums tierrechtsrelevanter Phänomene auf, z.B. die *Erdbefreiungsfront/ELF (Earth Liberation Front)* oder die *Tierbefreiungsfront/ALF (Animal Liberation Front)*; unter der Domäne „*Culture, Art, and Music*" sollen Fragen diskutiert werden wie:

„Is music an effective vehicle for developing social movements or oppositional consciousness? Or is it simply part of the overall cultural spectacle that inhibits critical thinking and political action? What examples support the idea that music influences people to act for social change? In what ways is ‚radical' music co-opted by the capitalist culture industry? What bands support and/or sing about animal rights and liberation?" (http://www.cala-online.org/Journal/topics.htm; Zugriff am 28.2.2005)

10. Gesellschaftliche Veränderungen finden zunehmend ihren Ausdruck in Trends wie einem wieder *wachsenden Gesundheitsbewusstsein*. Ideelle und ethische Dimensionen gewinnen auch für den Lebensmittelbereich zunehmend an Bedeutung. Weltweit habe die Tierrechtsbewegung mittlerweile Ausmaße angenommen, resümiert Judith Baumgartner, „die sicherstellen, daß dieses Thema die gesellschaftlichen Konflikte des nächsten Jahrhunderts wesentlich bestimmen wird." (Baumgartner 2001: 122)

---

242 Die Verbindung von Tierrechtsbewegung im Feld neuer sozialer Bewegungen und Tierrechte/Veganismus im Kontext von Jugendkultur/Jugendszenen wird anhand einer Selbstdarstellung der Gruppe *S.O.S Tierrechte Haßberge* (im *Forschungsjournal Neue Soziale Bewegungen*) deutlich: „Unser Ziel ist die Verbreitung des Tierrechtsgedankens in der Öffentlichkeit. Aktionsformen hierfür sind Ausstellungen, Tierrechtetage (z.B. Ausstellung und Benefiz-Konzert in Jugendzentren), Demonstrationen in den umliegenden Städten, Infostände und der Verkauf von veganem Essen (z.B. auf Konzerten)." (Ullrich 1997: 101)

Tobias Lobstädt

Tätowierung in der Nachmoderne

1. Einleitung

Oberhausen, eine Stadt im Ruhrgebiet zu Beginn des neuen Jahrtausends. In den Hallen der verschwundenen Schwerindustrie hat ein Fitness-Center eröffnet. Dort, wo vor 25 Jahren noch in schweißtreibender Arbeit Stahl gewalzt wurde, werden heute Gewichte zur Stählung des Körpers gestemmt. Der Name des Unternehmens lautet ‚Mc Fit' und ist Programm. Auf weiten Gerätestraßen stehen Dutzende identischer Kraftmaschinen, die von den Kunden rund um die Uhr bedient werden können. Aus einer Stätte der körperlichen Arbeit wurde eine Fabrik zur Arbeit am Körper. Der Fitness-Körper hat hier den Arbeiterkörper abgelöst.

Dieses Beispiel verdeutlicht den Wandel von der modernen Industriegesellschaft zur nachmodernen Mediengesellschaft. Während die Körperkraft bei der Industriearbeit eine Voraussetzung des Lohnerwerbs war, spielt der Körper als wirtschaftliche Ressource bei den meisten Verdiensttätigkeiten heute eine zunehmend geringere Rolle. Vielmehr ist Bewegungsmangel ein Merkmal nachmoderner Arbeitsprozesse. Ein Anlass für die Ertüchtigung des Körpers im Fitness-Center mag im Bedürfnis nach Ausgleich von Bewegungsmängeln liegen. Ein wesentlich bedeutsamerer Grund ist aber, dass der Körper sich von einer wirtschaftlichen Ressource zu einem Mittel der sozialen Positionierung entwickelt hat.

Mit dem Wandel zur Mediengesellschaft gehen Prozesse einher, die den Einzelnen aus einem bindenden Umfeld von Familie und Arbeit lösen und ihn mit wechselnden, unterschiedlichen und oftmals unbekannten Interaktionspartnern in Freizeit und Beruf konfrontieren. Da in diesen temporären Interaktionen kaum mehr ein Wissen um die eigene Person vorausgesetzt werden kann, vollzieht sich eine Darstellung dessen, was man für andere sein möchte, an der Äußerlichkeit des Körpers.

Der Körper wird mit einer Zeichenhaftigkeit aufgeladen, die das Nicht-Erfahrbare optisch vermitteln soll. Man zeigt durch den Körper an, wer man in der Gesellschaft ist und man arbeitet am Körper, um so zu erscheinen, wie man gesehen werden will.

Bedingt wird diese neue Körperlichkeit durch gesellschaftliche Zwänge, die Ansprüche an Körperkontrolle, Normalität und Ästhetisierung stellen. Dieser Druck ist vor allem für Jugendliche und junge Erwachsene spürbar. Zum einen stellen sie im Alter zwischen 14 und 29 Jahren die primäre Zielgruppe der Werbe- und Medienindustrie dar. Zum anderen befindet sich diese Altersgruppe in einer lebensgeschichtlichen Umbruchphase, in der die alten Orientierungsmuster der Kindheit nicht mehr greifen und neue erst noch erworben werden müssen.

Betrachtet man die Arbeit am Körper bei Jugendlichen und jungen Erwachsenen, so sind die Mittel vielfältig. Neben Bodystyling, Diät, Kleidungsmode, Schönheitschirurgie und Piercing erlebt vor allem die Körperstilisierung durch Tätowierungen eine enorme Verbreitung.

Die Zahl der Tätowierten in Deutschland hat sich in den letzten zehn Jahren auf 4,2 Millionen verdoppelt, so das Ergebnis einer Umfrage des polis-Instituts (Kölner Stadtanzeiger vom 4.8.2003). Man sieht Tätowierungen in Filmen und Videoclips, in Zeitschriften und Werbung, auf CD-Hüllen, Web-Seiten und nicht zuletzt im öffentlichen Straßenbild. Dabei stellt sie eine Besonderheit unter den Ausdrucksmitteln des Körpers dar. Sie ist unter Schmerzen erworben, für immer unter der Haut und spricht zu dem Betrachter in einer geheimnisvollen Sprache. Manchmal stößt sie auf Ablehnung, manchmal auf Bewunderung, immer aber scheint ihr die Aufmerksamkeit sicher.

Bemerkenswert ist dabei, dass sich das Erscheinungsbild der Tätowierung vom hauptsächlich subkulturellen Zugehörigkeitszeichen zu einem modischen und gesellschaftlich zunehmend akzeptierten Element des körperlichen Ausdrucks gewandelt hat. Es hat sich scheinbar losgelöst von Bedeutungsakzenten, die kulturgeschichtlich noch wesentlich tiefer wurzeln als die provozierenden Körperzeichen der Rocker und Punks. Denn die Tätowierung ist eines der ältesten Mittel des körperlichen Ausdrucks in der Menschheitsgeschichte. Ihre Verbreitung erstreckt sich über den gesamten Globus und sie ist in den verschiedensten Kulturen zu finden.

2. Die Geschichte der Tätowierung

Erste Spuren

Die Alpen in der Jungsteinzeit. Auf 3200 Meter Höhe bricht ein Mann nahe des Similaun-Gletschers vor Erschöpfung zusammen. Kraftlos ergibt er sich der Kälte, erfriert und wird vom Schnee bedeckt. Doch das Eis konserviert seinen Körper über die Jahrtausende.

So könnte sich das Schicksal des Mannes zugetragen haben, der von den Medien als *Ötzi* bezeichnet worden ist. 1991 wurde in Tirol sein gefrorener Leichnam geborgen. Mediziner und Historiker untersuchten den Fund und sprachen von der ältesten Mumie der Welt (vgl. Lippert 1992: 28). Das Alter der Eismumie schätzten die Forscher auf rund 5200 Jahre. Bei der Untersuchung hatten sie ein besonderes Interesse an den geheimnisvollen Zeichen auf der Körperoberfläche des Steinzeitmannes. In seiner Haut befanden sich 47 strichförmige Tätowierungen.

Der Tiroler Mumienfund gab der Forschergruppe ein Rätsel auf. Auffällig war, dass die Tätowierungen durch ihre einfachen Formen kaum ornamentalen Charakter hatten. Dass es sich bei den zierlosen Strichen, die so etwas wie Gruppen zu bilden schienen, um Schmucktätowierungen handelte, war unwahrscheinlich. Gegen diese Interpretation sprachen die Körperpartien. Die Linien befanden sich an Rücken und Beinen. Diese Stellen scheinen zur Schau ungeeignet, da sie vermutlich durch dicke Fellbekleidung verdeckt waren. Die Zeichnungen mussten für den Steinzeitmann einen anderen Sinn erfüllt haben. Die Forscher vermuteten, dass die Male einem therapeutischen Zweck dienten. Ähnlichkeiten zu einem 2500 Jahre alten südsibirischen Mumienfund von 1947, an dem neben Schmucktätowierungen auch Tätowierungen zu therapeutischen Zwecken vermutet wurden, brachten die Forscher auf die richtige Spur.

1998 machte der Münchener Akupunkturarzt Frank Bahr eine Entdeckung, die für die These der therapeutischen Tätowierung sprach. Nach einer Rekonstruktion der Anatomie des Eismannes fand er heraus, dass die Tätowierungsgruppen an einigen klassischen Akupunkturpunkten lagen. Bei der Betrachtung der radiologischen Befunde fiel dem Wissenschaftler ein weiterer Zusammenhang auf. Die Mumie wies mittelgradige Abnutzungen der Beingelenke und der Wirbelsäule auf. Genau an den Stellen, die noch heute zur Linderung von Beingelenk- und Wirbelschmerzen in der Heilpraxis akupunktiert werden, ist die Haut des Gletschermanns tätowiert. Die Orte der Behandlung wurden damals auf dem Körper mit Ruß kenntlich gemacht.

Dass die Selbstgestaltung des Körpers durch Tätowierung hingegen in den alten Hochkulturen bekannt war, zeigte bereits ein Mumienfund von 1922. Gefunden wurden zwei Frauen, die an Körper und Extremitäten tätowiert waren. Der Archäologe H. E. Winlock entdeckte sie in einem ägyptischen Grab aus der 11. Dynastie, die um 2000 v. Chr. datiert ist (vgl. Ruhnke 1974: 17).

Erst aber durch die Mumienfunde in Sibirien und den Alpen konnte die These von einer frühen Bekanntheit der Tätowierung bei den unterschiedlichsten Kulturen, an den verschiedensten Orten und aus den spezifischsten Anlässen begründet werden. Bei bisherigen Hinweisen auf Tätowierungen, die sich als Zeichnungen auf gemalten Menschen an Wohnplätzen oder als Ritzungen auf Ton- und Steinfiguren befanden, bestand immer die Möglichkeit, dass es sich dabei auch um Abbilder von Körpermalerei handeln konnte. Vermutungen zur Bekanntheit der Tätowierung im europäischen Neolithikum ließen sich jetzt an der mumifizierten Haut des Gletschermannes eindeutig bestätigen.

Antike und Mittelalter
Von Griechen und Römern ist überliefert, dass sie im Altertum keine Tätowierungen am eigenen Körper trugen. Sie kannten dieses Mal nur als Kennzeichnung des Eigentums, der Erniedrigung oder der Strafe.

Das Wort Stigma hat einen griechisch-lateinischen Ursprung und bedeutet Mal, Zeichen oder Wundmal. Sklaven, Tiere und rekrutierte Söldner trugen ein Stigma, dass ihnen als Brand- oder Nadeltätowierung zugefügt wurde. Der antike Geschichtsschreiber Plutarch schrieb im 1. Jahrhundert n. Chr. über die Erniedrigung von Kriegsgefangenen im peleponnesischen Krieg (431-404 v. Chr.) durch Brandmarkung:

„Die Samier prägten den gefangenen Athenern zur Vergeltung Eulen auf die Stirn, denn ihnen selbst hatten die Athener einst Schiffsschnäbel aufgebrannt." (Zit. n. Ruhnke 1974: 46)

Bei den Römern wurde auch die Strafe für Verbrechen durch Brandmarkung angezeigt. Dem Urkundenfälscher markierte man die Schreibhand und dem Verräter die Zunge. Falschmünzer wurden bestraft, indem man die falschen Geldstücke rotglühend erhitzte und auf den Körper des Täters einbrannte. Die selbstangebrachte Tätowierung aber kannten die Römer nur von ihren Handelsreisen und Feldzügen. *Christa Ruhnke* zitiert Herodian, der über die Britannier schrieb:

„Den Körper selbst bemalen sie mit eingeätzten bunten Bildern und Gestalten verschiedener Tiere. Eben daher bekleiden sie sich auch nicht, um diese Malereien auf ihrem Körper nicht zu verdecken." (Ruhnke 1974: 45)

Ebenso wie die Römer lehnten die Hebräer die Zeichnung des Körpers ab. Diese Abneigung wird bereits im ersten Buch Mose durch das Kainsmal angedeutet und in den „Gesetzen zur Heiligung des täglichen Lebens" dokumentiert:

„Ihr sollt um eines Toten willen an eurem Leibe keine Einschnitte machen noch euch Zeichen einätzen, ich bin der HERR." (Bibel 1971: 3. Moses 19, 28)

Dass es sich hierbei um den Umgang mit Tätowierungen handelt, ist nicht eindeutig zu bestimmen und kann nur vermutet werden. Von *Thomas Mann* jedenfalls wurde diese Bibelstelle in seiner Erzählung „Das Gesetz" so gedeutet:

„Nicht einmal Trauerschnitte sollten sie sich machen und sich nicht ein bißchen tätowieren." (Mann 1981: 229)

Eine weitere Wortbedeutung von Stigma beschreibt, als Plural verwendet, die Wundmale Jesu Christi. Das Hautmal bekam in diesem Zusammenhang für die Frühchristen eine positive Bedeutung, auch wenn sie zunächst gegen ihren Willen kenntlich gemacht wurden. Doch statt diese Zeichen als Schandfleck zu betrachten, sahen sie in den Malen einen Ausdruck ihres neuen Glaubens. Sie trugen das Stigma als Zeichen ihrer Leidensbereitschaft.

„Unter den frühen Christen wandelten sich die zunächst gewaltsam aufgedrückten ‚Out-Group-Stigmata' zum gruppenstärkenden und freiwillig erworbenen ‚In-Group-Erkennungszeichen'. Diesen ambivalenten Charakter, einerseits diffamierende Brandmarkung, andererseits positives Gruppenzeichen zu sein, hat die Tätowierung bis heute nicht verloren." (Oettermann 1991: 77)

Die Tradition der religiösen Tätowierung lebte bis ins 20. Jahrhundert weiter, vor allem dort, wo sich kleine Glaubensgemeinschaften gegen große Religionsgruppen behaupten mussten. In der Diaspora tätowierten sich bosnische Katholiken, armenische Christen und bis heute noch ägyptische Kopten als Abgrenzung zum Islam (vgl. Oettermann 1979: 13). Bezeichnend ist dabei, dass auch der Koran ein allgemeines Verbot enthält, den menschlichen Körper zu verändern, auch wenn sich bei den Berbern und Arabern traditionelle Tätowierungen finden lassen.

Ebenfalls als Abgrenzungsversuch kann man das Tätowierverbot ansehen, das die christliche Kirche 787 im britannischen Northumberland erließ. Mit zunehmender Christianisierung von Briten und Schotten sollte der heidnische Brauch bekämpft werden. Beim Konzil von Calcuth wurde beschlossen, dass die Tätowierung eine Gefahr für das Heil der Seele darstelle und künftig als Blasphemie anzusehen sei. Vorläufer des Edikts gab es schon im 3. Jahrhundert unter dem vorpäpstlichen Kirchenvater Tertullian und im 4. Jahrhundert durch Kaiser Konstantin. Inwieweit das Verbot von Northumberland in ganz Europa Wirkung zeigte, ist nicht zu belegen. Festzustellen ist aber, dass nur wenige Zeugnisse von Tätowierungen aus dem Mittelalter und der frühen Neuzeit berichten. Ganz verschwunden war der Hautstich in Europa allerdings nie.

Frühe Neuzeit

Der Heidelberger Universitätsprofessor Nicolaus von Jauer verfasste zu Beginn des 15. Jahrhunderts eine Schrift über unerlaubte Bräuche. Darin machte er auf das Verbot des Punktierens der Haut aufmerksam (vgl. Ruhnke 1974: 49). Ein weiteres Beispiel findet sich in Gerichtsakten der Stadt Rostock von 1586. Vor dem Richter bekennt sich darin ein junger Rekrut schuldig, dass er sich im Alkoholrausch seinen Namen auf die linke und ein Kreuz auf die rechte Hand gestochen habe. Der Soldat begründet sein Vergehen:

„ ... weil ehr in den Krieg ziehen wollte, wenn er umbkeme, daß ihm seine freunde darbei kennen kundten." (Zit. n. Oettermann 1979: 16)

Aus ähnlichen Gründen setzten sich wohl auch die Kreuzfahrer des Mittelalters über das Verbot der Kirche hinweg. Sie ließen sich das Kruzifix einstechen, um nach einem plötzlichen Tod in der Fremde auf ein christliches Begräbnis hoffen zu können. Weiterhin galt das Hautzeichen als Beweis dafür, die Grabesstätte des Heilands erreicht zu haben. Aus diesem mittelalterlichen Brauch der Kreuzrittertätowierung kann man die Tätowierungen der christlichen Jerusalem-Pilger in der Neuzeit herleiten. Die Wallfahrer tätowierten sich als Souvenir die Innenseiten der Unterarme mit Abbildungen des Kreuzweges Christi. Auch das Stadtwappen von Jerusalem und Bethlehem waren beliebte Motive. Ein Franzose namens Thévenot schildert 1689 eine Tätowiersitzung in seinem Reisebericht:

„Wir brachten den gantzen Dienstag, den 29. Aprilis mit Zeichnung unserer Arme zu, wie gemeiniglich alle Pilger zu thun pflegen, es seynd die Christen von Bethlehem, welche den Römisch-Catholischen Gebrauch haben, die solches machen. Sie haben viel hölzerne Mahl, darunter leset ihr diejenigen auß, die euch am besten gefallen, darauff füllen sie solche mit Kohlen-Staub, und appliciren euch selbige dergestalt, daß davon das eingegrabene Zeichen abgetruckt verbleibet. Nach diesem halten euch mit der lincken Hand den Arm, daran die Haut wol außgedehnet ist, und haben in der rechten ein klein Rohr mit zweyen Nadeln, welche sie zuweilen in Dinte mit Rinds-Galle vermischt eindrucken, und euch die nach dem Model gezeichnete Linien hacken; dieses thut sonder Zweiffel weh, und es kompt gemeiniglich ein klein, aber nicht lang-wärendes Fieber darzu, und die Arme bleiben hiervon dreymahl dicker, als sonsten in die zwey oder drey Tage lang geschwollen." (Zit. n. Oettermann 1979: 14)

Seit der Zeit Thévenots hat sich am Vorgang der Tätowierung erstaunlich wenig geändert. Lediglich die Materialien sind mittlerweile etwas fortschrittlicher. Statt des Kohlenstaubstempels wird eine Klebefolie verwendet, die

Farben sind synthetisch und die Tätowiernadeln bewegen sich heute elektrisch.
Mit den geographischen Entdeckungen im ausgehenden 17. Jahrhundert nahm auch die Vereinnahmung der entdeckten Kulturen durch die Europäer zu. Berichte der Entdecker von tätowierten Eingeborenen waren damals schon bekannt. Bereits 1578 beschrieb der Seefahrer John White gezeichnete Eskimos. 1593 schilderte Kapitän John Smith die Tätowierungen der Indianer Nordamerikas. Im Jahre 1691 bekam die Londoner Gesellschaft erstmals einen leibhaftigen Tätowierten zu sehen. Der Abenteurer William Dampier brachte zum ersten Mal einen tätowierten Südseeinsulaner von der Insel Meangis mit. *Oettermann* berichtet, dass der Verschleppte für kurze Zeit als Prinz Giolo die Sensation der feinen Kreise war. Nachdem das Interesse abnahm, wurde der Mann einem Schausteller übereignet. In einem Werbeflugblatt wurde seine Hautzeichnung als magischer Schutz angepriesen:

„Sie wird aus dem Saft einer bestimmten Pflanze oder eines Krautes bereitet, das eigentümlich ist für jenes Land und als unfehlbares Mittel wertgeschätzt wird, den menschlichen Körper vor tödlichem Gift und gegen jede Verletzung durch ein giftiges Tier zu schützen und zu bewahren." (Zit. n. Oettermann 1979: 23)

Prinz Giolo wurde noch einige Zeit gegen Eintritt in einem Gasthaus gezeigt und starb bald an den Pocken. Das Schicksal von Entführung, Zurschaustellung auf Jahrmärkten, Erkrankung und Tod sollten noch einige Insulaner mit Prinz Giolo teilen. Ihr Imunsystem hatte den Infektionskrankheiten der westlichen Zivilisation nichts entgegenzustellen.

Besser ging es dem Tahitianer Omai. Er wurde 1769 von dem Entdecker James Cook nach England gebracht. In Europa hatte sich mittlerweile eine Vorstellung von Tahiti als einer Art Utopia verbreitet:

„Die Nachrichten von dem ‚irdischen Paradies' Tahiti wurden von der Aufklärung als Folie für ihre Kritik am absolutistischen Europa genommen; Tahiti war eine ‚Gegenwelt', und die Tätowierung erschien den Europäern als die Schrift dieser Gegenwelt; diese Überzeugung gab ihr erhebliche Bedeutung." (Oettermann 1991: 78)

Die Körperzeichnung des Prinzen Omai wurde in Europa schnell berühmt. Der Korrespondent einer Berliner Zeitung beschrieb den Lesern die Tätowierungen und dokumentierte in seinem Kommentar die gerade modische Sympathie für den edlen Wilden:

„Es ist sehr unwahr, wenn in einigen Zeitungen vorgegeben worden, daß Omiah viele Zeichen der Dummheit und Unwissenheit blicken ließ. Sein ganzes Betragen ist vielmehr fein und gleicht der Aufführung von wohlerzogenen Leuten so sehr, daß er allen denjenigen sehr außerordentlich vorkommen muß, welche wissen, daß er erst vor so kurzer Zeit die Inseln des südlichen Ozeans verlassen hat, auf welchen doch Sitten ganz und gar von den Sitten der sogenannten gesitteten Völker Europas verschieden sind." (Zit. n. Oettermann 1979: 25)

Als Omai Europa mit einem Expeditionschiff Cooks wieder verließ, blieben die Legenden vom Prinzen aus dem Paradies weiterhin populär. Und noch etwas hinterließ der Insulaner. Mit Omai bekam die Tätowierung einen Namen. Das Wort „tattaw" tauchte 1774 erstmals in Cooks Reisebericht als Name für die tahitianische Sitte der Körperzeichnung auf. Es leitet sich vom polynesischen Wort „tatatau" ab, das „richtig schlagen" bedeutet (vgl.: Streck 1987: 105). Im Englischen wurde daraus „tattoo", im Deutschen zunächst „tatauieren" und später „tätowieren".

Die Tätowierung hatte jetzt einen Namen und wurde zum Symbol der Freiheit des Wilden, die im Gegensatz zur ‚selbstverschuldeten Unmündigkeit' des Europäers gesehen wurde. Das aufstrebende Bürgertum, so folgert *Oettermann*, fand in diesen ‚edlen Wilden' die Vision vom Urbild des Europäers'. Die europäische Erfahrung absolutistischer Herrschaft hatte der Wilde nicht erdulden müssen. Auch rückte man das Bild vom Südseeinsulaner in die Nähe von antiken Idealen und ihren bewunderten Gesellschaftsformen.

Auf einer individuellen Ebene dokumentiert sich diese Bewunderung bei den Runaways und Beachcombers. Sie waren Matrosen, die Schiffbruch erlitten oder bei Landgang desertierten und von den Kriegs- und Handelsschiffen flohen, um auf einer der Inseln zu bleiben. Die meisten von ihnen flüchteten vor Drill, Enge und der harten Arbeit an Bord. Besonders reizvoll war da auch die Kunde von der sexuellen Freiheit, die unter den Insulanern praktiziert wurde. Aufgenommen von den Eingeborenen wurden diese Abenteurer dazu angehalten, den einheimischen Brauch des Tätowierens auch am eigenen Körper zu praktizieren, wenn sie zur Gemeinschaft gehören wollten. Der Schriftsteller *Herman Melville*, der selbst von einem amerikanischen Walfänger flüchtete, schildert diese Situation 1846 in seinem Reisebericht „Typee":

„These apprehensions were greatly increased by the desire which King Mehevi and several of the inferior chiefs now manifested that I should be tattooed. (...) Hardly a day passed but I was subjected to their annoying requests, until at last my existence became a burden to me; the pleasures I had previously enjoyed no longer afforded me delight, and all my former desire to escape from the valley now revived with additional force.

A fact which I soon afterwards learned augmented my apprehension. The whole system of tatooing was, I found, connected with their religion; and it was evident, therefore, that they were resolved to make a convert of me." (Melville 1959: 273 f.)

Die Tradition der seemännischen Tätowierung hat ohne Zweifel in diesen Kulturkontakten ihren Ursprung. Doch nicht nur unter Zwang wurden den weißhäutigen Fremden die Rangabzeichen und magischen Symbole mit Haifischzähnen in die Haut gehämmert. Schon bei Cooks erster Reise ließen sich

1769 einige Seeleute zum Andenken an die Inseln von Tahitianern tätowieren. Im Heimathafen sponnen sie ihr Seemannsgarn um diese Souvenirs. Die Mitbringsel aus der Südsee wurden zum Zeichen der Seeleute, indem auch Matrosen sie imitierten, die nie eine Südseeinsel betreten hatten. In den Motiven fanden sich bald Inhalte des eigenen kulturellen Horizonts wieder, die der westlichen Vorstellung von Südseetätowierungen entsprachen. *Oettermann* beschreibt, dass die gegenständlichen Abbildungen Motive wie Palme, Schlange und nackte Frau darstellten. Doch nicht nur unter den Seeleuten erlebte die Tätowierung eine wachsende Verbreitung. Auch bei den Soldaten war der Hautstich bekannt.

Neuere Geschichte
Seit der Französischen Revolution ist bekannt, dass sich die Mitglieder der französischen Armee tätowieren ließen. Einer von ihnen war Jean-Baptiste Bernadotte, der später als König Karl XIV von Norwegen und Schweden berühmt wurde. In seiner Zeit als Kriegsfreiwilliger erwarb er die emblematische Tätowierung einer Jacobiner-Mütze mit dem revolutionären Wahlspruch „Liberté, Egalité, Fraternité" und der Unterschrift „La mort aux rois" (vgl. Ruhnke 1974: 50).

Ein Erkennungszeichen anderer Art stellten im 18. Jahrhundert die Tätowierungen in den Pariser Armenspitälern dar. Dort wurden Säuglinge und ihre Mütter mit den selben Zeichen markiert. Eine Identifikation durch diese Male sollte den Kindsmord oder die Aussetzung des Neugeborenen unmöglich machen. Von den Tiroler Bauern wird aus dieser Zeit berichtet, dass sie ihre Kinder ebenfalls tätowierten. Das geschah, bevor die Kinder zum Arbeiten in die Fremde geschickt wurden. An kleinen Zeichen im Gesicht konnten die Heimkehrer nach Jahren dann von ihren Eltern wiedererkannt werden (vgl. Ruhnke 1974: 50).

In der ersten Hälfte des 19. Jahrhunderts findet sich das Brauchtum der Tätowierung nur in sehr wenigen Quellen wieder. Von öffentlichem Interesse ist die Tätowierung zu dieser Zeit vor allem auf den Jahrmärkten. In Anknüpfung an die Attraktion, die tätowierte Südseeinsulaner darstellten, ließ sich der Engländer John Rutherford um 1830 als erster einer Reihe von Schaustellern als Ganzkörpertätowierter bestaunen. Die Tätowierten schlossen sich zu dieser Zeit den fahrenden Gauklertruppen an und erfanden zu ihrem verzierten Körper die verwegensten Geschichten.

Diese Legenden erzählten davon, wie sie als Zivilisierte unter Eingeborenen in der Südsee oder Nordamerika lebten und dort ihren Hautstich unter den abenteuerlichen Umständen erwarben. Meistens stammten diese Tätowierungen jedoch von europäischen Tätowierern, die seitdem ihr Handwerk professionalisierten. Die Zurschaustellung von Tätowierten hielt in Europa und Nordamerika bis zum Verblassen der Jahrmarktstradition im 20. Jahrhundert an.

Eine zunehmende Verbreitung in der europäischen Bevölkerung fand die Tätowierung ab Mitte des 19. Jahrhunderts. *Oettermann* sieht einen Grund hierfür in den sozialen Veränderungen der industriellen Revolution:

„Es sind die Probleme der Pauperisierung und Verstädterung der Landbevölkerung, der Auflösung der Zünfte und der Proletarisierung des Handwerkers zum Fabrikarbeiter wie sie in Deutschland seit den 60er Jahren des 19. Jahrhunderts immer drängender wurden, für die Tätowierung und den Diskurs über die Tätowierung so etwas wie Obertöne abgaben." (Oettermann 1979: 72)

Oettermann vertritt die These, dass dem Verlust von identitätsstiftender Gesellschaftsordnung der Versuch der Kompensation durch Selbsteinschreibung von Identitätszeichen gegenüberstand. Dass sich die Arbeiterklasse dazu der Tätowierung bediente, ist nicht abwegig, da der Hautstich dem Proletariat schon von Seeleuten, Hafenarbeitern, Soldaten und wandernden Handwerksgesellen bekannt war.

Im Jahr 1891 erfand der amerikanische Tätowierer Samuel O'Reilly die erste elektrische Tätowiermaschine und ließ sie patentieren. Genaue Zahlen über die Verbreitung zu diesem Zeitpunkt gibt es nicht. *Oettermann* schätzt, dass etwa 20 Prozent der deutschen Bevölkerung und maßgeblich die unteren Schichten gegen Ende des 19. Jahrhunderts tätowiert waren. Dabei stützt er sich auf zeitgenössische Betrachtungen, wie die des Ethnologen *Wilhelm Joest*, der 1887 eine wissenschaftliche Abhandlung mit dem Titel ‚Tätowiren, Narbenzeichnen und Körperbemalen' verfasste:

„Wer sich die Mühe nimmt, darauf zu achten wird überrascht sein über die Häufigkeit, mit der ihm Tätowierung in öffentlichen Bädern, oder auch tagtäglich auf der Straße entgegentritt." (Zit. n. Oettermann 1979: 58)

Neben der Unterschicht fühlte sich erstaunlicherweise auch der Adel von der Tätowierung angezogen. Der spätere englische König Eduard VII liess sich in seiner Jugend bei einem Japanbesuch tätowieren (vgl. Ruhnke 1974: 52). In Japan ist die Tätowierung seit dem 3. Jahrhundert nachgewiesen und galt seit ihrer Blütezeit zu Beginn des 19. Jahrhunderts für europäische und amerikanische Seeoffiziere als erstrebenswertes Kunstwerk (vgl. Martischnig 1987: 9).

Elisabeth, die Kaiserin von Österreich, soll ebenfalls ein derartiges Andenken von einer Griechenlandreise im Jahr 1888 mitgebracht haben. Die Biographin *Brigitte Hamann* schreibt:

„Um ihre unauslöschbare Liebe zum Meer zu beweisen, ließ sie sich sogar einen Anker in die Schulter eintätowieren, was der Kaiser als ‚eine furchtbare Überraschung' ansah." (Hamann 1999: 466)

Ungewöhnlich war dieser Akt allerdings selbst für eine Aristokratin nicht. Oettermann beschreibt, dass zu dieser Zeit nahezu alle europäischen Fürstenhäuser tätowierte Familienmitglieder beiderlei Geschlechts in ihren Reihen hatten (vgl. Oettermann 1979: 59).

Durch die Einführung des Wortes „tattau" in die europäische Begriffswelt und die Verbreitung in der Bevölkerung wurde die Tätowierung zum Gegenstand der wissenschaftlichen Auseinandersetzung. *Adolf Spamer* erwähnt in einer Schrift von 1933 erste wissenschaftliche Betrachtungen aus dem 18. Jahrhundert und belegt den Beginn des Diskurses mit einer Abhandlung des französischen Marinearztes R. P. Lesson von 1820, die den Titel „Du tatouage chez les differents peuples de la terre" trägt (vgl. Spamer 1993: 35).

Neben Medizinern und Ethnologen entdeckten die Kriminalanthropologen die Tätowierung als Untersuchungsgegenstand. Seit 1876 erschien die Schrift „L 'Uomo delinquente" des Psychiaters Cesare Lombroso in fast allen europäischen Sprachen und erreichte in erweiterten Fassungen eine verbreitete Bekanntheit. In dieser Schrift wurde der verbrecherische Mensch als Atavismus, als menschlicher Typus mit Rückschlagserscheinungen ins Primitive dargestellt. Lombroso sah im Verbrecher eine Bedrohung für den Kulturmenschen. Das Kennzeichen des Verbrechers, so behauptete Lombroso, lässt sich an der körperlichen Erscheinung und unter anderem an Tätowierungen festmachen. Diese These fand in breiten Schichten des Bürgertums Zustimmung. So schreibt der Soziologe *Adolf Loos* in seiner Schrift „Ornament und Verbrechen" von 1908:

„Wer sich tätowiert, ist ein Verbrecher oder degenerierter Adliger." (Zit. n. Oettermann 1979: 64)

Diese Betrachtungsweise wirkte über einen wissenschaftlichen Diskurs hinaus, der schon im ersten Drittel des 20. Jahrhunderts längst nicht mehr haltbar war.

„Lombrosos Anschauung, der tätowierte Mensch stelle einen anthropologischen Typ mit atavistischen Rückschlagserscheinungen dar und das Hautbild sei darum das spezifische Kennzeichen des geborenen Verbrechers und der geborenen Dirne, führte zu lebhaften Erörterungen für und wider. Heute hat, unseres Erachtens zu Recht, die Milieutheorie fast völlig die These Lombrosos verdrängt." (Spamer 1993: 36)

Von der Moderne zur Nachmoderne
Im nationalsozialistischen Deutschland wurde die Ganzkörpertätowierung vor allem für die Schausteller zum drohenden Todesurteil. Nur wer noch rechtzeitig emigrierte, konnte Deportation und Hinrichtung entgehen.
Oettermann zitiert dazu den ehemaligen Häftling Edouard-José Laval, der die Situation in einem Konzentrationslager im Jahr 1945 beschreibt:

„Es ist richtig, daß tätowierte Häftlinge ermordet und ihre Haut gegerbt wurde. Ich selbst sah 200, die im Moment unserer Befreiung vor dem Abtransport standen, um die Frische der Tätowierung zu bewahren, zog man den Menschen sofort nach ihrer Hinrichtung die Haut ab, solange die Leichen noch nicht kalt waren." (Zit. n. Oettermann 1979: 112)

Die Perversion ging soweit, dass die tätowierte Haut von ermordeten Häftlingen zu Lampenschirmen und Bucheinbänden verarbeitet wurde (vgl. Friedrich 1993: 21).

Das Nazi-Regime selbst gebrauchte die Tätowierung als Herrschaftszeichen und Stigmatisierung gleichermaßen. Zum einen war die Blutgruppen-Tätowierung der Waffen-SS ein ins Fleisch geschlagener Treueschwur des selbsternannten Kriegeradels gegenüber dem Herrschaftssystem. Zum anderen kennzeichneten die Nationalsozialisten auf diese Weise ihre Opfer. Im Konzentrationslager Auschwitz wurde die Häftlingstätowierung im August 1942 eingeführt (vgl. Van Pelt/Dwork 2000: 193). Der polnische Musiker *Szymon Laks* überlebte seine Gefangenschaft im Lager Auschwitz-Birkenau. Er schilderte, wie ihm beim Ankunftstag seine Lagernummer in den linken Arm eintätowiert wurde:

„Ich habe nun keinen Vornamen und keinen Familiennamen mehr – ich bin zu einer Nummer geworden, wie Jean Valjean in ‚Die Elenden'. Meine Identität, das ist die Nummer 49543, eintätowiert in den Unterarm für das ganze Leben, oder eher: was davon übrig blieb." (Laks 1998: 25)

Leicht drängt sich hierbei der Vergleich zur antiken Sklaventätowierung der Griechen und Römer auf. Der Unterschied besteht jedoch darin, dass den unfreiwillig Tätowierten in Auschwitz nicht einmal der Wert des Leibeigenen zugebilligt wurde. Die Inhaftierten wurden zu einer Nummer im Verwaltungs- und Vernichtungsapparat des Lagers.

Mit dem zweiten Weltkrieg endet die wissenschaftliche Geschichtsschreibung der Tätowierung. Einige Autoren sagen in den sechziger und siebziger Jahren sogar das totale Verschwinden der Tätowierung voraus, wie der von *Matthias Friedrich* erwähnte Walther Schönfeld (vgl. Friedrich 1993: 20). Diese Lücke in der jüngsten Geschichte der Tätowierung kann hier nicht geschlossen werden.

Einen großen Einfluss bei der zunehmenden Verbreitung der Tätowierung, die in Deutschland erst wieder in den siebziger Jahren zu beobachten ist, haben die Subkulturen amerikanischer Motorradfahrer. Während sich die Nachkriegsjugend in Europa behutsam nach neuen Orientierungsmustern umsah, bildeten sich in Amerika schon früh eine Biker- und Rockerszene. Beispielsweise wurde der Motorradclub ‚Hell's Angels' von Kriegsheimkehrern gegründet, die sich nicht mehr im bürgerlichen Leben eingliedern konnten. Ähnlich wie in den Gefängnissen hat sich die Tradition der Tätowierung auch in diesem Milieu erhalten.

Vor diesem Hintergrund imitierten später wahrscheinlich auch die ersten deutschen Motorradclubs ihre amerikanischen Vorbilder und die Tätowierungen von Rockern, Punks und Skinheads sind ein Verweis auf diese Ausdrucksform, die mit den jeweiligen subkulturellen Inhalten gefüllt wurden.

3. Inszenierung des Körpers

3.1 Grundbegriffe sozialer Zeichenhaftigkeit

Konfusion und Zeichenordnung

Wirklichkeit entsteht durch Kommunikation. Kommunikationsprozesse konstruieren Wirklichkeit. Wirklichkeit ist deshalb nicht objektive Wahrheit, sondern immer ein Produkt von subjektiver Auslegung. Das Gegenteil von Kommunikation ist Konfusion.

„Wenn ein sogenannter erfolgreicher Kommunikationsvorgang in der korrekten Übermittlung von Information besteht und damit die beabsichtigte Wirkung auf den Empfänger hat, so ist Konfusion die Folge gescheiterter Kommunikation und hinterläßt den Empfänger in einem Zustand der Ungewißheit oder eines Mißverständnisses." (Watzlawick 1994: 13)

Durch die evolutionäre Entwicklung des Menschen ist die Konfusion, die schon im Mythos vom Turmbau zu Babel thematisiert wurde, eine Eigentümlichkeit der Spezies. *Hans-Georg Soeffner* begründet dies mit einer „biologischen Mehrdeutigkeit" (vgl. Soeffner 1991: 65) des Menschen. Gemeint ist damit, dass der Mensch im Verlauf seiner Entwicklung die Instinktsteuerung des Tieres reduzierte und dadurch sein Verhalten viel stärker von der Deutung seiner Umwelt abhing. Anders als die angeborenen Reaktionstendenzen des Instinkts unterliegen die Deutungsprozesse einer Vielzahl von Möglichkeiten. Eine Orientierung bei dieser Vielzahl an Deutungsmöglichkeiten bringt erst die Zuweisung eines angenommenen Sinns zu einem beobachteten Phänomen. Dieser Sinn leitet sich aus der Interpretation der Zeichenhaftigkeit eines Phänomens ab. In zwischenmenschlichen Kommunikationsprozessen ist dieses Phänomen das soziale Verhalten des Gegenübers. Das Verhalten des Anderen ist interpretierbar. Es sendet ein Zeichen, welches die Situation deuten lässt. Das Zeichen beschreibt *Umberto Eco* als Element des Kommunikationsprozesses, welches zum Zweck der Informationsübermittlung verwendet wird und in einem Designationsprozess eine Deutung seiner Abstraktion beinhaltet. In einer idealen Kommunikation verläuft der Prozess von einer Quelle über den Sender und einen Kanal. Durch eine Botschaft, die das eigentliche Zeichen ist, wird ein Empfänger angesprochen. Im Gegensatz zum Reiz im Reiz-Reaktions-Prozess steht ein Zeichen im Kommunikationsprozess immer für etwas anderes. Das Wort, die Geste oder die Berührung sind der Ausdruck einer Botschaft. Der Empfänger steht nun vor der Aufgabe, die Botschaft und somit das Zeichen des Senders zu deuten, denn es unterliegt im Ausdruck weiterhin einem Kode. Zu einem Verständnis der Botschaft kann es nur dann kommen, wenn zwischen Sender und Empfänger ein gemeinsamer Kode existiert, also ein Regelsystem, das dem Zeichen eine Bedeutung zuordnet (vgl. Eco 1977: 26). Die Designation ist die Zuordnung der Bedeutung zum Zeichen. Die Sprachwissenschaft unterscheidet bei einem Designationsprozess drei Kategorien, die als Signifikant, Signifikat und Referent bezeichnet werden. Der Signifikant ist das Zeichen. Es steht für etwas anderes und unterliegt einem Kode. Erst eine Designation, die Entschlüsselung des Kodes, führt zum Verständnis des Zeichens. Die „Idee" von dem Anderen, für das ein Zeichen steht, ist das Signifikat. Das Signifikat ist die Deutung des Signifikanten. Diese Deutung leitet sich von einem Gegenstand ab, der als gemeinsames Anderes bezeichnet werden kann. Dieser Gegenstand wird als Referent bezeichnet.

Die Palette der Zeichenhaftigkeit reicht vom einfachen Verkehrszeichen bis zur komplexen Symbolik in der Religion. Die verschiedenen Elemente eines kulturellen Zeichensystems, wie Symbol, Emblem oder Ritual, sprechen dabei ihre eigene Sprache und folgen einer immanenten Grammatik. Ebenso wie die Zeichen einer Designation bedürfen, setzt Verstehen auch hierbei eine Entschlüsselung der symbolischen Bedeutung voraus. Im Deutungsprozess vermittelt sich ein Verständnis des symbolischen Ausdrucks deshalb erst über eine symbolische Sprachkenntnis. Diese Kenntnis erwerben wir, so *Soeffner*, in individuellen Sozialisationsprozessen, an konkreten Situationen und von unseren Interaktionspartnern:

„Wir erfahren so – wenn auch implizit – so doch sehr praktisch, daß wir in eine von anderen Menschen bereits weitgehend ausgedeutete Welt hineingeboren wurden, in eine Wirklichkeit, die als Deutungszusammenhang durch soziales Handeln immer wieder bestätigt – aber auch variiert wird. Unsere Welt erscheint uns sinnhaft und wird uns überhaupt erst zur Ordnung, weil und sofern sie uns zeichenhaft gegeben und in Zeichen und Symbolen deutbar und interpretierbar ist." (Soeffner 1991: 66)

Da es sich bei der Zeichenordnung aber um ein menschlich konstruiertes Verweisungssystem handelt, haftet auch ihr das Missverständnis wie ein babylonischer Fluch an. Irritiert wird das Ordnungssystem durch die Ähnlichkeit und Mehrdeutigkeit der Zeichen, durch die Verkettung der Zeichensysteme und eine Gleichsetzung von einer Ordnung der Zeichen mit einer Ordnung in der Welt. Der Wunsch nach einer gegebenen Ordnung, die für den Einzelnen Vertrauen und Handlungssicherheit bedeutet, leitet sich aus der menschlichen Sehnsucht nach Strukturiertheit der Welt ab. Wir werden dadurch zu Konstrukteuren von Zeichensystemen, die die Eigendynamik ihrer Produkte mit einer Ordnung der Welt verwechseln. *Soeffner* erklärt dies dadurch, dass die konstruierten Zeichenreihen selbst eine Ordnung suggerieren:

„Zeichenreihen erscheinen uns im praktischen Handeln wie in der theoretischen Reflexion als Systeme, weil wir sowohl unser Handeln als auch unsere Reflexionen in strukturierter und systematischer Form an ihnen orientieren: die von uns konstruierten Zeichen-, Symbol- und Verweisungssysteme repräsentieren die Strukturen unserer Sinnorientierung. Ihre Systematik ist unser Produkt. In ihr bestätigen wir unsere eigenen Hypothesen über die Strukturiertheit der Welt, über eine Strukturiertheit, die sich ihre Ordnung aus den Strukturen unserer Wahrnehmung und Zeichenverwendung entleiht." (Soeffner 1991: 66)

Symbol
Das Begriffsverständnis des Symbols wurde von *Soeffner* sehr weit gefasst. Er sieht Symbole als Repräsentanten von Bedeutsamkeitsakzenten. Mit diesen Akzenten wird sowohl die Erfahrung als auch das Handeln versehen, wenn es in einer Situation als wichtig erscheint. *Soeffner* definiert:

„So kommt es, daß – anders als unsere Symbollexika dies suggerieren – prinzipiell alles zum Symbol oder zum Element symbolischen Handelns werden kann, sofern der Handelnde es innerhalb der Kommunikationssituation entsprechend deklariert oder – um mit Goffman zu sprechen – ‚rahmt'." (Soeffner 1991: 63)

Neben den überlieferten und kulturell gebundenen Symbolen einer Gesellschaft weitet *Soeffner* den Begriff auf Symbole aus, die sich aus einem biographischen Sinn ableiten. Wie symbolisches Handeln in der Autobiographie das reale Handeln in der Gesellschaft vorwegnehmen oder einleiten kann, macht Soeffner am Beispiel der Namensänderung Martin Luthers deutlich. Demnach reformierte Luther zunächst seinen eigenen Namen, bevor er die Reformation der christlichen Kirche initiierte. Aus dem Geburtsnamen „Martinus Ludher Mansfeld" wird über den selbstgewählten symbolischen Beinamen „Eleutherius" (der Freigewordene) der Kunstname „Martin Luther" (vgl. Soeffner 1992: 24).

In den symbolischen Handlungen, findet alles Eingang, was bei einem Anderen Eindruck macht und bei einem selbst Ausdruck findet. Aufgeladen mit einer Bedeutung, die sich aus der Biographie des Verwenders ergeben kann, dient das Symbol zur eigenen Selbstdarstellung. Der Umgang mit Symbolen, das Verwenden und Deuten, setzt beim sozial Handelnden ein Wissen voraus. Diese Erwerbsprozesse sind von pädagogischem Interesse und sollen deshalb genauer betrachtet werden.

Soeffner geht davon aus, dass hierzu seit der Kindheit Voraussetzungen erworben werden müssen, die er als Prägung der Wahrnehmung und Erlernen von sozialen Strukturen beschreibt (vgl. Soeffner 1991: 67). Die Vermittlung vollzieht sich auf Ebenen, die er in einem Drei-Sphären-Modell darstellt. Die drei aufeinander bezogenen Sphären entsprechen dabei jeweils einem anderen Auslegungs- und Sinnhorizont. Die Sinn-Sphären existieren dennoch für jedes Individuum gleichzeitig.

Die erste Sphäre ist die Welt in unmittelbarer Sicht- und Reichweite. Es ist die Welt, die man in der Mutter-Kind-Interaktion vermittelt bekommt. Dabei werden die unterschiedlichsten Erscheinungen, die in unmittelbarer Sicht- und Reichweite sind, den Deutungsübungen unterzogen. Der individuelle Sozialisationsprozess beinhaltet diese Auslegungslehre und hat zwei Schwerpunkte. Zum einen das Erlernen des bereits Ausgelegten und zum anderen die Fähigkeit des Auslegens selbst. Die Erfahrungen aus dieser Auslegungslehre prägen die Deutungsmuster im weiteren Leben.

Die zweite Sphäre ist die Welt in potenzieller Reichweite. Ihre Erscheinungen leiten sich lediglich aus der Welt der unmittelbaren Reichweite ab und verweisen nur indirekt auf sie. In dieser gesellschaftlichen Sphäre wird Handlung und Deutung institutionell vermittelt.

Die dritte Sphäre ist die Welt des symbolisch-vermittelten Wissens und Handelns. Sie ist das bereits Ausgelegte in Form von Traditionen, Weltbildern und Kosmologien. Ihre Erscheinungen lassen sich kaum mehr auf die erste Sphäre beziehen.

Durch Zeichen und Symbole werden diese drei unsichtbaren Sphären zur Erscheinung gebracht. *Soeffner* sieht in ihnen Repräsentanten der Sinnwelten:

„Sie sind Erinnerungsmarken für die von ihnen repräsentierten Bilder, Erfahrungen und Empfindungen. Sie ‚appräsentieren‘, schaffen etwas (wieder) herbei, was sie nicht selbst sind." (Soeffner 1991: 67)

Der Begriff der Appräsentation meint die Vergegenwärtigung von Abwesendem durch etwas Statthaltendes. Die Begriffsbildung kann als Modifikation der drei Zeichenkategorien (Signifikat, Signifikant und Referent) gesehen werden, die im Zusammenhang mit dem Designationsprozess dargestellt wurden.

Die Appräsentation beinhaltet das appräsentierende Element (den Statthalter), das appräsentierte Element (das Abwesende) und das erfahrene Bewusstsein (die Vergegenwärtigung). Bezieht man die Appräsentation auf das Drei-Sphären-Modell, so zeigt sich, dass jede Sphäre ihren eigenen Verweisungszusammenhang beinhaltet. In der ersten Sphäre ist die Bedeutung der symbolischen Präsentation sehr gering. Die Menschen und Dinge sind greif- oder zeigbar und meist ‚Selbstda'. In der zweiten Sphäre reicht der Verweisungszusammenhang, im Gegenteil zur ersten Sphäre, über die unmittelbare Handlungs- und Wahrnehmungssituation hinaus. Aus der direkten wird eine zunehmend anonyme Appräsentation. Mit ihrer Ausrichtung auf Gesellschaft stiftet sie die Voraussetzung für kollektives Deuten und Handeln. In der dritten Sphäre, die den Verweisungszusammenhang mit den Kosmologien herstellt, kommt es zu einem verdoppelten Symbolismus (vgl. Soeffner 1991: 71). Das Appräsentierende überlagert das Appräsentierte:

„Die Erscheinung steht im Dienste einer Epiphanie: das im Symbol Erscheinende – für die Nichtwissenden ‚hinter' der Erscheinung Verborgene – ist die eigentliche Wirklichkeit: Das nicht wirklich Präsente verdrängt das wirklich Präsente." (Soeffner 1991: 71)

Innerhalb des Drei-Sphären Modells lassen sich Symbole als Übergangszeichen für eine andere Wirklichkeit erkennen. Die erste Grenzüberschreitung vollzieht sich von der relativ-natürlichen Weltanschauung über die sozialen Konstruktionen zur symbolisch ausgeformten Kosmologie. Die zweite Überschreitung verläuft von der konkret-situativen Wirkwelt der Mitmenschen über die anonymisierten Institutionen zum Welt- und Gesellschaftstheater. Als Drittes wird eine Grenze von den Zeichen in der Mutter-Kind-Interaktion über konventionalisierte Zeichensysteme zur Welt der symbolischen Formen und ihres kosmologischen Hintergrundes überschritten.

Als Markierungen dieser Grenzüberschreitungen sieht *Soeffner* die besondere Funktion des Symbols. Symbole als Kennzeichen der Grenzüberschreitung unterscheiden sich dadurch von allen anderen Zeichen:

„Sie markieren lebensweltliche ‚Transzendenzen', Grenzüberschreitungen von einem Individuum zu einem anderen, von einem Erfahrungsstil zum anderen (vom Traum zum Wachen, von der alltagspraktischen Vernunft zur religiösen Erfahrung oder zur Ekstase) von einer ‚Statuspassage' zur anderen (von der Kindheit zur Jugend, zum Erwachsensein, zum Alter, zum Tod)." (Soeffner 1991: 72)

Ritual
Die beschriebene Wirkung der Symbole wird verstärkt durch ihre Bindung an andere Zeichensysteme, an „eigenständige symbolische Gebilde" (Soeffner 1991: 75), die als Rituale bezeichnet werden. *Soeffner* beschreibt das Ritual

als eine „Form, die den Stoff zum Inhalt werden lässt und dabei selbst zum Inhalt wird" (Soeffner 1991: 76). Im Ritual werden die Zeichen in institutionalisierter Form gebraucht. Dabei ordnet sich der Zeichengebrauch wieder in Gebilde an, die eine biologische Eindeutigkeit der Instinktsteuerung durch eine soziale Eindeutigkeit ersetzen. Die Gesellschaft der Zeichenbenutzer findet durch das Ritual zu einer Art Authentizität zurück, die sich statt auf einer natürlichen Ebene auf einer künstlichen Ebene des Verhaltens vollzieht. Ist die verwendete Verhaltensform des jeweiligen Rituals bekannt und wird sie von der Gesellschaft gebilligt, dann sichert sie als kollektive Gewohnheit die Konstruktion der Wirklichkeit. Das symbolische und rituelle Verhalten ist durch seine feste Form invariant und tradierbar. Es dient dadurch in überlieferten Mustern der Bewältigung von Neuem. So wie das Symbol die Widersprüchlichkeit mit Harmonie beantwortet, ordnet das Ritual auch die Unüberschaubarkeit von gesellschaftlicher Veränderung. *Soeffner* erläutert:

„Innerhalb des Repertoires kommunikativer Darstellungsformen nehmen ritualisierte Verhaltensgewohnheiten damit eine bedeutsame Stellung ein. – Sie gehören zu den Materialien sowohl sozialer Organisation als auch kollektiv organisierter Interaktionszusammenhänge." (Soeffner 1991: 76)

Rituelles Verhalten ist in Stammesgesellschaften an ein Wissen um die Bedeutung kollektiver Rituale gebunden und erscheint somit offensichtlich. In komplexen Gesellschaften entziehen sich die Interaktionsrituale weitestgehend einer klaren Bestimmung. Ein weiteres Unterscheidungsmerkmal von überschaubaren und komplexen Gesellschaften ist die wachsende Anonymität der Kommunikation. Die unmittelbare Interaktion in der Begegnung von Angesicht zu Angesicht wird zunehmend zum medialvermittelten Austausch häufig wechselnder und sich unbekannten Kommunikationspartner. In den unterschiedlichen Gesellschaftsformen bekommt das Ritual dadurch eine spezifische Funktion. In Stammesgesellschaften stützt sich das Ritual auf konkrete Erfahrung. Das Ritual konstituiert die Gemeinschaft. In komplexen Gesellschaften dient das Ritual zum ‚Aufbau temporärer Interaktionsgemeinschaften, indem von allen Beteiligten ein eher impliziter und anonymisierter Ordnungszusammenhang für soziales Handeln aufrecht erhalten wird' (Soeffner 1991: 76). Das Wissen um Ordnungszusammenhänge, so stellt *Soeffner* dar, wird zur Second-hand-Erfahrung und ist losgelöst von seinem traditionellen Ursprung. Die losgelösten Rituale werden vollzogen, ohne dass ihren Benutzern Herkunft, Tradition und Sinn bewusst sind. In einer komplexen Gesellschaft beinhaltet das Ritual immer noch seinen strukturellen Sinn. Allerdings wird sein inhaltlicher Sinn gemäß der Bewältigung von Neuem aktualisiert. Der gesellschaftliche Nutzen von rituellem Verhalten liegt in einer Kalkulierbarkeit, die Orientierungssicherheit stiftet, auch wenn die

Benutzer nicht die Bedeutung des Rituals realisieren. Rituale, die nicht durch eine bewusste Tradition gesichert sind, verselbstständigen sich. Die Form wird zum Inhalt, der sich selbst legitimiert. Die Benutzer von Ritualen sind von einem Wissen darüber abgekoppelt und werden zu Gläubigen.

Emblem
Ein Darstellungsmittel des symbolischen und rituellen Ausdrucks ist das Emblem. Es ist Symbol der selbstgewählten Orientierung und ein kodiertes Zeichen der Verbundenheit zu einer Gemeinschaft. Die klassische Form des Emblems besteht aus drei Elementen, die sich innerhalb einer Darstellung aufeinander beziehen. Im Zeitalter des Barock unterschied man die Emblemelemente Bild, Motto und Epigramm voneinander. Durch diese Aufteilung einer einzigen Darstellung gelang es, eine komplexe mythologische Geschichte in Ursache, Folge und Moral zu rezitieren. *Soeffner* wählt zur Verdeutlichung die emblematische Darstellung des Prometheus, die aus Bild, Inschrift und Bildunterschrift besteht.

Der griechische Mythos besagt, dass der gottgleiche Menschenschöpfer Prometheus bei Zeus in Ungnade gefallen ist, da er den Menschen das Feuer schenkte und Zeus ein gebührendes Opfer dafür unterschlug. Er zweifelte die Allwissenheit der Götter an und wurde zur Strafe an einen Felsen geschmiedet. An jedem Tag suchte ihn dort ein Adler heim und fraß ein Stück aus Prometheus' Leber. In jeder Nacht wuchs die Leber wieder nach, so dass die Strafe über Jahre endlos erschien.

Im Bild (pictura) des Prometheus-Emblems ist der leidende Prometheus mit dem Adler dargestellt. Eine Inschrift (inscriptio), die über dem Bild den Namen „Prometheus" lesen lässt, gibt das Motto an. Sie erinnert an den Mythos und damit auch an den Interpretationszusammenhang der dargestellten Szene. Eine Bildunterschrift (subscriptio) verweist als Epigramm auf eine Deutung mit den Worten „Quae supra nos nihil ad nos" (Soeffner 1989: 164). Das Epigramm in der Übersetzung „Die Dinge, die über uns sind, sind nichts für uns" steht in Bezug zum dargestellten Ende des Himmelstürmers und zielt damit auf einen Interpretationsvorgang beim Betrachter. Dem Betrachter verlangt die Interpretation des Emblems drei Kenntnisse ab, ohne die ein Verstehen nicht ausreichend möglich ist. Vorausgesetzt ist das Wissen um eine emblematische Aussage, um den Traditionszusammenhang mit dem griechischen Mythos und das Verständnis von Motto und lateinischem Epigramm. Wer dieses Wissen hat, kann das Emblem enträtseln. Wem die Kenntnis fehlt, der sieht nicht mehr im Emblem als einen Mann und einen Vogel.

Im Sinne *Bourdieus* kann man dieses Wissen auch als „inkorporiertes Kulturkapital" bezeichnen, dass nicht nur auf die Kunst bezogen bis heute ein Kriterium sozialer Unterscheidung darstellt:

„Die Fähigkeit des Sehens bemißt sich am Wissen, oder wenn man möchte, an den Begriffen, den *Wörtern* mithin, über die man zur Bezeichnung der sichtbaren Dinge verfügt und die gleichsam Wahrnehmungsprogramme erstellen. Von Bedeutung und Interesse ist Kunst einzig für den, der die kulturelle Kompetenz, d.h. den angemessenen Code besitzt." (Bourdieu 1987: 19)

Das Emblem ist somit seit seiner Blütezeit im Mitteleuropa des 15. Jahrhunderts eine Darstellungsform, die mit der ungleichen Verteilung des Wissens in der Gesellschaft operiert. *Soeffner* beschreibt:

„Embleme sind bezogen auf eine Interpretationsgemeinschaft. Sie erhalten diese Gemeinschaft, der sie immer wieder das gemeinsame Orientierungssystem vor Augen führen. Sie definieren die Interpretationsunfähigen als die Außenstehenden und Ungebildeten." (Soeffner 1989: 167)

Das Maß der Kodierung eines Emblems scheint dabei Rückschlüsse auf die Bereitschaft einer Gemeinschaft zuzulassen, sich gegenüber Unwissenden zu öffnen. Ein Beispiel ist die Bedeutung der Zahl im Emblem zweier Ruhrgebietsvereine. Die Nummer 04 im Wappen des Schalker Sportvereins verweist auf die Tradition, dem Vereinsnamen ein Gründungsjahr beizuordnen. Diese Tradition ist in Arbeiterregionen bekannt und findet sich auch im Namen anderer Sport-, Gesangs- oder Zechenvereine wieder. Eine Dekodierung der Nummer 04 als Gründungsjahr 1904 war damit bei einer breiten Schicht vorauszusetzen. Die Dekodierung der Nummer 5820 im Siegelemblem der Duisburger Freimaurerloge „Zur Deutschen Burg" war dagegen nur wenigen Privilegierten möglich. Erst das Wissen um den Bezug zum Tempelbau in Jerusalem, der 4000 Jahre vor unserer Zeitrechnung liegen soll, lässt das Rätsel entschlüsseln. In freimaurerischer Tradition werden die 4000 Jahre zum eigentlichen Gründungsdatum addiert und verschlüsseln so das Jahr 1820.

Ebenso wie das Symbol die Grenzüberschreitung von Individuen, Erfahrungsstilen und Statuspassagen anzeigt, markiert das Verständnis eines Emblems die Grenze zwischen sozialen Gruppen. Die Gruppe bietet dem Zugehörigen eine kollektive Persönlichkeit. Der Träger eines Emblems verweist über sich selbst hinaus auf diese Gruppe und gibt sich gegenüber Außenstehenden zu erkennen. Die Annahme einer kollektiven Persönlichkeit macht den Emblemträger selbst zum Interpretationsobjekt und zum Darsteller seiner Zugehörigkeit. Da sich die innere Zugehörigkeit durch das Emblem, also eine äußere Darstellung der Zugehörigkeit, erst legitimiert, wird die sichtbare Oberfläche zum Ort der Emblematik. Bevorzugt werden deshalb Körper und Kleidung emblematisch besetzt oder selbst zum Ausdrucksmedium einer emblematischen Form der Orientierung, Zugehörigkeit oder Ausgrenzung.

Stil

Stil ist ein Selbstdarstellungselement des Individuums, das sich durch seinen Habitus als Zugehöriger einer selbstgewählten geschmacksbildenden und – erhaltenden Gemeinschaft zu erkennen gibt und sich gegenüber Anderen dadurch abgrenzt. Auf den engen Zusammenhang von Habitus, Stil und Geschmack macht vor allem *Pierre Bourdieu* aufmerksam:

„(…) der Habitus ist *Erzeugungsprinzip* objektiv klassifizierbarer Formen von Praxis und *Klassifikationssystem* (principium divisionis) dieser Formen. In der Beziehung dieser beiden den Habitus definierenden Leistungen: der Hervorbringung klassifizierbarer Praxisformen und Werke zum einen, der Unterscheidung und Bewertung der Formen und Produkte (Geschmack) zum anderen, konstituiert sich die *repräsentierte soziale Welt*, mit anderen Worten der Raum der Lebensstile." (Bourdieu 1987: 277f.)

Die Erzeugungsformel des Lebensstils ist demnach ein „Gesamtkomplex distinktiver Präferenzen" (Bourdieu 1987: 283). Ein Individuum äußert durch seinen Habitus zum einen die selbstgebildeten Geschmacksvorstellungen (Erzeugungsprinzip) und zum anderen die Bewertung des Geschmacks (Klassifikationssystem) von möglichen Anderen. Die Bewertung des Geschmacks und die Intoleranz gegenüber abweichenden Lebensstilen stellt, so *Bourdieu*, eine der stärksten Klassenschranken dar und verbindet gleichzeitig die Menschen, die aufgrund ihres klassenspezifischen Geschmacks zu einander passen (vgl. Bourdieu 1987: 374).

Soeffner entwickelt den Stilbegriff weiter, indem er Stilisierung als beobachtbare soziale Handlung beschreibt, die auf eine ‚kulturelle Überhöhung des Alltäglichen' (Soeffner 1992: 79) abzielt. Die Überhöhung meint die Loslösung aus der primären alltäglichen Gemeinschaft und die Selbstzuordnung zu einer „sich selbst tragenden und charismatisierten *höheren* Gemeinschaft" (Soeffner 1992: 101). So wie das Emblem seinem Träger eine kollektive Persönlichkeit verleiht, ist auch der Träger eines Stils mit einer Gruppe verbunden und zeigt dies durch Handlung, Einstellung oder Kleidung, selbst wenn er sich zur Gruppe der Nonkonformisten zählt. Neben dieser Ausdrucksfunktion stellt der Stil auch eine Interpretationsanleitung der jeweiligen Darstellungsmittel dar.

„Ein Stil wird nicht nur von einem sich selbst oder bestimmte Produkte stilisierenden Handelnden hervorgebracht, sondern ebenso von bestätigenden oder ergänzenden Interpretationen der Beobachter und Interpreten." (Soeffner 1992: 81)

Die Lesart der einzelnen Stilelemente ergibt sich für den Beobachter aus der Gesamtheit des inszenierten Stils, die *Soeffner* als eine „legitimierende *höhere* Sinneinheit" (Soeffner 1992: 80) beschreibt. Die Stilelemente werden weiterentwickelt und beziehen sich als Reproduktion auf frühere Elemente oder binden sich als Innovationen an diese Sinneinheit. Wie bereits am Begriff des Rituals dargestellt, bleibt ein struktureller Sinn erhalten, während der inhaltliche/materielle Sinn erneuert werden kann. Auch hier dient der Stil einer Orientierung. Der Träger eines Stils positioniert sich in Zugehörigkeit zu bzw. Absetzung von bestimmten Lebensformen, habituellem Verhalten und Geschmackspräferenzen in einer Gesellschaft. Ebenfalls zeigt sich am Stil eine Eigenart, die schon bei der Betrachtung von Symbol, Ritual und Emblem deutlich wurde. Auch er stellt eine Grenzmarkierung in seiner sozialen Zeichenhaftigkeit dar.

3.2 Theatralität

Der Vergleich von Welt und Theater ist fester Bestandteil in der Wahrnehmung unseres Alltags. Selbstverständlich sprechen wir von Drama, Schwank oder Tragödie, wenn wir die Wirklichkeit beschreiben wollen. Über andere berichten wir, sie benehmen sich wie eine Diva oder fallen als Hanswurst aus der Rolle. Wir selbst befinden uns dabei im Rampenlicht oder auf dem Logenplatz und sprechen davon, eine Vorstellung spielend über die Bühne zu bringen oder die Maske fallen zu lassen. Sprache ist durchdrungen von Synonymen und Metaphern des Theaters. Neben der Verwendung im alltäglichen Sprachgebrauch findet sich Theatervokabular, das die Welt als Bühne des sozialen Handelns bezeichnet, auch in der Wissenschaft:

„Die Rede von der Theatralisierung unserer heutigen Lebenswelt zielt (...) auf Prozesse der Inszenierung von Wirklichkeit durch einzelne und gesellschaftliche Gruppen, vor allem auf Prozesse ihrer Selbstinszenierung. Als Teil der Inszenierung gilt dabei nur, was in/mit ihr zur Erscheinung gebracht und von anderen wahrgenommen wird, sowie das Ensemble von Techniken und Praktiken, das eingesetzt wurde, um es zur Erscheinung zu bringen." (Zit. n. Willems/Jurga 1998: 3)

Neben Arbeiten von *Hans-Georg Soeffner* und *Ronald Hitzler* ist es vor allem *Herbert Willems*, der sich derzeit mit Konzept und Theorie der Theatralität beschäftigt. Dabei geht es ihm um die Analyse von Wirklichkeitskonstruktion durch einen Theatralitätsbegriff der metaphorisch auf Realität verweist und nicht nur die eigentliche Inszenierung, sondern jegliche Art von Präsentation beinhaltet (vgl. Willems/Jurga 1998: 11).

Die Theatermetaphorik hat, so weist *Erika Fischer-Lichte* nach (vgl. Fischer-Lichte 1998), ihren Ursprung im 16. Jahrhundert. Seitdem findet der Begriff „Theatrum" eine Verwendung in der Literatur ohne sich auf die Schaubühne zu beziehen. Im Rückgriff auf seinen griechischen Ursprung (gr. theatron = Schaustätte) verweisen Titel wie „Theatrum Orbis Terrarum" (1570), „Theatrum Florae" (1622) oder, auf einen realen Ort, an dem es – wie in einem Theater – etwas zu Bestaunen gibt (vgl. Fischer-Lichte 1998: 81).

Seine Bedeutung als Gegensatz von ‚Natürlichkeit' bekam der Begriff ‚Theater' im 18. Jahrhundert. Eine frühe Verwendung von ‚theatralisch' in Opposition zu ‚original' fand *Fischer-Lichte* in einer Quelle aus dem Jahre 1711. Der *Earl of Shatesbury* wird aus seiner Schrift *Characteristics of men, manners, opinions* zitiert:

„The good painter must (...) take care that his action be not theatrical, or at second hand, but original and drawn from nature herself" (Fischer-Lichte 1998: 85)

Gebräuchlich wurde der Begriff ‚Theatralität' in einer Bedeutung, die von der Schaubühne abgelöst war, erst im 20. Jahrhundert. 1915 formulierte *Nikolaj Evreinov* in seiner Betrachtung „Theater für sich selbst" die Theatralität als das „allgemein verbindliche Gesetz der schöpferischen Transformation der von uns wahrgenommenen Welt" (zit. n. Fischer-Lichte 1998: 85).

In Anlehnung an Evreinovs Deutung wurde Theatralität als Wahrnehmungsmodus, als Art der Körperverwendung oder als Modus der Zeichenverwendung gesehen. In den Sozialwissenschaften wurde die Theatermetaphorik in Verbindung mit der Rollentheorie seit der Mitte des letzten Jahrhunderts immer wieder kontrovers diskutiert. Der Verständlichkeit ihrer Begriffsbildung stand der Vorwurf gegenüber zu banalisieren oder zu ideologisieren.

„Operiert die Wissenschaft von der Gesellschaft mit derlei Begriffen, schreckt aber vor der Theorie zurück, deren Momente sie sind, so leistet sie Dienste für die Ideologie. Der Begriff der Rolle, unanalysiert von der sozialen Fassade bezogen, hilft, das Unwesen der Rolle zu perpetuieren." (Adorno 1965, zit. n. Willems 1998: 24)

Erving Goffman setzte sich seit Ende der fünfziger Jahre mit der Selbstdarstellung als Analogie zum Bühnenschauspiel auseinander. Eine komplexe Theorie von Interaktion erfolgte in den Siebzigern mit der „Rahmen-Analyse". Die Kritik warf *Goffman* unter anderem eine Ausblendung der biographischen Dimensionen, die Vernachlässigung des menschlichen Affekthaushaltes und die Einschränkung des Individuums auf seine Aspekte als Rollenspieler vor (vgl. Hitzler 1992: 449). Doch schon 1959 sah *Goffman* sein Begriffsystem selbst als ein „rhetorisches Manöver" (Goffman 1969: 232), welches die verfremdende Sprache der Schaubühne benutzt, um mit ihr das Verborgene im Alltäglichen zu enthüllen. Herbert Willems urteilt darüber:

„Modelle (Metaphoriken) wie das des Theaters (oder auch das des Spiels oder der Zeremonie) ‚verfremden' aber nicht nur; sie besitzen auch, weil sie relativ realistisch sind, den Vorzug, die Erzeugung analytischer Informationen mit hohem empirischem Gehalt zu ermöglichen. Speziell die Theaterperspektive informiert in diesem Sinne aus einem Verhältnis *relativer* Inkongruenz und *mittlerer* Distanz zum Gegenstand (mit Nietzsche könnte man von einer Beobachtungsposition ‚von halber Höhe' sprechen)." (Willems 1998: 25)

Ronald Hitzler sieht in der Theaterperspektive eine Möglichkeit, soziale Situationen so zu verstehen wie sie, vom Individuum aus gesehen, erscheinen. Damit stellt dieser Blickwinkel für ihn eine Besonderheit gegenüber gewohnter soziologischer Rollentheorien dar, die von der Gesellschaft her nach dem Individuum fragen (vgl. Hitzler 1998: 93). *Goffman* selbst beschreibt seine Intention in der „Rahmen-Analyse" folgendermaßen:

„Es geht mir nicht um die Struktur des sozialen Lebens, sondern um die Struktur der Erfahrung, die die Menschen in jedem Augenblick ihres sozialen Lebens haben." (Goffman 1996: 22)

Hitzler übersetzt die Sichtweise Goffmans in eine dramatologische Anthropologie. Er interpretiert Goffmans Theatermodell im Hinblick auf ein existenzialistisch gefärbtes Menschenbild, das er als „Goffmensch" bezeichnet:

„Der Goffmensch taucht gleichsam aus dem biographischen Nichts in gesellschaftlich immer schon (mehr oder weniger massiv) vor-konstruierten Ordnungszusammenhängen auf, steht in aller Regel ziemlich unvermittelt in einer der mannigfaltigen sozialen Szenen, und muß nun eben schauen, wie er aus dieser für ihn quasi ‚absurden' Situation (vgl. hierzu *Camus* 1959) ‚das Beste' machen, wie er ‚die Sache' in den Griff kriegen, wie er sich optimal ‚selbstverwirklichen' und wie er die anderen von sich und seinen Ambitionen überzeugen kann." (Hitzler 1992: 455)

Die Lehre von diesem Menschen bezeichnet *Hitzler* als Dramatologie. Ihre Metaphorik bezeichnet ihn als Charakter, Darsteller und Spieler, welcher Rollen besetzt, Drehbücher benutzt und ein wechselndes Publikum anspricht. Dabei ist der Mensch fähig, sich in Akten der Rollendistanz als Schauspieler zu sehen. Seine Darstellungsleistung, seine Selbstinszenierung ist eine alltägliche Angelegenheit. Sie entspringt dem menschlichen Zwang und Wunsch sich mitzuteilen:

„Symbolische Kommunikation und Rollenübernahme nämlich vergesellschaften den Menschen in so hohem Maße, daß er sich selbst im wesentlichen ‚durch die Augen der anderen' hindurch erblickt, daß er sich, wenn er sich wahrnimmt, sozusagen ‚im Spiegel' sieht (vgl. Cooley 1902, Strauss 1974). Die Konstruktion eines Selbst erfordert also Rollenübernahme, und Rollenübernahme erfordert inter-subjektive kulturelle Kompetenz, mithin die Teilhabe an kollektiv geteilten Zeichen- und Symbolsystemen: Man bezieht sich auf sich selbst wie auf andere durch die Rolle hindurch, die man spielt, obwohl einem dies nur gelegentlich thematisch relevant wird." (Hitzler 1998: 95)

Das Hervorbringen und Verwenden der Zeichen in der Darstellung wird im aktuellen Theatralitätskonzept als Inszenierung begriffen (vgl. Fischer-Lichte 2000: 20). Die Inszenierung stellt neben der Performance als Darstellungsvorgang und dem Aspekt der Wahrnehmung des Zuschauers ein wichtiges Element von Theatralität dar. Da es bei der Betrachtung von Theatralität um direkte Interaktion und dabei vor allem um das Interagieren körperlich präsenter Personen geht, bildet die Korporalität einen weiteren bedeutenden Schwerpunkt.

„Theatralität als Korporalität fokussiert den Körper als Darstellungsmittel und Ausstellungsobjekt; zugleich zielt sie auf die Prozesse der sinnlichen Wahrnehmung." (Zit. n. Willems/Kautt 1999: 298)

3.3 Selbstdarstellung

In seiner Schrift von 1959 „The presentation of self in everyday life", die den deutschen Titel „Wir alle spielen Theater" führt, entwirft *Erving Goffman* eine Grundsituation des alltäglichen Kommunikationsprozesses:

„Wenn ein Einzelner mit anderen zusammentrifft, versuchen diese gewöhnlich, Informationen über ihn zu erhalten oder Informationen, die sie bereits besitzen, ins Spiel zu bringen. (…) Informationen über den Einzelnen tragen dazu bei, die Situation zu definieren, so daß die anderen im voraus ermitteln, was sie von ihm erwarten können. Durch diese Informationen wissen die anderen, wie sie sich verhalten müssen, um beim Einzelnen die gewünschte Reaktion hervorzurufen." (Goffman 1969: 5)

Um eine erste Ordnung in diese neue Situation zu bringen, bedienen sich die Beteiligten unterschiedlicher Informationsquellen. *Goffman* spricht hierbei auch von „Ersatzinformationen" (Goffman 1969: 228), da eindeutige Informationen in der Situation meist nicht zugänglich sind. Das Sichtbare des Einzelnen – die äußere Erscheinung und der korporale Ausdruck – und die Sprachlichkeit sind dabei Lieferanten für Ersatzinformationen. Diese Mitteilungen werden von den Betrachtern bewertet und mit bereits bekannten Personen verglichen. Die Einschätzung einer neuen Person unterliegt somit einer gewissen Stereotypisierung. Ist die Person dem Betrachter bekannt, so wird er sie aufgrund früherer Eindrücke beurteilen, die in der momentanen Situation aktualisiert werden. Die neue Person hat selbst dabei die Möglichkeit, durch ihren Ausdruck die Meinung des Betrachters zu lenken. In der neueren psychologischen Literatur wird diese Art der Selbstdarstellung auch treffend als „Eindruckssteuerung" bezeichnet, die sich über Appräsentationen vermittelt.

„Es ist immer möglich, den Eindruck zu manipulieren, den der Beobachter als Ersatz für die Realität verwendet, weil ein Zeichen für die Existenz eines Dings, das nicht selbst dies Ding ist, in dessen Abwesenheit benutzt werden kann. Die Tatsache, daß es für den Beobachter notwendig ist, sich auf die Darstellungen von Dingen zu verlassen, schafft die Möglichkeit der falschen Darstellung." (Goffman 1969: 229)

Die Beeinflussung der Meinung des Beobachters vollzieht sich auf zwei Ebenen des Ausdrucks. Auf der ersten Ebene ist es der Ausdruck den jemand erzeugt. Hiermit ist die direkte Äußerung einer Information über sich selbst gemeint. Die zweite Ebene beschreibt den Ausdruck den jemand gibt. Dabei werden im Verhalten Ersatzinformationen für den Betrachter angeboten, die dieser zu interpretieren hat. Die zweite Ausdrucksart verwendet wesentlich subtilere Mittel und ihre Glaubwürdigkeit hängt stark von der Darstellungsleistung des Betrachteten ab. Der Betrachter wiederum kann Schlüsse aus dem Vergleich der beiden Ebenen ziehen. Sind erzeugter und gegebener Eindruck sehr unterschiedlich, so wird er Zweifel an der Wahrhaftigkeit des Ausgedrückten haben.

Der aktuelle Diskurs zur Selbstdarstellung, der sich im Konzept der Theatralität wiederfindet, sieht sowohl in der bewußten als auch in der nicht bewußten Selbstdarstellung eine menschliche Grundgegebenheit. *Ronald Hitzler* merkt an, dass diese Annahme einem Kulturpessimismus die argumentative Grundlage entzieht, der die Selbstdarstellung als bloßes Täuschungsmanöver begreift und sie auf den Konstruktionsprozess von Trugbildern beschränkt. *Hitzler* beschreibt soziales Handeln als lebenslanges Schauspiel wechselseitiger Selbstinszenierung. In einer Szene, wie sie oben bereits von Goffman zitiert wurde, tritt der Einzelne als Zuschauer und Akteur gleichermaßen auf, der die Szene als soziale Situation zu bewältigen versucht:

„Der Akteur muß ständig Wahrnehmungen interpretieren, Handlungsalternativen selegieren und Deutungsschemata applizieren. Daß er dies zumeist völlig routinisiert tut, ändert nichts an dem Befund, daß er gar nicht umhin kann, im alltäglichen Zusammenleben mit anderen zu deuten, zu wählen, zu entscheiden und – sich zu inszenieren, sich mit seinem Körper ‚in Szene' zu setzen." (Hitzler 1997: 34)

Der Körper hat in der Inszenierung eine besondere Funktion, denn der Darsteller wird durch ihn sichtbar. Das Subjekt wird durch den individuellen Körper präsent und der Körper dient ihm gleichzeitig als Ausdrucksfeld. Der Einsatz einer körperlichen Leistung des Subjekts setzt dabei eine Wahrnehmung voraus, die zu einer strukturellen Unterscheidung von Körper und Leib führt. Während der Körper als etwas materielles sichtbar ist, bleibt der Leib immateriell und dem Anderen nicht zugänglich (vgl. Klein 1999b: 108). *Gernot Böhme* deutet diese Verschiedenheit aufgrund zweier unterschiedlicher Erfahrungen:

„Der Körper ist in objektiven Erfahrungen gegeben, als Gegenstand und der Leib nur in subjektiver Erfahrung, in Selbsterfahrung. Das ist ein fundamentaler Unterschied. Man kann die Selbsterfahrung in gar keinem Fall durch objektive, durch Fremderfahrung ersetzen." (Böhme 1999: 21)

Anders ausgedrückt kann man sagen, dass die Selbsterfahrung des Leibes unausweichlich ist. Zu einem Körper wird der Leib aber erst dadurch, dass er mit anderen Körpern in einen Vergleich gesetzt und somit objektiviert wird. Die Betrachtung des eigenen Leibes als Körper beinhaltet deshalb bei jedem Subjekt die Tendenz, vom Akteur zum Beobachter zu werden. Im Zusammenwirken von Eigenschau und öffentlichem Blick verweist *Hitzler* auf eine Gleichzeitigkeit, die eine Kontrolle des Anzeichenfelds 'Körper' in der Selbstdarstellung nur beschränkt ermöglicht:

„In der Wahrnehmung durch den (generalisierten oder konkreten) Anderen konstituiert sich Öffentlichkeit schlechthin als subjektive Erfahrung. Gleichzeitig verkehrt sich – eine dialektische Erfahrung meiner eigenen Leiblichkeit – die Subjekthaftigkeit meines Erlebens in das Erleben meiner selbst als einem prinzipiell öffentlichen Objekt." (Hitzler 1997: 36)

Eine Konsequenz der eingeschränkten Steuerbarkeit des körperlichen Ausdrucks ist die Maskierung, die nicht nur das Gesicht, sondern den gesamten Körper einbezieht. Hinter diesen Masken, verbirgt sich aber keinesfalls eine ‚wahre' Natur, die bei einer Demaskierung zum Vorschein käme. Die Maske gehört zum sozial Handelnden und dient dazu, die subjektiven inneren Zustände zum Zweck der Handlungsfähigkeit im Ausdruck zu kontrollieren. *Hitzler* spricht hierbei von „Erträglichkeitskriterien" (Hitzler 1997: 36) der sozialen Umwelt, auf die der Darsteller seine Art der Maskierung abstimmt. Betrachtet man die Maskierung des Körpers unter dem Aspekt sozialer Zeichenhaftigkeit, so kann man sie als Grenzmarkierung von den inneren Zuständen des Leibes zu den äußeren kollektiven Orientierungsmustern des Körpers begreifen. Mit der zunehmenden Überlagerung des Leibes durch den Körper, also die Höhe des Grades der Kontrolle, steigt der Anteil der darstellerischen Leistung.

3.4 *Korporalität und Körperzeichen*

Herbert Willems und *York Kautt* entwickelten ein soziologisches Rahmenkonzept von Korporalität, das die Körperlichkeit als einen wichtigen Aspekt von Theatralität darstellt. Korporalität bildet dabei einen neuen soziologischen Leitbegriff.

Zunächst sehen *Willems/Kautt* den Körper als eine soziale Sinntatsache. Sie unterscheiden die korporale Materialität von der Dimension des Sinnkörpers. Die korporale Materialität bezeichnet die stoffliche Erscheinung eines Körpers.

„(...) sie prozessiert und entwickelt sich sozusagen autopoietisch und in gewisser Weise asozial. Sie unterläuft und fundiert zugleich sozialen Sinn und damit Kommunikation." (Willems/Kautt 1999: 299)

Die korporale Materialität drückt sich in biologischen Gegebenheiten wie Gestalt oder Gesundheit aus. Neben seiner körperlichen Stofflichkeit ist der menschliche Körper aber immer auch ein Sinnkörper. Dieser Sinnkörper hat zwei Dimensionen. Zum einen ist der Sinnkörper ein Kognitionskörper, der wiederum gleichzeitig kognizierender und kognizierter Körper ist. Das bedeutet, dass der Kognitionskörper sowohl ein Subjekt als erkennender Körper, als auch ein Objekt als (selbst-) erkannter Körper darstellt. Zum anderen ist der Sinnkörper auch Performanzkörper. Im Performanzkörper finden materieller Körper und inkorporierter Sinn zusammen. Mit diesem inkorporierten Sinn ist eine Sinnhaftigkeit gemeint, die sich an einen Interaktionspartner richtet, um ihm gegenüber etwas auszudrücken. Bei einer Interaktion fungiert der Körper als Einheit von korporaler Materialität, Kognitions- und Performanzkörper:

„Hier ist er permanent Subjekt und Objekt von Wahrnehmungen und Beobachtungen, die immer auch zu expressiven und kommunikativen Selbst- und Fremdkontrollen zwingen. Auf der Interaktionsebene verwandelt sich die Materialität des Körpers unmittelbar in Bedeutung und Information, und zwar je nach den Sinnstrukturen, die im jeweiligen (Selbst-) Kognitionsprozeß wirksam werden. Prinzipiell unabhängig von dem, was man meint oder nicht meint, steuert oder nicht steuert, wird man als Körper für andere und sich selbst zum Gegenstand der Interpretation und Zuschreibung. Dahinter stehen die verschiedensten Deutungsmuster, die aus dem Körper als ein und derselben Materialität differentielle Wirklichkeiten machen." (Willems/Kautt 1999: 300)

Der Performanzkörper ist aber nicht nur Einheit von materiellem Körper und korporalisiertem Sinn, sondern stellt weiterhin einen Rahmenkörper dar, der als Rahmungswissen sowohl Kognitionswissen als auch Performanzwissen in sich vereint.

In Anlehnung an *Goffman* spricht *Willems* vom „primären Interaktionsrahmen" (Willems 1998: 26). Dabei versucht jeder Teilnehmer einer Interaktion die Situation über Informationen zu definieren und steht dabei unter einem doppelten Zwang. Zum einen will der Einzelne die Szene begreifen (Interpretationszwang), zum anderen will er durch verbale oder nonverbale Äußerungen gestaltend einwirken (Kundgabezwang). Diese sozialen Zwänge und die entsprechenden habituellen Mechanismen, bilden die Grundmerkmale dessen, was *Willems* als primären Interaktionsrahmen bezeichnet.

Anhand von Rahmungswissen fungiert der Körper auf der Interaktionsebene als Empfänger und Sender von Anzeigehandlungen und Zeichen. Er ist Organ und Objekt des ‚Lesens' und gleichzeitig ‚Textproduzent', Subjekt und Ressource von Darstellung für Andere (vgl. Willems/Kautt 1999: 301).

In der nachmodernen Gesellschaft zeichnet sich die Wirklichkeit des Körpers durch eine Vielfalt der auf ihn bezogenen sozialen Systemkontexte aus. Seine Bedeutung wechselt mit dem jeweiligen System oder Sub-System.

Mit der Vielzahl an Bedeutung wird sowohl der Performanzkörper als auch die alltägliche Interaktionsordnung pluralisiert. Der Einzelne, so folgern *Willems/Kautt*, ist dadurch gezwungen, sich oft und schnell dem jeweiligen System gemäß umzustellen:

„Die komplexer werdenden Sinngefüge des Alltagslebens (er)fordern es, den Körper immer schneller und spezieller 'in Stellung zu bringen' und ihn gleichsam in vielen Sprachen sprechen zu lassen. Dabei gilt für jeden Menschen, daß er in Anwesenheit anderer nicht aufhören kann, sich körperlich auszudrücken (...)." (Willems/Kautt 1999: 302)

Der Ausdruck durch den Performanzkörper als Träger und Produzent von kodierten Zeichen verweist auf eine Alltagsordnung, die *Goffman* als Kosmologie bezeichnet. Anhand der Kosmologie werden Ausdruck und korporale Materialität für ein Gegenüber zur sozialen Information über ein Individuum.

Die kodierten Zeichen des körperlichen Ausdrucks werden von *Willems/Kautt* in sechs verschiedene korporale Zeichenklassen unterteilt.

a) Individualitätszeichen

Individualitätszeichen sind Grundgegebenheiten des Körpers und dessen Ausdruck. In diesen Zeichen drückt sich die persönliche Identität eines Menschen in seiner „unverwechselbaren sozialen Erkennbarkeit".

„(...) Individualitätszeichen sind auf einer *impliziten* Identitätsebene anzusiedeln und insofern symptomatisch, als sie dem Körper entweder mehr oder weniger unabänderlich anhaften oder aus seinem habituellen Fungieren unwillkürlich hervorgehen." (Willems / Kautt 1999: 303)

Polizeiliche Täterbeschreibungen arbeiten beispielsweise mit diesen Individualitätszeichen. Dabei beruhen diese Merkmale auf der subjektiven Wahrnehmung durch Opfer oder Zeugen. (Bsp.: Deutscher, 185-190 cm groß, 25-30 Jahre alt, kräftige Gestalt, spricht Ruhrgebietsdialekt.) Eine genauere Beschreibung von Individualitätszeichen findet sich als besondere Merkmale auch in Täterdateien. Neben dem Gesichtsfoto, den Fingerabdrücken und Angaben über den Körperbau kann hier weiterhin ein persönlicher Stil, wie Körperhaltung oder Körperbewegung dokumentiert sein.

b) Ästhetische Prestigesymbole

Ästhetische Prestigesymbole sind selbstveranlasste Körperzeichen, die auf eine Idealisierung des Körpers nach dem herrschenden Geschmack verweisen. Der sonnenbankgebräunte Teint, die gesunde Ernährung, der athletische Waschbrettbauch und die geschmackvolle Kleidung sind Beispiele hierfür. Die körperliche Selbstgestaltung orientiert sich am aktuellen Ideal von

Schönheit, an sozialen Werten und Normen. Diese Ästhetisierung hat eine ökonomische Dimension, da sie eine Investition von Geld, Zeit und (Selbst-) Aufmerksamkeit voraussetzt. Der Gewinn dieser Investition zahlt sich in der Aufmerksamkeit anderer aus. Das Investitionsvolumen ist je nach Geschlecht, Schicht und Alter.

c) Distinktions- und Zugehörigkeitszeichen

Distinktions- und Zugehörigkeitszeichen werden im Zusammenhang mit sozialer Orientierung verwendet. Diese Klasse der korporalen Symbole beschreibt die Zeichen als Elemente, die im Sinne Soeffners zur Präsentation eines Stils dienen. Die Zeichen als Stilelemente sind „die gefrorenen Stilisierungs- oder Stil anzeigenden Handlungen" (Soeffner 1992, 78). Diese Zeichen zeigen aber auch den Habitus und die Lebensform, an denen sich diese Gemeinschaft orientiert.

Ein aktuelles Beispiel hierfür ist die sogenannte „Baggy-Trousers" der Skater. Sie ähnelt einer viel zu großen Arbeitshose und wird unterhalb der Hüftknochen getragen. Die Hose widerspricht jeder Vorstellung von figurbetonter Kleidung und wird ablehnend als ‚Kartoffelsack' bezeichnet. Da man unter ihr bequem Knieschoner tragen kann, ist sie in der Skater-Szene schon wegen ihrer Funktionalität beliebt. Aber die Baggy-Trousers kennzeichnet vor allem die Zugehörigkeit zu einer Gruppe. Sie signalisiert die Absetzung des eigenen Stils gegenüber dem vorherrschenden Geschmack. Durch ihre Überdimensionierung sieht sie aus, als würde sie vom Vater oder großen Bruder aufgetragen. Die Baggy-Trousers zitiert damit die eigene Kindheit, in der kein Kleidungsstück so recht zu passen schien. Die Baggy-Trousers als Kleidungsstil der Skater ist Gruppensymbol, Abgrenzungszeichen und Orientierung. Sie ist Anzeichen einer kulturelle Überhöhung des Alltäglichen.

d) Normalitätszeichen und Stigma

Normalität und Abweichung zeichnen sich am Körper auf der Ebene der physischen Erscheinung und zugleich auf der Ebene des Verhaltens ab. Eine sichtbare Anormalität ist so bestimmend für den Verlauf einer Interaktion, dass sie den Sinn einer Situation unfreiwillig transformieren kann (vgl. Goffman 1996: 529). Jede Verhaltensäußerung eines Menschen mit Abweichung stellt ihn, wenn die Anormalität in einer entsprechenden Kommunikation deutlich werden kann, als Träger des Stigmas bloß. Dabei ist der jeweilige „Grad der Aufdringlichkeit" (Willems/Kautt 1999: 306) bestimmend für die Konsequenzen in der Interaktion.

Als Beispiel, an dem sich diese Zeichenklasse verdeutlichen lässt, kann man sich einen schwer übergewichtigen Menschen vorstellen. Seine Sichtbarkeit, die Art seiner Körperhaltung und Gestik bestimmt zwangsläufig die Interaktion und transformiert die Situation, denn der Übergewichtige kennt seinen ‚Makel' und weiß auch um die Kenntnis seines Gegenübers.

„Ein Mangel auf diesem Gebiet wirkt sich auf der Ebene der Infrastruktur aus, er strukturiert alles um, indem jedes Wort und jeder Blick bei der unmittelbaren persönlichen Interaktion das Problem erneut entstehen läßt, gewissermaßen eine neue Sünde ausspeit. Der Atem eines solchen Verhaltens hat einen Geruch. Genau das wird eben von der Transformation bewirkt; verändert systematisch jedes einzelne Stück eines ansonsten normalen Vorgangs." (Goffman 1996: 529)

Auf der Ebene der physischen Erscheinung wird dieser Mensch als anormal kategorisiert, denn er entspricht nicht den herrschenden korporalen Idealen. Aber auch die oben erwähnte Ebene des angemessenen Verhaltens lässt sich hier verdeutlichen. Denn Übergewicht ist gesellschaftlich mit bestimmten Verhaltensattributen besetzt. In böser Absicht ist es das Attribut der Zügellosigkeit, in freundlicherer Absicht das der Gemütlichkeit.

e) Rahmungszeichen und Authentizitätszeichen

Korporale Rahmungszeichen geben kommunikativ Hinweise darüber, in welchem gemeinten Sinn eine Äußerung zu verstehen ist. So wird eine Aussage mit anzüglichem oder verletzendem Inhalt durch ein 'zugezwinkertes Auge' als vermeintlicher Scherz erkennbar. Das zugezwinkerte Auge fungiert in diesem Fall als Rahmungszeichen, das auf den bestimmten Sinntyp 'nicht ernstgemeint' deutet. Diese Zeichen können sich korporal, beispielsweise als Gesichtsausdruck oder Geste und als sprachliche Elemente über den Tonfall vermitteln. Sie dienen sowohl dem Ausdruck als auch der Verstehenskontrolle (der 'fragende Blick' ist hierbei schon sprichwörtlich) in einer wechselseitigen Kommunikation. Treten diese Rahmungszeichen unwillkürlich auf, wie das spontane Lachen oder Erröten des Adressaten eines Scherzes, so werden sie als Authentizitätszeichen begriffen. An ihnen wird die Glaubwürdigkeit eines Ausdrucks gemessen.

f) Soziale Geschlechtszeichen

Soziale Geschlechtszeichen sind die körperlichen Unterschiedsmerkmale, sowie die Signale des ritualisierten Hofierens von Männern und Frauen. An der korporalen Materialität der Geschlechter machen sich Differenzierungen der Sinnkörper, Identitäten und Sozialisationsprozesse fest (vgl. Willems/ Kautt 1999: 307). Die unterschiedlichen Sozialisationsprozesse bestimmen auch die geschlechtstypischen Arten des körperlichen Ausdrucks. Zu sozialen Geschlechtszeichen werden gewöhnliche Handlungen, wenn sie geschlechtsspezifisch ritualisiert werden. Zum Zweck der Aufmerksamkeitssteigerung werden sie dann stereotypisiert und aus dem ursprünglichen Kontext herausgelöst. Goffman bezeichnet die Ritualisierung der Geschlechter auch als Wegweiser der Wahrnehmung. Wie irritierend eine Verdrehung dieses Wegweisers sein kann, sieht man an der gesellschaftlichen Verwunderung über weibliche Bodybuilder oder Männer, die Röcke tragen.

4. Lesarten der Tätowierung in der Mediengesellschaft

4.1 Zeichenhaftigkeit der Tätowierung

Die Tätowierung ist ein Mittel der Kommunikation. Wer sich für eine Tätowierung entscheidet, möchte mit dem jeweiligen Motiv etwas ausdrücken und Auskunft über sich selbst geben. Die Tätowierung ist ein Zeichen, das als Element des Kommunikationsprozesses Informationen über den Träger veräußert. Sie ist die Botschaft, die der betrachtende Empfänger zu designieren hat. Zum Symbol wird die Tätowierung durch die Bedeutungsakzente, die sie beinhaltet. Sowohl der Erwerb der Tätowierung als auch das Tragen und Zeigen verweisen auf diese symbolischen Akzentuierungen. Diese Akzente können vorwiegend kulturell gebunden sein oder sich primär aus der Autobiographie des Trägers ableiten. In jedem Fall appräsentieren sie aber Sinnwelten, denen sich der Tätowierte zugeordnet hat.

Tätowieren als ritualisierter Akt ist in der nachmodernen Gesellschaft von der Bedeutung losgelöst, die es in Stammesgesellschaften hat. Während das Tätowierungsritual in einfachen Gesellschaftsformen an ein konkretes Wissen, beispielsweise um die Aufnahme in die Gemeinschaft der Erwachsenen gebunden ist, vollzieht sich das Tätowieren in der komplexen Gesellschaft weitgehend ohne Wissen um diese Ordnungszusammenhänge. Das Ritual ist losgelöst vom Ursprung und wird zur Second-hand-Erfahrung. Dennoch lassen sich bei der Tätowierung in der nachmodernen Gesellschaft rituelle Formen, wie die des Initiationsrituals beobachten, auch wenn sie auf Selbstinitiation im Freizeitbereich beruhen. *Matthias Friedrich* bemerkt dazu:

„Hautbilder werden überwiegend von Jugendlichen als Symbol ihrer Identifikation mit Normen und Wertvorstellungen von Gruppen gleichaltriger, meist auch tätowierter Personen erworben. Sie kennzeichnen deutlich sichtbar ihren Träger als Mitglied einer ‚ingroup': der Erwerbsakt selbst besitzt dabei den Charakter eines Rituals." (Friedrich 1993: 337)

Dabei ist der Erwerb des Zeichens zwangsläufig an das Erdulden von Schmerzen gebunden. Eine These von *Cornelia Helfferich*, die sich mit der Initiation in Jugendgruppen durch Alkohol beschäftigt, gilt auch für die Tätowierung:

„Es geht um den Nachweis der Fähigkeit, eine körperliche Zumutung zu vertragen und zu verkraften, den Widerwillen zu überwinden. In diesen Initiationsriten (…) lebt der Gedanke an eine ‚Bewährungsprobe' weiter, verbunden mit der Vorstellung, eine Initiation müsse mit Schmerzen verbunden sein." (Helfferich 1994: 90)

Da das Tätowieren als Initiationsritual in der komplexen Gesellschaft an keine Überlieferung gebunden ist, geht der ursprüngliche Sinn verloren. Eindeutiger in ihrer Ausprägung sind die Tätowierungsrituale von subkulturellen Gruppen, wie den bereits erwähnten amerikanischen Rockern, die klarer als Initiation definiert sind.

In diesen Gang-Tätowierungen findet sich auch ein Beispiel für den emblematischen Charakter von Tätowierungen. Die Tätowierung ist hier ein kodiertes Zeichen der Verbundenheit zu einer Gruppe und deutet auf eine kollektive Persönlichkeit hin, die der Einzelne dadurch erhält. Diese Tätowierungen werden neben einer Abbildung auch mit einer Bildunterschrift oder Zahl versehen. *Oettermann* verweist darauf, dass Tätowierungen schon seit der frühen Neuzeit emblematische Formen angenommen haben:

„Nicht selten lassen sich an einzelnen Tätowierungsmotiven sogar noch Reste von Inscriptio und Pictura, manchmal sogar der Subscriptio, den formalen Elementen des Emblems entdecken. Und wie im Emblem die Bedeutung des Bildes dem Emblem äußerlich ist, so läßt sich auch beim Tätowierungsmotiv die Bedeutung nicht direkt aus dem Dargestellten entnehmen, sondern es bedarf (wie das Emblem der Subscriptio) der Erläuterung und Erklärung." (Oettermann 1979: 53)

Die Voraussetzung von Wissen, welches manchmal nur ein Gruppenmitglied die Emblematik entschlüsseln lässt, ist hierbei ein wichtiges Charakteristikum, da es zur Ausgrenzung des Unwissenden führt.

Ähnliche Funktionen der Grenzmarkierung, ob nun zwischen Individuen, Erfahrungsstilen oder Statuspassagen, sind bei allen beschriebenen Formen des symbolischen Ausdrucks zu finden. Neben Zeichen, Symbol, Ritual und Emblem ist eine Grenzziehung immer auch der Tätowierung zu Eigen. Diese Funktion wird an ihr sogar besonders deutlich, da sich die Grenzüberschreitung auf der Haut, dem Übergang von Leib zur Umwelt, vollzieht. Die Tätowierung wird dadurch zum Mittler zwischen dem Ich und der Gesellschaft und ist somit ein Medium der Selbstdarstellung, bei dem ein symbolischer Ausdruck des Körpers um eine Zeichenart erweitert wird.

Neben anderen Medien der symbolvermittelten Kommunikation nimmt die Tätowierung eine Sonderstellung ein. Im Gegensatz zur Symbolvermittlung durch Schrift, Sprache oder Kleidung macht sich die Besonderheit der Tätowierung an sechs Faktoren fest. Diese Merkmale sind eine relative Untilgbarkeit, geringe Verbesserungsfähigkeit, der Schmerz beim Erwerb, die dadurch erlangte Echtheit, die Zeichnung der Haut als Grenzfläche und die daraus resultierende physische Nähe.

Tätowierung als Individualitätszeichen

Da es sich bei der Tätowierung um eine bleibende Einlagerung von Farbpartikeln in der Haut handelt, kann man bei ihr von einer, wenn auch selbsterworbenen, Grundgegebenheit des Körpers sprechen. Sie ist in diesem Sinne ein Individualitätszeichen, da sie dem Körper anhaftet und seine soziale Erkennbarkeit prägt.

Ein weiterer Aspekt, der die Tätowierung als Individualitäts- und weiterhin auch als Distinktionszeichen lesen lässt, zielt auf den Habitus des verzeichneten Körpers ab. *Goffman* spricht hierbei von einer Kontinuität der Basis und verweist auf einen bestimmten Stil des Individuums, durch den sich Individualität ausdrückt:

„Ein interessanter Ausdruck der Basiskontinuität ist der sogenannte ‚Stil', nämlich die Aufrechterhaltung expressiver Identifizierbarkeit. Wenn jemand etwas tut, so drückt sich die Tatsache, daß er es ist und niemand anderes, in den ‚expressiven' Seiten seines Verhaltens aus." (Goffman 1996: 317f.)

Willems und *Kautt* haben als Beispiel für Momente der Basiskontinuität bereits auf die Handschrift verwiesen (1999: 303). Der Kultursoziologe *Alois Hahn* sieht bei der Zeichenart der Tätowierung einen Zusammenhang zur Handschrift. Er bezeichnet beide Ausdrucksformen als „Techniken des Selbst" (Hahn 2000: 367), die Auskunft darüber geben, wer man ist. Neben dem Inhalt des auf Papier oder Haut Geschriebenen, geben beide Zeichenarten Aufschluss durch Rahmungszeichen, die in einer Niederschrift appräsentiert werden.

„Sowohl Tätowierung als auch Handschrift implizieren solche Sinntransformationen oder -modulationen: Was zählt, ist dann nicht mehr die primäre Botschaft des Texts, sondern das, was ursprünglich bloß der Rahmen war, der im einen Fall durch die Art des Schreibens, im anderen durch die sehr spezielle ‚Materialität' der Kommunikation, nämlich die menschliche Haut und die relative Untilgbarkeit der Schrift bei höchst endlichem Raum, gebildet wird." (Hahn 2000: 375)

Besonders deutlich wird dies bei einer selbstdurchgeführten Tätowierung. Aber auch die Auswahl des Motivs oder das übliche individuelle Verändern einer Vorlage drücken diesen Rahmen aus. Obwohl die Entscheidung für eine Tätowierung aus ästhetischen Gesichtspunkten fallen mag, wird die Funktion der persönlichen Identifikation dadurch nicht aufgehoben, sondern lediglich modifiziert. Die subjektive Identifikation mit einem objektiven ästhetischen Wert führt zu einer Erhöhung durch Selbstobjektivation. *Hahn* skizziert diese vermeintliche Paradoxie:

„Man wird dadurch ein von allen anderen verschiedenes Ich, daß man Formen verkörpert, die denselben Sinn für alle anderen haben und deren Erscheinung nicht notwendig an den eigenen Körper gebunden ist." (Hahn 2000: 376)

Tätowierung als ästhetisches Prestigesymbol

Alois Hahn bezeichnet die Tätowierung als „die Konstruktion des physischen Selbst durch einen selbst" (Hahn 2000: 376) und stellt sie als eine Autopoiesis der körperlichen Erscheinung dar. Die korporale Materialität wird in diesem Akt der reflektierten Selbsterschaffung überwunden und der materielle Körper wird zum Performanzkörper. Im Gegensatz zu Sport und Kosmetik, die ähnliche Akte mit autopoietischem Charakter sind, wird die geleistete Anstrengung jedoch nicht zum Verschwinden gebracht (vgl. Gebauer 1982: 319), sondern ist Mitteilungsabsicht. Die Tätowierung ist eine „stolze Demonstration" (Hahn 2000: 381) der Exklusivität des Selbst und der Aufwendung an Schmerz, Geld und (Selbst-)Aufmerksamkeit, die dieses Dokument gekostet hat. Das Individualitätszeichen wird zum ästhetischen Prestigesymbol, denn die Tätowierung strebt eine Idealisierung des Körpers an, die dem herrschenden Geschmack entspricht.

Im Übergangsbereich von Individualitäts-, Distinktions- und Prestigezeichen ist die Tätowierung als Schmuck zu sehen. Die Bedeutung des Schmucks leitet sich, nach *Georg Simmel,* aus dem Wunsch des Individuums ab, seiner Umwelt zu gefallen, um eine Wertsteigerung der eigenen Persönlichkeit durch entgegengebrachte Anerkennung zu erlangen. In dem Aufsatz „Psychologie des Schmuckes" schreibt er 1908 dazu:

„Denn dieser Sinn ist, die Persönlichkeit hervorzuheben, sie als eine irgendwie ausgezeichnete zu betonen, aber nicht durch eine unmittelbare Machtäußerung, durch etwas, was den anderen von außen zwingt, sondern nur durch das Gefallen, das in ihm erregt wird und damit doch irgendein Element von Freiwilligkeit enthält. Man schmückt sich für sich und kann das nur, indem man sich für andere schmückt." (Simmel 1992: 159)

Simmel schreibt über den Gold- und Edelsteinschmuck seiner Zeit und sieht in der Tätowierung von Naturvölkern dazu einen Gegensatz, der sich an der Nähe zum Körper misst. Demnach ist die ethnische Tätowierung individuell, der Goldschmuck der modernen Gesellschaft aber unpersönlich, da ihn jeder anlegen kann. Er folgert weiter, dass gerade eine Unpersönlichkeit die Eleganz des Schmucks ausmacht und dass Eleganz wiederum ein Wert ist, aus dem sich allgemeines Anerkanntsein ableitet (vgl. Simmel 1992: 162).

Betrachtet man die heutige Korporalität, die Verbreitung der Tätowierung und die Willkürlichkeit der Motive, so kann man die nachmoderne Tätowierung im Simmelschen Sinn auch als unpersönlichen Körperschmuck bezeichnen, der dem Goldschmuck näher steht als der Tätowierung von Naturvölkern. Sie befindet sich zwar in extremer Nähe zum Körper, lässt sich aber von jedem erwerben und ist nicht an eine Tradition gebunden. Die Eleganz als sozialer Wert kann auf die heutige Gesellschaft mit dem Wert an Aufmerksamkeit übertragen werden. Denn obwohl die Tätowierung nicht den eleganten Glanz des Goldschmucks verbreitet, scheint sie sich ebenso in die Netzhaut des Betrachters einzubrennen.

Neben dem Wert an Aufmerksamkeit erfüllt die Tätowierung ein weiteres Kriterium, an dem *Simmel* den Schmuckwert festmacht. Diese Wertigkeit zeichnet sich an der Echtheit ab:

„Der Reiz des ‚Echten', in jedem Sinne, besteht darin, daß es mehr ist als seine unmittelbare Erscheinung, die es mit dem Falsifikat teilt. So ist es nicht, wie dieses, etwas Isoliertes, sondern es hat Wurzeln und einen Boden jenseits seiner bloßen Erscheinung, während das Unechte nur das ist, was man ihm momentan ansieht." (Simmel 1992: 164)

Das Echte des Schmucks ist ein Appräsentiertes oder mit Simmels Worten ein „Mehr-als-Erscheinung" (Simmel 1992: 164). Der Boden jenseits der Erscheinung ist überindividuell und setzt eine gemeinschaftliche Vorstellung von dem voraus, was ‚Original' und was ‚Fälschung' ist. Dieser Boden ist ein gesellschaftliches Wertesystem. Den Wert des echten Schmuckes, der daraus hervorgeht, charakterisiert *Simmel*:

„Der Reiz und die Betonung, die er seinem individuellen Träger mitteilt, zieht deshalb eine Nahrung aus diesem überindividuellen Boden; sein ästhetischer Wert, der hier ja auch ein Wert ‚für die anderen' ist, wird durch die Echtheit zum Symbol allgemeiner Schätzung und Zugehörigkeit zu einem sozialen Wertsystem überhaupt." (Simmel 1992: 164)

Aus diesem Grund stellen abwaschbare Klebetätowierungen heute keine Alternative zum echten Hautstich dar. Sie bleiben eine nicht ernstgenommene Art der Kosmetik für den Samstagabend oder werden zu Werbezwecken verteilt, wie das Abziehbild-Tattoo einer Motorradmarke mit dem Rückseitentext:

„So wird tätowiert: Schutzfolie abziehen. Tattoo mit dem Motiv nach unten auf die Haut drücken und Trägerpapier gut anfeuchten. 20-25 Sek. warten bis sich das Trägerpapier leicht abziehen läßt." (Werbetattoo der Firma Harley-Davidson aus dem Jahr 2000)

Tätowierung als Distinktions- und Zugehörigkeitszeichen

Bei der Betrachtung der Tätowierung als Distinktions- und Zugehörigkeitszeichen vollzieht sich gegenüber den obengenannten Zeichen ein Wechsel von einer impliziten zu einer expliziten Identitätsebene.

Die erwähnte Exklusivität gegenüber der Gesellschaft widerspricht dabei nicht der Zuordnung zu einer Gruppe. Die Tätowierung wird dann zur Vergegenwärtigung einer Gemeinschaft, deren Mitgliedschaft durch dieses Körperzeichen vorgenommen wurde. Auch wenn die Gruppe nicht mehr anwesend ist, bleibt die Erinnerung an sie weiterhin für sich selbst und andere sichtbar. *Hahn* bemerkt in diesem Zusammenhang:

„Weil man die Gegenwart anderer niemals verlieren möchte, weil man zuinnerst einer Gemeinschaft oder einer geliebten Person sich zugehörig fühlt, macht man sich selbst zu ihrem sichtbaren Symbol. Gegen die Flüchtigkeit aller Empfindungen und unserer äußeren Gestalt beschwören wir die Permanenz und Untilgbarkeit des in uns eingegrabenen Zeichens." (Hahn 2000: 381)

Die Tätowierung wird in diesem Sinne zum mnemotechnischen Hilfsmittel und der Wert der Erinnerung wird durch den erduldeten Schmerz überhöht. Gleichzeitig deutet eine Tätowierung als Distinktions- und Zugehörigkeitszeichen auch immer auf einen größeren Zusammenhang hin, der als gruppenkonstituierender Lebensstil begriffen wird. Sie ist Teil eines Lebensstils und

„manifestiert die Zugehörigkeit eines Individuums nicht nur zu einer Gruppe oder Gemeinschaft, sondern auch zu einem bestimmten Habitus und einer Lebensform, denen sich die Gruppen oder Gemeinschaften verpflichtet fühlen." (Soeffner 1992: 78)

Die Zeichenverwendung als ästhetische Überhöhung des Alltäglichen kann sich sowohl im Stil zeigen, überhaupt eine Tätowierung zu tragen, als auch im jeweiligen Stil des Motivs ausdrücken.

Tätowierung als Stigma

Eine Tätowierung, die als Zugehörigkeitszeichen von Gruppenmitgliedern als normal oder sogar als vorausgesetzt betrachtet wird, kann außerhalb der jeweiligen Gruppe als Zeichen der Anormalität betrachtet werden. Sie wird dann zum Stigma, wenn sie in anderen gesellschaftlichen Kontexten eine Situation unfreiwillig transformiert. Die Tätowierung kann in diesem Fall zu einem körperlichen und kulturellen Kommunikationshindernis werden und stellt den Tätowierten als Träger eines Stigmas bloß. Da die Akzeptanz von Tätowierungen in der westlichen Mediengesellschaft zu wachsen scheint, macht sich heute eine Stigmatisierung vor allem an der Art der Körperzeichnung fest. Eine laienhaft ausgeführte Tätowierung oder bestimmte Motive, wie die ‚Knastträne' und die ‚Drei-Punkte-Tätowierung' auf der Hand rücken seinen Träger immer noch in ein ‚kriminelles' Milieu. *Marianne Reuter-Calero Valdez* schreibt 1984 in einer Untersuchung über tätowierte Gefängnisinsassen, die den Wunsch nach Entfernung äußerten:

„Ein Drittel der Befragten wünscht eine Entfernung, weil die Tätowierung auf ihren Aufenthalt in der Vollzugsanstalt hinweist, ein weiteres Drittel, weil ihnen die Tätowierung nicht mehr gefällt. Weitere Gründe sind Schwierigkeiten bei der Arbeitssuche, gesellschaftliche Nachteile, Kleiderprobleme und Schamgefühl. Die Befragten haben offensichtlich erkannt, daß die Tätowierungen ihre Wiedereingliederung in die Gesellschaft erschweren. Schon benachteiligt durch ihre Haft und geringe Schulbildung tragen sie durch ihre Tätowierung auch noch ‚zur Schau', woher sie kommen. Selbst Arbeitgebern, die bereit sind, ehemalige Häftlinge einzustellen, ist nicht daran gelegen, daß diese auch noch auf den ersten Blick als solche zu erkennen sind." (Reuter-Calero Valdez 1984: 44)

Ein Gespräch mit Mitarbeitern des Gesundheitsamts Düsseldorf, die sich neben der Kontrolle von Hygienevorschriften in den Studios auch mit der Vermittlung von Entfernungsexperten für die dortige Justizvollzugsanstalt beschäftigen, bestätigte, dass die Einschätzung von *Reuter-Calero Valdez* auch heute noch gültig ist.

4.2 Nachmoderne Körperlichkeit

Den Übergang von der Moderne zur Nachmoderne kennzeichnet ein Gesellschaftsbild, in dem es dem Einzelnen in zunehmendem Maße an Orientierungsmustern fehlt. Zum einen stellt die eigene Herkunft weder Ankerplatz noch Barriere dar, zum anderen sorgen zahlreiche Komponenten der Wandlung für eine durchmischte Gesellschaft:

„Beweglichkeit und Vielfalt, Interessengegensätze und Konflikte, Unähnlichkeit und Ungleichheit, Massenzusammenballung und Vereinzelung, Zusammenschließungs- und Ausschließungsmechanismen prägen diese Gesellschaft". (Soeffner 1992: 8)

Der Einzelne sucht angesichts dieser neuen Komponenten nach einem gültigen Angebot der eigenen Zuordnung. Da eine vorgegebene Zuordnung in diesem sich wandelnden Gefüge immer mehr abnimmt, drängt es ihn dazu, diese Zuordnung selbst vorzunehmen. *Ronald Hitzler* spricht daher von einem kulturellen Supermarkt für Weltdeutungsangebote aller Art und jeder Preislage. Das Überangebot und die Allgegenwärtigkeit der Weltdeutungsoptionen fordern den einzelnen Menschen auf zum „Existenz-Bastler" von teilzeitlichen und verschiedenartigen Lebenswelten zu werden. Diese individuelle Konstruktion zeichnet sich dadurch aus, dass es keinen „Generalplan für die Bewältigung der Gesamtbiographie" (Hitzler 1999: 241) gibt, sondern sich der Einzelne seine individuelle Lebenswelt aus vielfältigen Sinnwelten bastelt. Auch *Yvonne Fritzsche* kommt in der Shell-Jugendstudie des Jahres 2000 zu diesem Schluss:

„Wenn Autoritäten schwinden und biografisch auf vieles kein Verlaß mehr ist, wird man sich zunehmend in Reaktion auf die aktuellen Gegebenheiten orientieren, situationsgemäß und reagibel den eigenen Wertecocktail zusammenbasteln, ebenso, wie man sich in Eigenregie seine Biographie zusammenbastelt." (Fritzsche 2000: 155)

Die Selbstzuordnung lässt sich äußerlich durch Handlungen und Selbstdarstellungspraktiken vornehmen. Der Einzelne macht sich so zum ‚Mitglied von etwas' und gibt sich als zugehörig ‚zu etwas'.

In diesen Inszenierungs- und Beobachtungsgesellschaften gewinnt das Sichtbare, das wandelnde Äußere des Einzelnen, als soziales Orientierungsmuster an Gewicht.

In einer quantitativen Erhebung erforschte Kluge 1999 die Frage nach der neuen Körperlichkeit.

„Als Antwort ist auch hier eine wachsende Betonung der Sinnhaftigkeit und Ökologie individuellen Handelns zu konstatieren. Diese werden verstanden als verstärkte Hinwendung zur eigenen Körperlichkeit, die ihren Ausdruck findet in verstärkter Körperaufmerksamkeit, -wahrnehmung und -ausdruck (z.B. in den expandierenden Formen absichtsvoller Körperstilisierung wie Punk, Tätowierungen, Piercing) sowie in der Entdeckung fernöstlicher Philosophien und Entspannungsmethoden und einem ökologischen Bewußtsein im Umgang mit dem Körper und seiner Gesundheit." (Kluge 1999: 11)

4.3 Tätowierung in der Mediengesellschaft

Bei der Betrachtung (Kluge 1999) ist auffällig, dass vor allem die beiden jüngsten Altersgruppen, die zusammengenommen von 14-29 Jahren reichen, zum einen am meisten einen Druck spüren, den Schönheitsidealen entsprechen zu müssen und zum anderen die primäre Zielgruppe der Werbeindustrie darstellen. Begreift man die nachmoderne Gesellschaft auch als Mediengesellschaft, so lässt sich diese besonders gut anhand der Werbung skizzieren. Einige ihrer Strukturmerkmale sind Parteilichkeit, Idealisierung, Drastik und Aufmerksamkeit. Werbung ist dadurch kein Abbild der Wirklichkeit, sondern referiert auf ihre kulturelle Umwelt (vgl. Willems/Kautt 1999: 314).

Besonders bei der Körperdarstellung wird deutlich, dass die Werbung nicht nur referiert, sondern die gesellschaftliche Bedeutung des Körpers gezielt ausnutzt. *Willems* und *Kautt* beschreiben drei korporale Selbstdarstellungs- und Inszenierungszwänge auf die Werbung abzielt:

a) Der Eindruck von Normalität als dramaturgische Selbstkontrolle

In der nachmodernen Gesellschaft trifft der Einzelne zunehmend auf Handlungspartner, bei denen nicht von einem Wissen um seine Person ausgegangen werden kann. Demnach ist er gezwungen, durch seine Selbstdarstellung Vertrauen zu schaffen. Dieses Vertrauen ist die Basis für Handlungssicherheit. Der Einzelne vermittelt dieses Vertrauen durch die Verwendung von Zeichen, die den Eindruck von Normalität erfüllen. Der angestrebte Eindruck wird durch eine dramaturgische Kontrolle der korporalen Selbstdarstellung erreicht:

„Unter modernen Bedingungen muß jedermann in erhöhtem Maße Sorge für das Vertrauen seiner Handlungspartner tragen, indem er sich ungefährlich, ‚zivilisiert', kompetent, zuverlässig usw. präsentiert. Die zu ‚besorgende' Zeichenhaftigkeit der Normalität erfüllt in der modernen Gesellschaft die Funktion, die in einfacheren Gesellschaften das Wissen vom anderen erfüllte." (Willems/Kautt 1999: 356)

b) Der erste Eindruck in der interaktionellen Selbstdarstellung

Der Verlust des Wissens um den Anderen entsteht dadurch, dass der Einzelne sich in wachsendem Maß immer neuen Gruppen von Handlungspartnern gegenübersieht. In diesen schnell wechselnden temporären Gemeinschaften bekommt der Ersteindruck eine enorme Wichtigkeit. Dieser Ersteindruck wird zur Ersatzinformation und vermittelt sich in der Interaktion über die korporale Selbstdarstellung.

„Je weniger man im Wissen anderer ‚aufgehoben' ist, desto maßgeblicher sind die Interpretationsweichen stellenden Ersteindrücke immer zahlreicherer und immer wieder neuer Publika. Ebenso nimmt in vielen privaten wie beruflichen Kontexten die Relevanz der einzelnen Situationen zu, die auch und wesentlich auf der Basis korporaler Expressivität gestaltet werden müssen." (Willems/Kautt 1999: 356)

c) Die korporale Theatralität auf den Erlebnis- und Beziehungsmärkten

Die gestiegene Bedeutung der Äußerlichkeit, die nicht zuletzt aus den Zwangslagen von Normalität und Ersteindruck resultiert, erfasst auch die Freizeit und das Private:

„Hier bestehen Zwänge, sich als ‚Mensch' interessant und gefällig zu *machen*, sich zu optimieren und sich zu distinguieren. Dabei spielt das ‚Outfit' und der ‚Body', der zu bilden ist, vor allem für Jugendliche (junge Körper) eine zunehmend wichtige Rolle." (Willems/Kautt 1999: 357)

Diese Erfordernisse von Normalität, erstem Eindruck und Korporalität führen zu einer Dramatisierung des Körpers. Er wird gleichermaßen zum Performanz- und Distinktionskörper. Der Körper wird zum Ort der Zeichenhaftigkeit, an dem die unterschiedlichen korporalen Zeichenklassen kodiert werden. In welchem Maße geht man aber auf diese Zwänge ein, wenn man sich tätowieren lässt?

Bezieht man die drei genannten Inszenierungszwänge auf die Tätowierung, so ist nachvollziehbar, dass Selbstdarstellung durch korporale Theatralität mit der Tätowierung besonders gut erfüllbar ist. Die Tätowierung ist ein Blickfang und sorgt dafür, Beachtung zu finden. Auch der Aspekt des ersten Eindrucks bleibt nachvollziehbar, ist die Tätowierung doch in privaten Situationen ein schneller Hinweis auf die Persönlichkeit des Trägers. Beim Ersteindruck in beruflichen Situationen oder beim Eindruck von Normalität aber scheint sich die Tätowierung auf den ersten Blick nicht recht in die Systematik fügen zu wollen. Man könnte einwenden, dass man beispielsweise in einem Bewerbungsgespräch den ersten Eindruck nicht über eine Tätowierung vermitteln möchte, da Tätowierungen als Zeichen von Anormalität aufgefasst werden könnten. Dieser Einwand trifft nur bedingt zu, wenn sie nicht unbedeckt getragen werden kann. Andernfalls wird die Tätowierung ganz gezielt als Mittel der Selbstdarstellung eingesetzt. Der Blick auf die Tätowierung ist nur in vom Träger bestimmten Situationen möglich. Die Tätowierung ist einem definierten Publikum vorbehalten und kann in Grenzsituationen, wie bei der Arbeit, problemlos verborgen werden. Zum anderen entsprechen Tätowierungen heute weit weniger dem Bild des Anormalen als vielleicht angenommen, auch wenn sie nicht in jeder Form die gleiche Akzeptanz finden.

In der Werbung ist die Tätowierung bereits so normal, dass selbst konservative Firmen mit Tätowierten Aufmerksamkeit für ihr Produkt erzielen wollen. In einer Zeitungsanzeige der Wüstenrot wirbt ein küssendes junges Paar am Strand für einen Bausparvertrag. Das Bild zeigt das Paar in einem Schlafsack, aus dem ein tätowierter Oberarm des Mannes die Frau umfasst. Der Bildtext lautet:

„Heute brauchen wir für unser Glück nur uns. Morgen brauchen wir mehr." (Bild am Sonntag vom 18.6.2000: 35)

In der Verbindung von Spontaneität, Männlichkeit und Freiheit wirbt diese Reklame mit einem recht ordentlich frisierten Tätowierten für ein Produkt, zu dem eher Attribute von Rationalität, Familienbewusstsein und Bindungsbereitschaft passen. Die Tätowierung drückt in Kombination mit dem Text zwar noch eine Wildheit der Flegeljahre aus, sie hat aber schon den Beigeschmack einer verzeihlichen Jugendsünde. Die Normalität, mit der Tätowierungen in Teilen der Gesellschaft betrachtet werden, drückt sich aber nicht nur in einer Vielzahl von Werbekampagnen aus, wie die der Zigarettenmarke West, des Autoherstellers Renault oder des Kommunikationsunternehmens Telekom.

Nachdem Tätowierung als Thema redaktioneller Beiträge schon längst nicht mehr auf subkulturelle Tattoo-Magazine beschränkt ist, wurde sie in den letzten Jahren in nahezu jedem etablierten Medienprodukt besprochen und findet sich nun sogar in Mitgliedszeitschriften von Barmer-Krankenkasse und evangelischer Kirche wieder. Die Wertung, die der Tätowierung in diesen Beiträgen zuteil wird, ist durch Akzeptanz bestimmt. Im evangelischen Kirchenmagazin *Chrismon* heißt es:

„Einst war Tätowieren die Domäne von Seemännern und Rockern. Heute ist es ein Massenphänomen der Jugendkultur. In der Bilderwelt der Tattoofans haben mythische und religiöse Symbole einen zentralen Platz." (Chrismon. Das evangelische Magazin. Heft 2, 2001: 13)

Auch die *Barmer-Krankenkasse* weiß, dass es sich bei der jungen Generation der Tätowierten nicht mehr um eine subkulturelle und deshalb unakzeptable Randgruppe, sondern um die eigene Kundschaft handelt:

„Früher haftete Piercings und Tattoos immer etwas ‚Schmuddeliges' an. Heute ist der Schmuck, der unter die Haut geht, für viele Ausdruck eines neuen Körpergefühls und wegen seiner langlebigen Folgen auch weit davon entfernt, ein flüchtiger Modetrend zu sein." (Barmer. Das aktuelle Gesundheitsmagazin. Heft 4, 2000: 6)

Die Tätowierung schaffte es offenbar, eine zunehmende Akzeptanz in der Gesellschaft zu finden. Vom „schmuddeligen" Körperzeichen wurde sie zum „Ausdruck eines neuen Körpergefühls". Ein Grund hierfür lässt sich wiederum in den Medien finden, denn die Massenmedien verbreiten, verstärken und objektivieren modische Werte in räumlich unbegrenztem Ausmaß.

Ingrid Volkmer stellt drei Aspekte der medialen Modepräsentation heraus (vgl. Volkmer 1988), die sich hier auch auf die Tätowierung beziehen lassen:

a) Die mediale Thematisierung von Tätowierung unterliegt spezifischen Vermittlungsformen. In redaktionellen Beiträgen wird sie mittels Objektivierung scheinbar dokumentarisch abgebildet und durch Bildkommentar im TV oder Fotozeile im Printmedium erläutert. In Werbespots, Reklameanzeigen, sowie TV- und Kinofilmen erfolgt eine Darstellung der Tätowierung eher nebenher. Die Tätowierung steht meist nicht im Vordergrund, sondern sie wird in einem Sinnzusammenhang wahrgenommen.

b) Mit der Darstellung von Tätowierungen wird auf eine Übereinstimmung ästhetischer Werte hingewiesen. Gleichzeitig wird die Tätowierung als Ausdrucksform eines bestimmten ästhetischen Stils präsentiert. Sie wird zur „Außenpräsentation des Ich" (Volkmer 1988: 80) und stellt ein Identifikationssymbol dar.

c) Durch die unbegrenzte gesellschaftliche Verbreitung wird die ästhetische Sichtweise der Tätowierung vereinheitlicht. Es kommt zu einer Geschmacksstandardisierung und breiten Akzeptanz.

Auf die ästhetische Vorbildfunktion von Medienstars hat *Volkmer* ebenfalls hingewiesen. Die Berühmheiten werden dabei mittels der Medien zu Idealen der ästhetischen Orientierung:

„Der Star von heute, wenn man beispielsweise an Musikstars oder an Filmstars denkt, ist weniger ein Resultat der Besonderheit seiner Leistung, sondern wird als Star programmiert u.a. aufgrund ständiger Medienpräsenz. Er fixiert eine bestimmte Ästhetik und ‚macht sie kommunizierbar, unabhängig davon, ob es vorher einen Begriff für sie gab oder nicht'. Das Outfit, aber auch der Habitus, Mimik, Handlungsbereich eines Stars werden zum Markenzeichen, er ‚assoziiert seinen Namen mit einer bildhaften Vorstellung'." (Volkmer 1988: 82)

Im Zusammenhang mit der Tätowierung seien hier als Beispiel nur einige der unzähligen tätowierten Stars, wie die Sängerin Sabrina Setlur, die Schauspielerin Franka Potente oder der Sportler Stefan Kretzschmar genannt. Zwölf Jahre nach der Veröffentlichung von Volkmer spricht *Georg Franck* nicht mehr von Stars, sondern beschäftigt sich mit der Medienprominenz und verweist damit auf eine Grauzone zwischen Ruhm und Unbekanntheit. Franck geht davon aus, dass in einer Wohlstandsgesellschaft die Symbole des Reichtums für immer mehr Menschen zu erlangen sind. Deshalb gibt es einen Wunsch nach anderen, selektiveren Attributen. Eines der letzten begehrenswerten Statussymbole sieht *Franck* in der Prominenz, welche in Aufmerksamkeit gezahlt wird:

„Die Aufmerksamkeit anderer Menschen ist die unwiderstehlichste aller Drogen. Ihr Bezug sticht jedes andere Einkommen aus. Darum steht der Ruhm über der Macht, darum verblaßt der Reichtum neben der Prominenz." (Franck 2000: 101)

Dieser „moderne Adel der Prominenz" (Franck 2000: 106) wird aber nicht durch hohe Geburt, Geschmack oder Bildung angeeignet, sondern er wird von den Medien verliehen und durch sie der Masse präsentiert. Prominentsein wird durch die Massenmedien zum erstrebenswerten gesellschaftlichen Wert. Die Medien fördern eine Sucht nach Aufmerksamkeit und verstärken eine vorgefundene Ungleichheit in der Verteilung von Aufmerksamkeit. Zahlt sich die Präsentation durch hohe Verkaufs- oder Einschaltquoten aus, so gewinnt das Medium selbst an Aufmerksamkeit und somit auch an Werbeeinnahmen.

„Deswegen kommen die Aufmerksamkeitseinkünfte auch für das Medium selber vor dem finanziellen Erfolg; deshalb wird alles, was dem Medium Aufmerksamkeit verschafft, in ihm gefördert, herausgebracht und gepflegt. Alles, was in den Medien gefördert, herausgebracht und gepflegt wird, ist eo ipso prominent. Und siehe da: Was ist für die Aufmerksamkeitseinkünfte des Mediums das Beste? Ganz einfach: möglichst viel Prominenz." (Franck 2000: 102)

Franck stellt dar, dass der Bedarf der Massenmedien an Prominenz enorm ist und Medien deshalb auch massig Prominenz produzieren. Denkt man diesen Gedanken weiter, so stellt sich die Frage, ob in dieser schnell erzeugten Masse an Prominenz nicht wiederum nach Attributen gesucht wird, die der verbrauchten Prominenz neue Aufmerksamkeit beschert. Eine dieser Eigenschaften scheint sich derzeit an der Tätowierung festzumachen. Ein Beispiel dafür findet sich in den Printmedien *Bild am Sonntag* und *Der Spiegel*. Im November 2000 titelte die *Bild am Sonntag*:

„Nicht ohne mein Tattoo – Die schönsten Sticheleien der Prominenten" (Bild am Sonntag vom 12. November 2000: 36).

Einen Monat später widmete sich *Der Spiegel* dem Thema. Hier lautete Titel und Untertitel:

„,Es stärkt das Ego' – Immer mehr Prominente lassen sich tätowieren – und zeigen ihren Hautschmuck stolz in der Öffentlichkeit. Das Tattoo, einst als Stigma-Stempel der Unterschicht verpönt, ist in einer narzisstischen Gesellschaft zum Markenzeichen der Trend-Elite geworden." (Der Spiegel. Heft 50, 2000: 230)

An den beiden Überschriften lässt sich verdeutlichen, wie unter dem Attribut der Tätowierung die Prominenz subsumiert wurde. Die bildredaktionelle Zusammenstellung aus Archivfotos von tätowierten Prominenten stellt für das Medium eine Art der Resteverwertung dar. Damit ist die Aufmerksamkeit, die das Medium durch den Artikel erzielt, ein Gewinn am investierten Kapital. Betrachtet man die Medienpräsenz aus der Perspektive des Prominenten, so lässt sich feststellen, dass die Tätowierung für ihn ebenfalls ein wirksames Mittel zur Aufmerksamkeitssteigerung war und seinen Kurswert steigen lässt. Denn Tätowierungen sind noch immer ein Blickfang, auch wenn sie längst nicht mehr schockieren.

Ein letztes Beispiel dafür, wie wenig ,besonders' eine Tätowierung mittlerweile als Mittel der Selbstinszenierung und wie bestimmend korporale Theatralität in den Medien geworden ist, stellt eine Szene in einer Fernsehsendung des ZDF vom Dezember 2000 dar. Die Saalwette der Spielshow *Wetten dass..?* lautete:

„Wetten, dass es Ihnen nicht gelingt, 10 Menschen zu finden, die sich *Wetten, dass..?* in die Haut tätowieren!"

Die Wette wird von den Mitarbeitern der Sendung an diesem Abend gehalten. Elf Personen finden sich dazu bereit, sich das Logo der Sendung auf den Körper tätowieren zu lassen. Im Eilverfahren wurden bereits einige der Freiwilligen hinter der Bühne gestochen und mit großem Tusch dem Publikum präsentiert. Eine Person wird nach einem kurzen Interview vor den Kameras live tätowiert. Der Showmaster *Thomas Gottschalk* kommentiert die Aktion und leitet schnell wieder, mit Blick auf die Sendezeit, zum nächsten Programmpunkt über. Der Zynismus in seiner Stimme ist nicht zu überhören:

„Was gibt es Schöneres, als beim Tätowieren klassische Musik zu hören? Ein Weihnachtslied. Meine Damen und Herren (Lachen und Applaus). Wir blei- wir bleiben mit der Kamera. Jawohl. Sie werden mir zugeben, das gibt es nur in einer Fernsehsendung der Welt. Auf der einen kriegt einer was in Arm gerammt und auf der anderen singen die drei Tenöre." (O-Ton aus der Sendung vom 9.12.2000)

5. Qualitative Untersuchung der Tätowierung

5.1 Zugang, Ablauf und Fragestellung

Die Untersuchung basiert auf zehn narrativen Interviews, die ich im Zeitraum von Oktober bis November 2000 mit tätowierten Personen durchgeführt habe. Das Alter der Interviewpartner lag zwischen 17 und 28 Jahren. Als Interviewpartner standen mir sechs weibliche und vier männliche Tätowierte zur Verfügung, die mir vorher unbekannt waren. Dabei erfolgte die Kontaktaufnahme auf zwei unterschiedliche Arten. In einem ersten Zugang suchte ich den Kontakt zu einem Tätowierer in seinem Essener Tätowierstudio, um ein Experteninterview zu führen. Als es mir zu einem späteren Zeitpunkt wichtig erschien, dort weitere Informationen zu sammeln, führte ich an einem späteren Termin nochmals zwei Interviews im Tätowierstudio durch. Ein zweiter Zugang zu tätowierten Personen, die eigentlich meine primäre Untersuchungsgruppe ausmachen sollten, wurde an der Universität Essen erlangt. Mit mehreren Aushängen suchte ich dort nach Tätowierten, die bereit sein sollten, mit mir ein Gespräch zu führen. In einem Zeitraum von drei Wochen meldeten sich elf Tätowierte, von denen schließlich sieben Personen zu einem verabredeten Gesprächstermin erschienen sind. Mit allen Personen, von denen eine männlich und sechs weiblich waren, wurden Interviews im Universitätscafé durchgeführt.

Allen Interviewpartnern wurde zu Beginn des Gesprächs der Grund und Verwendungszusammenhang der Daten erläutert und Anonymität zugesichert. Vor den Interviews mit den Studenten, bat ich die Teilnehmer darum einen Kurzfragebogen auszufüllen, so wie Witzel ihn als Einstieg für ein problemzentriertes Interview vorgeschlagen hat (vgl. Witzel 1985). In dem Kurzfragebogen sollten sieben stichwortartige Angaben gemacht werden. Diese Angaben betrafen die Person (Vorname, Alter, Wohnort, Tätigkeit) und ihre Tätowierungen (Erwerbsdatum, Anzahl und Motiv). Der Kurzfragebogen diente dazu, den Interviewpartner auf das Gespräch einzustimmen, während die Aufnahmetechnik installiert wurde. Weiterhin boten die Antworten einen ersten Anknüpfungspunkt für das Gespräch. Bei den Interviews im Tätowierstudio wurde auf den Fragebogen verzichtet, da sich die Gespräche spontaner ergaben und der formelle Charakter des Fragebogens der Situation nicht angemessen erschien. Bei diesen Interviews wurden die Daten mündlich erfragt und nach dem Interview dokumentiert.

Die Auswertung fokussiert dabei drei Fragekomplexe, die nicht bei der Erhebung feststanden, sondern erst in der Transkriptions- und Auswertungsphase erarbeitet wurden.

a) Sichtbarkeit der Tätowierung

Eine grundlegende Frage stellt sich nach dem individuellen Umgang mit der Tätowierung. Für wen ist sie zunächst einmal sichtbar und vor wem wird sie gegebenenfalls verhüllt? Diese Fragen sollen durch einen Überblick auf das gesamte Material diskutiert werden. Dabei sollen die subjektiven Handlungsmuster der einzelnen Betroffenen in Bezug auf Strategien von Selbstdarstellung und Verhüllung ihrer Tätowierung kritisch überprüft und interpretiert werden.

b) Inszenierung der Tätowierung

Der anschließende Untersuchungsschwerpunkt soll die gewonnenen Erkenntnisse zusammenfassen und sie auf korporale Selbstdarstellungs- und Inszenierungszwänge beziehen, die *Willems* und *Kautt* hervorhoben. Wie gestaltet sich unter diesem Blickwinkel der Umgang mit korporaler Theatralität, erstem Eindruck und Normalität?

c) Zeichenhaftigkeit der Tätowierung

Anhand der Zeichenhaftigkeit soll abschließend exemplarisch nach den individuellen Sinnbezügen gefragt werden, die der Tätowierte mit diesem Körperzeichen verbindet. Welche der entwickelten korporalen Zeichengruppen lassen sich nachweisen und wie stellen sie sich in ausgewählten Fallbeispielen dar?

5.2 Klassifizierung des Materials

Bei den Tätowierten, die sich auf den Aushang meldeten, handelte es sich ausnahmslos um Studenten. Bei der Untersuchung dieser Studentengruppe zeigte sich, dass sich die Personen in der Anzahl ihrer Tätowierungen unterschieden. Während drei Personen nur eine Einzeltätowierung trugen, hatten vier Personen mehrere Tätowierungen. Dieser Unterschied bildete die Basis einer ersten Klassifikation in eine Gruppe der Einzeltätowierten und eine Gruppe der Mehrfachtätowierten.

Weiterhin war es sinnvoll, die zweite Gruppe nicht nur nach unten gegenüber den Einzeltätowierten abzugrenzen, sondern auch nach oben einer Wertigkeit gegenüberzustellen. Es galt also, Personen zu finden, die über vielfache Tätowierungen verfügten.

Da unter den Studenten keiner dieser Vielfachtätowierten gefunden werden konnte, wurde auf einen Feldkontakt zurückgegriffen, der zunächst nur als erste Orientierung zu Beginn der Studie gedacht war. Am Anfang der Untersuchung führte ich ein Experteninterview mit einem Tätowierer. Da er, wie viele Tätowierer, zur Gruppe der ‚heavily tattooed' Personen gehört, findet das Gespräch mit ihm, ebenso wie zwei durch ihn angeregte Interviews im Tätowierstudio, eine Aufnahme in das Material..

Der Begriff „heavily tattooed" stammt aus der amerikanischen Tätowiertenszene und wurde von *Oettermann* ins Deutsche übernommen (vgl. Oettermann 1982). Da mir dieser Begriff in der Formulierung etwas zu sperrig erscheint, werde ich diese Personen als Extremtätowierte bezeichnen.

Zu berücksichtigen ist bei der Betrachtung der Extremtätowierten, dass diese Interviewpartner sich dem subkulturellen Milieu der Tätowiertenszene zurechnen. Das äußert sich dadurch, dass sie sich regelmäßig im Tätowierstudio einfinden und dort ebenso den Austausch mit Gleichgesinnten suchen, wie sie es auf Tattoo-Conventions tun. Weiterhin unterscheiden sich die interviewten Personen dieser Gruppe durch den sozialen Status und das Geschlecht von der Mehrzahl der Studentengruppe. Die befragten Personen im Tätowierstudio waren alle männlich, die Mitglieder der Studentengruppe bis auf eine Person weiblich. Diese Merkmale sollen nicht als Eigentümlichkeit der jeweiligen Gruppe verstanden werden. Sie müssen deshalb im Vergleich der Gruppen weitgehend ausgeklammert bleiben.

Da die Zielsetzung dieser Arbeit nicht in der Betrachtung einer Subkultur liegt, wird die Gruppe der Extremtätowierten als Sonderfall betrachtet, deren Einfluss sich aber sehr wohl in den anderen beiden Gruppen wiederfinden lässt. Schließlich wird auch die einmalige Tätowierung genau in diesem subkulturellen Milieu erworben, zu dem jedes Tätowierstudio gerechnet werden kann.

Neben der Anzahl der Tätowierungen findet eine weitere Kategorie als Unterscheidungskriterium Eingang in diese Untersuchung. Es ist der Grad der Sichtbarkeit, der sich an der Größe der Tätowierung und der Sichtbarkeit der tätowierten Körperstelle festmachen lässt. Dieser Grad der Sichtbarkeit könnte auch als Maß der freiwilligen Unsichtbarkeit begriffen werden. Gemeint ist damit, dass sich eine handgroße Tätowierung auf dem Oberarm durch Kleidung besser verdecken lässt, wenn es vom Träger situativ gewünscht werden sollte, als eine Tätowierung, die über den Hals bis zum Gesicht verläuft. Vermutlich steht diese Möglichkeit der Verhüllung im Zusammenhang mit einer Haltung, sich als tätowiert erkennen zu geben, beziehungsweise dies situativ auszuschließen.

Um eine ungefähre Einschätzung der Größe von Tätowierungen zu erreichen, sollen die Motive nach klein-, mittel- und großflächig kategorisiert werden. Als kleinflächig soll hierbei eine Tätowierung bis zur Größe einer Handfläche des Trägers, als mittelflächig eine Tätowierung bis zur Größe des Rückens gelten. Großflächige Motive gehen darüber hinaus und beziehen mehrere Körperpartien mit ein.

Aus den zwei Kategorien von Anzahl und Grad der Sichtbarkeit, lassen sich drei Gruppen von Tätowierten in dieser Untersuchung betrachten.

Die Einzeltätowierten (3 Personen) trugen alle eine einzige Tätowierung, die als kleinflächig angesehen werden kann. Der Grad der Sichtbarkeit war bei allen drei Personen gering, da sich die Tätowierungen an gut durch Kleidung bedeckbare Körperstellen befanden.

In der Gruppe der Mehrfachtätowierten (4 Personen) hatte eine Person zwei klein- und mittelflächige Tätowierungen. Drei Personen hatten jeweils drei klein- bis mittelflächige Tätowierungen. Auffällig ist hierbei, dass alle vier Personen mit einer kleinflächigen Tätowierung angefangen und sich danach für größere Motive entschieden haben. Weiterhin liegt bei allen Befragten dieser zweiten Studentengruppe ein relativ geringer Grad der Sichtbarkeit vor, da sich die Tätowierungen ebenfalls recht gut durch Kleidung verhüllen lassen.

Die Sondergruppe der Extremtätowierten (3 Personen) zeichnet sich dadurch aus, dass eine Verhüllung der tätowierten Körperstellen, wie Unterarmknöckel, Hals und Kopf nicht möglich ist. Die drei befragten Personen wiesen in dieser Gruppe einen unterschiedlichen Grad der Extremtätowierung auf. Die Ausprägung der Tätowierung reichte vom einzelnen Großmotiv, das über Vorder- und Rückseite des gesamten Oberkörpers zum Hals verläuft, bis zum Bodysuit. Dieser tätowierte 'Körperanzug' ist eine Ganzkörpertätowierung, die aus einer Vielzahl von Einzelmotiven besteht und kaum noch eine Körperstelle untätowiert lässt.

5.3 Sichtbarkeit der Tätowierungen

Die Einzeltätowierten Bw, Fw und Iw

Bw ist 23 Jahre alt, Studentin und trägt seit 1997 ein kleinflächiges tätowiertes Tribal. Der Stil der Tribal-Tätowierung ist sehr verbreitet und bezeichnet eine Ornamentik, die sich aus den geometrischen Figuren der traditionellen Südseetätowierungen ableitet.

Ihr Motiv hat Bw in einer Zeitschrift gefunden und vom Tätowierer nach eigenen Vorstellungen leicht verändern lassen. Als Körperstelle entschied sie sich für die Schulter. Die Möglichkeit der Verhüllung ist ihr dabei wichtig:

„an der Schulter, ähm, kann man es auch immer noch leicht verdecken. man sieht es ja nicht immer. also wenn ich möchte, dass es keiner sieht, ist es kein Problem es zu verdecken." (IV, Z. 136-140)

Tätowierte finden sich im Freundeskreis von Bw nicht, wohl aber Personen mit einem Piercing. Für Bw soll die Tätowierung im Freizeitbereich sichtbar sein, auch wenn sie erklärt, dass sie mittlerweile zurückhaltender geworden ist:

„Also ich geh damit nicht mehr so offen mit um wie in dem ersten Jahr, nachdem ich es hatte. also da hab ich wirklich jede Gelegenheit genutzt und ähm muss auch zugeben dass ich dann nur mit Spaghettiträgern oder so rumgelaufen bin, im Sommer vorwiegend (1) oder halt abends in der Diskothek ähm." (IV, Z. 147-151)

Bw arbeitet mehrmals in der Woche in einer Bank außerhalb des Kundenverkehrs. Da andere Arbeitskollegen auch tätowiert sind, wäre es ihr egal, ob man ihre Tätowierungen dort sieht. Vorsichtig geht Bw mit der Tätowierung allerdings im Zusammenhang mit ihren Eltern um, die sie als konservativ bezeichnet. Auf einer Geburtstagsfeier des Vaters verhüllt sie beispielsweise die Tätowierung vor den Besuchern:

„weil ich es einfach auch nicht für angebracht hielt, jetzt da als Tätowierte rumzulaufen" (IV, Z. 248-250)

Fw ist 23 Jahre alt und Studentin. Seit dem Sommer 2000 trägt sie ein kleinflächiges Tribal in der Hüftgegend auf ihrer Körperrückseite. Das Motiv hat sie sich aus verschiedenen Abbildungen der Vorlagealben des Tätowierers zusammenstellen lassen. Ihre Tätowierung zeigt Fw im Freundeskreis, in dem sich auch andere Tätowierte befinden und in der Freizeit:

„klar wenn ich weggehe auf Parties oder so denk ich schon hm was ziehst du an, dass man das vielleicht sieht oder so achte ich schon drauf dass ich ne Hose anhab die etwas tiefer geschnitten ist weil wenn ich es hab kann ich es auch zeigen. zumindest so Disco, Party, keine Ahnung." (VIII, Z. 170-175)

Fw realisiert in einer Firma die Internetpräsentation. Obwohl die Sekretärin dort von ihrer Tätowierung weiß und Fw es auch nicht schlimm fände, wenn weitere Arbeitskollegen es wüssten, achtet sie am Arbeitsplatz auf eine Verhüllung:

„ich zeig es da jetzt nicht da achte ich eigentlich drauf dass man es da nicht sieht weil ich weiß der Chef mag es nicht." (VIII, Z. 121-122)

Gegenüber ihrem Vater versteckt Fw ihre Tätowierung genauso, wie sie es mit ihrem Piercing tut. Sie erwartet von ihm kein Verständnis, da er sich schon gegen ihre rotgefärbten Haare ausgesprochen hat:

„ähm der ist ziemlich konservativ das äh war schon letztens schlimm genug da war ich bei ihm auch noch schwimmen da hab ich zum Glück einen Badeanzug angehabt wo man es denn nicht sehen kann. na ja aber er sollte es besser nicht sehen." (VIII, Z. 106-110)

Iw ist 28 Jahre alt und seit 1999 tätowiert. Sie trägt ein kleinflächiges Tribal an der Taille. Iw studiert und arbeitet als Hilfskraft an einem universitären Institut. Auf die Idee, sich tätowieren zu lassen, brachte sie ein Arbeitskollege. Das Motiv ließ sie nach einer eigenen Skizze vom Tätowierer gestalten. Die Tätowierung betrachtet sie wie folgt:

„ein bisschen als Hingucker vielleicht auch" (XI, Z. 23-24)

An anderer Stelle hebt sie hervor, dass sie ihre Tätowierung eher als etwas Intimes sieht, da sie nicht jedem gezeigt wird:

„sonst hätte ich es woanders hinmachen lassen und dann würde ich im tiefsten Winter mit kurzen Shorts rumrennen um es zu zeigen ja" (XI, Z. 201-203)

Bei der Wahl der tätowierten Körperstelle spielte die Möglichkeit der Verhüllung eine wichtige Rolle. In Verbindung mit Kleidung, die sie zu außeralltäglichen Anlässen trägt, würde sie eine sichtbare Tätowierung als unangemessen empfinden:

„weil zum Beispiel so Tattoos am Arm find ich auch schön aber (2) wenn man sich dann mal etwas schicker anzieht was ja seltener vorkommt aber was ja vorkommt find ich kann das unglaublich störend aussehen. das sind für mich Aspekte die wichtig sind." (XI, Z. 253-257)

Die Reaktionen von Freundeskreis und Familie auf ihre Tätowierung waren weitgehend tolerant. Nur ihr damaliger Freund reagierte ablehnend.

Die Mehrfachtätowierten Jw, Cm, Dw und Ew

Jw ist 23 Jahre alt und trägt zwei Tätowierungen. 1996 ließ sie sich ein kleinflächiges Tribal am Steißbein und 1999 eine mittelflächige 'Teufelsfrau' auf den Rücken tätowieren. Jw studiert Kunst und entwarf beide Motive selbst. Ihre erste Tätowierung hat sie an einer Körperstelle, die sich durch Kleidung dem öffentlichen Blick entzieht. Bei der zweiten Tätowierung entschloss sie sich für eine sichtbarere Körperstelle:

„hab immer gedacht boh ja du hättest gerne schon noch was anderes und du hättest auch gerne was Größeres weil das erste war eben auf dem Steißbein. das hat nie jemand gesehen. wie auch. und ich hab gedacht na ja so n bisschen äh eitel bist du ja schon dass du auch möchtest, dass du was hast das die Leute auch sehen." (XII, Z. 102-107)

Jw schließt weitere Tätowierungen aus, obwohl sie darüber nachdenkt, dass ihre Rückentätowierung ihr manchmal nicht sichtbar genug erscheint:

„es hat schon so einen bestimmten Reiz dass ich so manchmal denke ja, jetzt hast du es schon wieder an so ner Stelle wo man es eigentlich nicht sieht" (XII, Z. 176-178)

In ihrem sozialen Umfeld wurden die Tätowierungen unterschiedlich aufgenommen. Ihre Eltern reagierten missbilligend. Bis auf die negative Reaktion einer Freundin zeigte sich der Freundeskreis tolerant.

Cm ist 24 Jahre alt, Student und trägt drei klein- bis mittelflächige Tätowierungen. Im Sommer 1999 erwarb er ein Tribal auf dem Oberarm. Im Herbst ließ er es durch ein Flammenmotiv auf der Schulter erweitern und fügte im Frühling ein weiteres Flammenmotiv hinzu, das von der Schulter zum Halsansatz verläuft. Cm verbindet die Motive stark mit Liebesbeziehungen in seiner Biographie. In seinem Selbstverständnis sind die Tätowierungen nicht an ein Öffentlichkeit gerichtet. Das drückt sich für ihn auch in der Sichtbarkeit der Körperstellen aus:

„es ist halt ne Stelle die man wenig sieht. also wenn ich ein normales T-Shirt anhabe sieht man es am Arm nicht weil es halt relativ weit oben anfängt und man sieht es auch am Hals eigentlich nicht. (1) insofern krieg ich auch wenig Reaktionen vom Umfeld also dieses Poser-Element ist bei mir dadurch raus so." (V, Z. 148-153)

Die Verhüllung als Gegenreaktion zur ‚übertriebenen' Selbstinszenierung ist für ihn wiederholt erwähnenswert:

„es ist halt nicht sehr sichtbar für Menschen also krieg ich da auch wenig Reaktionen drauf. ähm (2) was mir natürlich unangenehm wär, dass wenn man mit Menschen in erotischen Momenten zusammen ist dass es einfach als unangenehm empfunden wird also das hatte ich halt in diesem Jahr Gott sei Dank nicht." (V, 181-186)

Da in seinem Freundeskreis mehrere tätowierte Personen sind, findet er dort Austausch und Bestätigung. Auch seine Eltern sind an Tätowierungen gewöhnt, da sein jüngerer Bruder sich bereits vor ihm tätowieren ließ.

Dw ist 20 Jahre alt, Studentin und trägt drei klein- bis mittelflächige Tätowierungen auf dem Rücken. Klein sind ein Tribal und ein keltisches Motiv, das sich Dw im Frühling und Sommer 2000 stechen ließ. Ein mittelflächiger Chinadrache ist zur Zeit des Interviews noch unvollendet. Ihre Motive wurden nach den Vorlagealben des Tätowierers und eigenen Vorstellungen angefertigt. Dw zeigt ihre Tätowierung im Freundes- und Bekanntenkreis, in dem sich auch andere Tätowierte befinden:

„also jetzt zum Beispiel im Volleyballverein oder so, haben sie es halt so gesehen und sonst ja zum Teil halt erzählt und gezeigt" (VI, Z. 93-95)

Als Veränderung, die durch eine Tätowierung eingetreten ist, sieht sie einen selbstbewussteren Umgang mit Korporalität:

„es macht auch Spaß das zum Teil zu zeigen so. man zeigt sich vielleicht lieber als vorher aber sonst, Veränderung würd ich nicht sagen dass ich jetzt irgendwie mich knapper anzieh dass das alle Leute sehen" (VI, Z. 149-152)

Negative Reaktionen auf die Sichtbarkeit ihrer Tätowierung erfuhr sie von ihrer Mutter, die aus Vietnam stammt. Schon ein Piercing, das Dw vor der Tätowierung hatte, stieß bei der Mutter auf Ablehnung.

Ew ist 27 Jahre alt, Studentin und trägt zwei kleinflächige Tätowierungen und eine mittelflächige Tätowierung. 1995 ließ sich Ew einen Kolibri an der Schulter tätowieren. 1998 folgte ebenfalls an der Schulter ein Tribal. Kurz vor dem Interview wurde ein mittelflächiges Tribal auf dem Rücken fertiggestellt. Den Beweggrund für ihre Tätowierungen erklärt sie folgendermaßen:

„Ich denke mal es ist ein gewisser Touch auch Exhibitionismus. dass man irgendwie sagt so guck mal was ich hab ich find es toll" (VII, Z. 61-63)

Andererseits weist sie wiederholt auf die Möglichkeit der Verhüllung und die Indirektheit der Schau hin:

„Also das ganz Große sehen (Lachen) äh sieht man wenn ich im Fitness-Studio bin oder was oder wenn ich halt nackt bin dass sieht man sonst wirklich nicht das ist also grundsätzlich verdeckt. die anderen sieht man im Sommer und dann Gott jeder der es halt sieht sieht es" (VII, Z. 71-75)

Sie begründet die Entscheidung für verdeckbare Körperstellen mit beruflichen Perspektiven in der Zukunft:

„ich hab also auch darauf geachtet dass ich die Sachen so an Punkten habe wo du jetzt denkst zur Not kann ich sie noch überdecken. also das war mir sehr wichtig. weil man weiß nie wo ich einmal in zehn Jahren beruflich bin und wie gern das gesehen wird. das war also für mich total wichtig." (VII, Z. 237-242)

Mit ihren Tätowierungen hatte Ew in ihrem Freundeskreis, wie sie sagt, eine Vorreiterfunktion. Zum Zeitpunkt der ersten Tätowierung entstand aber auch ein Bruch mit ihrem damaligen Freund, der kein Verständnis dafür hatte. Auch ihre Mutter reagierte ablehnend auf die Tätowierung. Mit ihrem Tätowierer verbindet sie mittlerweile eine Freundschaft:

Die Extremtätowierten Gm, Am und Hm

Gm ist 17 Jahre alt, ohne Ausbildungsstelle und trägt ein großflächiges Tribalmotiv auf Bauch, Rücken, Oberarm, Schulter und Hals. Er ist der jüngste der Befragten. Die Tätowierung von Gm ist seit fünf Monaten in Arbeit und wird immer dann weitergeführt, wenn er zu Geld gekommen ist. Am Anfang bezahlte ihm seine Mutter die Sitzungen. Sein Vater weiß nichts davon. Eine Möglichkeit der Verhüllung ist bei Gm nicht gegeben, da der Hals mit in die Oberkörpertätowierung einbezogen ist. Für diese Körperstellen hat sich Gm entschieden, während das Motiv weitgehend von seinem Tätowierer Am bestimmt wurde:

„Neh der hat mir gesagt er malt mir jetzt was auf das was ich wollte die Stellen die ich ihm gesagt hab und dann dann haben wir das war auch der erste Entwurf nur ganz kleine Sachen haben wir daran geändert. weil er meinte dat erste wat dabei rauskommt is dat beste. alles was danach gemacht wird is so Schnickschnack. und so haben wir dat gemacht." (IX, Z. 132-137)

Der Freundeskreis von Gm zeigte Unverständnis für die Größe der Tätowierung. Für ihn ist es aber wichtig, im Kreis der Extremtätowierten, zu dem er sich zählen möchte, Anerkennung zu finden. Er würde gerne mit seiner Tätowierung einen Preis auf einer Convention gewinnen, wenn dort die sehenswertesten Tätowierarbeiten vor Publikum vollendet werden:

„Ja wär schon cool. ja (1) ja kommt drauf an weil wenn der mich mitnimmt auf so ne Convention dann will ich auch nen Pokal haben." (IX, Z. 125-127)

Am ist 28 Jahre alt, Berufstätowierer und Träger einer Vielzahl verschiedener Tätowierungen, die über seinen Körper verteilt sind. Seine Tätowierungen sind trotz der Kleidung sichtbar, da Am auch an den Unterarmen und am Hals tätowiert ist. Als Tätowierer ist er eine Schlüsselfigur in der Tätowiertenszene und hat die Interviewpartner Bw, Gm und Hm tätowiert. Mit seinen Tätowierungen verbindet er eine Lebenseinstellung, die er mit anderen Extremtätowierten teilt und mit der er sich von Mitläufern des ‚Tattoo-Booms' abgrenzen möchte.

„un ich sag mal das is ne Einstellungssache halt weil ich würd auch zu meinen Tattoos stehen wenn halt der Trend out is so. und es gibt halt Leute die sagen ah, ich lass mich jetzt tätowieren und wenn es in zehn Jahren nicht mehr in ist lass ich es mir wegmachen. die Einstellung haben wir halt alle nicht. weil wir sagen ein Tattoo ist ne Lebenseinstellung und da stehen wie halt auch zu." (III, Z. 94-100)

Seine erste Tätowierung erwarb Am um 1990. Er arbeitete damals bei einem Londoner Tätowierer und erhielt von ihm seine Initiation. Mittlerweile bezeichnet Am es als Sucht tätowiert zu werden:

„das ist jetzt keine körperliche Sucht die man hat sondern einfach nur ne Kopfsucht. weil man immer wieder den inneren Schweinehund besiegen kann, oder besiegen will und vielleicht noch n größeres Tattoo kriegt oder ein Tattoo das einfach noch drei vier Stunden länger gedauert hat als das davor." (III, Z. 175-180)

Neben kunsthandwerklichen und ästhetischen Gesichtspunkten ist die Größe der Tätowierung und die Dauer der schmerzhaften Prozedur in dieser Szene ein wichtiges Bewertungskriterium.

Hm ist 23 Jahre alt und Arbeiter in einem Automobilwerk. Seine erste Tätowierung wurde von Freunden angeregt und 1994 erworben. Die Tätowierungen bilden bei ihm mittlerweile einen Bodysuit und lassen kaum eine untätowierte Hautstelle frei. Auch auf dem kahlgeschorenen Kopf ist Hm tätowiert. Er trägt dort ein Flammenmotiv. Hm beschreibt die Reaktionen seines Umfelds auf die Sichtbarkeit seiner Tätowierungen:

„Meine Eltern hassen mich dafür aber die haben es mittlerweile auch akzeptiert. ja und sonst häng ich halt nur mit Leuten rum die auch tätowiert sind. deswegen gut nimmt es auf. das Umfeld. ja die anderen sind halt geschockt. weißt du, die gucken halt. aber ich lach dann immer. letztens war ich im Bus gewesen und da waren so kleine Kinder und guck mal der hat ja ne Glatz und die Glatze brennt ja, muss ich halt auch lachen. weiß du, oder wenn ich mit Freundin ins Schwimmbad gehe. dann gucken halt alle. aber das ist halt auch cool. weißt du," (X, Z. 139-147)

Den Schockeffekt, den seine Tätowierungen erzielen, scheint Hm zu genießen. Eine Bestätigung von Gleichgesinnten erfährt er neben dem Freundeskreis auch auf Conventions. Im Berufsleben haben sich die Kollegen an seine Ganzkörpertätowierung gewöhnt:

„da gucken schon blöd, aber mittlerweile is nit mehr so wild. is eh fast jeder tätowiert auf m Rücken und so." (X, Z. 45-47)

Zwischenbilanz: Selbstdarstellung und Verhüllung

Bei den primären Untersuchungsgruppen der Einzel- und Mehrfachtätowierten Studenten konnte eine Ähnlichkeit im Umgang mit ihren Tätowierungen festgestellt werden. Aus den Äußerungen aller Befragten lassen sich Strategien von Selbstdarstellung und Verhüllung nachweisen. Schon bei der Entscheidung für eine bestimmte Körperstelle, die tätowiert werden soll und bei der Wahl der Größe und des Motivs, ist diese Strategie verinnerlicht.

Der Umgang mit der erworbenen Tätowierung ist abhängig von der Situation, in der sich die Betroffenen als Tätowierte präsentieren oder ihre Tätowierung lieber verbergen möchten. Dabei hängt die jeweilige Einschätzung der Situation maßgeblich davon ab, welche Bewertung sie ihrem jeweiligen Publikum unterstellen. Wenn sie von einem toleranten Umfeld ausgehen, wird die Tätowierung als Stilmittel der Selbstdarstellung sichtbar gemacht und kann durch betonende Kleidung möglichst effektiv in Szene gesetzt werden. Ein Publikum der korporalen Selbstinszenierung findet sich als anonyme Öffentlichkeit ‚im Sommer' oder in der Discothek (Bw, Fw, Iw, Jw), im Umfeld einer eingeschränkten Öffentlichkeit von Sportverein und Fitness-Studio (Dw, Ew), auf Parties, im Freundeskreis und in der sexuellen Zweierbeziehung (Cm). Handelt es sich bei dem Publikum um Personen, denen eine ablehnende Haltung gegenüber Tätowierungen unterstellt wird, so entschieden sich die Befragten für eine Verhüllung. Als gesellschaftliche Bühne, auf denen die Tätowierung verhüllt wird, wurden von den Betroffenen die anonyme Öffentlichkeit (Cm), der Arbeitsplatz (Fw, Ew), gesellschaftliche Anlässe

(Bw, Iw) und der Familienkreis (Bw, Dw, Fw) genannt. Die Strategien von Darstellung und Verhüllung der Tätowierung waren bei den Extremtätowierten nicht zu erkennen. Durch den hohen Grad der Sichtbarkeit ihrer Tätowierungen schließt sich eine vollkommene Verhüllung bei ihnen aus. An den Grenzen der Kleidung offenbaren sichtbare Stücke der Körperzeichnung immer den Tätowierten. Ihre Handlungsmuster sind davon geprägt, sich in allen Lebensbereichen als Tätowierte erkennen zu geben. Das gilt für eine anonyme Öffentlichkeit genauso wie für Freundes- und Familienkreis oder Arbeitsplatz, was im Interview mit Hm besonders deutlich geworden ist. Auch grenzen sie sich selbst deutlich von den Einzel- und Mehrfachtätowierten ab (Am), indem sie sich durch Anzahl, Größe und Sichtbarkeit der Tätowierungen als Extremtätowierte darstellen. Das Extrem ist für sie gruppenkonstituierend. Größe, Anzahl und Dauer der Tätowierung sind feste Werte in einem subkulturellen Milieu, das sich an Orten wie dem Tätowierstudio oder der Convention-Stätte als Gemeinschaft zusammenfindet.

Die Einzel- und Mehrfachtätowierten gehören nicht zu dieser Gemeinschaft, auch wenn es Berührungspunkte beim Erwerb der Tätowierung gibt oder daraus, wie im Fall Ew, auch einzelne Freundschaften entstehen können.

5.4 Tätowierung und Inszenierungszwänge

Bei der Betrachtung der Medienwirkung in Kapitel 4.3 wurde dargestellt, dass korporale Selbstdarstellungs- und Inszenierungszwänge ein Merkmal der nachmodernen Gesellschaft sind. Diese literaturbasierende These wurde in einem theoretischen Diskurs auf die Tätowierung bezogen. Im Folgenden bildet sie die Grundlage für eine Erklärung der Handlungsstrategie von Selbstdarstellung und Verhüllung, die bei den Tätowierten der primären Untersuchungsgruppe beobachtet wurde.

Dem Zwang der korporalen Theatralität auf den Erlebnis- und Beziehungsmärkten kommt eine Tätowierung in dem Sinne nach, dass mit ihr immer ein Wunsch nach einer ästhetischen Optimierung des Körpers verbunden zu sein scheint. Hierbei geht es darum, sich als hip, stylisch, cool und trendy zu zeigen, um nur einige neudeutsche Wörter zu benutzen, deren Verbreitung mit dem gesteigerten Wert des äußerlichen Eindrucks einhergehen. Die Tätowierung ist „Hingucker" und Blickfang, entspricht einem Gruppengeschmack oder distinguiert den Körper für „erotische Momente". Eine Inszenierung findet die Tätowierung am Körper des Trägers oft durch betonende Kleidung, die einem ausgesuchten Publikum den Blick darauf gewährt. Dieses Publikum findet sich, ob nun privat oder öffentlich, vorwiegend im Freizeitbereich.

In diesem Umfeld geht die Inszenierung der Tätowierung auf den weiteren Zwang des ersten Eindrucks in der interaktionellen Selbstdarstellung ein. Sie wird dem unbekannten Gegenüber als Ersatzinformation angeboten, die den Träger der Tätowierung als interessanten Menschen kennzeichnen soll. Diese Eindruckssteuerung durch den Perfomanzkörper kann aber neben der Präsentation auch die Verhüllung beinhalten. Wie bereits deutlich wurde, wird in bestimmten beruflichen und privaten Kontexten vermieden, einen Ersteindruck über die sichtbare Tätowierung zu vermitteln. Diese Verhüllungsstrategie trägt einer gesellschaftlichen Veränderung Rechnung. Das soziale Umfeld eines Menschen wird in der Nachmoderne immer wechselhafter, so dass man zahlreichen Einschätzungen, die auf dem ersten Blick beruhen, ausgesetzt ist. Bei diesen kurzweiligen Kontakten kann ein Wissen um die eigene Person kaum vermittelt und vom Gegenüber ebenso wenig erworben werden. Um eine ungewünschte Stereotypisierung zu vermeiden, wird die Tätowierung situativ verborgen.

In dieser Strategie drückt sich auch ein weiterer Selbstdarstellungszwang aus, bei dem ein Eindruck von Normalität als dramaturgische Selbstkontrolle erweckt werden soll. Hierbei wird von den Betroffenen nicht situationsabhängig zwischen Sichtbarkeit und Verhüllung entschieden, sondern gleich auf die Präsentation der Tätowierung verzichtet. Überall dort, wo die Tätowierung als Zeichen der Anormalität aufgefasst werden könnte, wie beispielsweise am Arbeitsplatz oder in der Familie, wird sie vorsichtshalber verborgen.

Der Umgang mit der Tätowierung bei allen Befragten, die nicht einem subkulturellen Milieu zuzuordnen sind, scheint durch diese drei dargestellten Inszenierungs- und Selbstdarstellungszwänge geprägt.

Zur sozialen Positionierung wird einerseits gefordert, auf einer korporalen Ebene interessant zu sein. Andererseits sollen die Grenzen der Normalität nicht überschritten werden. Dazu kommt, dass der Ersteindruck vor häufig wechselnden sozialen Systemen als Ersatzinformation im primären Interaktionsrahmen immer wichtiger wird. Für Tätowierte der primären Untersuchungsgruppen ergibt sich aus diesen Anforderungen ein weiterer Zwang, denn sie streben zum einen Aufmerksamkeit durch eine Ästhetisierung des Körpers mittels einer Tätowierung an, entsprechen zum anderen dadurch aber nicht mehr dem Eindruck von Normalität bei bestimmten Handlungspartnern. Diese Zwickmühle wird von den Betroffenen durch eine Strategie von Selbstdarstellung und Verhüllung gelöst.

5.5 Tätowierung als Körperzeichen

Um Aufschluss über die individuellen Handlungsmuster der Befragten zu erlangen, wurde das gesamte Material auf die subjektive Bedeutung hin untersucht, die der jeweiligen Tätowierung zugrunde liegt. Bei der Frage nach der Motivation, die den einzelnen Interviewpartner zur Verzeichnung seines Körpers durch eine Tätowierung bewegte, wurde als Erklärung oftmals auf ästhetische Vorlieben und den Wunsch nach Ausdruck der Individualität hingewiesen. Die Tätowierung wurde als etwas erklärt, das den eigenen Körper verschönert und einzigartig macht. Diese subjektiven Erklärungsmuster geben nur wenig Aufschluss darüber, warum dieses Bestreben von Ästhetisierung und Individualisierung ausgerechnet mit einer Tätowierung realisiert wurde. Die Aspekte der relativen Untilgbarkeit, der geringen Verbesserungsfähigkeit und des Schmerzes, die eine Tätowierung beinhalten, sollten als Merkmale eines selbstveranlassten Zeichens doch eher abschreckend sein. Um einige Beweggründe der Tätowierten näher gehend zu erforschen, bietet sich die Untersuchung der Tätowierung in ihrer Art als Körperzeichen an. Es soll beobachtet werden, wie sich die individuellen Sinnbezüge im Hinblick auf die erarbeiteten korporalen Zeichengruppen darstellen. Dabei stehen die Dimensionen der Tätowierung als Individualitätszeichen, ästhetisches Prestigesymbol, Distinktions- und Zugehörigkeitszeichen und Stigma im Zentrum der Betrachtung. Auf vier ausgewählte Fallbeispiele wird jeweils eine dieser Zeichengruppe bezogen. Aus dieser Perspektive soll die Bedeutung rekonstruiert werden, die eine Tätowierung in der jeweiligen Biographie des Trägers haben kann.

Individualitätszeichen

Jede Tätowierung ist ein Individualitätszeichen, da sie unabänderlich dem Körper anhaftet und ein besonderes Merkmal des Trägers darstellt. In einer erweiterten Auffassung wurde bereits auf die Tätowierung als Technik des Selbst hingewiesen, die sich durch eine Basiskontinuität in bestimmten Rahmungszeichen ausdrückt. Diese Rahmungszeichen können nicht nur durch die eigene Handschrift des Tätowierers, sondern auch durch die individuelle Wahl des Motivs oder Veränderungen an vorgefundenen Motiven appräsentiert werden.

Bei Jw ist der Aspekt der Basiskontinuität deshalb besonders deutlich, da der kreative Prozess der Motivgestaltung von ihr selbst vorgenommen wurde. Da Jw Kunst studiert, bringt sie hierfür die handwerklichen Fähigkeiten mit. Bei ihrer zweiten Tätowierung fand sie in einer Tätowierzeitschrift das Motiv einer Teufelsfrau, das sie nach eigenen Vorstellungen veränderte:

„da hab ich das eben abgenommen also aus der Zeitung durchgepaust erst mal und dann angefangen selber noch dran zu arbeiten." (XII, Z. 123-125)

Sie verändert das vorgefundene Motiv nach ihrem eigenen Stil. Ihren Stil als Ausdruck der Basiskontinuität verteidigt sie gegen andere Auffassungen, als sie sich mit ihrem Entwurf der Kritik von professionellen Tätowierern stellt:

„ja und da hab ich dann wirklich ein ganz langes Gespräch gehabt mit drei Tätowierern gleichzeitig die dann alle gemotzt haben und gesagt haben was an meinem Entwurf schlecht ist und gut und so. u::nd ja im Endeffekt hab ich meinen Entwurf durchgesetzt, weil ich mich davon auch nicht abbringen lassen wollte" (XII, Z. 144-149)

Die subjektive Identifikation mit dem Motiv vollzieht sich bei Jw auf zwei Ebenen. Auf der ersten Ebene kann sie sich mit dem Urheber ihres Motivs identifizieren:

„also das ist von nem Tätowierkünstler der so in den sechziger siebziger Jahren ganz wahnsinnig berühmt war. ähm der auch Malerei studiert hat. und ähm das ist eigentlich eben für ihn keine Tätowiervorlage gewesen sondern ne Malerei." (XII, Z. 117-121)

Weil sie selbst malt ist dieser künstlerische Bezug für sie wichtig. Da der Künstler „wahnsinnig berühmt" war, gewinnt das Motiv einen objektiven ästhetischen Wert. Auf der ersten Ebene identifiziert sich Jw mit dem Werk des Künstlers. Die Wahl des kollektiven Kunstwerks führt zu einer Selbstobjektivation und Erhöhung der eigenen 'wertvollen' Persönlichkeit aus der Masse und verweist somit auf ein Individualisierungsbestreben.

Eine zweite Ebene der Identifikation mit der Tätowierung findet sich im Motiv selbst, das sie im Verlauf des Interviews auf einem Foto vorzeigt. Bei der Beschreibung der Teufelsfrau weißt Jw auf die Ähnlichkeit zur eigenen Körperlichkeit hin:

„Also für mich ist das diese Frau, also die hat relativ meine Körperproportionen, also die ist mir schon in gewisser Weise n bisschen ähnlich eben auch" (XII, Z. 241-243)

Es scheint, als wenn Jw sich in dieser Teufelsfrau noch einmal selbst erschaffen hat. Die Tätowierung wird zur Autopoiesis als Eigenkonstruktion des physischen Selbst, nur, dass sie diesmal als beherrschendes, unverletzliches ‚Teufelsweib' wiedergeboren wird. Dass dieses Bild im Gegensatz zu ihrer Biographie stehen könnte, wird angedeutet, als sie an einer Stelle von ihrer Krankheit spricht:

„also ich hab gedacht so mein Körper hat mir im Laufe meines Lebens schon so einige Streiche gespielt wo ich überhaupt nicht mit gerechnet hab. so gesundheitliche Sachen eben. wo ich gedacht hab das kann doch nicht jetzt wirklich sein von so was hast du noch nie gehört, wieso passiert dir das gerade, und so n bisschen wollt ich jetzt auch zeigen dass so im Hintergrund so n bisschen dass ich so der Herr über die Sache bin und dass ich da doch noch mal das letzte Machtwort zu sprechen habe sozusagen." (XII, Z. 309-317)

Als letztes Machtwort ist die Tätowierung auch ein Beweis der Individualität des Leibes gegenüber dem Körper. Jw will sich nicht durch eine Krankheit zeichnen lassen, sondern verzeichnet ihren Körper selbst und drückt ihm ihren Stempel auf:

„für mich war das immer so dass das n bisschen ist dass ich so äh meinen eigenen Willen über meinen Körper bringe. so dass ich meinen Körper n Stück mehr mein eigen mache. weil ich dem halt sozusagen n Stempel aufsetze, das hab ich mir ausgesucht ähm (2) ähm so will ich, dass das aussieht und das ist dann auch so. das ist ja ein bisschen in gewissem Maße wie so Selbstverwirklichung auch." (XII, Z. 47-54)

Gleichzeitig sind ihre Tätowierungen aber auch ein Individualitätszeichen gegenüber anderen. Von herkömmlichen Motiven will sie sich durch ihre Tätowierung abgrenzen, die sie als künstlerisch und deshalb ästhetisch hochwertiger begreift:

„Ja also ich muss ja gestehen ich bin da so n bisschen (2) vielleicht n bisschen überkritisch bin da dann n bisschen ähm. dass ich so sage äh das Motiv ist ja blöd das ist ausgelutscht das haben alle oder ähm (1) also ja. zum Beispiel gibt es ja häufig dass jemand so einen Armreif hat am Oberarm. dann denk ich mir das hätte ich mir schon aus Prinzip gar nicht machen lassen weil irgendwie hat es ja doch was mit Individualität zu tun" (XII, Z. 285-292)

Die Tätowierung ist bei Jw ein Individualitätszeichen, da sie zunächst einmal als körperliches Zeichen die soziale Erkennbarkeit prägen kann. Weiterhin verweist die Tätowierung auf Individualität, indem sich in ihr eine Basiskontinuität der Trägerin ausdrückt. Im Grenzbereich zum ästhetischen Prestigesymbol sind die Momente der Selbstobjektivation und Autopoiesis zu sehen. Sie begründen und bestätigen die eigene Individualität in Abgrenzung von anderen Tätowierten.

Ästhetisches Prestigesymbol

Die Betrachtung der Tätowierung als ästhetisches Prestigesymbol geht von einer Idealisierung des Körpers aus. Zum einen wird die Tätowierung erworben, um anderen zu gefallen und von ihnen anerkannt zu werden. Zum anderen ist sie eine Dokumentation von erduldetem Schmerz und wird nur dadurch zu etwas Echtem. Sie steht weiterhin für die Investition von Geld, Selbstaufmerksamkeit und Mut, sich für etwas Lebenslanges entschieden zu haben. An den Interviewaussagen von Iw lassen sich diese Aspekte gut verdeutlichen.

Iw trägt seit einem Jahr ihre Tätowierung, die sie im relativ späten Alter von 27 Jahren erworben hat. Ihre damalige Beziehung befand sich zu diesem Zeitpunkt in einer Krise und wurde kurz darauf beendet. Ihr Freund stand Tätowierungen ablehnend gegenüber und in ihrem Bekanntenkreis waren sie auch nicht üblich. Auf die Idee, sich tätowieren zu lassen, brachte sie ein Arbeitskollege:

„also den Floh ins Ohr gesetzt in Anführungszeichen hat mir ein Kollege eigentlich. der hier auch am Institut arbeitet. und erst hab ich gesagt, hah du spinnst, das würd ich nie machen, und irgendwie hab ich so drüber nachgedacht. ich würd mal sagen is so aus der Lebenssituation herausgekommen." (XI, Z. 15-20)

In welcher Beziehung Iw zu diesem Arbeitskollegen stand, geht aus dem Interview nicht hervor. Jedenfalls scheint sich die ästhetische Wertorientierung zu diesem Zeitpunkt zu verändern. Obwohl sie eine eigene Tätowierung zunächst für absurd hält, entschließt sie sich doch dazu. Auch in anderer Hinsicht ändert sie ihren Geschmack. Iw beschreibt, dass sie heute andere Musik hört und sich andere Möbel kaufen würde, als sie es während der Beziehung zu ihrem Freund getan hat. Erklären kann sich Iw diese Situation nicht:

„ich glaube, ich hab mich überhaupt in letzter Zeit sehr verändert. oder ja oder vielleicht wieder so (2) das ist echt ne schwierige Frage weil wie gesagt jetzt bin ich halt auch wieder alleine und dadurch wird man auch wieder anders. oder vielleicht wurd ich vorher anders so dass ich jetzt wieder alleine bin. das ist schwierig zu sagen. das gehört mit dem Tattoo wahrscheinlich auch irgendwie dazu keine Ahnung." (XI, Z. 208-214)

Iw wendet sich von einem Geschmack ab, der die Zweierbeziehung prägte und orientiert sich an modischen Werten, wie sie ihr beispielsweise von einem Arbeitskollegen vermittelt werden. Kurz vor der Tätowierung entschließt sie sich zu einem Bauchnabel-Piercing. In dieser Phase scheint sie ihren Körper als dramaturgisches Mittel zu entdecken, mit dem sie Aufmerksamkeit bekommen kann:

„Irgendwie je mehr ich drüber nachgedacht habe. (1) ich hab mich halt mehr mit dem Thema beschäftigt und so gesehen was man auch machen kann und das es ja ganz nett aussehen kann ja." (XI, Z. 34-36)

Der Erwerb der Tätowierung ist bei Iw mit starken Schmerzen verbunden. Doch die dadurch erlangte Echtheit des Körperschmucks macht sie auch Stolz:

„ja das ist irgendwie was zu haben was andere nicht haben. vielleicht gibt es einem auch so eine Art wie so ein bisschen so ein überlegenes Gefühl so hah so hab ich habe was was ihr nicht habt. obwohl ich es ja nicht so jedem zeige näh," (XI, Z. 192-196)

In Kapitel 5.3 wurde dargestellt, dass Iw ihre Tätowierung aber auch als „Hingucker" begreift. Diese Ambivalenz zwischen Verhüllung und Darstellung unterstreicht den Wert dieses ästhetischen Prestigesymbols. Der Schmuck ist kostbar. Der Blick auf ihn wird nicht immer gewährt. Die Tätowierung wird als dramaturgisches Mittel der Selbstdarstellung eingesetzt und steigert den Wert des Trägers durch entgegengebrachte Anerkennung. In diesem Fall demonstriert die Tätowierung stolz die Exklusivität des Selbst gegenüber denen, die Schmerz, Kosten oder Unvergänglichkeit des Körperschmucks scheuen.

Distinktions- und Zugehörigkeitszeichen

Der herrschende Geschmack einer Gruppe und die Zugehörigkeit des Einzelnen zu der Gruppe und deren Wertesystem vermittelt sich über Distinktions- und Zugehörigkeitszeichen. Eine Selbstzuordnung zur Gruppe kann sich über Tätowierungen als Gruppensymbol vollziehen, so wie es bei Straßengangs üblich ist. In weniger strukturierten Gruppen findet ein symbolischer Ausdruck der Zugehörigkeit über einen gemeinsamen Stil statt.

Ein gutes Beispiel für die Tätowierung als Darstellungselement des Gruppengeschmacks findet sich im Interview mit Fw.

Fw stammt aus einer Kleinstadt an der Ostsee und zog zum Studium nach Essen. Sie trägt zur Zeit des Interviews seit wenigen Monaten ein Tribal. Eigentlich wollte sie sich schon viel früher gemeinsam mit einer Jugendfreundin tätowieren lassen:

„Also meine Freundin hat das schon länger wir wollten das eigentlich zusammen machen lassen auf der Schulter hm wir haben dann aber doch nichts richtig gefunden als sie hier war das ist zwei Jahre jetzt her oder so. dann hat sie sich halt eins machen lassen halt eins auf dem Arsch und eins auf dem Arm und das sah ziemlich geil aus ja. und irgendwie hab ich immer mehr Leute kennen gelernt die irgendwie sowas hatten" (VIII, Z. 33-39)

Aus dem gemeinsamen Erlebnis des Tätowierens und dem Erwerb eines sichtbaren Zeichens der ‚Schulter an Schulter'-Freundschaft wurde nichts. Stattdessen schloss Fw in ihrem Bekanntenkreis am Studienort Kontakte zu anderen Tätowierten. In ihrem neuen Umfeld wurde die Anziehungskraft betont, die eine Tätowierung als Inszenierungselement des weiblichen Körpers bei ihren männlichen Freunden ausübte:

„einige Kumpels haben vorher auch schon gesagt so wow, Frauen die sowas ha- äh, n Tattoo an der Hüfte, da steh ich ja voll drauf, und keine Ahnung." (VIII, Z. 183-185)

Als Körperstelle für eine Tätowierung entscheidet sie sich für die Hüftgegend. Auch ihre Freundin von der Ostsee trägt mittlerweile zwei Tätowierungen, die nicht an der Schulter sind. Ihr Freund, mit dem sie zusammenwohnt, ist ebenfalls tätowiert. Die Wahl des Motivs scheint für Fw keine große Rolle zu spielen. Wichtig ist ihr nur, dass es ein Tribal ist. Da sie in Büchern kein geeignetes Motiv findet, lässt sie eine Zeichnung aus verschiedenen Motiven von einem Tätowierer anfertigen, die sie dann auch ohne lange Überlegungszeit annimmt:

„ich wollt es machen lassen. nur wenn man sich das machen lässt muss man sich auch sagen so das ist es und ich wusste der zeichnet das und wenn der das so zeichnet wie ich will ist es auch das was ich haben will. (2) deswegen vor allem. hätte ich vorher eins gefunden hätte ich vielleicht auch das genommen. aber war halt nicht. (Lachen)" (VIII, Z. 67-72)

Die Bedeutung der Inhaltsseite der Zeichen wird von ihr weder hinterfragt, noch mit eigenem Sinn gefüllt. Die Tätowierung ist als Ausdruck des gemeinsamen Stils und der Verbundenheit auf die Gruppe ausgerichtet. In ihrem Freundeskreis findet Fw nach der schmerzhaften Tätowierung Anerkennung:

„ja und meine ganzen Kumpels und Freunde so die finden das geil und da kam auch sofort, ah zeig mal" (VIII, Z. 134-136)

Dass die Tätowierung für Fw ein Distinktions- und Zugehörigkeitszeichen einer temporären Bezugsgruppe ist, zeigt sich in ihren anderen Lebensbereichen. Bereits dargestellt wurde, wie bewusst Fw ihre Tätowierung im Freizeitbereich offenbart und wie sorgsam sie sich vor ihrem Vater oder Chef verhüllt. Als Out-Group-Zeichen wird die Tätowierung verborgen, als In-Group-Zeichen wird sie durch Kleidung betont. Die Tätowierung bedeutet für Fw weniger ein Individualitätszeichen oder Prestigesymbol als die Selbstzuordnung zu einer Gemeinschaft und deren Werte. Vom Freundschaftsbeweis gegenüber der Jugendfreundin verlagert sich die Tätowierung gemäß der Lebenssituation auf eine neue Gruppe. Diese Mitgliedschaft bietet ihr Halt in einem fremden Umfeld und sie zeigt sich würdig, indem sie einem Gruppenstil entspricht:

„es hat mir gefallen doch ich weiß meinem Freund gefällt es auch gut ich hab es nun nicht gemacht weil er das wollte sondern aber ich weiß dass es ihm auch gefällt und den Freunden von mir dass die das auch geil finden. ja" (VIII, Z. 91-95)

Stigma

Normalität und Abweichung sind zwei wesentliche Kategorien eines gesellschaftlichen Wertesystems bei der Einschätzung eines fremden Menschen. Noch bevor ein Wort in einer Kommunikationssituation gesprochen ist, bestimmt schon die körperliche Erscheinung die Interaktion. Während der Eindruck von korporaler Normalität ungerechtfertigt Vertrauen schafft, sorgt die Abweichung ebenso irrational für Ablehnung. Die Wertung dessen, was normal und anormal ist, beruht dabei auf einer Art kulturellem Konsens, der je nach Veränderung einer Gesellschaft auch neu verhandelt werden kann. In der westlichen Mediengesellschaft vollzieht sich derzeit ein Wandel bei der Bewertung von Tätowierungen. Für Jugendliche und junge Erwachsene ist die Tätowierung normal. Ältere Generationen hingegen betrachten sie als Abweichung von den eigenen Wertvorstellungen, tolerieren sie aber zunehmend als Ausdrucksmittel der Jüngeren.

Dass dies nur für unseren Kulturkreis gilt, zeigt sich im Interview mit Dw. Die 20-jährige Dw hat einen deutschen Vater und eine vietnamesische Mutter. Innerhalb weniger Monate ließ sie sich zunächst ein Piercing stechen und dann ein Tribal, ein keltisches Motiv und einen chinesischen Drachen auf den Rücken tätowieren. Diese Mischung aus westlichen und fernöstlichen Motiven erklärt sie nicht durch ihre unterschiedlichen kulturellen Wurzeln. Die Motivwahl begründet sie, wie die meisten Befragten, mit ästhetischen Vorlieben, die sich nach der momentanen Motivmode richten. Die Reaktionen ihres Umfelds auf die Tätowierungen beschreibt sie als unterschiedlich:

„Also (2) so Leute in meinem Alter finden es eigentlich so ganz schön oder sagen ja würd ich zwar nicht machen aber find ich ganz gut meine Mutter so die ältere Generation findet das @nicht so toll@ (Lachen). aber sagen kann sie ja im Prinzip nichts aber sonst, also man sieht die ja so nicht also hab ich jetzt keine so negative Reaktionen" (VI, Z. 44-49)

Von ihrem Vater spricht sie nicht. Die Mutter bemerkt die Tätowierung zufällig:

„Also meine Mutter hat das einfach gesehen. hinten am Rücken dass wenn man ein kurzes T-Shirt an hat im Sommer dann hat sie es halt gesehen. aber akzeptiert es halt." (VI, Z. 53-55)

Die Akzeptanz der Mutter scheint sich jedoch nicht so schnell eingestellt zu haben, wie Dw zunächst beschreibt. Vielmehr stellt sich die Entdeckung der Tätowierung, nach dem Wissen der Mutter um ein Piercing, als eine weitere negative Überraschung dar:

„Ne also es war schon, also am Anfang war es mit Piercing dann ä::h warum hast du denn da so ein Piercing und dann jetzt hast du da jetzt auch noch so ein Bild auf dem Rücken, aber ich denk weil meine Mutter kommt aus Vietnam und die sieht das auch ein bisschen enger. so Piercing oder Tätowierungen die sieht da immer direkt Kriminelle oder Punks hinter." (VI, Z. 63-68)

Die Tochter wird zur Trägerin eines Stigmas, das die Mutter, aufgrund des Wertesystems ihrer Heimatkultur, als Zeichen für Kriminalität und Abweichung auffasst. Dieses Stigma verbindet sich mit einer Scham für die eigene

Tochter. Denn während es der Mutter in der westlichen Kultur vielleicht noch gelingt, Akzeptanz für Piercing und Tätowierung aufzubringen, ist dies in ihrer vietnamesischen Heimat für sie nicht möglich:

„also das hat sie auch gesagt wenn sie nach Vietnam fährt dann würde sie jetzt nicht mit irgendwem da rumrennen der im Gesicht gepierced ist oder so. wo man es jetzt wirklich sehen kann." (VI, Z. 74-77)

Das Zitat der Mutter über das Piercing scheint auch für die Tätowierung zu gelten. Beide Arten des Körperschmucks werden im anderen gesellschaftlichen Wertesystem zu Stigmata. Sie müssen zumindest verhüllt werden, wenn sie keine soziale Ausgrenzung durch den 'Makel' der Tochter zur Folge haben sollen.

5.6 Resümee der Untersuchungsergebnisse

Nach den Kategorien von Anzahl, Größe und dem Grad der Sichtbarkeit wurden die befragten Personen in Gruppen von Einzel-, Mehrfach- und Extremtätowierte eingeordnet. Dabei zeigte sich zunächst, dass die Extremtätowierten, die alle im Tätowierstudio befragt wurden, sich von der Studentengruppe deutlich unterschieden. Der hohe Grad der Sichtbarkeit ihrer Tätowierungen schließt nicht nur eine Verhüllung durch Kleidung aus, sondern ist ein gruppenkonstituierendes Merkmal der Zugehörigkeit zu einer Subkultur. Bei den primären Untersuchungsgruppen der Einzel- und Mehrfachtätowierten kann man hingegen nicht von einer sozialen Gruppe der 'Tätowierten' sprechen.

Der Umgang mit Tätowierungen bei den Studenten kennzeichnet sich durch Strategien von Selbstdarstellung und Verhüllung. Sie entscheiden in Abhängigkeit vom jeweiligen Publikum, ob sie ihre Tätowierungen als Stilelement der korporalen Inszenierung einsetzen oder sie unter der Kleidung verbergen.

Dieses Handlungsmuster galt es in einem zweiten Untersuchungsschwerpunkt zu analysieren. Da die Entscheidungsfreiheit von Verhüllung und Offenbarung vor dem Erwerb der Tätowierung als wichtig erachtet wird, lassen sich die Betroffenen an Körperstellen tätowieren, die einen geringeren Grad der Sichtbarkeit haben. Erklären lassen sich die Handlungsstrategien von Offenbarung und Verhüllung der Tätowierung durch korporale Selbstdarstellungs- und Inszenierungszwänge in der nachmodernen Gesellschaft. Mit der Selbstdarstellung mittels einer Tätowierung entsprechen die Betroffenen einem Zwang nach korporaler Theatralität. Die Tätowierung dient der ästhetischen Optimierung des Körpers und kann seine Attraktivität auf öffentlichen und privaten Bühnen in der Freizeit steigern. Dort entspricht sie auch dem Selbstdarstellungszwang des ersten Eindrucks, in dem der tätowierte Performanzkörper einem unbekannten Gegenüber als Ersatzinformation für fehlendes Wissen angeboten wird. Wenn ein Ersteindruck durch eine Tätowierung aber vermieden werden soll, kann das Körperzeichen situativ vom Träger verborgen werden. Die Verhüllungsstrategie entspricht weiterhin einem Selbstdarstellungszwang, in dem sich der gesellschaftliche Anspruch an Normalität ausdrückt. Auf eine Präsentation der Tätowierung wird dort verzichtet, wo sie als Zeichen der Anormalität des Trägers gedeutet werden könnte. Die Untersuchung ergab, dass diese Verhüllung, trotz wachsender Akzeptanz von Tätowierungen, von den Befragten vor allem im beruflichen und familiären Kontext praktiziert wird.

Der letzte Untersuchungskomplex galt, nach der Beschreibung von Sichtbarkeit und Inszenierungszwängen, der Zeichenhaftigkeit von Tätowierungen. Durch vier ausgesuchte Fallbeispiele wurden die individuellen Sinnbezüge der Betroffenen dargestellt. Die korporalen Zeichenklassen der Tätowierung als Individualitätszeichen, ästhetisches Prestigesymbol, Distinktions-/Zugehörigkeitszeichen und Stigma wurden dabei auf die biographischen Äußerungen der Betroffenen bezogen. Diese Dimensionen der Tätowierung konnten durch die einzelnen Fallbeispiele nachgewiesen werden und stellten eine geeignete Perspektive dar, um die subjektiven Bedeutungsaspekte in der jeweiligen Biographie zu rekonstruieren. Da dieser Schwerpunkt nur exemplarischen Charakter haben kann, wurde nicht darauf eingegangen, welche der diskutierten Zeichenklassen sich neben den zugeordneten noch auf die einzelnen Personen beziehen lassen. Anzunehmen ist aber, dass sich immer mehrere Zeichenklassen an einem Träger finden lassen. So ist eine Tätowierung oftmals Distinktions-/Zugehörigkeitszeichen, meistens ästhetisches Prestigesymbol, immer Individualitätszeichen und kann innerhalb anderer gesellschaftlicher Wertesysteme ebenso unweigerlich als Stigma betrachtet werden.

6. Zusammenfassung

Die Studie beschäftigt sich mit der Tätowierung als korporales Zeichenelement der Selbstinszenierung in der Nachmoderne. Da sich weder die Erziehungswissenschaft noch andere soziale Wissenschaften mit der nachmodernen Tätowierung eingehend auseinandergesetzt haben, konnte diesbezüglich an kein bestehendes Theoriekonzept angeschlossen werden. Bevor die Tätowierung in ihrer aktuellen Ausprägung dargestellt werden konnte, musste deshalb zunächst eine theoretische Basis erarbeitet werden.

Zur Einführung in die Thematik gibt die Arbeit einen kulturgeschichtlichen Überblick von Tätowierungspraktiken. Ziel war es hierbei, nicht die Vielzahl der ethnischen Ausprägungen zu erfassen, sondern vielmehr die Entwicklungslinien zu kennzeichnen, welche heute noch in eine Betrachtung der Tätowierung miteinfließen. Um eine bessere Übersicht zu schaffen, wurde die Geschichte der Tätowierung in historische Epochen gegliedert. Ein theoretischer Diskurs zur Tätowierung als nachmodernes Körperzeichen setzt mit der Erläuterung einiger Grundbegriffe der sozialen Zeichenhaftigkeit ein. Vor allem die Theorie *Hans-Georg Soeffners* zu den Begriffen von Symbol, Ritual, Emblem und Stil wurde dargestellt und durch einen Ausblick auf den Körper als Medium des symbolischen Ausdrucks erweitert. Dabei galt der Frage, wie durch soziale Zeichenhaftigkeit eine Orientierungs- und Handlungssicherheit im individuellen Konstrukt von Wirklichkeit entsteht, besonderes Interesse.

Ein zweiter Aspekt der theoretischen Basis thematisierte den Körper als symbolisches Ausdrucksmittel in Zusammenhang mit der individuellen Selbstinszenierung in der Interaktion. Ausgehend von einigen Grundgedanken des Theatralitätskonzepts, die Theatralität als Konstruktion von Wirklichkeit durch Inszenierungsprozesse sehen lässt, wurden die relevanten Thesen *Erving Goffmans* zur Selbstdarstellung, unter Berücksichtigung der aktuellen Diskussion, erläutert. Ein übergreifender Bezug zur Zeichenhaftigkeit des Körpers wurde dadurch geschaffen, dass Korporalität als Aspekt von Theatralität vorgestellt wurde. Aus der Betrachtung der korporalen Selbstinszenierung ergaben sich unterschiedliche Körperzeichen, die als spätere Systematisierung der Tätowierung Verwendung finden.

Eine Darstellung der Tätowierung, in ihrer nachmodernen Erscheinung, fand im vierten Kapitel statt. Gemäß ihrer Bedeutungsakzente wurde die Tätowierung als Mittel des symbolischen Ausdrucks auf vier Dimensionen des Körperzeichens bezogen. Abgeleitet aus den Überlegungen zur Korporalität wurde die Tätowierung als Individualitätszeichen, ästhetisches Prestigesymbol, Distinktions-/Zugehörigkeitszeichen und Stigma betrachtet. In einer Skizzierung der nachmodernen Körperlichkeit wurde auf den gesellschaftlichen Wandel verwiesen, der den Hintergrund für eine aktuelle Beurteilung der Tätowierung bildet. Analysiert wurden die Selbstdarstellungs- und Inszenierungszwänge in Verbindung mit der Tätowierung, sowie die Bedeutung der Massenmedien bei der Verbreitung, Verstärkung und Objektivierung ihres ästhetischen Werts.

Im Anschluss an die theoretische Betrachtung der Tätowierung als soziales Körperzeichen und korporales Inszenierungsmittel, wurden die Erkenntnisse durch eine qualitative Erhebung geprüft. Als Material der empirischen Studie lagen zehn narrative Interviews mit Tätowierten zugrunde, die an der Universität Essen und in einem Tätowierstudio zustande kamen. Die Interviewpersonen wurden zunächst in Gruppen als Einzel-, Mehrfach- und Extremtätowierte klassifiziert. Die Fragestellung der näheren Untersuchung lautete verkürzt:

Für wen sind Tätowierungen sichtbar, inwiefern richten sich ihre Träger nach Inszenierungszwängen und welche korporalen Zeichengruppen stellen sie dar?

Die Studie ergab, dass sich die Extremtätowierten von den anderen Gruppen deutlich unterscheiden. Der hohe Grad der Sichtbarkeit ihrer Tätowierungen steht in einer Verbindung mit der Funktion als subkulturelles Zugehörigkeitsmerkmal. Bei den Einzel- und Mehrfachtätowierten wurden hingegen typische Handlungsmuster deutlich, die sich in Strategien von Selbstdarstellung und Verhüllung zeigen und sich nach korporalen Inszenierungszwängen in der nachmodernen Gesellschaft richten. Der letzte Untersuchungskomplex galt der Zeichenhaftigkeit der Tätowierung. In vier Fallbeispielen wurden die biographischen Sinnbezüge der Betroffenen auf die korporalen Zeichenklassen bezogen. Die Dimensionen von Individualitätszeichen, ästhetisches Prestigesymbol, Distinktions-/Zugehörigkeitszeichen und Stigma konnten dabei nachgewiesen werden und zeigten sich als geeignete Perspektiven, um die subjektiven Bedeutungsaspekte einer Tätowierung in der jeweiligen Biographie zu rekonstruieren.

Transkriptionssystem

Die Systematik der kommentierten Transkription beruht auf den Richtlinien von Ralf Bohnsack (vgl. Bohnsack 2000: 233) und wurde gemäß der eigenen Untersuchung leicht modifiziert. In das Transkriptionssystem wurden dabei nur die Richtlinien aufgenommen, die für die folgenden Interviews relevant sind. Die Maskierung der Interviewpartner erfolgte, in dem jeder Person ein Großbuchstabe zugeordnet wurde. Als Geschlechtsangabe schließt sich ein Kleinbuchstabe an. Ein ‚m' steht dabei für männliche, ein ‚w' für weibliche Personen. Die Großbuchstaben wurden nach Entstehungsdatum der Interviews in alphabetischer Reihenfolge vergeben. Demnach wurde das Interview mit ‚Am' als Erstes und das mit ‚Jw' zuletzt geführt. Die Regeln der Groß- und Kleinschreibung wurden von Bohnsack übernommen. Großgeschrieben werden Hauptwörter und der Neuansatz eines Sprechers. Die Satzzeichen markieren die Hauptmerkmale der Intonation. Im Gegensatz zu Bohnsack wurde nicht zwischen stark/schwach, sondern lediglich nach den Tendenzen steigender und sinkender Intonation unterschieden. Nach einem Intonationszeichen wird kleingeschrieben, da sie in der Transkription keine grammatische Funktion haben. Transkriptionszeichen, die in den folgenden Interviewpassagen verwendet worden sind:

(2)	Pausenzeichen mit Dauer in Sekunden – ab 4 Sekunden wird die Pause in einer Extrazeile notiert
Not	herausragende Betonung
.	sinkende Intonation
,	steigende Intonation
ha-	Abbruch eines Wortes
scho::n	Wortdehnung
(Lachen)	Kommentar zu parasprachlichen Äußerungen und sonstige Bemerkungen zur Interviewsituation
@nicht so toll@	lachend ausgesprochen

Quellenverzeichnis

A. Gedruckte Quellen

Anonym (o.J.): Über den Verfasser: Carl Anders Skriver. Loses Blatt
Antifaschistisches INFO-Blatt, Heft 32 (Nov./Dez. 1995) & Heft 34, (Mai/Juni 1996)
Anti-Pelz-Kampagne (o.J.): Schließt die Pelzfarm in Willich-Schiefbahn. Faltblatt. Mühlheim/Ruhr
Bewegung!... für die Abschaffung des „Pelzhandels" 1/2000. Hrsg. von der Koalition für die Abschaffung des „Pelzhandels"
Die Welt vom 23.8.2003: Wenn junge Witwen Power haben
Green Hell Mailorder Katalog, Spring 2002. Münster
Lindenhof. Haus für Lebenserneuerung (o.J.): Faltblatt. Tuttlingen-Möhringen
McDonald's Deutschland Inc., Abt. Kommunikation (Hrsg.) (2003): Das haben Sie davon. McDonald's übernimmt gesellschaftliche Verantwortung. Broschüre. München
natürlich vegetarisch, Heft 1/2005, hrsg. vom *Vegetarier-Bund Deutschlands e.V.*
Nazoräerorden (o.J.): Wer sind und was wollen die Nazoräer?
RockHard, Heft 208 (9/2004)
Sch.[üder], K. (1963): Zum 60. Geburtstag von Dr. Skriver. Sonderdruck aus der Monatszeitschrift „Der Vegetarier", Dezember-Ausgabe
The American Dietetic Association (2003): Position of the American Dietetic Association and Dietitians of Canada: Vegetarian diets. In: Journal of the American Dietetic Association 103(6), 748-765
The Vegan Society (o.J.): About the Vegan Society
Tierbefreiung, Heft 30/2000; 33 u. 34/2001; 40/2003, hrsg. von *die tierbefreier e.V./ Free Animal e.V.*
Vegetarier-Bund Deutschlands e.V. (Hrsg.) (o.J.): Studien mit Vegetariern. Ernährung, Gesundheit, Lebenserwartung. Eine Zusammenstellung der Studien der Universität Gießen, des Krebsforschungszentrums Heidelberg, des Bundesgesundheitsamtes Berlin. Hannover
Vegetarier-Rundschau 9/1952
Vegetarisch fit! Magazin für bewusstes Essen & Leben, Nr. 9/2000
Voice, Nr. 20 u. 23/2000; 27/2001; 30/2002, hrsg. von Andreas Hochhaus [mit Nr. 39, Herbst 2004 eingestellt]
Westdeutsche Zeitung vom 6. August 2001, Lokalteil Willich/Tönisvorst

B. Quellen aus dem Internet

Botanik online: Wechselwirkungen Pflanzen/Pilze. Online-Dokument: URL: http://www.i-a-s.de/IAS/botanik/d33/33.htm (Zugriff am 20.8.2002)

Center On Animal Liberation Affairs (ohne Datum): Animal Liberation Philosophy and Policy Journal Topic Suggestions. Online-Dokument: URL: http://www.cala-online.org/Journal/topics.htm (Zugriff am 28.2.2005)

Deutscher Presserat, Pressemitteilung vom 4.3.2005. Online in Internet: URL: http://www.presserat.de (Zugriff am 7.3.2005)

FAQ: Vegan werden. Online-Dokument: URL: http://www.veganismus.de/txt/faq-veganwerden.html (Zugriff am 11.8.2001)

Fruktanismus. Online-Dokument: http://home.t-online.de/home/stise/vrtfrukt.htm (Zugriff am 18.8.2000)

Kaplan, H.: Hardline-Veganer – Eine Klarstellung. Online-Dokument. URL: http://www.tierrechte-kaplan.org/kompendium/a250.htm (Zugriff am 29.2.2004)

Kriterien für vegane Produkte. Online-Dokument: URL: http://www.vegan.de/guide/kriterien (Zugriff am 11.8.2001)

McDonald's Deutschland Inc., Abt. Corporate Affairs (Hrsg.) (2004): Jahresbericht 2003 (Nr. 61), 12. März 2004. München [PDF-Dokument]

Net-Lexikon, Stichwort: Metalcore. Online-Dokument: URL: http://www.net-lexikon.de/Metalcore.html (Zugriff am 28.2.2004)

Öko-Champignons – ein europäisches Projekt. Online-Dokument: URL: http://www.oeko-berater.de/oeko_champignons.html (Zugriff am 26.8.2002)

Prokino Filmverleih GmbH (2004): Materialien für den Schulunterricht. München [PDF-Dokument]

Sonnenschein, S./Bürgermeister, E.: CrossCulture. Online-Dokument. URL: http://www.medienpaedagogik-online.de/mkp/00719/druck.html (Zugriff am 16.7.2002)

Spiegel Online (2000): http://www.spiegel.de/netzwelt/medien/0,1518,98555,00.html (Zugriff am 19.2.2001)

„Super Size Me", Das fette Presseheft, Presseinformation, München: Public Insight, o.J. [2004]. Online verfügbar unter: URL: http://www.super-size-me.de [PDF-Dokument]

The Original Fruitarian Guidebook. Online-Dokument: URL: http://www.islandnet.com/~arton/fruitext.html (Zugriff am 18.3.2002)

Tierbefreiungsfront: Bekennerschreiben. Online-Dokument: URL: http://www.tierbefreier.de/aktuell/2001/september/02092001.html (Zugriff am 27.9.2001)

Tofutown.com GmbH, Pressemitteilung, 24.5.2005 [PDF-Dokument]. Online in Internet: URL: http://www.tofutown.com

Uncaged Campaigns. Online-Dokument: URL: http://www.uncaged.co.uk/declarat.htm (Zugriff am 27.9.2001)

C. Musik/Tonträger und Filme

Arkangel, *Dead Man Walking*, Compact Disc + Beiheft, Good Life Recordings (Good Life 048) o.J. [1999]
Deadlock, *The arrival*, Compact Disc + Beiheft, Winter Recordings (WR007) 2002
Der Zirkus kommt! Die Wahrheit über Tiere im Zirkus. VHS-Video (1999), Bundesverband der Tierversuchsgegner – Menschen für Tierrechte e.V. (ca. 4 min.)
Earth Crisis, *Destroy the machines*, Compact Disc + Beiheft, Victory Records (VR 22) o.J. [1995/Aufn.: 1994]
„Fleischerkrieg". Beitrag von Sven Röbel. Gesendet in SPIEGEL TV – Magazin, RTL-Sendung vom 16.11.1997 (ca. 6 min.)
Maroon, *Antagonist*, Compact Disc + Beiheft, Catalyst Records/USA (CR 17) 2002
Minor Threat, *Complete Discography*, Compact Disc + Beiheft, Dischord Records (Dischord 40) 1989
Moby, *Animal Rights*, Compact Disc + Beiheft, Mute Records (CDStumm 150) 1996
Moby, *Play*, Compact Disc + Beiheft, Mute Records (CDStumm 172) 1999
1994. Ein Film über Ausbeutung und Leiden der Tiere. VHS-Video mit Begleitheft (o.J.) [1994], FACE IT! Menschen für Tierrechte (ca. 34 min.)
Schließt die Nerzfarm Roßberger. VHS-Video (2001), Anti-Pelz-Kampagne Mühlheim/Ruhr (ca. 20 min.)
„Super Size Me" (USA 2004), Regie/Buch: Morgan Spurlock. Prokino (96 min.)

D. Webseiten

http://www.antispe.de
http://www.befreite-tiere.de
http://www.biovegan.org (Biologisch-Veganes Netzwerk für Garten- und Landbau)
http://www.drj.de (Homepage der deutschen reform-jugend e.V.)
http://www.ebloodclothing.com
http://www.eden-eg.de/eden.htm
http://www.frutarier.de/
http://www.maqi.de
http://www.nerzfarm-orsbach.de
http://www.offensive-gegen-die-pelzindustrie.de
http://www.poisonfree.com
http://www.schliesst-die-nerzfarm-rossberger.de
http://www.straight-edge.net
http://www.tierbefreier.de
http://www.tierrechte.de
http://www.tierrechtstermine.de
http://www.vegan.at (Internetpräsenz der Veganen Gesellschaft Österreich)
http://www.vegan.de
http://www.veganismus.de
http://www.vegankids.de

http://www.veganscience.de
http://www.vegansociety.com
http://www.vegan-straight-edge.org.uk
http://www.vegetarierbund.de

Literaturverzeichnis

Ach, J.S. (1999): Warum man Lassie nicht quälen darf. Tierversuche und moralischer Individualismus. Erlangen
Adorno, Th.W. (1980): Minima Moralia. Reflexionen aus dem beschädigten Leben. Frankfurt am Main
Alderholt, A. (1884): Die naturgemäße Lebensweise (Vegetarianismus) in gesundheitlicher, therapeutischer, ökonomischer, socialer, moralischer und pädagogischer Beziehung. Frankfurt am Main
Altner, G. (1991): Naturvergessenheit. Grundlagen einer umfassenden Bioethik. Darmstadt
Androutsopoulos, J. (Hrsg.) (2003): HipHop. Globale Kultur – lokale Praktiken. Bielefeld
Andries, P. (1893): Der Vegetarismus und die Einwände seiner Gegner. Leipzig
Atkinson, M. (2003): The civilizing of resistance: Straightedge tattooing. In: Deviant Behavior 24(3), S. 197-220
Baacke, D. (Hrsg.) (1998): Handbuch Jugend und Musik. Opladen
Baltzer, E. (1991): Pythagoras, der Weise von Samos: Ein Lebensbild von Eduard Baltzer. (Reprograph. Nachdr. d. Ausg. Nordhausen 1868) Heilbronn
Baranzke, H./Gottwald, F.-T./Ingensiep H.W. (2000): Leben – Töten – Essen. Anthropologische Dimensionen. Stuttgart/Leipzig
Bartolf, C. (1996): Vegetarismus heute: Begründungen und Prinzipien. In: Ders.: Die erste Stufe: Tolstoi, Gandhi und die Ethik der vegetarischen Ernährung. Berlin, S. 15-28
Bartz, H. (2002): Kultur und Lebensstile. In: Tippelt, R. (Hrsg.): Handbuch Bildungsforschung. Opladen, S. 725-744
Baumann, H.D. (1985): Rocker. Die wilden Motorradgruppen. Weinheim
Baumgartner, J. (1992): Ernährungsreform – Antwort auf Industrialisierung und Ernährungswandel. Ernährungsreform als Teil der Lebensreformbewegung am Beispiel der Siedlung und des Unternehmens Eden seit 1893. Frankfurt am Main
Baumgartner, J. (1998): Ernährungsreform. In: Kerbs, D./Reulecke, J. (Hrsg.): Handbuch der deutschen Reformbewegungen 1880-1933. Wuppertal, S. 115-126
Baumgartner, J. (2001): Vegetarisch im 20. Jahrhundert – eine moderne und zukunftsfähige Ernährung. In: Linnemann, M./Schorcht, C. (Hrsg.): Vegetarismus. Zur Geschichte und Zukunft einer Lebensweise. Erlangen, S. 107-125

Beardsworth, A./Keil, T. (1992): The Vegetarian Option: Varieties, Conversions, Motives, and Careers. In: The Sociological Review 40, S. 253-293

Beck, U. (1997): Ursprung als Utopie: Politische Freiheit als Sinnquelle der Moderne. In: Ders. (Hrsg.): Kinder der Freiheit. Frankfurt am Main, S. 382-401

Beilmann, C. (1991): Eine Jugend im katholischen Milieu. Zum Verhältnis von Glaube und Widerstand. In: Breyvogel, W. (Hrsg.): Piraten, Swings und Junge Garde. Jugendwiderstand im Nationalsozialismus. Bonn, S. 57-73

Bentham, J. (1970): An Introduction to the Principles of Morals and Legislation. University of London (zuerst 1789)

Bergmann, J./Leggewie, C. (1983): Die Täter sind unter uns. Beobachtungen aus der Mitte Deutschlands. In: Kursbuch 113, Deutsche Jugend, September 1983, S. 7-37

Berliner Tierschutz-Verein (Hrsg.) (o.J.): Tierschutz-Geschichten. Zur Erweckung und Verbreitung einer edel-menschlichen Gesinnung auch gegen die Tiere. Berlin

Bernart, Y./Krapp, S. (1998): Das narrative Interview. Ein Leitfaden zur rekonstruktiven Auswertung. Landau

Bernfeld, S. (1914): Die neue Jugend und die Frauen. In: Ders.: Sämtliche Werke in 16 Bänden, hrsg. von U. Herrmann, Bd. 1, Theorie des Jugendalters, Schriften 1914-1938. Weinheim/Basel

Best, St. (2004): Terrorists or Freedom Fighters. Reflections on the Liberation of Animals. New York

Bias-Engels, S. (1988): Zwischen Wandervogel und Wissenschaft. Zur Geschichte der Jugendbewegung und Studentenschaft 1896-1920. Köln

Bieling, R. (1988): Die Tränen der Revolution. Die 68er zwanzig Jahre danach. Berlin

Blaschke, B. H. (1800): Ueber die Behandlung und Benutzung der Thiere in pädagogischer Hinsicht. In: Bibliothek der pädagogischen Literatur, Bd. 3, 3. St., S. 326-335

Böhme, G. (1999): Der Körper in der technischen Zivilisation. In: Dietrich, K./Teichert, W. (Hrsg.): Die Zukunft des Körpers. Jesteburg, S. 19-34

Bohnsack, R. (2000): Rekonstruktive Sozialforschung. Einführung in die Methodologie und Praxis qualitativer Forschung. Opladen

Bourdieu, P. (1987): Die feinen Unterschiede. Kritik der gesellschaftlichen Urteilskraft. Frankfurt am Main

Brake, M. (1981): Soziologie der jugendlichen Subkulturen. Eine Einführung. Frankfurt/New York (London 1980)

Bregenzer, I. (1894): Thier-Ethik. Darstellung der sittlichen und rechtlichen Beziehungen zwischen Mensch und Tier. Bamberg

Brenner, A. (1998): Aspekte phänomenologischer Ethik als Ausgangspunkt für ein neues Mensch-Tier-Verhältnis. In: ALTEX. Ein Periodikum für neue Wege in den biomedizinischen Wissenschaften, 15(4), S. 191-198

Breßler, H.-P. (1997): Ethische Probleme der Mensch-Tier-Beziehung. Eine Untersuchung philosophischer Positionen des 20. Jh. zum Tierschutz. Frankfurt am Main u.a.

Breuer, H[ans] (1977): Wirken und Wirkungen, eine Monographie. Zusammengestellt von Heinz Speiser. (Schriftenreihe des Archivs der deutschen Jugendbewegung, Bd. 2) Witzenhausen

Breuer, H[ubertus] (2003): Anwalt für Hund und Katz. In: SonntagsZeitung vom 5.1.2003

Breyvogel, W. (Hrsg.) (1983): Autonomie und Widerstand. Zur Theorie und Geschichte des Jugendprotests. Essen

Breyvogel, W. (1987): Der Wandervogel – Die erste Jugendbewegung im Ruhrgebiet. In: Ders./Krüger, H.-H. (Hrsg.): Land der Krise, Land der Hoffnungen. Jugendkulturen im Ruhrgebiet 1900-1987. Berlin/Bonn, S. 50-61

Breyvogel, W. (Hrsg.) (1991): Piraten, Swings und Junge Garde. Jugendwiderstand im Nationalsozialismus. Bonn

Breyvogel, W. (1994): Jugendliche Widerstandformen. Vom organisierten Widerstand zur jugendlichen Alltagsopposition. In: Steinbach, P./Tuchel, J. (Hrsg.): Widerstand gegen den Nationalsozialismus. Bonn, S. 426-442

Breyvogel, W. (1995): Jugend und Gewalt. Die neue Gewalt gegen Fremde. In: Helsper, W./Wenzel, H. (Hrsg.): Pädagogik und Gewalt. Möglichkeiten und Grenzen pädagogischen Handelns. Opladen, S. 85-99

Breyvogel, W. (Hrsg.) (1998): Stadt, Jugendkulturen und Kriminalität. Bonn

Breyvogel, W. (1999): Jugendkulturen – Sozialität und magischer Kosmos. In: Vögele, W. (Hrsg.): „Die Gegensätze schließen einander nicht aus, sondern verweisen aufeinander". Ernst Cassirers Symboltheorie und die Frage nach Pluralismus und Differenz. Rehburg-Loccum, S. 49-62

Breyvogel, W./Seifert, A. (2000): Jugendkulturen und Tanz in Essen zwischen Kriegsende und den 1970er Jahren. In: Scheytt, O./Stöckemann, P./Zimmermann, M. (Hrsg.): Tanz-Lese. Eine Geschichte des Tanzes in Essen. Essen, S. 192-209

Brooks, R./Kemm, J.R. (1979): Vegan diet and lifestyle. A preliminary study by postal questionnaire. In: The proceedings of the Nutrition Society 38(1), S. 15A

Buchner-Fuhs, J. (1998): Das Tier als Freund. Überlegungen zur Gefühlsgeschichte im 19. Jahrhundert. In: Münch, P./Walz, R. (Hrsg.): Tiere und Menschen. Geschichte und Aktualität eines prekären Verhältnisses. Paderborn u.a., S. 275-294

Budde, D. (1997): Take three chords. Punkrock und die Entwicklung zum American Hardcore. Karben

Bundeszentrale für gesundheitliche Aufklärung (2003): Das Ernährungsverhalten Jugendlicher im Kontext ihrer Lebensstile. Eine empirische Studie. Köln

Burkert, W. (1997): Homo Necans. Interpretationen altgriechischer Opferriten und Mythen. Berlin

Busch, W. (2000): Die Gedichte. (Hrsg. von G. Haffmans) Zürich

Büsser, M. (2000): If the kids are united... Von Punk zu Hardcore und zurück. Mainz

Canetti, E. (1993): Aufzeichnungen 1942-1985. München u.a.

Carmichael, R. (2002): Becoming Vegetarian and Vegan. Rhetoric, Ambivalence and Repression in Self-Narrative. Diss. Loughborough University.

Cartmill, M. (1995): Das Bambi-Syndrom. Jagdleidenschaft und Misanthropie in der Kulturgeschichte. Reinbek bei Hamburg

Cavalieri, P./Singer, P. (Hrsg.) (1994): Menschenrechte für die Großen Menschenaffen. Das Great Ape Projekt. München

Clarke, J./Jefferson, T. (1976): Jugendliche Subkulturen in der Arbeiterklasse. In: Ästhetik und Kommunikation [ÄuK], 7(24), S. 48-60
Clarus, I. (2005): Das Opfer. Archaische Riten modern gedeutet. Düsseldorf
Clements, K. (1996): Vegan. Über Ethik in der Ernährung & die Notwendigkeit eines Wandels. Göttingen
Coetzee, J.M. (2000): Das Leben der Tiere. Mit der Erzählung „Ein Bericht für eine Akademie" von Franz Kafka. Frankfurt am Main
Consiglio, C. (2001): Vom Widersinn der Jagd. Frankfurt am Main
Coppi, H./Andresen, G. (Hrsg.) (1999): Dieser Tod paßt zu mir. Harro Schulze-Boysen. Grenzgänger im Widerstand. Briefe 1915-1942. Berlin
Cremer, G. (1992): Die Subkultur der Rocker. Erscheinungsform und Selbstdarstellung. Pfaffenweiler
DER SPIEGEL, Nr. 33/1968: Grobe Helden, S. 26f.
DER SPIEGEL, Nr. 4/1978: Punk. Kultur aus den Slums: brutal und hässlich (Titel), Punk: Nadel im Ohr, Klinge am Hals, S. 140-147
DER SPIEGEL, Nr. 14/1985: Ein ungeheurer Verschleiß an Tieren, S. 36-53
DER SPIEGEL, Nr. 50/2000: Körperkult: Tattoos als Schmuck der Trend-Elite/Interview mit Kulturhistoriker Stephan Oettermann über Tätowierungen, S. 230ff.
Der Zoo. Fotografien von Tieren in Gefangenschaft (1994). Göttingen
Deschner, K. (1988): Für einen Bissen Fleisch. Das schwärzeste aller Verbrechen. Bad Nauheim
Diaz-Bone, R. (2002): Kulturwelt, Diskurs und Lebensstil. Eine diskurstheoretische Erweiterung der bourdieuschen Distinktionstheorie. Opladen
Die Bibel (1971): Die ganze heilige Schrift des Alten und Neuen Testaments. Nach der deutschen Übersetzung Martin Luthers. Stuttgart
Dieckmann, E.-G. (1991): Kreative Medienarbeit am Beispiel Umwelt. In: Cremer, W. (Red.): Methoden in der politischen Bildung: Handlungsorientierung. Bonn, S. 150-173
Dierauer, U. (1977): Tier und Mensch im Denken der Antike. Studien zur Tierpsychologie, Anthropologie und Ethik. Amsterdam
Dierauer, U. (1999): Das Verhältnis von Mensch und Tier im griechisch-römischen Denken. In: Münch, P./Walz, R. (Hrsg.): Tiere und Menschen. Geschichte und Aktualität eines prekären Verhältnisses. Paderborn u.a., S. 37-85
Dierauer, U. (2001): Vegetarismus und Tierschonung in der griechisch-römischen Antike (mit einem Ausblick aufs Alte Testament und frühe Christentum). In: Linnemann, M./Schorcht, C. (Hrsg.): Vegetarismus. Zur Geschichte und Zukunft einer Lebensweise. Erlangen, S. 9-72
Ditfurth, J. (1996): Entspannt in die Barbarei. Esoterik, (Öko-)Faschismus und Biozentrismus. Hamburg
Drechsel, U. (2003): Davis, Miles Dewey. In: Reclams Jazzlexikon, S. 132-134
Dudek, P. (1985): Jugendliche Rechtsextremisten. Zwischen Hakenkreuz und Odalsrune. 1945 bis heute [1984/85]. Köln
Dudek, P. (2001): ...dass Unterricht und Erziehung von dem Geist einer ungesunden Kritik beherrscht werden. Gustav Wynekens Konflikt mit der Staatsregierung Sachsen-Meiningen 1909. In: Jahrbuch für historische Bildungsforschung (JHBF), Bd. 7, S. 287-304

Ebeling, H./Hespers, D. (1966): Jugend contra Nationalsozialismus. „Rundbriefe" und „Sonderinformationen deutscher Jugend". Frechen
Eberl, U. (2000): Macht durch Menschenfleisch. In: bild der wissenschaft 3/2000, S. 67-69
Eco, U. (1977): Zeichen. Einführung in einen Begriff und seine Geschichte. Frankfurt am Main
Eco, U. (1987): Der Name der Rose. München
Eggenberger, O. (1994): Die Kirchen, Sondergruppen und religiösen Vereinigungen. Zürich
Eskin, S.G. (1999): Simenon. Eine Biographie. Zürich
Farin, K. (Hrsg.) (1996): Skinhead. A Way Of Life. Eine Jugendbewegung stellt sich selbst dar. Hamburg
Farin, K. (1998a): Urban Rebels. In: Ders. (Hrsg.): Die Skins. Mythos und Realität. Berlin, S. 9-68
Farin, K. (1998b): „In Walhalla sehen wir uns wieder..." Rechtsrock. In: Ders. (Hrsg.): Die Skins. Mythos und Realität. Berlin, S. 213-243
Farin, K. (2003): Jugend(sub)kulturen heute. In: Neuland, E. (Hrsg.): Jugendsprache – Jugendliteratur – Jugendkultur. Interdisziplinäre Beiträge zu sprachkulturellen Ausdrucksformen Jugendlicher. Frankfurt am Main, S. 63-80
Farin, K./Seidel-Pielen, E. (1993a): „Ohne Gewalt läuft nichts!" Jugend und Gewalt in Deutschland. Köln
Farin, K./Seidel-Pielen, E. (1993b): Skinheads. München
Fatke, R. (1997): Fallstudien in der Erziehungswissenschaft. In: Friebertshäuser, B./Prengel, A. (Hrsg.): Handbuch Qualitative Forschungsmethoden in der Erziehungswissenschaft. Weinheim/München, S. 56-68
Faulstich, W. (1986): Zwischen Glitter und Punk. Tübinger Vorlesungen zur Rockgeschichte, Teil III 1972-1982. Rottenburg-Oberndorf
Fechner, G.T. (1921): Nanna oder Über das Seelenleben der Pflanzen. Leipzig (zuerst 1848)
Feldkamp, A. (1997): Jugendliche Widerstandsformen 1933-1945. In: Ratinger Forum. Beiträge zur Stadt- und Regionalgeschichte, Heft 5, Ratingen, S. 71-127
Ferchhoff, W. (1995): Jugendkulturelle Individualisierungen und (Stil)differenzierungen in den 90er Jahren. In: Ders./Sander, U./Vollbrecht, R. (Hrsg.): Jugendkulturen – Faszination und Ambivalenz. Einblicke in jugendliche Lebenswelten. Weinheim/München, S. 52-65
Ferchhoff, W. (1998): Musik- und Jugendkulturen in den 50er und 60er Jahren. Vom Rock'n'Roll der „Halbstarken" über den Beat zum Rock und Pop. In: Baacke, D. (Hrsg.): Handbuch Jugend und Musik. Opladen, S. 217-251
Feuerbach, L. (1911): Das Geheimnis des Opfers oder Der Mensch ist, was er isst (zuerst 1862). In: Schriften zur Ethik und nachgelassene Aphorismen, durchgesehen und neu hrsg. von F. Jodl. Stuttgart, S. 41-67
Finger, J. (1990): Vegetarismus. In: Lexikon der Sekten, Sondergruppen und Weltanschauungen. Fakten, Hintergründe, Klärungen, hrsg. von H. Gasper/J. Müller/F. Valentin. Freiburg/Basel/Wien, Sp. 1081-1084
Finsen, L./Finsen, S. (1994): The Animal Rights Movement in America. New York

Fischer-Lichte, E. (1998): Inszenierung und Theatralität. In: Willems, H./Jurga, M. (Hrsg.): Inszenierungsgesellschaft. Opladen u.a., S. 81-90
Fischer-Lichte, E. (2000): Theatralität und Inszenierung. In: Fischer-Lichte, E./Pflug, I. (Hrsg.): Inszenierung von Authentizität. Tübingen u.a., S. 11-27
Friedrich, M. (1993): Tätowierungen in Deutschland. Eine kultursoziologische Untersuchung in der Gegenwart. Würzburg
Fritzsche, Y. (2000): Moderne Orientierungsmuster. Inflation am „Wertehimmel". In: Deutsche Shell (Hrsg.): Jugend 2000. Bd. 1. Opladen, S. 93-156
Franck, G. (2000): Ökonomie der Aufmerksamkeit. In: Keller, U. (Hrsg.): Perspektiven metropolitaner Kultur. Frankfurt am Main
Frecot, J. (1976): Die Lebensreformbewegung. In: Vondung, K. (Hrsg.): Das wilhelminische Bildungsbürgertum. Göttingen, S. 138-152
Frecot, J. (1978): Landkrone über Europa. Der Monte Verità als zentrales Versuchsfeld für alternative Lebensformen zwischen Jahrhundertwende und erstem Weltkrieg. In: Szeemann, H. (Hrsg.): Monte Verità – Berg der Wahrheit. Lokale Anthropologie als Beitrag zur Wiedererkennung einer neuzeitlichen sakralen Topographie. Mailand, S. 55-64
Frecot, J./Geist, J.F./Kerbs, D. (1972): Fidus 1868–1948. Zur ästhetischen Praxis bürgerlicher Fluchtbewegungen. München
Friedrichs, J. (1997): Die gewaltsame Legitimierung sozialer Normen. Das Beispiel der Tierrechtler/Veganer. In: Trotha, von T. (Hrsg.): Soziologie der Gewalt. (Kölner Zeitschrift für Soziologie und Sozialpsychologie, Sonderheft 37) Opladen/ Wiesbaden, S. 327-354
Fritz, H. (1968): Rock'n'Rollkommando. In: deutsche jugend, 16. Jg., 1968, S. 95
Fuchs, M. (1998): Populäre Musik als (un-)heimliche Erzieherin. Zehn Thesen zum sozialen Gebrauch von Kunst. In: Beiträge zur Popularmusikforschung, N. 21-22, S. 7-24
Galling, K. (Hrsg.) (1960): Die Religion in Geschichte und Gegenwart. Handwörterbuch für Theologie und Religionswissenschaft. Vierter Band. Tübingen
Gammel, M. (2003): Parker, Charlie. In: Reclams Jazzlexikon, S. 398f.
Gartmann, E.: (1999): Die Notwendigkeit einer neuen Mensch-Tier-Beziehung. Zur Begründung der wahren Humanität. Kirchhain
Gatterburg, A./Stampf, O.: Fleisch ist Mord. In: SPIEGEL special, Heft 4/1996
Gebauer, G. (1982): Ausdruck und Einbildung. Zur symbolischen Funktion des Körpers. In: Kamper, D./Wulf, C. (Hrsg.): Die Wiederkehr des Körpers. Frankfurt am Main, S. 313-328
Gerhards, J./Rössels, J. (2003): Sag mir, wie Du lebst, und ich sage Dir, was Du isst. Der Zusammenhang zwischen den Lebensstilen und der Ernährung von Jugendlichen. In: Ernährungs-Umschau 50(7), S. 252-256
Gillett, C. (1970): The Sound Of The City. Die Geschichte der Rockmusik. Frankfurt am Main
Girtler, R. (1988): Methoden der qualitativen Sozialforschung. Anleitung zur Feldarbeit. Wien/Köln/Graz
Glinka, H.-J. (1998): Das narrative Interview. Eine Einführung für Sozialpädagogen. Weinheim/München

Goetz, R. (1988): Andere Ernährung. Ein Führer durch die alternativen Kostformen. Schaafheim
Goffman, E. (1969): Wir alle spielen Theater. Die Selbstdarstellung im Alltag. München
Goffman, E. (1994): Rahmen-Analyse. Ein Versuch über die Organisation von Alltagserfahrung. Frankfurt am Main
Gold, M. (1995): Animal rights. Extending the circle of compassion. Oxford
Gonder, U. (2000): Ist der Mensch ein Allesfresser? In: natur & kosmos, Juni 2000
Greil, M. (1992): Lipstick Traces. Von Dada bis Punk. Hamburg
Groffmann, A.C. (2001): Das unvollendete Drama. Jugend- und Skinheadgruppen im Vereinigungsprozeß. Opladen
Grohmann, A. (1997): Die Vegetarier-Ansiedlung in Ascona und die sogenannten Naturmenschen im Tessin. Ascona (Faksimile-Neudruck der Erstausgabe 1904)
Großegger, B. (1999): „Du bist, was Du ißt..." Distinktion in der lifestyle-orientierten Sampling-Ära. In: Dies./Heinzlmaier, B./Zentner, M.: Trendpaket 3 – Jugendkultur 2000. Graz/Wien, S. 180-185
Grotum, T. (1994): Die Halbstarken. Zur Geschichte einer Jugendkultur der 50er Jahre. Frankfurt/New York
Guither, H.D. (1998): Animal rights. History and Scope of a Radical Social Movement. Southern Illinois University Press
Haenfler, R.J. (2003): Straight edge: The newest face of social movements. Diss. University of Colorado at Boulder. Ann Arbor, Mich./USA
Haenfler, R.J. (2004): Rethinking Subcultural Resistance: Core Values of the Straight Edge Movement. In: Journal of Contemporary Ethnography, Vol. 33, No. 4, S. 406-436
Haferbeck, E./Wieding, F. (1998): Operation Tierbefreiung. Ein Plädoyer für radikale Tierrechtsaktionen. Göttingen
Hahn, A. (2000): Konstruktion des Selbst, der Welt und der Geschichte. Aufsätze zur Kultursoziologie. Frankfurt am Main
Hamann, B. (1999): Elisabeth, Kaiserin wider Willen. München
Harris, M. (1990): Wohlgeschmack und Widerwillen. Die Rätsel der Nahrungstabus. Stuttgart
Haussleitner, J. (1935): Der Vegetarismus in der Antike. Berlin
Haußmann, E. (1999): Nachruf: Käthe Skriver (1919-1999). In: natürlich vegetarisch. Das Magazin des Vegetarier-Bund Deutschlands e.V., 50(6), S. 16
Heinzelmann, C. (1999): Der Gleichheitsdiskurs in der Tierrechtsdebatte. Eine kritische Analyse von Peter Singers Forderungen nach Menschenrechten für die Großen Menschenaffen. Stuttgart
Heitmann, H. (1998): Die Skin-Studie. In: Farin, K. (Hrsg.): Die Skins. Mythos und Realität. Berlin, S. 69-95
Helfferich, C. (1994): Jugend, Körper und Geschlecht. Die Suche nach sexueller Identität. Opladen
Helsper, W. (1983a): Identität in der Nicht-Identität. „Immer anders, immer neu". In: Breyvogel, W. (Hrsg.): Autonomie und Widerstand. Zur Theorie und Geschichte des Jugendprotestes. Essen, S. 118-129

Helsper, W. (1983b): Subjektivität und Schule. Über den Versuch, in der Schule (k)ein Subjekt sein zu dürfen. In: Breyvogel, W./Wenzel, H. (Hrsg.): Subjektivität und Schule. Pädagogisches Handeln zwischen subjektivem Sinn und pädagogischer Macht. Essen, S. 29-47

Helsper, W./Breyvogel, W. (1989): Selbstkrise, Suizidmotive und Schule. Zur Suizidproblematik und ihrem historischen Wandel in der Adoleszenz. In: Wenzel, H./Wesemann, M. (Hrsg.): Schule auf dem Weg ins 21. Jahrhundert. Bilanz, Probleme, Perspektiven. Weinheim, S. 45-70

Helsper, W. (1994): Moritz: Die Instrumentalisierung der Zwischenmenschlichkeit und die Überanpassung der Familie an die Schule. In: Combe, A./Helsper, W.: Was geschieht im Klassenzimmer. Perspektiven einer hermeneutischen Schul- und Unterrichtsforschung. Zur Konzeptualisierung der Pädagogik als Handlungstheorie. Weinheim, S. 107-156

Helsper, W. (1994): Die Springer-Stiefel: Über Schwierigkeiten des Umgangs mit maskulin-nationalistischer Symbolik im Unterricht. In: Combe, A./Helsper, W.: Was geschieht im Klassenzimmer. Perspektiven einer hermeneutischen Schul- und Unterrichtsforschung. Zur Konzeptualisierung der Pädagogik als Handlungstheorie. Weinheim, S. 156-163

Helsper, W. (1995): Zur „Normalität" jugendlicher Gewalt: Sozialisationstheoretische Reflexionen zum Verhältnis von Anerkennung und Gewalt. In: Ders./Wenzel, H. (Hrsg.): Pädagogik und Gewalt. Möglichkeiten und Grenzen pädagogischen Handelns. Opladen, S. 113-154

Helton, J.J./Staudenmeier Jr., W.J. (2002): Re-imagining being "straight" in straight edge. In: Contemporary drug problems 29(2), S. 445-473

Hennig, E. (1983): Wert habe ich nur als Kämpfer. Rechtsextremistische Militanz und neonazistischer Terror. In: Steinweg, R. (Red.): Faszination der Gewalt, politische Strategie und Alltagserfahrung. Frankfurt am Main, S. 89-122

Hermand, J. (1991): Grüne Utopien in Deutschland. Zur Geschichte des ökologischen Bewusstseins. Frankfurt am Main

Herzer, U./Hiller, J. (Hrsg.) (1997): Das Ox-Kochbuch. Vegetarische und vegane Rezepte nicht nur für Punks. Mainz

Herzer, U./Hiller, J. (Hrsg.) (2000): Das Ox-Kochbuch Teil II. Moderne vegetarische Küche für Punkrocker und andere Menschen. Mainz

Hitzler, R. (1992): Der Goffmensch. Überlegungen zu einer dramatologischen Anthropologie. In: Soziale Welt – Zeitschrift für sozialwissenschaftliche Forschung und Praxis 43(4), S. 449-461

Hitzler, R. (1997): Die Rolle des Körpers des Spielers. In: Universitas – Zeitschrift für interdisziplinäre Wissenschaft 52(1), S. 34-41

Hitzler, R. (1998): Das Problem, sich verständlich zu machen. In: Willems, H./Jurga, M. (Hrsg.): Inszenierungsgesellschaft. Opladen, S. 93-105

Hitzler, R. (1999): Die „Entdeckung" der Lebens-Welten. Individualisierung im sozialen Wandel. In: Willems, H./Hahn, A. (Hrsg.): Identität und Moderne. Frankfurt am Main, S. 231-249

Hitzler, R. (2000): Jugendszenen (in NRW). Über juvenile Kultur(en) unter den Bedingungen der Spätmoderne. Expertise zum 7. Kinder- und Jugendbericht der Landesregierung Nordrhein-Westfalen. Düsseldorf

Hitzler, R./Bucher, T./Niederbacher, A. (2001): Leben in Szenen. Formen jugendlicher Vergemeinschaftung heute. Opladen

Hobsbawn, E. (2003): Ungewöhnliche Menschen. Über Widerstand, Rebellion und Jazz. München

Hoffmann, H. (1977): Der Struwwelpeter oder Lustige Geschichten und drollige Bilder. Zürich (zuerst 1845)

Hofmann-Oedenkoven, I. (1905): Vegetabilismus! Vegetarismus! Monte Verità bei Ascona/Schweiz

Holch, C. (1996): Wegen mir soll kein Tier leiden. Veganer: radikaler als Vegetarier. In: Deese, U./Hillenbach, E./Kaiser, D./Michatsch, Ch. (Hrsg.): Jugend und Jugendmacher. Das wahre Leben in den Szenen der Neunziger. Düsseldorf/München, S. 102-105

Holler, E. (1995): Der spätere Lebensweg von Eberhard Koebel – tusk. England-Emigration und DDR. In: tusk. Versuche über Eberhard Koebel, hrsg. von Fritz Schmidt. Stuttgart, S. 143-205

Höppl, K.A. (1982): Nichts vom Tier. Alles spricht für Vegan-Kost. Zwei Aufsätze zum Milchproblem. [Bad Bellingen] (zuerst erschienen in der Zeitschrift *Der Vegetarier*, Nr. 3-5, 1975 u. Nr. 2-3, 1978)

Horkheimer, M. (1985): Vorträge und Aufzeichnungen 1949-1973. Frankfurt am Main

Horkheimer, M. (1987): Philosophische Frühschriften 1922-1932. Frankfurt am Main

Horkheimer, M. (1991): Zur Kritik der instrumentellen Vernunft *und* Notizen 1949-1969. Frankfurt am Main

Horkheimer, M./Adorno, Th.W. (1986): Dialektik der Aufklärung. Philosophische Fragmente. Mit einem Nachwort von Jürgen Habermas. Frankfurt am Main

Hornstein, W. (1999): Neue soziale Bewegungen und Pädagogik. In: Ders: Jugendforschung und Jugendpolitik. Entwicklungen und Strukturen in der zweiten Hälfte des 20. Jahrhunderts. Weinheim/München, S. 245-270

Ingensiep, H.W. (2001a): Vegetarismus und Tierethik im 18. und 19. Jahrhundert – Wandel der Motive und Argumente der Wegbereiter. In: Linnemann, M./Schorcht, C. (Hrsg.): Vegetarismus. Zur Geschichte und Zukunft einer Lebensweise. Erlangen, S. 73-105

Ingensiep, H.W. (2001b): Geschichte der Pflanzenseele. Philosophische und biologische Entwürfe von der Antike bis zur Gegenwart. Stuttgart

Inhetveen, K. (1997): Gesellige Gewalt. Ritual, Spiel und Vergemeinschaftung bei Hardcorekonzerten. In: Trotha, von T. (Hrsg.): Soziologie der Gewalt. (Kölner Zeitschrift für Soziologie und Sozialpsychologie, Sonderheft 37) Opladen/Wiesbaden, S. 235-260

Irwin, D.D. (1999): The Straight Edge Subculture: Examining the Youths' Drug-Free Way. In: Journal of Drug Issues 29(2), S. 365-380

James, M. (2003): Moby: Replay – Sein Leben und Schaffen. Höfen

Jantzen, W. (1969): Rocker und andere Probleme der Jugendkriminalität, Wuppertal-Barmen

Jaresch, H. (1999): Aus der Sprache der Mäster und Metzger. In: tierrechte 1.99, Nr. 7, S. 9

Järvinen, J. (2000): To you it was just music... Versuch einer soziologischen Analyse der Hardcore-Szene als Sub- und Gegenkultur. Unveröffentl. Seminararbeit
Jaskowski, F. (1912): Philosophie des Vegetarismus. Eine philosophische Grundlegung und eine philosophische Betrachtung des Vegetarismus und seiner Probleme in Natur, Ethik, Religion und Kunst. Berlin
Jens, I. (1991): Die „Weiße Rose". Biographische und kulturelle Traditionen. In: Breyvogel, W. (Hrsg.): Piraten, Swings und Junge Garde. Jugendwiderstand im Nationalsozialismus. Bonn, S. 202-221
Joas, H. (1996): Kreativität des Handelns. Frankfurt am Main
Jost, E. (2003): Jazz. In: Reclams Jazzlexikon. Stuttgart
Jugendwerk der Deutschen Shell (Hrsg.) (1997): Jugend '97. Zukunftsperspektiven, Gesellschaftliches Engagement, Politische Orientierungen. Opladen
Kaiser, G. (1959): Randalierende Jugend. Eine soziologische und kriminologische Studie über sogenannte „Halbstarke". Heidelberg
Kant, I. (1963): Kritik der Praktischen Vernunft. Hamburg (unveränderter Nachdr. d. 9. Aufl. von 1929)
Kaplan, H.F. (1993): Leichenschmaus. Ethische Gründe für eine vegetarische Ernährung. Reinbek bei Hamburg
Kaplan, H.F. (2000): Tierrechte. Die Philosophie einer Befreiungsbewegung. Göttingen
Kater, M.H. (1998): Gewagtes Spiel. Jazz im Nationalsozialismus. München
Kenkmann, A. (1996): Wilde Jugend. Lebenswelt großstädtischer Jugendlicher zwischen Weltwirtschaftskrise, Nationalsozialismus und Währungsreform. Essen
Kerbs, D./Reulecke, J. (Hrsg.) (1998): Handbuch der deutschen Reformbewegungen 1880-1933. Wuppertal
Kersten, J. (1997): Gut und (Ge)schlecht. Männlichkeit, Kultur und Kriminalität. Berlin/New York
Kersten, J. (1998): Sichtbarkeit und städtischer Raum. Jugendliche Selbstinszenierung, Männlichkeit und Kriminalität. In: Breyvogel, W. (Hrsg.): Stadt, Jugendkulturen und Kriminalität. Bonn, S. 112-128
Kindt, W. (Hrsg.) (1974): Die deutsche Jugendbewegung 1920-1933. Bd. III: Die bündische Zeit. Düsseldorf/Köln
Klein, G. (1999a): Electronic Vibration. Pop, Kultur, Theorie. Hamburg
Klein, G. (1999b): Wo die Körper bleiben. Thesen zur Popkultur. In: Dietrich, K./Teichert, W. (Hrsg.): Die Zukunft des Körpers. Jesteburg, S. 101-121
Klein, G. (2001): Urban Story Telling: Tanz und Popkultur. In: Hitzler, R./Pfadenhauer, M. (Hrsg.): Techno-Soziologie. Erkundungen einer Jugendkultur. Opladen, S. 161-176
Klein, G./Friedrich, M. (2003a): Populäre Stadtansichten. Bildinszenierungen des Urbanen im HipHop. In: Androutsopoulos, J. (Hrsg.): HipHop: Globale Kultur – lokale Praktiken. Bielefeld, S. 85-101
Klein, G./Friedrich, M. (2003b): Is this real? Die Kultur des HipHop. Frankfurt am Main
Klein, S./Stelmaszyk, B. (1991): Eberhard Köbel, tusk. Ein biografisches Porträt 1907-1945. In: Breyvogel, W. (Hrsg.): Piraten, Swings und Junge Garde. Jugendwiderstand im Nationalsozialismus. Bonn, S. 102-137

Klönne, A. (1982): Jugend im Dritten Reich. Die Hitler-Jugend und ihre Gegner. Köln

Klose, B./Schmelz, B. (1987): Der Fleischmythos. Über den Einfluß der Nahrungsmittelproduktion auf die Ernährungsgewohnheiten in der BRD. Kassel

Kluge, N./Hippchen, G./Fischinger, E. (1999): Körper und Schönheit als soziale Leitbilder. Ergebnisse einer Repräsentativerhebung in West- und Ostdeutschland. Frankfurt am Main

Knigge, von A. (1974): Über den Umgang mit Menschen. Mit Zeichnungen von A.P. Weber. Düsseldorf

Knoop-Graf, A. (1991): „Jeder trägt die ganze Verantwortung!" Widerstand am Beispiel Willi Graf. In: Breyvogel, W. (Hrsg.): Piraten, Swings und Junge Garde. Jugendwiderstand im Nationalsozialismus. Bonn, S. 222-240

Köpf, P. (1996): Ein Herz für Tiere? Über die radikale Tierrechtsbewegung. Bonn

Kreuzer, A. (1970): Rocker – Gruppenkriminalität. In: Unsere Jugend, 22. Jg., Heft 9, S. 407-416

Krüger, H.-H./Kuhnert, P. (1987): Vom Bebop über'n Beat zum Punk. Jugendliche Musikkulturen im Revier nach 1945. In: Breyvogel, W./Krüger, H.-H. (Hrsg.): Land der Hoffnung – Land der Krise. Jugendkulturen im Ruhrgebiet 1900-1987. Berlin/Bonn, S. 200-211

Kuhnert, P.: „Ich hab' nun mal 'ne ganze Ecke meines Lebens auf dem Gitter verbracht." Punks im Revier. In: Breyvogel, W./Krüger, H.-H. (Hrsg.): Land der Hoffnung – Land der Krise. Jugendkulturen im Ruhrgebiet 1900-1987. Berlin/Bonn, S. 250-258

Kuhse, H./Singer, P. (1993): Muß dieses Kind am Leben bleiben? Das Problem schwerstgeschädigter Neugeborener. Erlangen

Kupffer, H. (1970): Gustav Wyneken. Frankfurt am Main

Kyber, M. (1988): Genius Astri. Dreiunddreissig [33] Dichtungen. Berlin-Ch.

Lahickey, B. (1997): All Ages. Reflections on Straight-Edge. Huntington Beach, CA

Laks, S. (1998): Musik in Auschwitz. Düsseldorf

Lamnek, S. (1995): Qualitative Sozialforschung. 2 Bde. Bd. 1: Methodologie. Bd. 2: Methoden und Techniken. Weinheim

Landmann, R. (1934): Monte Verità. Die Geschichte eines Berges. Ascona

Landmann, R. (1973): Monte Verità. Auf der Suche nach dem Paradies. Zürich

Landmann, R. [d.i. W. Ackermann] (2000): Ascona – Monte Verità. Auf der Suche nach dem Paradies. (Neu hrsg. und mit einem biobibliogr. Anhang versehen von M. Dreyfus) Frauenfeld u.a.

Langenscheidts Handwörterbuch Englisch (2001). Berlin u.a.

Langley, M. (1983): Achtung vor dem Leben: Der Jainismus. In: Metz, W. (Hrsg.): Handbuch Weltreligionen. Wuppertal, S. 207-216

Langley, G. (1999): Vegane Ernährung. Göttingen

Larsson, C.L. (2001): Young vegetarians and omnivores. Dietary habits and other health-related aspects. Diss. Umeå Universität, Schweden

Larsson, C.L. et al. (2001): Food habits of young Swedish and Norwegian vegetarians and omnivores. In: Public Health Nutrition 4(5), S. 1005-1014

Larsson, C.L. et al. (2003): Veganism as status passage. The process of becoming a vegan among youths in Sweden. In: Appetite 41(1), S. 61-67

Lau, T. (1992): Die heiligen Narren. Punk 1976-1986. Berlin/New York

Leach, E. (1972): Anthropologische Aspekte der Sprache: Tierkategorien und Schimpfwörter. In: Lenneberg, E.H. (Hrsg.): Neue Perspektiven in der Erforschung der Sprache. Frankfurt am Main, S. 32-73 (Orig. u.d.T.: *New Directions in the Study of Language*, Cambridge/Mass., 1964)

Leitzmann, C./Hahn, A. (1996): Vegetarische Ernährung. Stuttgart

Leitzmann, C./Keller, M./Hahn, A. (1999): Alternative Ernährungsformen. Stuttgart

Leneman, L. (1999): No Animal Food: The Road to Veganism in Britain, 1909-1944. In: Society and Animals 7(3), S. 219-228

Leven, C. (1999): Tierrechte aus menschenrechtlicher Sicht. Der moralische Status der Tiere in Vergangenheit und Gegenwart unter besonderer Berücksichtigung der Tötungsproblematik im Präferenz-Utilitarismus von Peter Singer. Hamburg

Lindner, W. (1996): Jugendprotest seit den fünfziger Jahren. Dissens und kultureller Eigensinn. Opladen

Linnemann, M. (Hrsg.) (2000): Brüder – Bestien – Automaten. Das Tier im abendländischen Denken. Erlangen

Lippert, A. (1992): Entdeckung und Bergung des Gletschermannes. In: Barfield, L./Koller, E./Lippert, A. (Hrsg.): Der Zeuge aus dem Gletscher. Das Rätsel der frühen Alpen-Europäer. Wien

Lorenzo, G. di (1984): Stefan, zweiundzwanzig, deutscher Rechtsterrorist. Mein Traum ist der Traum von vielen. Reinbek

Luger, K. (1991): Die konsumierte Rebellion. Geschichte der Jugendkultur 1945-1990. Wien/St. Johann im Pongau

Maase, K. (1992): BRAVO Amerika. Erkundungen zur Jugendkultur der Bundesrepublik in den fünfziger Jahren. Hamburg

Maasen, T. (1995): Pädagogischer Eros. Gustav Wyneken und die freie Schulgemeinde Wickersdorf. Berlin

Mann, B. (1991): Essen und kulturelle Identität: Zur sozialen und kulturellen Dimension der Ernährung. Bielefeld: Univ. Bielefeld/Forschungsschwerpunkt Entwicklungssoziologie (Working Paper No. 161)

Mann, T. (1981): Das Gesetz. In: Tod in Venedig. Frankfurt am Main

Marcus, E. (1997): Vegan. The New Ethics of Eating. New York

Marcuse, H. (1973): Konterrevolution und Revolte. Frankfurt am Main

Marcuse, H. (1980): Das Ende der Utopie. Vorträge und Diskussionen in Berlin 1967. Frankfurt am Main

Maresch, R. (Hrsg.) (2004): Renaissance der Utopie. Frankfurt am Main

Martischnig, M. (1987): Tätowierung ostasiatischer Art. Wien

Matthesius, B. (1992): Anti-Sozial-Front. Vom Fußballfan zum Hooligan. Opladen

Maybaum, F. (2003): „…and let me live poison free". Zum Verhältnis von Jugendkultur und Reinheitsvorstellungen am Beispiel der Werte des straight edge. In: Luig, U./Seebode, J. (Hrsg.): Ethnologie der Jugend. Soziale Praxis, moralische Diskurse und inszenierte Körperlichkeit. Münster, S. 295-325

Mayring, Ph. (2000): Qualitative Inhaltsanalyse. Grundlagen und Techniken. Weinheim

McDonald, B./Cervero, R.M./Courtenay, B.C. (1999): An Ecological Perspective of Power in Transformational Learning. A Case Study of Ethical Vegans. In: Adult Education Quarterly, 50(1), S. 5-23

McKenna, V./Travers, B./Wray, J. (Hrsg.) (1993): Gefangen im Zoo. Tiere hinter Gittern. Frankfurt am Main

Melville, H. (1959): Typee. London

Melzer, J. (2003): Vollwerternährung. Diätetik, Naturheilkunde, Nationalsozialismus, sozialer Anspruch. Stuttgart

Menrath, S. (2001): represent what... Performativität von Identitäten im HipHop. Hamburg

Mertz, T. (2001): Die ESS-Klasse der Zukunft. In: politische ökologie, Jg. 19, N. 73-74, S. 12-14

Meyer-Renschhausen, E. (2002): Der Streit um den heißen Brei. Zu Ökologie und Geschlecht einer Kulturanthropologie der Ernährung. Herbolzheim

Mogge, W. (1988): Der Freideutsche Jugendtag 1913. Vorgeschichte, Verlauf, Wirkungen. In: Ders./Reulecke, J.: Hoher Meißner 1913. Der Erste Freideutsche Jugendtag in Dokumenten, Deutungen und Bildern. Köln, S. 33-62

Mogge, W. (2001): Aufbruch einer Jugendbewegung. Wandervogel: Mythen und Fakten. In: Weißler, S. (Hrsg.): Fokus Wandervogel. Der Wandervogel in seinen Beziehungen zu den Reformbewegungen vor dem ersten Weltkrieg. Marburg, S. 9-25

Moll, C. (1994): Die Weiße Rose. In: Steinbach, P./Tuchel, J. (Hrsg.): Widerstand gegen den Nationalsozialismus. Bonn, S. 443-467

Morhart, K. (1999): Straight edge – eine radikale Jugendelite, sozialphilosophisch untersucht. Magisterarbeit. München, Hochschule für Philosophie

Morshäuser, B. (1992): Hauptsache Deutsch. Frankfurt am Main

Moser, K./Lunger, A.: Rein pflanzlich... Veganismus und Tierrechte als Aspekte jugendkulturellen Lebens am Beispiel der *Straight Edge*-Bewegung und der Gruppe *v-live* aus Innsbruck. In: bricolage 1 – Innsbrucker Zeitschrift für Europäische Ethnologie. Innsbruck, S. 62-68

Mumford, L. (1974): Mythos der Maschine. Kultur, Technik und Macht. Wien

Mummendey, H.D. (1990): Psychologie der Selbstdarstellung. Göttingen

Müller, R./Glogner, P./Rhein, S./Heim, J. (Hrsg.) (2002): Wozu Jugendliche Musik und Medien gebrauchen. Jugendliche Identität und musikalische und mediale Geschmacksbildung. Weinheim/München

Müller-Bachmann, E. (2002): Jugendkulturen Revisited. Musik- und stilbezogene Vergemeinschaftungsformen (Post-)Adoleszenter im Modernisierungskontext. Münster/Hamburg/London

Münch, P. (1999): Die Differenz zwischen Mensch und Tier. Ein Grundlagenproblem frühneuzeitlicher Anthropologie und Zoologie. In: Ders./Walz, R. (Hrsg.): Tiere und Menschen. Geschichte und Aktualität eines prekären Verhältnisses. Paderborn u.a., S. 323-347

Münch, T. (2002): Musik, Medien und Entwicklung im Jugendalter. In: Müller, R./Glogner, P./Rhein, S./Heim, J. (Hrsg.): Wozu Jugendliche Musik und Medien gebrauchen. Jugendliche Identität und musikalische und mediale Geschmacksbildung. Weinheim/München, S. 70-97

Muth, W. (1989): Musik hinter Stacheldraht. Swing in Ghetto und KZ. In: Polster, B. (Hrsg.): „Swing Heil". Jazz im Nationalsozialismus. Berlin, S. 211-220

Mütherich, B. (2000): Die Problematik der Mensch-Tier-Beziehung in der Soziologie. Münster

Naumann, M./Penth, B. (1986): Stiltransit. Gedanken zur Ästhetik des Punk. In: Bucher, W./Pohl, K. (Hrsg.): Schock und Schöpfung. Jugendästhetik im 20. Jahrhundert. Darmstadt/Neuwied, S. 119-129

Nelson, L. (1970): System der philosophischen Ethik und Pädagogik. (Aus dem Nachlass hrsg. von G. Hermann und M. Specht) Göttingen (zuerst 1932)

Nietzsche, F. (1982): Werke in drei Bänden, Bd. I Unzeitgemäße Betrachtungen, München, S. 135-434

Nizard, S. (1999): La Cuisine du corps et de l'âme. Approche ethnologique du végétarisme, du crudivorisme et de la macrobiotique en Suisse. In: Archives de Sciences Sociales des Religions 44(106), S. 85-86

Noam, G.G. (1999): Moralisches Verhalten: Brauchen wir ein Selbst? In: Garz, D. u.a. (Hrsg.): Moralisches Urteil und Handeln. Frankfurt am Main, S. 340-376

Oettermann, S. (1979): Zeichen auf der Haut. Die Geschichte der Tätowierung in Europa. Frankfurt am Main

Oettermann, S. (1982): ‚Heavily Tattooed'. In: Kamper, D./Wulf, C. (Hrsg.): Die Wiederkehr des Körpers. Frankfurt am Main

Oettermann, S. (1991): Tätowierung in Europa. In: Warlich, C.: Tätowierungen. Vorlagealbum des Königs der Tätowierer. Dortmund

O'Hara, C. (2001): The Philosophy of Punk. Die Geschichte einer Kulturrevolte. Mainz

Oswald, H. (1997): Was heißt qualitativ forschen? In: Friebertshäuser, B./Prengel, A. (Hrsg.): Handbuch Qualitative Forschungsmethoden in der Erziehungswissenschaft. Weinheim/München, S. 71-87

Parmentier, M. (1984): Der Stil der Wandervögel. Analyse einer jugendlichen Subkultur und ihrer Entwicklung. In: ZfPäd. 30, S. 519-532

Panassié, H. (1962): Die Geschichte des echten Jazz. München

Pater, S. (Red.) (1996): Zum Beispiel McDonald's. Göttingen

Patterson, C. (2000): Animal Rights (originally published by Enslow, 1993)

Patterson, C. (2004): „Für die Tiere ist jeden Tag Treblinka". Über die Ursprünge des industrialisierten Tötens. Frankfurt am Main (Orig. u.d.T.: *Eternal Treblinka. Our Treatment of Animals and the Holocaust*, New York, 2002)

Penth, B./Franzen, G. (1983): Last Exit. Leben im toten Herz der Städte. Reinbek

Peter, C.W. (1885): Leitfaden für die Erziehung der Kinder zur Beschützung der Tiere. (*Hrsg. von dem Verbande der Tierschutzvereine des Deutschen Reiches*) Köln

Peukert, D.K. (1980): Die Edelweißpiraten. Protestbewegungen Jugendlicher Arbeiter im Dritten Reich. Eine Dokumentation. Köln

Pileggi, M.S. (1998): No sex, no drugs, just hardcore rock: Using Bourdieu to understand straight-edge kids and their practices. Diss. Philadelphia, PA, USA: Temple University

Plogstedt, O./Raufeisen, J./Skai, H. (2004): Rote Gourmet Fraktion. Kochen für Rockstars. Köln

Poschardt, U. (1996): DJ-Culture. Hamburg

Poschardt, U. (1998): Anpassen. Hamburg

Povey, R./Wellens, B./Conner, M. (2001): Attitudes towards following meat, vegetarian and vegan diets: an examination of the role of ambivalence. In: Appetite 37(1), S. 15-26
Prahl, H.-W./Setzwein, M. (1999): Soziologie der Ernährung. Opladen
Preuß, R. (1991): Verlorene Söhne des Bürgertums. Linke Strömungen in der deutschen Jugendbewegung 1913-1919. Köln
Prill, B./Strey, G. (1993): Projekt Kinder- und Jugendbauernhof Göttingen. In: Hoffmann, D./Strey, G./Wallraven, K.P. (Hrsg.): FreizeitLernen. Intentionen und Dimensionen pädagogischer Kulturarbeit. Weinheim, S. 177-185
Pyritz, A. (2001): Die Wandervogel-Ästhetik im Spiegel der Entwicklung der modernen Gebrauchsgraphik. In: Weißler, S. (Hrsg.): Fokus Wandervogel. Der Wandervogel in seinen Beziehungen zu den Reformbewegungen vor dem ersten Weltkrieg. Marburg, S. 41-71
Ralston, K. (2000): The Straight Edge Movement. It's not what you think. In: Voice of Youth Advocates 23(3), S. 178
Rathgeb, K. (2001): Helden wider Willen. Frankfurter Swing-Jugend zwischen Verfolgung und Idealisierung. Münster
Regan, T. (1988): The Case for Animal Rights. London u.a.
Reinitz, M. (1986): Punk-Räume. In: Bucher, W./Pohl, K. (Hrsg.): Schock und Schöpfung. Jugendästhetik im 20. Jahrhundert. Darmstadt/Neuwied, S. 130-134
Rempis-Nast, M. (1954): Ruf in die Zeit. Ein Erziehungsweg zur Menschlichkeit. Stuttgart-Degerloch
Rempis-Nast, M. (1955): Tiere, Kinder, Lehrer. Ein Dreiklang aus der Tierschutzschule. Stuttgart-Degerloch
Rempis-Nast, M. (1963): Unsterbliche Tierliebe. Ein Lehrbuch besonderer Art. Stuttgart-Degerloch
Reulecke, J. (1993): „Hat die Jugendbewegung den Nationalsozialismus vorbereitet?" Zum Umgang mit einer falschen Frage. In: Krabbe, W.R. (Hrsg.): Politische Jugend in der Weimarer Republik. Bochum, S. 222-243
Reuter-Calero Valdez, M. (1984): Tätowierung – Ein psychosoziales Problem. Möglichkeiten der Entfernung. Diss. Aachen: Medizinische Fakultät
Richard, B. (2001): Why does it hurt, when the beat misses my heart? Tanz, Raum und Mode in der Techno- und House Szene. In: Jahrbuch Jugendforschung 1/2001. Opladen, S. 75-98
Ries, C. (1964): Ascona. Geschichte des seltsamsten Dorfes der Welt. Zürich
Rinas, B.-U. (2000): (Art)gerecht ist nur die Freiheit. Geschichte, Theorie und Hintergründe der veganen Bewegung. Giessen
Rink, D. (2002): Beunruhigende Normalisierung: Zum Wandel von Jugendkulturen in der Bundesrepublik Deutschland. In: Aus Politik und Zeitgeschichte, 1. Februar 2002, S. 3-6
Ritzer, G. (1995): Die McDonaldisierung der Gesellschaft. Frankfurt am Main
Robbins, J. (1997): Ernährung für ein neues Jahrtausend. Waldfeucht (Orig. u.d.T.: *Diet for a New America*, erschienen bei Stillpoint Publishing, 1987)
Röcklinsberg, H. (2001): Das seufzende Schwein. Zur Theorie und Praxis in deutschen Modellen zur Tierethik. Erlangen

Rösing, H. (1998): Musikalische Lebenswelten. In: Bruhn, H./Ders. (Hrsg.): Musikwissenschaft. Ein Grundkurs. Reinbek bei Hamburg, S. 130-152
Rösing, (2002): Populäre Musik und kulturelle Identität. Acht Thesen. In: Beiträge zur Popularmusikforschung, N. 29-30, S. 11-35
Rousseau, J.-J. (1993): Emil oder Über die Erziehung. Paderborn u.a.
Ruhnke, C. (1974): Die Tätowierung, eine sozio-kulturelle und medizinische Betrachtung. Diss. Marburg: Medizinische Fakultät
Rusinek, B.-A. (1993): Das Glück der Provokation. Gewalt in historischen Jugendkulturen. In: Breyvogel, W. (Hrsg.): Lust auf Randale. Jugendliche Gewalt gegen Fremde. Bonn, S. 83-105
Ruthenberg, S./Kirdorf, H. (1996): Viva Vegan. Das rein vegetarische Kochbuch. Windeck
Ryder, R.D. (1983): Victims of Science. The Use of Animals in Research. London
Salt, H.S. (1907): Die Rechte der Tiere. Uebersetzt und mit einer Einleitung versehen von Prof. Dr. G. Krüger. (*Hrsg. von der Gesellschaft zur Förderung des Tierschutzes und verwandter Bestrebungen, Sitz in Berlin*) Berlin (zuerst London 1892)
Saltzwedel, J. (1999): „Jauchzen der Zukunft". In: DER SPIEGEL, Nr. 28/1999, S. 102
Sambraus, H.H. (1997): Geschichte des Tierschutzes. In: Ders/Steiger, A. (Hrsg.): Das Buch vom Tierschutz. Stuttgart, 1-17
Sax, B. (2000): Animals in the Third Reich. Pets, Scapegoats, and the Holocaust. New York/London
Savage, J. (2003): England's Dreaming. Anarchy, Sex Pistols, Punk Rock. Berlin
Schellenberger, B. (1975): Katholische Jugend und Drittes Reich. Mainz
Schempp, H. (1968): Gemeinschaftssiedlungen auf religiöser und weltanschaulicher Grundlage. Tübingen
Schiffmacher, H. (1996): 1000 Tattoos. Köln
Schildt, A. (1995): Moderne Zeiten. Hamburg
Schlickeysen, G. (1892): Blut oder Frucht. New York
Schlickeysen, G. (1921): Obst und Brot. Die wissenschaftliche Diätetik des Menschen. Freiburg im Breisgau (zuerst 1873)
Schlosser, E. (2002): Fast-food-Gesellschaft. München
Schmidt, F. (1995): Der politische Eberhard Koebel, illegale dj. 1.11 und Deutsche Jungenschaft. In: tusk. Versuche über Eberhard Koebel, hrsg. von Fritz Schmidt. Stuttgart, S. 83-119
Schmidt, T.B. (1996): Das Tier – ein Rechtssubjekt? Eine rechtsphilosophische Kritik der Tierrechtsidee. Regensburg
Scholl, H./Scholl, S. (1998): Briefe und Aufzeichnungen, hrsg. von Inge Jens. Frankfurt am Main
Schwantje, M. (1919): Tiermord und Menschenmord. Vegetarismus und Pazifismus. (*Hrsg. vom Bund für radikale Ethik*) Berlin
Schwantje, M. (1976): Vegetarismus. München
Schwarte, N. (2002): „Wer Nerother war, war vogelfrei…". Eine Einführung in die Briefe Paul Lesers und Robert Oelbermanns zur Auflösung des Nerother Wandervogels und zur Besetzung der Burg Waldeck im Jahre 1933. In: puls 20. Do-

kumentationsschrift der Jugendbewegung, hrsg. von Arno Klönne. Stuttgart, S. 3-16
Seifert, A. (1998): Jugendliche in der Technoszene. Provokation und Verausgabung in der Tradition der Avantgarde. In: Breyvogel, W. (Hrsg.): Stadt, Jugendkulturen und Kriminalität. Bonn, S. 209-224
Seifert, A. (2004): Körper, Maschine, Tod. Zur symbolischen Artikulation in Kunst und Jugendkultur im 20. Jahrhundert. Wiesbaden
Seth, A. (1999): Alles Leben ist heilig. In: natur & kosmos, Dezember 1999
Simmel, G. (1992): Schriften zur Soziologie. Eine Auswahl. Frankfurt am Main
Simon, T. (1989): Rocker in der Bundesrepublik. Eine Subkultur zwischen Jugendprotest und Traditionsbildung. Weinheim
Singer, I.B. (1978): Feinde, die Geschichte einer Liebe. Roman. München
Singer, P. (Hrsg.) (1986): Verteidigt die Tiere. Überlegungen für eine neue Menschlichkeit. Wien
Singer, P. (1996): Animal Liberation. Die Befreiung der Tiere. Reinbek bei Hamburg (zuerst 1975)
Singer, P. (2001): Henry Spira und die Tierrechtsbewegung. Erlangen (Orig. u.d.T.: *Ethics into action*, Lanham et al., 1998)
Skriver, C.A. (1982): Adam, wer bist und was ißt Du? Bericht über das Eiweiß-Symposium auf dem Lindenhof 1981. Bad Bellingen
Skriver, C.A. (1986): Der Verrat der Kirchen an den Tieren. Höhr-Grenzhausen
Soeffner, H.-G. (1986): Stil und Stilisierung. Punk oder die Überhöhung des Alltags. In: Gummbrecht, H.U./Pfeiffer, K.L. (Hrsg.): Stil. Geschichte und Funktionen eines kulturwissenschaftlichen Diskurselements. Frankfurt, S. 317-341
Soeffner, H.-G. (1989): Auslegung des Alltags – der Alltag der Auslegung. Zur wissenssoziologischen Konzeption einer sozialwissenschaftlichen Hermeneutik. Frankfurt am Main
Soeffner, H.-G. (1991): Zur Soziologie des Symbols und des Rituals. In: Oelkers, J./Wegenast, K. (Hrsg.): Das Symbol – Brücke des Verstehens. Stuttgart
Soeffner, H.-G. (1992): Die Ordnung der Rituale. Die Auslegung des Alltags. Frankfurt am Main
Soeffner, H.-G. (1995): Stil und Stilisierung. Punk oder die Überhöhung des Alltags. In: Ders.: Die Ordnung der Rituale. Die Auslegung des Alltags 2. Frankfurt am Main
Spamer, A. (1993): Die Tätowierung in den deutschen Hafenstädten. Ein Versuch zur Erfassung ihrer Formen und ihres Bildgutes. München (zuerst erschienen in: Niederdeutsche Zeitschrift für Volkskunde 1933, 11)
Spatschek, C./Nachtigall, M./Lehenherr, R./Grüßinger, W. (1997): Happy Nation?!? Jugendmusikkulturen und Jugendarbeit in den 90er Jahren. Münster
Speyer, W. (1950): Der Kampf der Tertia. Hamburg (zuerst 1927)
Springer, R. (1884): Encarpa. Culturgeschichte der Menschheit im Lichte der pythagoräischen Lehre. Hannover
Stepaniak, J. (2000): Being vegan. Living with conscience, conviction, and compassion. Los Angeles
Stiller, H./Stiller, M. (1986): Tierversuch und Tierexperimentator. München
Stolzenberg, G. (1980): Weltwunder Vegetarismus. München

Streit, von A. (Hrsg.) (1997): Acht Jugendporträts. Ergänzungsband zur 12. Shell Jugendstudie. Opladen
Streck, B. (1987): Körperveränderung. In: Ders. (Hrsg.): Wörterbuch der Ethnologie. Köln
Struve, G. (1869): Pflanzenkost, die Grundlage einer neuen Weltanschauung. Stuttgart
Stuckert, T. (1993): „Die Leute haben einfach nur Angst vor uns." Der Jugendliche als öffentlicher Schrecken. In: Breyvogel, W. (Hrsg.): Lust auf Randale. Jugendliche Gewalt gegen Fremde. Bonn, S. 161-202
Sussmann, V.S. (1996): Die vegetarische Alternative. Waldfeucht
Suutala, M. (1999): Zur Geschichte der Naturzerstörung. Frau und Tier in der wissenschaftlichen Revolution. Frankfurt am Main u.a.
Szeemann, H. (Hrsg.) (1978): Monte Verità – Berg der Wahrheit. Lokale Anthropologie als Beitrag zur Wiedererkennung einer neuzeitlichen sakralen Topographie. Mailand
Teipel, J. (2001): Verschwende deine Jugend. Ein Doku-Roman über den deutschen Punk und New Wave. Frankfurt am Main
Tertilt, H. (1996): Turkish Power Boys. Ethnographie einer Jugendbande. Frankfurt am Main
Tertilt, H. (1997): Raue Rituale. Beleidigungsduelle der Turkish Power Boys. In: SpoKK (Hrsg.): Kursbuch Jugendkultur. Stile, Szenen und Identitäten vor der Jahrtausendwende. Mannheim, S. 157-167
Teutsch, G.M. (1987): Mensch und Tier. Lexikon der Tierschutzethik. Göttingen
Thompson, E.P. (1980): Plebeische Kultur und moralische Ökonomie. Aufsätze zur englischen Sozialgeschichte des 18. und 19. Jahrhunderts. Frankfurt am Main u.a.
Trapp, U./Neuhäuser-Berthold, M. (2001): Riskantes Ernährungsverhalten im Jugendalter. In: Raithel, J. (Hrsg.): Risikoverhaltensweisen Jugendlicher. Formen, Erklärungen und Prävention. Opladen, S. 155-170
Traufetter, G. (2000): Turbopflanzen gegen Hunger. In: DER SPIEGEL, Nr. 22/2000, S. 148-151
Trimmer, S. (1788): Fabeln und Geschichten zum Unterricht für Kinder, in Absicht auf ihre Behandlung der Tiere. Zittau/Leipzig
Türk, H./Landa, N. (1995): Schweinchen schlachten, quiek, quiek. In: Kaplan, H.F. (Hrsg.): Warum ich Vegetarier bin. Prominente erzählen. Reinbek bei Hamburg, S. 116-126
Ullrich, T. (1997): S.O.S. Tierrechte Hassberge. Eine neue Gruppe in einer neuen Bewegung. In: Forschungsjournal Neue Soziale Bewegungen, 10(2), S. 100-103
Ungewitter, R. (1914): Diätetische Ketzereien. Die Eiweißtheorie mit ihren Folgen, als Krankheitsursache, und ihre wissenschaftlich begründete Verabschiedung. Stuttgart
Van Pelt, R.J./Dwork, D. (2000): Auschwitz. Von 1270 bis heute. Zürich
Verein gegen Thierquälerei zu Berlin (Hrsg.) (o.J.) [1849]: Der kleine Thierfreund. Zur Belehrung und Ermunterung der Jugend. Berlin
Verlan, S./Loh, H. (2000): 20 Jahre Hiphop in Deutschland. Wien
Volkmer, I. (1988): Von Sue Ellen, Madonna und Boris: Mode und Medien – Zur Internationalität ästhetischer Muster. In: Baacke, D./Volkmer, I./Dollase,

R./Dersing, U. (Hrsg.): Jugend und Mode. Kleidung als Selbstinszenierung. Opladen, S.

Wahl, K. (Hrsg.) (2001): Fremdenfeindlichkeit, Antisemitismus, Rechtsextremismus. Drei Studien zu Tatverdächtigen und Tätern (*hrsg. vom Bundesinnenministerium des Innern*). Schweinfurt

Waldau, E. (Hrsg.) (1844): Erzählungen für die Jugend zur Veredelung des Herzens zunächst aber zur Verhütung der Thierquälerei. Nürnberg

Walden, S./Bulla, G. (1992): Endzeit für Tiere. Ein Aufruf zu ihrer Befreiung. Reinbek bei Hamburg

Watzlawick, P. (1994): Wie Wirklich ist die Wirklichkeit? Wahn, Täuschung, Verstehen. München

Weber, J. (1990): Die Erde ist nicht Untertan. Grundrechte für Tiere und Umwelt. Frankfurt am Main

Wedemeyer, B. (1999): „Zum Licht". Die Freikörperkultur in der wilhelminischen Ära und der Weimarer Republik zwischen Völkischer Bewegung, Okkultismus und Neuheidentum. In: Archiv für Kulturgeschichte 81(1), S. 173-197

Wehler, H.-U. (1995): Deutsche Gesellschaftsgeschichte. Dritter Band. Von der „Deutschen Doppelrevolution" bis zum Beginn des Ersten Weltkriegs 1849-1914. München

Wehler, H.-U. (2003): Deutsche Gesellschaftsgeschichte. Vierter Band. Vom Beginn des ersten Weltkriegs bis zur Gründung der beiden deutschen Staaten 1914-1949. München

Weinfeld, J. (2000): HipHop: Licht und Schatten einer Jugendkulturbewegung. In: Roth, R./Rucht, D. (Hrsg.): Jugendkulturen, Politik und Protest. Vom Widerstand zum Kommerz? Opladen, S. 253-261

Weisskopf, T. (1990): Pädagogische Aspekte der Mensch/Tier-Beziehung. In: Reinhardt, C.A. (Hrsg.): Sind Tierversuche vertretbar? Beiträge zum Verantwortungsbewußtsein in den biomedizinischen Wissenschaften. Zürich, S. 73-87

Weißler, S. (Hrsg.) (2001): Fokus Wandervogel. Der Wandervogel in seinen Beziehungen zu den Reformbewegungen vor dem ersten Weltkrieg. Marburg

Wellmer, M. (1878): Das Verhältnis des Kindes zur Thierwelt. München

Wensierski, von H.-J. (1985): „Die anderen nannten uns Halbstarke" – Jugendsubkulturen in den fünfziger Jahren. In: Krüger, H.-H. (Hrsg.): „Die Elvis-Tolle, die hatte ich mir unauffällig wachsen lassen". Lebensgeschichte und jugendliche Alltagskultur in den fünfziger Jahren. Opladen, S. 103-128

Werner, M.G. (1993): Ambivalenzen kultureller Praxis in der Jugendbewegung. Das Beispiel des freideutschen Jenenser Serakreises um den Verleger Eugen Diederichs vor dem ersten Weltkrieg. In: JHBF, Bd. 1, S. 245-264

Wiedenmann, R. (1999): Die Fremdheit der Tiere. Zum Wandel der Ambivalenz von Mensch-Tier-Beziehungen. In: Münch, P./Walz, R. (Hrsg.): Tiere und Menschen. Geschichte und Aktualität eines prekären Verhältnisses. Paderborn u.a., S. 351-381

Wilhelm, K. (1988): Wandlung durch Einsicht. Erfahrungen und Konsequenzen aus einem Öko-Dorf-Versuch in den 20-er Jahren. Eurasburg

Willems, H. (1998): Inszenierungsgesellschaft? Zum Theater als Modell, zur Theatralität von Praxis. In: Willems, H./Jurga, M. (Hrsg.): Inszenierungsgesellschaft. Opladen, S. 23-79
Willems, H./Jurga, M. (1998): Einleitung – Zum Aufbau des Buches und zu den Beiträgen. In: Willems, H./Jurga, M. (Hrsg.): Inszenierungsgesellschaft. Opladen, S. 9-20
Willems, H./Kautt, Y. (1999): Korporalität und Medialität: Identitäteninszenierungen in der Werbung. In: Willems, H./Hahn, A. (Hrsg.): Identität und Moderne. Frankfurt am Main, S. 298-362
Williams, J.P. (2003): The Straightedge subculture on the Internet: A case study. Diss. The University of Tennessee, Knoxville. Ann Arbor, Mich./USA
Willis, P. (1981): „Profane Culture". Rocker, Hippies: subversive Stile der Jugendkultur. Frankfurt
Willis, S. (1993): Hardcore: Subculture American Style. In: Critical Inquiry, Vol. 19, No. 2, S. 365-383
Winter, T. (2003): Jagd – Naturschutz oder Blutsport? Passau
Wise, S.M. (2000): Rattling the Cage. Toward Legal Rights for Animals. Cambridge, Massachusetts
Witzel, A. (1985): Das problemzentrierte Interview. In: Jüttemann, G. (Hrsg.): Qualitative Forschung in der Psychologie. Grundfragen, Verfahrensweisen, Anwendungsfelder. Weinheim, S. 227-255
Worm, N. (1993): Vergleichsuntersuchung zur körperlichen Leistungsfähigkeit von Veganern, (Ovo-)Lacto-Vegetariern und Gemischtköstlern. Giessen
Wyneken, G. (1914): Die neue Jugend. Ihr Kampf um Freiheit und Wahrheit in Schule und Elternhaus, in Religion und Erotik. München
Zahn, E. (o.J.): Fronde! Die Geschichte der JUGEND. München
Zimmermann, W. (1923): Lichtwärts. Ein Buch erlösender Erziehung. Erfurt
Zinnecker, J. u.a. (2002): Null Zoff & voll busy. Die erste Jugendgeneration des neuen Jahrhunderts. Opladen

Die Autoren

Wilfried Breyvogel
Dr. phil., Jg. 1942, Prof. am Fachbereich Bildungswissenschaften der Universität Duisburg-Essen, Arbeitsgruppe Pädagogische Jugendforschung; vertritt die Sozialgeschichte der Erziehung und pädagogische Jugendforschung. Publikationen u.a. als Herausgeber der Sammelbände *Piraten, Swings und Junge Garde. Jugendwiderstand im Nationalsozialismus* (1991), *Lust auf Randale. Jugendliche Gewalt gegen Fremde* (1993) und *Stadt, Jugendkulturen und Kriminalität* (1998).

Tobias Lobstädt
Jg. 1969, ist Diplom-Pädagoge und arbeitet als Bildungsreferent im Ruhrgebiet. Neben der wissenschaftlichen Beschäftigung mit der Tätowierung als Körperzeichen in der Nachmoderne schreibt er Songtexte und Kurzgeschichten.

Thomas Schwarz
Dipl.-Päd., Jg. 1974, Studium der Erziehungswissenschaft in Düsseldorf und Essen. Lehrbeauftragter an der Universität Duisburg-Essen, Arbeitsgruppe Pädagogische Jugendforschung. Mitglied im Arbeitskreis Historische Familienforschung innerhalb der Sektion Historische Bildungsforschung in der Deutschen Gesellschaft für Erziehungswissenschaft. Arbeitet derzeit an einer Dissertation über *Populäre Musikkultur und Veganismus in Jugendszenen*.

Neu im Programm Soziologie

Rolf Becker /
Wolfgang Lauterbach (Hrsg.)
Bildung als Privileg?
Erklärungen und Befunde zu den
Ursachen der Bildungsungleichheit
2004. 451 S. Br. EUR 39,90
ISBN 3-531-14259-3

Birgit Blättel-Mink / Ingrid Katz (Hrsg.)
Soziologie als Beruf?
Soziologische Beratung zwischen
Wissenschaft und Praxis
2004. 265 S. mit 4 Abb. und 3 Tab.
Br. EUR 17,90
ISBN 3-531-14131-7

Christoph Butterwegge / Karin Holm /
Barbara Imholz / Michael Klundt /
Caren Michels / Uwe Schulz /
Gisela Wuttke / Margherita Zander /
Matthias Zeng
Armut und Kindheit
Ein regionaler, nationaler und
internationaler Vergleich
2. Aufl. 2004. 319 S. Br. EUR 19,90
ISBN 3-531-33707-6

Klaus Feldmann
Tod und Gesellschaft
Sozialwissenschaftliche Thanatologie
im Überblick
2004. 309 S. Br. EUR 32,90
ISBN 3-531-14297-6

Kai-Uwe Hellmann /
Dominik Schrage (Hrsg.)
Konsum der Werbung
Zur Produktion und Rezeption von
Sinn in der kommerziellen Kultur
2004. 208 S. Konsumsoziologie
und Massenkultur. Br. EUR 27,90
ISBN 3-8100-4203-X

Matthias Junge / Götz Lechner (Hrsg.)
Scheitern.
Aspekte eines sozialen Phänomens
2004. 226 S. Br. EUR 25,90
ISBN 3-8100-4116-5

Elmar Lange
**Jugendkonsum im
21. Jahrhundert**
Eine Untersuchung der Einkommens,-
Konsum- und Verschuldungsmuster der
Jugendlichen in Deutschland
2004. Unter Mitarbeit von Sunjong Choi.
183 S. Br. EUR 22,90
ISBN 3-8100-3941-1

Udo Thiedeke (Hrsg.)
Soziologie des Cyberspace
Medien, Strukturen und Semantiken
2004. 608 S. mit 29 Abb. und 5 Tab.
Br. EUR 49,90
ISBN 3-531-14072-8

Erhältlich im Buchhandel oder beim Verlag.
Änderungen vorbehalten. Stand: Januar 2005.

www.vs-verlag.de

VS VERLAG FÜR SOZIALWISSENSCHAFTEN

Abraham-Lincoln-Straße 46
65189 Wiesbaden
Tel. 0611.7878-722
Fax 0611.7878-400

Lehrbücher

Heinz Abels
Einführung in die Soziologie
Band 1: Der Blick auf die Gesellschaft
2., überarb. und erw. Aufl. 2004. 436 S.
Hagener Studientexte zur Soziologie.
Br. EUR 19,90
ISBN 3-531-33610-X
Band 2: Die Individuen in ihrer Gesellschaft
2., überarb. und erw. Aufl. 2004. 463 S.
Hagener Studientexte zur Soziologie.
Br. EUR 19,90
ISBN 3-531-33611-8

Martin Abraham / Günter Büschges
Einführung in die Organisationssoziologie
3. Aufl. 2004. 303 S. Studienskripten zur Soziologie. Br. EUR 19,90
ISBN 3-531-43730-5

Eva Barlösius
Kämpfe um soziale Ungleichheit
Machttheoretische Perspektiven
2004. 255 S. Hagener Studientexte zur Soziologie. Br. EUR 19,90
ISBN 3-531-14311-5

Nicole Burzan
Soziale Ungleichheit
Eine Einführung in die zentralen Theorien
2004. 209 S. mit 25 Abb. Hagener Studientexte zur Soziologie. Br. EUR 17,90
ISBN 3-531-14145-7

Paul B. Hill / Johannes Kopp
Familiensoziologie
Grundlagen und theoretische Perspektiven
3., überarb. Aufl. 2004. 358 S. mit 8 Abb.
Studienskripten zur Soziologie.
Br. EUR 26,90
ISBN 3-531-43734-8

Michael Jäckel
Einführung in die Konsumsoziologie
Fragestellungen – Kontroversen – Beispieltexte
2004. 292 S. Br. EUR 24,90
ISBN 3-531-14012-4

Wieland Jäger / Uwe Schimank (Hrsg.)
Organisationsgesellschaft
Facetten und Perspektiven
2005. 591 S. Hagener Studientexte zur Soziologie. Br. EUR 26,90
ISBN 3-531-14336-0

Ansgar Weymann
Individuum – Institution – Gesellschaft
Erwachsenensozialisation im Lebenslauf
2004. 216 S. Hagener Studientexte zur Soziologie. Br. EUR 22,90
ISBN 3-531-14156-2

Erhältlich im Buchhandel oder beim Verlag.
Änderungen vorbehalten. Stand: Januar 2005.

www.vs-verlag.de

VS VERLAG FÜR SOZIALWISSENSCHAFTEN

Abraham-Lincoln-Straße 46
65189 Wiesbaden
Tel. 0611.7878-722
Fax 0611.7878-400